本系列教材在编写过程中，曾得到以下学校和企业给予各种形式的支持及无私的帮助，在此对它们谨致以真诚的谢意！

清华大学	北京理工大学
湖南大学	武汉理工大学
北京工业大学	吉林大学
西南交通大学	华东交通大学
同济大学	重庆理工大学
山东理工大学	兰州交通大学
辽宁工业大学	大连交通大学
福州大学	河南科技大学
厦门理工学院	江苏大学
长安大学	西华大学
湖北汽车工业学院	合肥工业大学
安徽工业大学	安徽理工大学
安徽工程大学	安徽江淮汽车集团有限公司
奇瑞汽车股份有限公司	

《高等学校国家级特色专业——车辆工程专业系列教材》编委会

高等学校国家级特色专业——车辆工程专业系列教材
安徽省高等学校“十一五”省级规划教材

汽车理论

主　编◎张代胜
参　编◎谭继锦　石　琴　姜武华
主　审◎陈朝阳

合肥工業大學出版社

内 容 简 介

本书从路面与轮胎的相互作用角度出发，根据作用于汽车上的外力特性，分析了与汽车动力学有关的汽车各主要使用性能：动力性、燃油经济性、汽车动力装置参数、制动性、舒适性和通过性等。分章节介绍了各使用性能的评价指标与评价方法，建立了有关的动力学方程，分析了汽车及其部件的结构形式与结构参数对各使用性能的影响，阐述了进行性能预测的基本计算方法。本书还结合最新的国家标准，对性能的试验方法、步骤及注意事项等做了简单介绍。最后一章还详细介绍了汽车废气的污染、回收处理等问题。每章还结合实例分析，给出求解过程，章后附有小结和思考题供学生复习使用。

图书在版编目(CIP)数据

汽车理论/张代胜主编.—合肥：合肥工业大学出版社，2011.10

ISBN 978-7-5650-0594-7

Ⅰ.①汽…　Ⅱ.①张…　Ⅲ.①汽车工程—高等学校—教材　Ⅳ.①U461

中国版本图书馆CIP数据核字(2011)第197705号

汽车理论

主编　张代胜　　　责任编辑　马成勋　汤礼广

出　版	合肥工业大学出版社	版　次	2011年10月第1版
地　址	合肥市屯溪路193号	印　次	2011年12月第1次印刷
邮　编	230009	开　本	787毫米×1092毫米　1/16
电　话	总编室：0551-2903038	印　张	16.25
	发行部：0551-2903198	字　数	354千字
网　址	www.hfutpress.com.cn	印　刷	合肥现代印务有限公司
E-mail	press@hfutpress.com.cn	发　行	全国新华书店

ISBN 978-7-5650-0594-7　　　定价：32.00元

序

在我国经济发展转型升级与全面提高国际竞争力的关键时期，培养和造就一大批创新能力强，适应我国经济和社会发展需要的工程技术型人才是增强我国核心竞争力、建设创新型国家、走新型工业化道路的必要条件。“高等工科教育回归工程”和“强化能力导向原则”等基于按社会需求培养人才和教学需要改革的教育理念，是《中华人民共和国高等教育法》提出的“高等教育教学改革务必根据不同类型、不同层次高等学校自身实际”要求和《高等学校本科教学质量与教学改革工程项目管理暂行办法》所坚持的“分类指导、注重特色”原则的创新成果和实践载体。

高等学校应按照“质量工程”的要求对人才培养目标进行合理定位，对教学过程进行科学创新，发挥自身优势，形成各自特色，从而满足社会对多样化的人才需求。人才培养目标的差异性，要求教学内容、教学方法和教材建设具有针对性。《中华人民共和国高等教育法》明确规定：“高等学校根据教学需要，自主制订教学计划、选编教材、组织实施教学活动。”教育部实施本科教育、教学“质量工程”，鼓励和支持高等学校在教学理念等方面进行创新，以形成有利于多样化人才成长的培养体系，满足国家和社会对紧缺人才的需要。

合肥工业大学车辆工程专业于2007年经教育部审批被列为国家级特色专业建设点。也就在同一时间，合肥工业大学成立了《高等学校国家级特色专业——车辆工程专业系列教材》编审委员会，以“打造特色精品教材，促进专业教育发展”的理念规划出版“高等学校汽车类特色专业规划教材”，抓紧对“质量工程”中所要求的“重点规划、建设多样基础教程和专业课程教材，促进高等学校教学内容更新、教材建设多样化”工作的落实。

在教材选题开始设计时，编审委员会便贯彻教育部关于人才培养适应行业经济和社会发展需要的精神，要求突出教材建设与办学定位、教学目标的一致性和适应性。最终确立了教材编写的指导思想：加强工程意识的培养、加强理论与实践的结合、加强实践教学和工程训练，培养在汽车行业第一线从事车辆研发、试验、营销及管理等实际工作和能解决实际问题的高等应用型人才。

本系列教材在编写过程中，既严格遵守学科体系的知识构成和教材编写的一般规律，又针对本科人才培养目标和与之相适应的教学特点，科学安排知识内容，注重解决现行教材中部分内容陈旧、特色不明显和学生自主学习无趣等问题，充分体现了“工程基础厚、工作作风实、创业能力强”的合肥工业大学人才培养特色及对国家级特色专业教材的内涵和尺度的准确把握。

本系列教材的出版是所有参与该项工作的人们集体智慧的结晶，也是高等学校进行教学改革、落实“质量工程”要求的成果，相信随着教学改革的深入推进，该系列教材会不断得到丰富和完善。

中国高等学校教学指导委员会委员
中国机械工业教育协会高校教学委员会车辆专业组副组长
陈朝阳

前 言

近年来，随着科学技术和社会经济的飞速发展，汽车的产销量也获得了快速增长，汽车产业已成为许多国家的支柱产业。汽车工业的发展水平在很大程度上体现了一个国家的综合实力。中国是汽车消费大国，因此努力提高汽车科技发展水平、培养汽车专业人才、加快汽车产业发展，对促进国民经济的发展具有重要战略意义。

为了适应现代汽车工业的发展需要，满足社会对汽车专业人才的需求，如今国内各高校纷纷开设车辆工程专业，汽车理论作为其专业基础课程，其重要性不言而喻，但其教学内容和教学效果更为重要。基于此，作者结合多年来的科学研究与教学实践经验，在参考国内外大量科研成果的基础上，本着系统性、知识性、实用性的原则，特编写本书。

本书从路面与轮胎的相互作用角度出发，根据作用于汽车上的外力特性，分析了与汽车动力学有关的汽车各主要使用性能：动力性、燃油经济性、制动性、操纵稳定性、行驶平顺性和通过性等。分章节介绍了各使用性能的评价指标与评价方法，建立了有关的动力学方程，分析了汽车及其部件的结构形式与结构参数对各使用性能的影响，阐述了进行性能预测的基本计算方法。本书还结合最新的国家标准，对性能的试验方法、步骤及注意事项等做了简单介绍。最后一章还详细介绍了汽车废气的污染、回收处理等问题。每章还结合实例分析，给出求解过程，回顾本章的重点知识。本书现为安徽省高等学校"十一五"省级规划教材。

本书取材新颖、实用性强，可作为高等院校车辆工程类专业及交通运输类专业的本科生及研究生教材，也可供从事汽车运输管理、汽车设计制造等工作的工程技术人员参考，还可作为参加自学考试、研究生入学考试等人员的辅导用书。

本书由合肥工业大学张代胜教授担任主编，由合肥工业大学陈朝阳副校长担任主审。参编人员及其具体分工如下：谭继锦（第一章），张代胜（第三章、第五章、第七章），姜武华（第四章、第六章），石琴（第二章、第八章）。本书在编写过程中还参考了大量文献资料，在此，对原作者表示真诚的感谢！

邝坤阳、黄俊杰、徐爱琴、杨杨、王浩、徐梦茹、李浩、木标、王军、任启丰、徐浩、赵文杰、于柱春等硕士研究生承担了本书相关文献资料收集及文字录入工作，在此一并对他们表示感谢。

由于作者编写水平有限，因此书中错误和不妥之处在所难免，希望读者批评指正。

编　者

常用符号表

第一章　汽车的动力性

物理量	代号	单位	物理量	代号	单位
汽车质量	m	kg	地面法向反作用力	F_z	N
汽车重力	G	N	空气阻力	F_w	N
汽车速度	u	m/s	坡度阻力	F_i	N
	u_a	km/h	加速阻力	F_j	N
驱动力	F_t	N	滚动阻力	F_f	N
车轮半径	r	m	滚动阻力系数	f	
发动机转矩	T_{tq}	N·m	空气阻力系数	C_D	
发动机功率	P_e	kW	道路阻力系数	ψ	
发动机转速	n	r/min	旋转质量换算系数	δ	
变速器传动比	i_g		附着系数	φ	
主减速器传动比	i_o		动力因数	D	
传动效率	η_T				
坡度	i				
直线行驶加速度	$a,\dfrac{du}{dt}$	m/s^2			

第二章　汽车的燃油经济性

物理量	代号	单位	物理量	代号	单位
燃油消耗率	b	g/(kW·h)	汽车百公里油耗	Q_s	L/(100km)
比重	γ	N/L			

第三章　汽车动力装置参数选定

物理量	代号	单位	物理量	代号	单位
发动机最大转矩	T_{tqmax}	N·M	发动机最低稳定转速	n_{min}	r/min
汽车最低稳定车速	u_{amin}	km/h	最高挡行驶时，发动机发出最大转速时的车速	u_{at}	km/h
传动系最大传动比	i_{max}		汽车的总质量	m	kg

第四章 汽车的制动性

物理量	代号	单位	物理量	代号	单位
制动器摩擦力矩	T_μ	N·m	侧向力系数	φ_l	
地面制动力	F_{Xb}	N	同步附着系数	φ_0	
制动器制动力	F_μ	N	峰值附着系数	φ_p	
附着力	F_φ	N	滑动附着系数	φ_s	
滑动率	s		制动器制动力分配系数	β	
制动力系数	φ_b		制动减速度	a_b	m/s^2

第五章 汽车的操纵稳定性

物理量	代号	单位	物理量	代号	单位
质心侧向速度	v	m/s	转向盘转角	δ_{sw}	rad 或(°)
侧向加速度	a_y	m/s^2 或 g	转向半径	R	m
侧倾角	Φ_r	rad 或(°)	弹簧刚度	k_s	N/m
侧倾角速度	ω_p	rad/s 或(°)/s	悬挂质量	m_s	kg
横摆角速度	ω_r	rad/s 或(°)/s	非悬挂质量	m_u	kg
地面切向反作用力	F_X	N	轮距	B	m
侧偏角	α	rad 或(°)	临界车速	u_r	m/s
外倾角	γ	rad 或(°)	无阻尼圆频率	ω_0	rad/s
侧偏力	$F_{Y\alpha}$	N	阻尼比	ζ	
外倾侧向力	$F_{Y\gamma}$	N	侧倾转向系数	$\frac{\partial\delta}{\partial\Phi_r}$	(°)/(°)
侧偏刚度	k	N/rad 或 N/(°)	侧倾外倾系数	$\frac{\partial\gamma}{\partial\Phi_r}$	(°)/(°)
外倾刚度	k_γ	N/rad 或 N/(°)	侧向力变形转向系数	$\frac{\partial\delta}{\partial F_y}$	(°)/kN
稳态横摆角速度增益	$\left.\frac{\omega_r}{\delta}\right)_s$	$rad\cdot s^{-1}/rad$ 或$(°)\cdot S^{-1}/(°)$	回正力矩变形转向系数	$\frac{\partial\delta}{\partial T}$	(°)/(100N·m)
稳定性因素	K	s^2/m^2	侧向力变形外倾系数	$\frac{\partial\gamma}{\partial F_y}$	(°)/kN
静态储备系数	S. M.		悬架侧倾角刚度	$K_{\Phi r}$	N·m/rad
特征车速	u_{ch}	m/s	侧倾力矩	$T_{\Phi r}$	N·m
地面侧向反作用力	F_Y	N	汽车绕 OZ 轴转动惯量	I_z	$kg\cdot m^2$
翻转力矩	M_X	N·m	峰值反应时间	ε	s
回正力矩	M_Z	N·m	反应时间	τ	s
垂直载荷	W	N	轴距	L	m
质心至前轴的距离	a	m	前轮转角	δ	rad 或(°)
质心至后轴的距离	b	m			

第六章 汽车的舒适性

物理量	代号	单位	物理量	代号	单位
悬架刚度	K	N/m	相干函数	$coh^2_{xy}(f)$或$coh^2_{xy}(\omega)$	
路面不平度系数	$G_q(n_0)$	m^2/m^{-1}			
频率	f	Hz或s^{-1}	阻尼比	ζ	
悬架动挠度	f_d	m	频率比	λ	
悬架静挠度	f_s	m	车轮部分垂直位移	z_1	m
车轮与路面间的动载	F_d	N	固有圆频率	ω_0	rad/s
长度变量或转动变量	I	m或kg·m^2	有阻尼固有圆频率	ω_d	rad/s
阻力系数	C	N·s/m	激振频率	ω	rad/s
车身质量(悬挂质量)	m_2	kg	车身纵向摆角或初相位	φ	rad
车轮质量(非悬挂质量)	m_1	kg	相位角	Φ	(°)
坐垫上人体的位移	p	m	标准差	σ	
路面不平度函数	q	m	空间频率	n	m^{-1}
自功率谱密度函数	$C_{xx}(f)$或$C_{xx}(\omega)$		双轴汽车车身振动主频率	Ω	rad/s
			回转半径	ρ	m
互功率谱密度函数	$C_{xy}(f)$或$C_y(\omega)$		悬挂质量分配系数	ε	
			刚度比	γ	
频率指数	W		质量比	μ	
车身垂直位移	z_2	m	频率响应函数	$H(j\omega)$或$H(f)$	

第七章 汽车的通过性

物理量	代号	单位	物理量	代号	单位
土壤推力	F_X	N	剪切面法向压力	σ	kPa
驱动轮胎的接地面积	A	m^2	土壤剪切变形	j	mm或m
土壤的粘聚系数	c	kPa	水平剪切变形模数	K	cm或m
垂直负荷	W	N	土壤沉陷量	z	mm或m
土壤的摩擦角	φ	(°)	单位面积压力	p	kPa
土壤的切应力	τ	kPa	土壤的粘聚变形模数	k_c	kN/m^{n+1}
土壤的摩擦变形模数	k_φ	kN/m^{n+2}	轮胎弹滞损耗阻力	F_{rt}	N
承载面积短边长度	b	mm或m	单位负荷弹滞损耗阻力	f_t	
土壤的压实阻力	F_{rc}	N	滑转率	s_r	
推土阻力	F_{rb}	N	车辆的实际速度	u	m/s
土壤单位体积质量重力	γ_S	N/m^3	车辆的理论速度	u_t	m/s
土壤承载能力系数	N_c,N_r		挂钩牵引力	F_d	N
轮胎刚度产生的压力	p_c	kPa	土壤阻力	F_r	N
轮胎充气压力	p_i	kPa	沉陷指数	n	

第八章　汽车公害

物理量	代号	单位	物理量	代号	单位
声压	P	Pa	响度级	L_N	Phon
声强	I	W/m^2	响度	N	Sone
升功率	W	W			

目　录

第一章　汽车的动力性

引　言

汽车是一种高效率、高机动性的运输工具。运输的高效率是由它在各种使用条件下的平均速度来体现的，而影响汽车行驶平均速度的最主要的因素是汽车的动力性。要保证汽车具有足够的动力性，在设计完成之后必须对汽车进行动力性校核，以达到实际应用的需要。

随着经济的不断发展，人们生活水平日益提高，拥有私人汽车不再是梦想。人们选购汽车的目的多种多样，有的作为代步工具，有的作为经营工具、生产工具等，于是就产生了应该依据何种参数选取符合要求的动力性汽车的问题。

汽车专业人员在理论分析时，需要全面、具体、可数量化的参数指标来衡量汽车的动力性，因此在分析汽车动力性之前，应以汽车动力性的评价指标，作为理论分析、计算的依据，并说明要达到提高动力性目标的实现途径。

在本章中，通过分析汽车在道路上行驶的各种影响因素并基于力学理论，找出决定汽车动力性的评价指标；根据动力源的外特性以及相关的力学分析、计算，可以得到汽车的驱动力图；通过对汽车行驶过程中的阻力分析，并根据汽车平衡条件可以得到汽车的驱动力—行驶阻力平衡图；进一步对汽车行驶方程式做一定变换、计算，还可得到汽车的动力特性图以及功率平衡图，由此便可对汽车动力性进行具体评价分析。

相同汽车在不同路面上行驶，其动力效果是不同的，也就是说汽车在行驶过程中动力性能不仅与驱动力有关，还与汽车所行驶的路面即轮胎与地面的附着条件有关。因此，为了更加全面地分析汽车的动力性，还要对汽车行驶的附着条件与汽车的附着率加以分析研究。

第一节　汽车动力性的评价指标

汽车动力性是指汽车在良好路面上直线行驶时由汽车受到的纵向外力决定的、所能达到的平均行驶速度。从尽可能提高汽车平均行驶速度的目标出发，汽车的动力性评价指标主要有以下三项组成。

1. 汽车的最高车速

汽车的最高车速是指在水平良好的路面（混凝土或沥青）上汽车能达到的最高行驶车速。显然，此时变速器应挂入最高挡，发动机节流阀全开或高压油泵在最大供油位置。

2. 汽车的加速能力

汽车加速能力常用汽车加速过程中的加速度 a（m/s^2）、加速时间 t（s）和加速距离 s（m）来评价。其中加速时间又分为原地起步加速时间和超车加速时间。原地起步加速时间是指汽车由第Ⅰ挡或第Ⅱ挡起步，并以最大的加速强度（包括选择恰当的换挡时机）逐步换至最高挡后达到某一预定的距离或车速所需要的时间。一般用 0→400m（0→0.25mile）或0→100km/h（0→60mile/h）所需的时间来表明汽车原地起步加速能力；超车加速时间是指用最高挡或次高挡内某一较低车速全力加速至某一高速所需的时间。因为汽车超车时与被超车辆并行，容易发生事故，所以超车加速能力强，并行时间短，行驶就安全。目前，超车加速能力还没有一致的规定，采用较多的是用最高挡或次高挡由 30 km/h或 40km/h 的速度全力加速行驶至某一高速所需的时间；也有用加速曲线即车速—时间关系曲线全面反映汽车加速能力的，如图1-1所示。

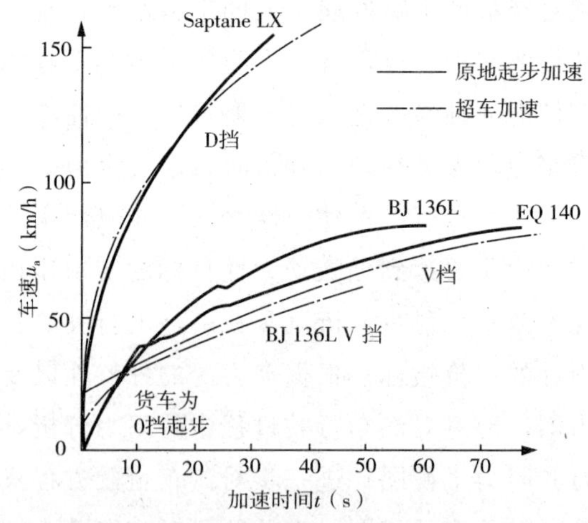

图 1-1　汽车的加速过程曲线

3. 汽车的上坡能力

汽车的上坡能力是指汽车能爬上的最大坡度（简称最大爬坡度），用 i_{max} 表示的。它是指汽车满载时用变速器最低挡在良好的路面上能爬上的最大道路坡度。轿车的最高车速高，发动机功率大，经常在较好的路面上行驶，所以一般不强调它的爬坡能力；货车在各种路面上行驶，要求它具有足够的爬坡能力，一般 i_{max} 在 30%（即坡度角为 16.5°）左右；越野汽车要在各种坏路或无路条件下行驶，对爬坡能力要求更高，它的最大爬坡度可达 60%（30°）或更高。

第二节　汽车的驱动力与行驶阻力

确定汽车的动力性，就是确定汽车沿行驶方向的运动状况。为此，需要掌握沿汽车行驶方向作用于汽车的各种外力，即驱动力与行驶阻力。根据力的平衡关系，在汽车行驶过程中其驱动力和行驶阻力应保持平衡，这种力的平衡关系式称为汽车行驶方程式，有了它就可以估算汽车的最高车速、加速度和最大爬坡度。

汽车的行驶方程式为

$$F_t = \sum F$$

式中：F_t——汽车的驱动力，N；

$\sum F$——汽车行驶阻力之和，N。

本节将分别研究汽车的驱动力和各种行驶阻力，并将汽车行驶方程式具体化，以便确定汽车的动力性。

一、汽车的驱动力

汽车动力源产生的转矩 T_{tq}，经汽车传动系传到驱动轮，驱动轮得到一个增大了的转矩 T_t，由于这个转矩的作用，车轮就产生一个对地面的圆周力 F_0，地面对驱动轮的反作用力 F_t（方向与 F_0 相反）即是驱动汽车的外力，如图1-2所示，此外力称为汽车的驱动力。其数值为

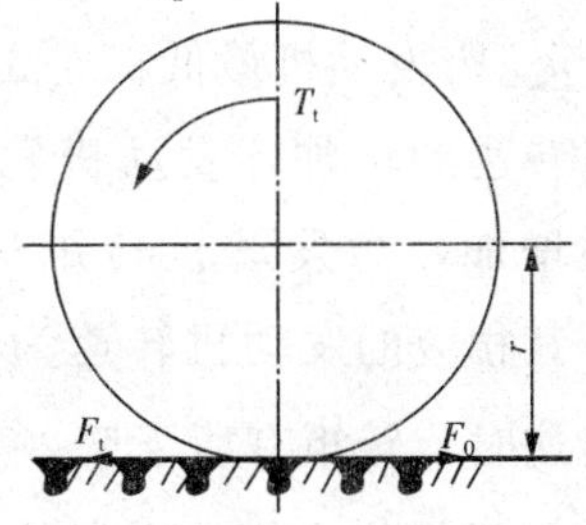

图 1-2　汽车的驱动力

$$F_t = \frac{T_t}{r}$$

式中：T_t——作用于驱动轮上的转矩，N·m；

r——车轮半径，m。

作用于车轮上转矩与动力源转矩之间的关系为

$$T_t = T_{tq} i_g i_0 \eta_T$$

式中：T_{tq}——动力源转矩，N·m；

i_g——变速器的传动比；

i_0——主减速器的传动比；

η_T——传动系的机械效率。

因此，驱动力计算公式为

$$F_t = \frac{T_{tq} i_g i_0 \eta_T}{r} \tag{1-1}$$

上式中的所有参数，都直接影响驱动力的大小，而这些参数本身又与其他因素有关，下面对此分别进行讨论，并给出汽车的驱动力图。

1. 发动机的速度特性

发动机的功率、转矩和有效燃油消耗率随发动机曲轴转速变化的关系称为发动机的速度特性。表示上述关系的曲线称为发动机的速度特性曲线或简称发动机特性曲线。节流阀全开或高压油泵在最大供油位置时的速度特性称为发动机的外特性；节流阀部分开启或部分供油时的速度特性称为发动机部分负荷特性。

发动机的外特性表示发动机所能达到的最高性能。根据外特性可以找出发动机最大功率、最大转矩及其相应转速的数值。部分负荷特性曲线位于外特性曲线之下，有无限多条。汽车用发动机经常处于部分负荷下工作，所以它对汽车实用的燃油经济性有重要影响。

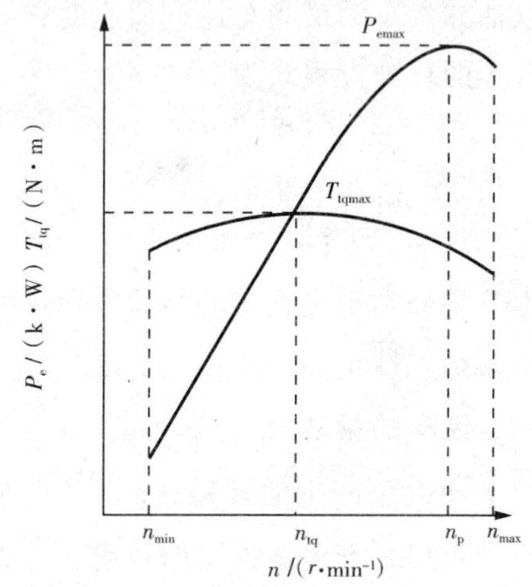

图 1-3　汽油发动机外特性曲线

汽油发动机的外特性曲线如图 1-3 所示。n_{min}为发动机最低稳定工作转速，随着发动机转速的增加，发动机发出的功率和转矩都在增加，当发动机转矩达到最大值 T_{tqmax}时，其相应的发动机转速为 n_{tq}。再增大发动机转速时，转矩有所下降，但功率继续增加，一直达到最大功率 P_{emax}，此时发动机转速为 n_p。继续增大转速时，其功率有所下降。一般汽油发动机的最高转速 n_{max}不大于最大功率时相应转速的10%～12%。

发动机功率和转矩有如下关系：

$$P_e=\frac{T_{tq}n}{9549} \tag{1-2}$$

式中：P_e——发动机功率，kW；

n——发动机转速，r/min。

柴油发动机的外特性曲线如图 1-4 所示。发动机制造厂提供的发动机特性曲线是在试验台上未带空气滤清器、水泵、风扇、消声器、发电机等条件下测得的。如果带上全部附件，测得的发动机外特性曲线称为使用外特性曲线。使用外特性曲线的功率小于外特性的功率。如图 1-5 所示是汽车发动机的外特性和使用外特性中功率、转矩和有效燃油消耗率曲线。一般汽油发动机使用外特性的最大功率比外特性的最大功率小 15%。转速为 0.5n_{max}时，功率小 2%～6%；转速再低时，两者差值则更小。货车用柴油机使用外特性的最大功率比外特性最大功率约小 5%；轿车和轻型汽车柴油机使用外特性的最大功率特性最大功率约小 10%。

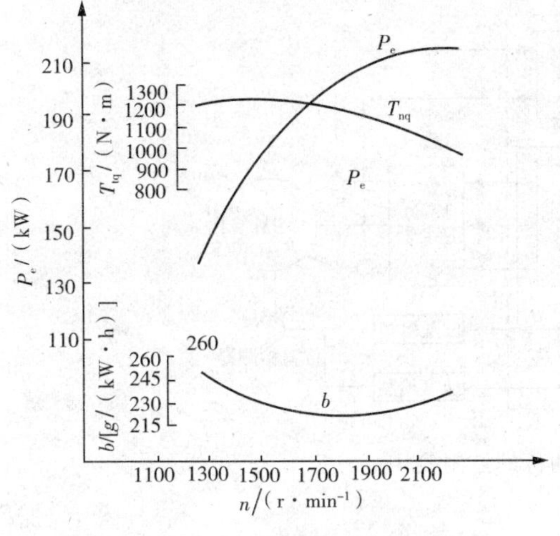

图 1－4　柴油发动机外特性曲线

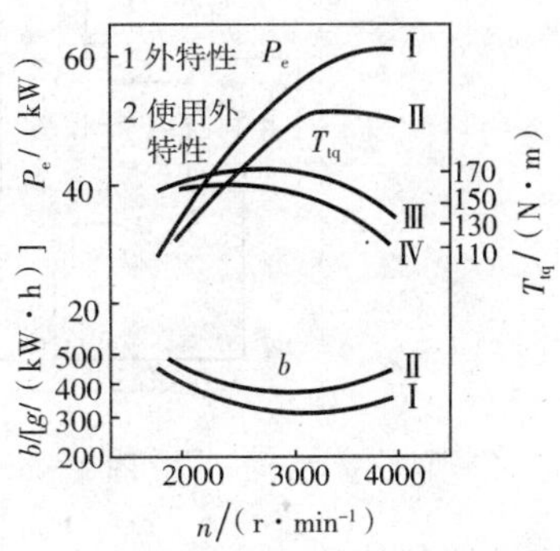

图 1－5　汽车发动机外特性和使用外特性曲线

汽车驱动力除了采用传统的内燃机外，随着面临石油资源供应不足的局面，各种新型的代用燃料汽车、纯电动车、混合动力汽车和天然气汽车得到迅速发展，它们相应地在驱动上采用不同燃料的发动机或电动机作为驱动部件。由此可见，有关汽车动力性等计算的不同点主要体现在驱动部件的转矩—转速关系曲线上。

下面以电动汽车为例说明电动机的转矩—转速特性。

电动汽车可以采用不同的电动机，如异步电动机和永磁步进电动机（PM 电动机）等，对于不同的电动机，它的特性曲线是不同的。下面简要介绍电动汽车中常用的 PM 电动机转速和转矩的控制方法以及相应的特性曲线。PM 电动机的控制方法主要有以下几种。

（1）转矩控制原理

对于 PM 电动机的控制，正确检测出磁极位置是必要的，但是位置检测器要在电动机开始转动的同时完成转速的检测。将转矩命令和转速输入到转矩控制部分，首先根据设定算法决定电流命令值，然后使用矢量控制法。电流控制与电源频率同步，同在一个旋转坐标（$d-q$轴）中从转矩控制部分输出的电流命令与经由 $d-q$ 坐标轴变换所得的电流反馈一起输入到电流控制系统，以决定 $d-q$ 轴上的电压命令，最后再次施予坐标变换得到的输出即为逆变器电压命令。

图 1－6 为 PM 电动机驱动用逆变器控制模块图。这里的逆变器采用的是电流控制形式。PM 电动机的情况与异步电动机采用逆变器的系统构成几乎相同。电动汽车采用驱动装置的情况下，对油门踏入量对应的转矩命令一般进行转矩控制，特别不需要速度控制环，图中虚线围起来的部分为软件处理部分。

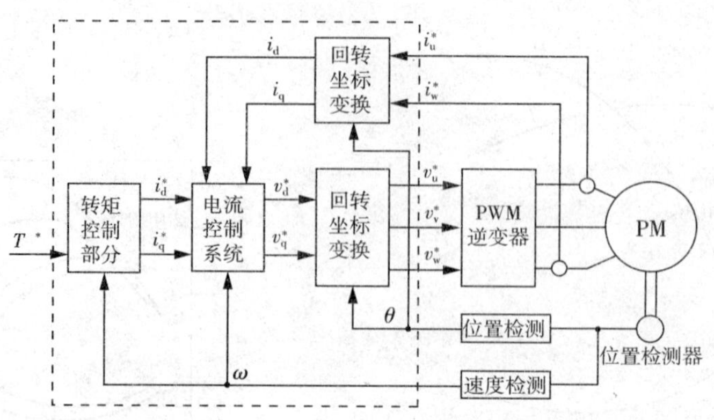

图 1-6 PM 电动机的控制模块

（2）矢量控制策略

① $i_d=0$ 控制法

$i_d=0$ 控制，即令 d 轴电流恒定为零的控制，一般在无刷直流电动机中采用。假设 $i_d=0$时，由于电流的相位恒与永磁体的感应电动势同步，转矩与 i_q 成比例。当控制 $i_d=0$ 时不能有效利用磁阻转矩，所以选用嵌入式永磁电动机（IPM）不理想。然而，在面贴式 PM 电动机（SPM）的情况下，一般 $L_d=L_q=L_a$，电动机不产生磁阻转矩，由 $i_d=0$ 控制法即可得到最大转矩控制。因此，$i_d=0$ 控制室适用于 SPM 的控制方法。这里的控制是依靠令 d 轴的电流指令值 i_d^* 为 0，q 轴电流指令 i_q^* 与转矩指令 T_q^* 成比例而实现的。$i_d=0$ 控制的模块图见图 1-7a 所示。

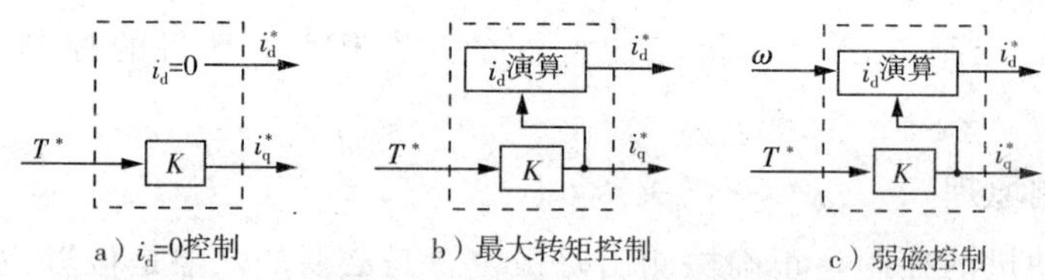

图 1-7 各种情况下的转矩控制部分的模块图

② 最大转矩控制

IPM 中电流值相同时，其相位同样可以产生磁阻转矩，用一定的相位表示轴转矩的最大值。磁阻转矩得到有效的利用，这种在相同电流情况下获得最大转矩的控制法称为最大转矩控制。相同电流情况下由于当转矩增大的同时端电压减小，所以效率和功率因数可以改善。当达到最大转矩的条件时，d 轴和 q 轴的电流关系可由式 $T=P\{\psi_a i_q+(L_d-L_q)\ i_d i_q\}$ 得

$$i_d=\frac{\psi_a}{2(L_q-L_d)}-\sqrt{\frac{\psi_a^2}{4\ (L_q-L_d)^2}+i_q^2} \tag{1-3}$$

其最大转矩控制模块图的转矩控制部分如图 1-7b 所示。

③无传感器控制法

为了进行 PM 电动机中的转矩控制，转子位置必须要有相应的电流流过，通常会用到

编码器或分相器等位置传感器。但是从电机的小型轻量化、价格低廉化以及可靠性等因素考虑，无位置传感器控制的各种研究正逐渐升温。

在一般速度的范围内 PM 电动机的无位置传感器控制占大部分，理论上根据速度的电动势，由速度电动势值的大小和方向与各转子速度和位置之间的对应关系，推断出位置和速度。但是，根据速度电动势进行位置、速度推定的时候，由于转速降低的同时，速度电动势也会降低，因此必须具有低速区域驱动界限。

停止与低速驱动的情况下，无位置传感器控制的大部分方案是基于 IPM 的电感与位置之间的相互关系来进行位置和速度的推定的。在 IPM 中由转子位置 θ 可得到绕组电感是依照 2θ 的正弦函数变化的，所以由电压和电流之间响应关系的瞬态变化可以推断出转子的位置，在磁气饱和时可根据电流响应的不同进行极性判别。

PM 电动机的无位置传感器控制即依靠速度电动势与绕组电感的位置相关性，实现从零到高速的控制，但其至今在电动汽车上的实际应用还较少。

④ 弱磁及高效控制

电动机的端电压随着速度的增加而增加，根据逆变器的输出电压阀值得到运转的界限。$i_d=0$ 控制和最大转矩控制的前提除了要设定电动机最高转速外，端电压还要尽可能在逆变器输出电压阀值以内，但是这样会增大电动机电流，也会造成电动机和逆变器本身的不经济性。电动机和逆变器本身要合适，为了扩大高速区间的额定输出运转范围，电动机端电压必须控制在逆变器的输出电压阀值以内。

图 1-8 电压方程式移相图可表示为下式：

$$\begin{bmatrix} V_d \\ V_q \end{bmatrix} = \begin{bmatrix} R_a + pL_d & -\omega L_q \\ \omega L_d & R_a + pL_d \end{bmatrix} \begin{bmatrix} i_d \\ i_q \end{bmatrix} + \begin{bmatrix} 0 \\ \omega \psi_a \end{bmatrix} \tag{1-4}$$

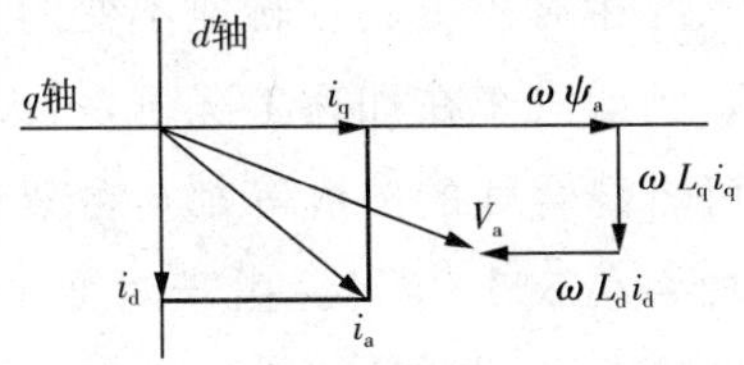

图 1-8　*PM* 电机的移相图

其中，V_d、V_q 分别为 d 轴、q 轴的电压；i_d、i_q 分别为 d 轴、q 轴的电流；ω 为电源角频率；R_a 为电枢绕组电阻；p 为微分算子，$p=\frac{d}{dt}$；L_d、L_q 分别为 d 轴、q 轴的电感；ψ 为由于励磁而产生的磁。

图 1-8 中负的 i_d 流过时端电压 V_a 降低，可进行等价弱磁控制。特别对于 IPM，为了使负的 i_d 流过是产生正的磁阻转矩，必须使产生相同转矩的 i_q 减少。

这里，端电压的上限值表示为 V_{am}，电流的上限值表示为 I_{am}，电压阀值表达式如下：

$$V_0=\sqrt{V_{d0}^2+V_{q0}^2}\leqslant V_{0m} \tag{1-5}$$

式中：$V_{d0}=-\omega L_q i_q$；

$V_{q0}=\omega\psi_a+\omega L_d i_d$；

$V_{0m}=V_{am}-R_a I_{am}$。

由此可得，弱磁控制的条件表达式如下：

$$i_d=-\frac{\psi_a}{L_d}+\frac{1}{L_d}\sqrt{\frac{V_{0m}}{\omega^2}-(L_q i_q)^2} \tag{1-6}$$

这时，端电压抑制在 V_{am} 以下，可以高速运转。弱磁控制的模块图如图 1-7c 所示。

如图 1-9 所示的是采用不同控制法时 IPM 转速-转矩特性实例。当适时地采用最大转矩和弱磁控制时，可以看到输出范围大幅增加。

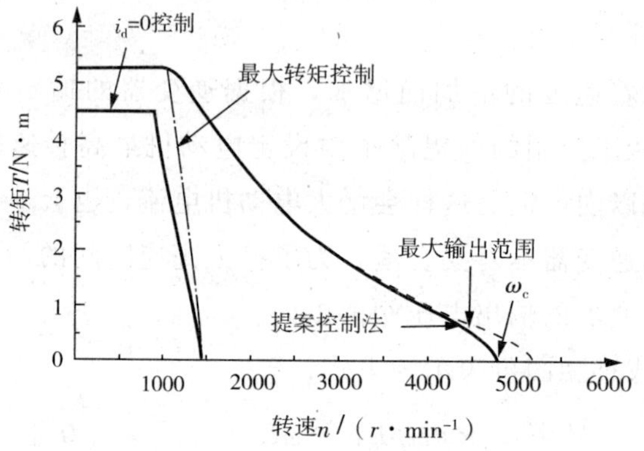

图 1-9　各种控制法的转速-转矩特性

台架试验是在发动机各种工况相对稳定、各转速不变的情况下测量的，而在实际使用时，发动机工况常是不稳定的。例如汽车在加速工况下，发动机节流阀迅速打开，曲轴转速迅速升高，发动机热状况和可燃混合气的浓度等都与台架试验时不同，这时发动机能提供的功率一般要比台架试验的功率小 5%～8%。由于对变工况下发动机特性研究的不够，且与稳态工况数值相差不大，所以在动力性计算中，一般仍用稳态工况时发动机台架试验所测得的使用外特性中的功率与转矩曲线。

为了便于计算机计算，可用多项拟合公式来描述由台架试验测得的发动机外特性转矩曲线，即

$$T_{tq}=a_0+a_1 n+a_2 n^2+\cdots+a_k n^k$$

式中：系数 a_0、a_1、a_2…、a_k 可用最小二乘法来确定。拟合阶数 k 随不同特性曲线而异，一般在 2～5 整数中选取。以 492Q 发动机为例，其台架试验测得的转矩特性如表 1-1。

表 1－1　492Q 发动机台架试验测得的转矩特性

转速 n/（r·min^{-1}）	1000	1500	2000	2500	3000	3500	3800	4000
转矩 T_{tq}/（N·m）	135.33	147.10	152.98	156.91	147.10	138.27	133.37	125.53

可以用下列多项式来表示：

$$T_{tq}=160.39-0.110913n+1.36485\times10^{-4}n^2-6.191286\times10^{-8}n^3+1.20898\times10^{-11}n^4-8.85607\times10^{-16}n^5 \tag{1-7}$$

如果找不到发动机外特性曲线的数据，仅知发动机的最大功率 P_{emax} 及其相对应发动机转速 n_p 则发动机外特性的功率曲线数据可按下式估算：

$$P_e=P_{emax}\left[A\left(\frac{n}{n_p}\right)+B\left(\frac{n}{n_p}\right)^2-\left(\frac{n}{n_p}\right)^3\right] \tag{1-8}$$

式中 A、B 系数的值见表 1－2。

表 1－2　A、B 系数的值

发动机类型	A	B
汽油机	1	1
直接喷式柴油机	0.5	1.5
预燃室式柴油机	0.6	1.4

如果已知发动机最大功率 P_{emax} 及其相应转速 n_p 和最大转矩 T_{tqmax} 及其相应转速 n_{tq}，则可用式（1－2）计算出最大功率时的转矩 T_{tqp}，再按下式估算出发动机外特性的转矩曲线数值：

$$T_{tq}=T_{tqmax}-(n_{tq}-n)^2\frac{T_{tqmax}-T_{tqp}}{(n_p-n_{tq})^2} \tag{1-9}$$

2. 传动系的机械效率

发动机输入传动系的功率经传动系传至驱动轮的过程中，为了克服传动系各部件的摩擦，必然会消耗一部分功率，因此传动系的机械效率为

$$\eta_T=\frac{P_e-P_t}{P_e}=1-\frac{P_t}{P_e} \tag{1-10}$$

式中：P_t——传动系中的功率损失。

传动系的功率损失是由变速器、传动轴万向节、主减速器等处的功率损失所组成，其中变速器和主减速器的功率损失占较大比重。

传动系的功率损失可分为机械损失和液力损失两大类。机械损失是指齿轮传动副、轴承、油封等处的摩擦损失。机械损失与啮合齿轮的对数、传递的转矩等因素有关。液力损失指消耗于润滑油的搅动、润滑油与旋转零件之间的表面摩擦等功率损失。液力损失的大小取决于润滑油的品种、温度、箱体内的液面高度及齿轮等旋转零件的转速等。

传动系的机械效率是在专门试验台上测得的。试验结果表明，变速器在直接挡工作时，其他啮合的齿轮不传递转矩，使机械损失减小，因此比其他挡位工作时的机械效率要高。同一润滑油温度且传递转矩不变时，转速愈高，机械效率愈低；同一润滑油温度且转速不变时，机械效率随传递转矩的增加而有所提高（如图 1-10 所示）

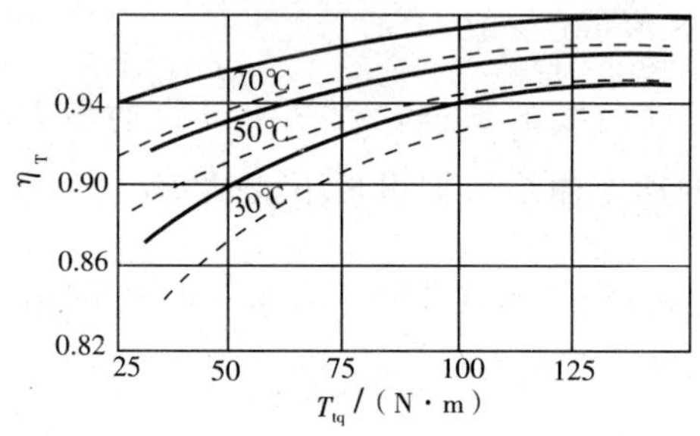

图 1-10　变速器传动效率与传递转矩、润滑油温度的关系

—— n 为 1500r/min；- - - - n 为 2500r/min

传动系的机械效率受多种因素的影响，在对汽车进行初步的动力性分析时可将它视为常数。表 1-3 为传动系各不同部件的传动效率。传动系的机械效率等于各部件传动效率的乘积。

表 1-3　传动系各部件的传动效率

部件名称	η_T（%）
4～6 挡变速器	95
辅助变速器（副变速器或分动器）	95
8 挡以上变速器	90
单级减速主减速器	96
双级减速主减速器	92
传动轴的万向节	98

采用有级机械变速器传动系的轿车，其传动系机械效率可取 0.9～0.92，货车和客车可取 0.82～0.85，越野汽车可取 0.80～0.85。

3. 车轮的半径

轮胎的尺寸和结构直接影响汽车的动力性。而车轮半径是重要的尺寸参数之一。由于轮胎具有弹性，所以在各种受力状态下其半径也略有差异。

（1）自由半径。用 r_0 表示，指车轮在充入标准气压且处于无载荷情况下的半径。

（2）静力半径。用 r_s 表示，汽车静止时，车轮在车重作用下，轮胎发生径向变形后车轮中心与道路接触面间的距离。静力半径小于自由半径。车轮的静力半径可以直接测得，也可以用下式估算：

$$r_s = 0.0254\left[\frac{d}{2} + b\ (1-\lambda)\right] \tag{1-11}$$

式中：d——轮辋直径，in（1in=2.54cm）；

b——轮胎宽度，in（1in=2.54cm）；

λ——轮胎径向变形系数。在硬路面上满载时，标准轮胎和宽断面轮胎 λ 值为 0.1～0.16，而对超低压拱形轮胎 λ 值为 0.2～0.3。

（3）滚动半径。用 r_r 表示，是按运动学原理，以车轮转动圈数与车轮实际滚动距离之间的关系来换算的，即

$$r_r = \frac{S}{2\pi n_w} \tag{1-12}$$

式中：n_w——车轮转过的圈数；

S——车轮转动 n 圈滚过的实际距离，m。

显然，对汽车作动力学分析时，应该用车轮的静力半径；对汽车作运动学分析时，应该用车轮的滚动半径。由于它们的差值较小，所以在一般的分析中常不计它们的差别，统称为车轮半径，用 r 表示。表 1-4 为部分汽车轮胎的半径。

表 1-4 部分汽车轮胎的半径

车 型	轮胎规格	自由半径/mm	静力半径/mm	滚动半径/mm
桑塔纳 2000	195/60 *R*14 85*H*	295±3	268±5	286
红旗 CA7228	185/70 *HR* 14	312±3	285±5	301
奥迪 100	195/65 *R* 15	317±3	291±5	308
跃进 NJ1061	7.00—20	452±4	430±6	448
解放 CA1091	9.00—20	509±5	485±6	492
东风 EQ1092	9.00 *R*20	509±5	476±6	493
黄河 JN1181	11.00—20	542±6	517±7	525

4. 汽车的驱动力图

汽车的驱动力 F_t 与行驶车速 u_a 之间的函数关系曲线即 F_t-u_a 图，称为汽车的驱动力图。汽车的驱动力图直观地显示了变速器处于各挡位时，驱动力随车速变化的规律。

在已知发动机外特性曲线、传动系传动比、传动系机械效率和车轮半径等参数后，可作出汽车的驱动力图。如图 1－11 所示为具有 5 挡变速器的某货车驱动力图。

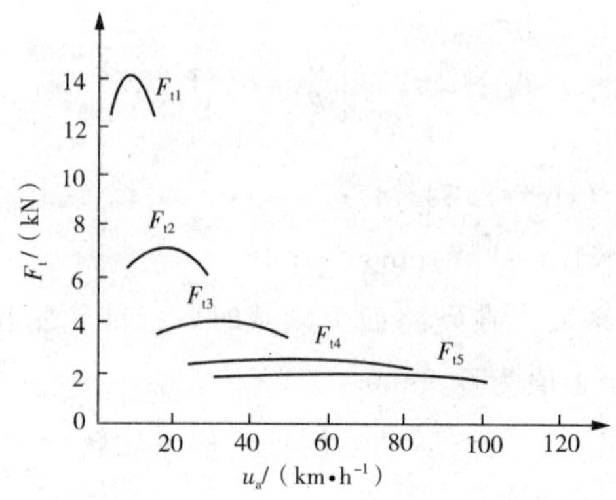

图 1－11　汽车的驱动力图

在作汽车驱动力图时，先根据已知条件用式（1－1）求出变速器处于各挡位时不同转速的驱动力，再根据发动机转速与汽车行驶速度之间的关系用下式求出汽车行驶速度：

$$u_a=\frac{2\pi rn}{60i_g i_0} \tag{1-13}$$

因汽车的行驶速度常以 km/h 为单位，所以上式乘以 3.6 得

$$u_a=0.377\frac{rn}{i_g i_0} \tag{1-14}$$

式中：u_a——汽车行驶速度，km/h；

r——车轮半径，m。

二、汽车的行驶阻力

汽车在水平路面上等速行驶时，必须克服来自地面与轮胎相互作用产生的滚动阻力和来自车身与空气相互作用而产生的空气阻力。当汽车在坡道上上坡行驶时，还必须克服其重力沿坡道的分力，称之为坡度阻力。当汽车加速行驶时，还需要克服汽车本身的惯性力即加速阻力。因此，汽车直线行驶时的总阻力为

$$\sum F=F_f+F_w+F_i+F_j \tag{1-15}$$

式中：F_f—— 滚动阻力，N；

F_w—— 空气阻力，N；

F_i—— 坡度阻力，N；

F_j—— 加速阻力，N。

在上述各种行驶阻力中，滚动阻力和空气阻力是在任何行驶条件下都存在的，坡度阻力、加速阻力仅在汽车上坡行驶和加速行驶的条件下才存在。而汽车下坡或减速行驶时，汽车重力沿坡道的分力或惯性力已不是汽车行驶的阻力，而变成了动力。

下面分别讨论汽车行驶的四种阻力。

1. 滚动阻力

当车轮在路面上滚动时，轮胎与路面在接触区域内产生的各种相互作用力和相应的变形都伴随着能量损失，这种能量损失是产生滚动阻力的根本原因。

（1）产业滚动阻力的影响因素

为了便于理解，先讨论固体物质受力与变形的关系。固体物质大致可分为刚性体、塑性体和弹性体三类。如图 1－12 所示分别为绝对刚性体、绝对塑性体、绝对弹性体的受力变形曲线，图中 W 表示外力，h 表示变形量。对于绝对刚性体，加载和卸载过程均无变形，如图 1－12a 所示；对于绝对塑性体，如图 1－12b 所示，加载时物体变形曲线为 OA，卸载时为 AB，可见加载时物体的变形在卸载后未能恢复，即表示加载过程使物体变形所做的功（面积 $OABO$）全部消耗而不能回收；对于绝对弹性体，如图 1－12c 所示，加载时物体变形曲线为 OA，卸载时为 AO，两曲线重合，表示在加载过程使物体变形所做的功（面积 $OABO$）在卸载过程中全部由物体放出（面积 $OABO$），没有能量损失。

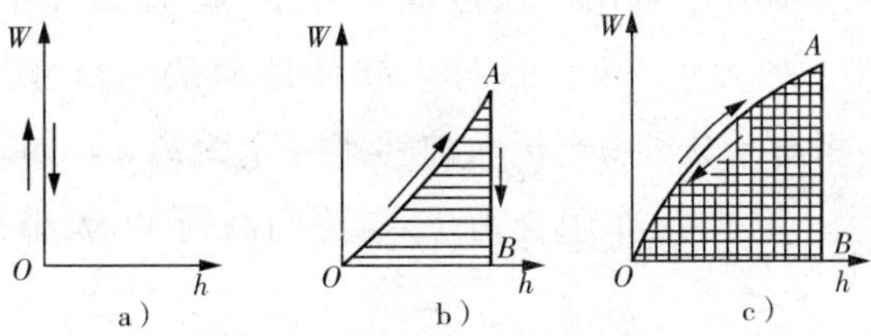

图 1－12　固体的变形曲线

事实上，自然界中不存在绝对刚性、绝对塑性、绝对弹性的物体。轮胎接近于绝对弹性体，而松软的土壤则接近于绝对塑性体。当轮胎在硬路面上滚动时，轮胎的径向变形是主要的。如图 1－13 所示为 9.00－20 轮胎在硬路面上受径向载荷作用时的变形曲线。图中 OCA 为加载变形曲线，面积 $OCABO$ 为加载过程中对轮胎作的功；ADE 为卸载变形曲线，面积 $ADEBA$ 为卸载过程中轮胎恢复变形时放出的功。由图可知两曲线不重合，两面积之差 $OCADEO$ 即为在加载与卸载过程的能量损失。此能量系消耗在轮胎各组成部分相互间的摩擦以及橡胶、帘线等物质的分子间摩擦，最后转化为热能散失在大气中。这种能量损失称为弹性物质的弹性迟滞损失。

如图 1－14 所示为土壤受压力后的变形曲线。可见，对于松软的土壤来说，在卸载过程中土壤恢复变形时放出的功甚少，大部分损失在土壤微粒间的机械摩擦之中。

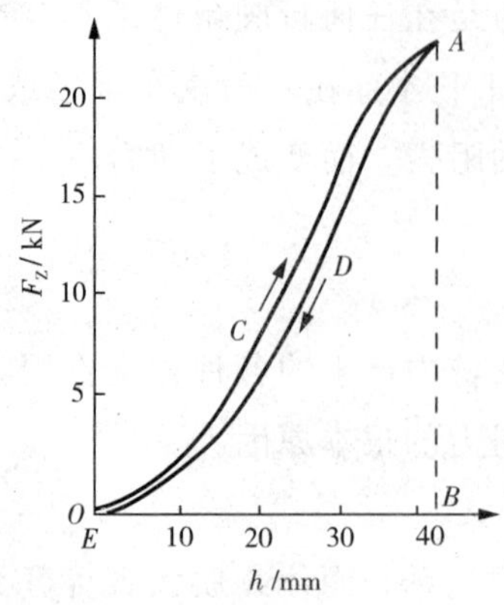

图 1-13　9.00—20 轮胎的径向变形曲线

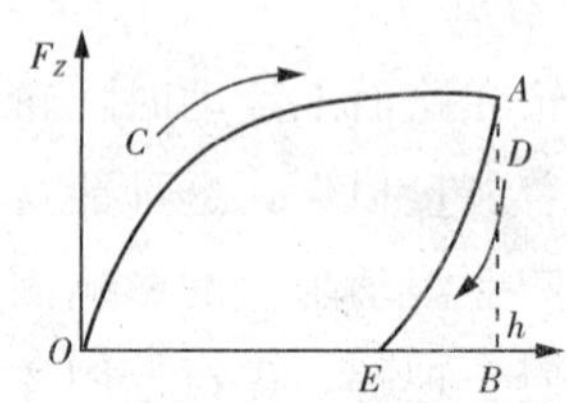

图 1-14　土壤的压挤变形曲线

进一步分析表明，正是弹性轮胎的弹性迟滞损失表现为阻碍车轮滚动的一种阻力偶。当车轮只受径向载荷而不滚动时，地面对车轮的法向反作用力的分布是前后对称的，其合力 F_Z 与法向载荷 W 重合于法线 $n-n'$，如图 1-15 所示。当车轮滚动时，如图 1-16a 所示，在法线 $n-n'$ 前后相对应点 d 和 d' 变形虽然相同，但由于弹性迟滞现象，处于加载压缩过程的前部 d 点的地面法向反作用力就会大于处于卸载恢复过程的后部 d' 点的地面法向反作用力。这可以从图 1-16b 中看出，设取同一变形 δ，加载压缩时的受力为 CF，卸载恢复时受力为 DF，显然 CF 大于 DF。这样，就使地面法向反作用力前后的分布并不对称，而使它们的合力 F_Z 相对于法线 $n-n'$ 向前移了一个距离 a，如图 1-17a 所示，它随弹性迟滞损失的增大而变大。法向反作用合力 F_Z 与法向载荷 W 大小相等，方向相反。

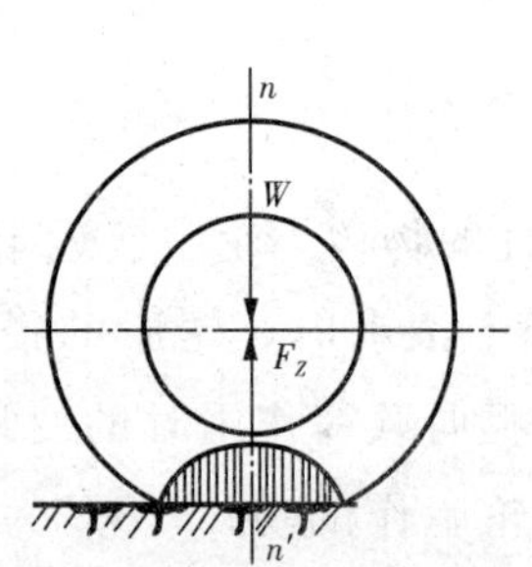

图 1-15　车轮静止时的受力情况

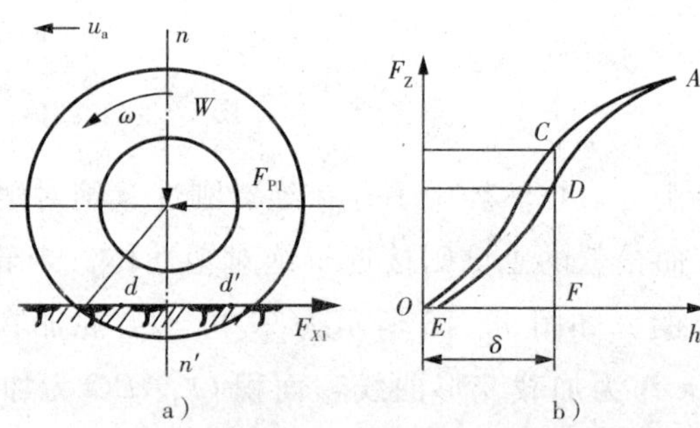

图 1-16　弹性车轮在硬路面上的滚动

如果将法向反作用力 F_Z 向后平移至与通过车轮中心的垂线重合，则从动轮在硬路面上滚动时的受力情况如图 1-17b 所示，出现一个附加的力偶矩 $T_f=F_Za$，这个阻碍车轮滚动的力偶矩称之为滚动阻力偶矩。

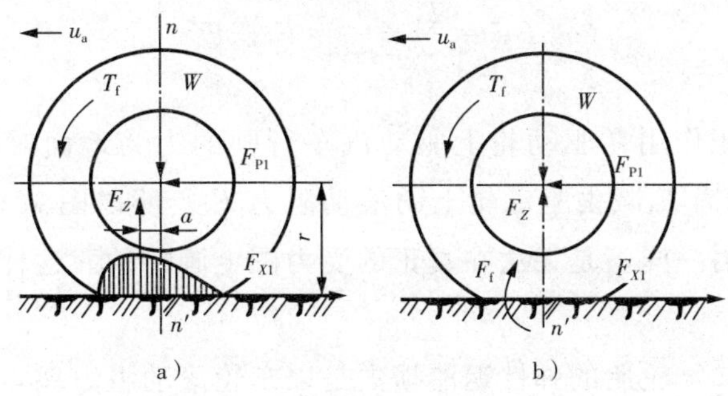

图 1-17 从动轮在硬路面上滚动时的受力情况

由图 1-17 可知，欲使从动轮在硬路面上保持匀速滚动，必须在车轮中心加一推力 F_{p1}，它与地面切向反作用力 F_{X1} 构成一力偶矩来克服上述滚动阻力偶矩。由平衡条件得

$$F_{p1}r=T_f \tag{1-16}$$

故

$$F_{p1}=\frac{T_f}{r}=F_Z\ \frac{a}{r} \tag{1-17}$$

若令 $f=\dfrac{a}{r}$，且考虑到 F_Z 与 W 的值大小相等，常将上式写作

$$F_{p1}=Wf \quad 或 \quad f=\frac{F_{p1}}{W} \tag{1-18}$$

式中：f——滚动阻力系数。

由上式可知，滚动阻力系数是指在一定条件下，车轮滚动所需的推力与车轮所受径向载荷之比，即要使车轮滚动时单位汽车重力所需的推力。换言之，车轮的滚动阻力等于车轮径向垂直载荷与滚动阻力系数之乘积，即

$$F_f=Wf \tag{1-19}$$

且

$$F_f=\frac{T_f}{r} \tag{1-20}$$

如图 1-18 所示为驱动轮在硬路面上等速直线滚动时的受力图。图中 F_{X2} 是由驱动转矩 T_t 所引起的道路对驱动轮的切向反作用力。F_{p2} 为车架通过悬架作用于驱动轴的水平反推力。法向反作用力 F_Z 也由于轮胎的弹性迟滞损失而使其作用点向前移动了一个距离 a，即在驱动轮上也同样作用有滚动阻力偶矩 T_f。由平衡条件得

$$F_{X2}r=T_t-T_f \tag{1-21}$$

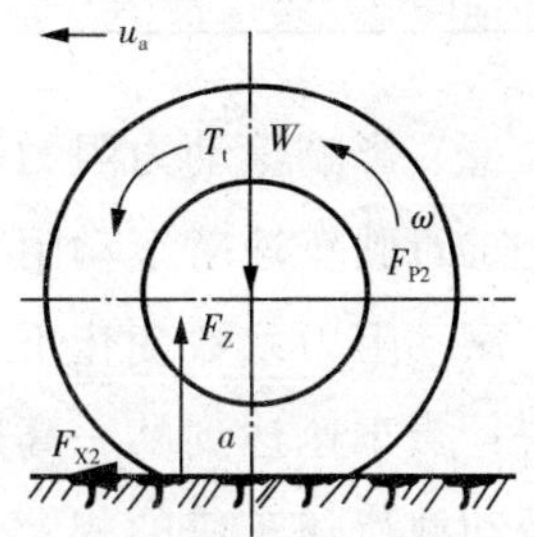

图 1-18 驱动轮在硬路面上滚动时的受力图

$$F_{X2}=\frac{T_t}{r}-\frac{T_f}{r}=F_t-F_f \tag{1-22}$$

由上式可知，真正作用在驱动轮上驱动汽车行驶的力为地面对车轮的切向反作用力F_{X2}，它的数值为驱动力F_t减去驱动轮上的滚动阻力F_f。所以图1-2只是对驱动力的一种定义，它和滚动阻力一样，是无法在真正的受力图上画出的。这样是为了有利于动力性分析的简化。

通过以上分析可知，轮胎的弹性迟滞损失是以车轮滚动阻力偶矩的形式表现为汽车行驶的一种阻力。如果不考虑其他因素的影响，汽车在水平道路上直线行驶的滚动阻力可用下式计算：

$$F_f=Gf \tag{1-23}$$

式中：G——汽车重力，N；

f——滚动阻力系数。

滚动阻力系数的数值是由试验确定的，其数值的大小与路面的种类、状况、车速、轮胎结构与材料及轮胎气压等因素有关。

汽车在各种路面上以中速、低速行驶时滚动阻力系数的大致数值见表1-5。良好的沥青或混凝土路面滚动阻力系数较小，高低不平的硬路面或松软路面滚动阻力系数较大。同一种路面不同状态时，滚动阻力系数也各不同。

表1-5　滚动阻力系数的数值

路面类型	滚动阻力系数	路面类型	滚动阻力系数
良好的沥青或混凝土路面	0.010～0.018	压紧土路（雨后的）	0.050～0.150
一般的沥青或混凝土路面	0.018～0.020	泥泞土路（雨季或解冻期）	0.100～0.250
碎石路面	0.020～0.025	干砂	0.100～0.300
良好的卵石路面	0.025～0.030	湿砂	0.060～0.150
坑洼的卵石路面	0.035～0.050	结冰路面	0.015～0.030
压紧土路（干燥的）	0.025～0.035	压紧的雪道	0.030～0.050

（2）影响滚动力阻力系数的因素

①行驶车速对滚动阻力系数影响很大。如图1-19所示说明当车速在100km/h以下时，滚动阻力系数变化不大；当车速大于100km/h时，滚动阻力系数随车速增大而增长较快；当车速达到某一高速时，如150～200km/h左右，滚动阻力系数迅速增加。主要原因是动载荷随车速的提高而增大，轮胎变形速度加快，导致轮胎弹性迟滞损失增加。这时，轮胎周缘不再是圆形，而呈明显的波浪状，这种现象称为驻波现象。在此情况下，滚动阻力系数急剧增加，温度很快升高到100℃以上，轮胎帘线层与胎面脱落，甚至几分钟内就会爆破。这对高速行驶的汽车是十分危险的。

②轮胎的结构、帘线和橡胶的品种对滚动阻力系数都有影响。如图 1-20 所示给出了三种不同轮胎的滚动阻力系数随车速的变化曲线。可以看出子午线轮胎在各种车速下都具有较低的滚动阻力系数，原因是子午线轮胎的帘线层数较普通斜交胎少，胎体薄，内摩擦能量损失就少。

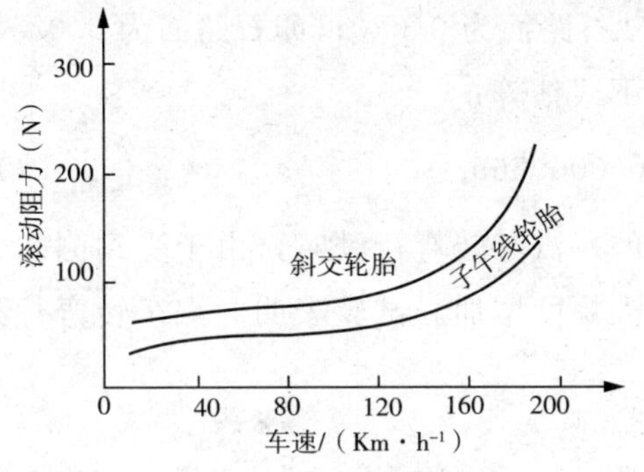

图 1-19　滚动阻力随速度的变化

轮胎：斜交轮胎 5.60－13－4PR，

子午线轮胎 165SR13；载荷：3.924kN；气压：206Pa

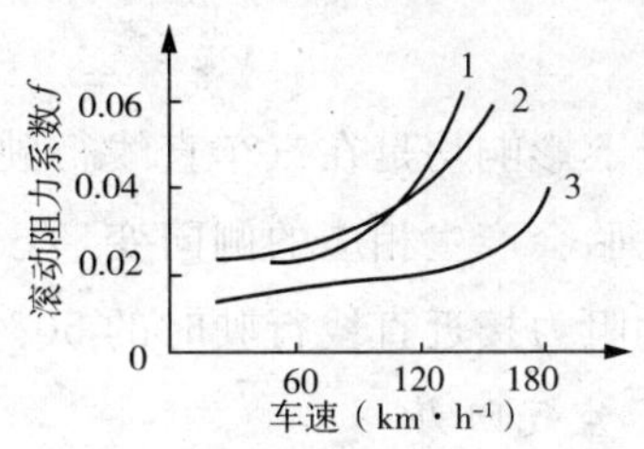

图 1-20　不同结构轮胎的滚动阻力系数

1－5.60－13－4P 普通斜交胎；2－6.45－14－4P 扁平断面斜交胎；3－175R14 子午轮胎

③轮胎气压对滚动阻力系数影响很大。轮胎气压低时，在硬路面上行驶的汽车轮胎变形大，弹性迟滞损失增大，滚动阻力系数大。随着轮胎气压的提高，滚动阻力系数逐渐降低，如图 1-21 所示。

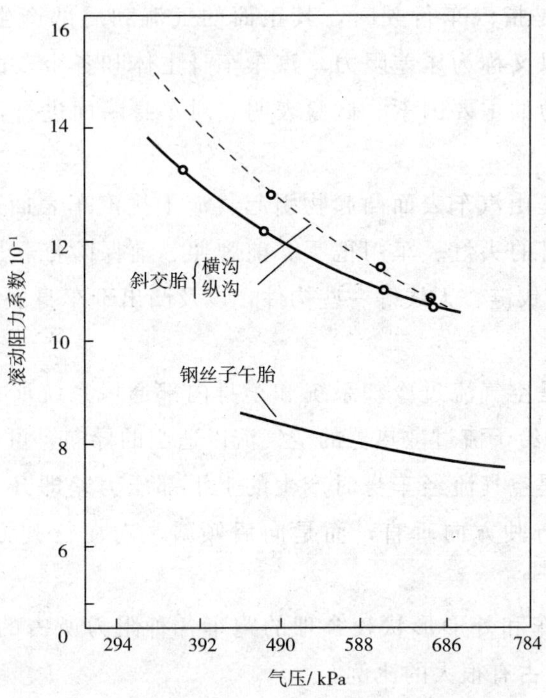

图 1-21　滚动阻力系数随轮胎气压的变化

④径向载荷对滚动阻力系数影响很小，可以认为滚动阻力系数不随径向载荷的大小而变化。在进行一般动力性分析时，可以用经验公式估算在良好路面上的滚动阻力系数。

轿车轮胎的滚动阻力系数可用下式估算：

$$f=f_0\ (1+u_a^2/19400) \tag{1-24}$$

式中，f_0值：良好沥青或水泥路面为0.014；砂石路面为0.020；卵石路面为0.025。

货车轮胎气压较高，其滚动阻力系数可用下式估算：

$$f=0.0076+0.000056u_a \tag{1-25}$$

以上影响均是在汽车直线行驶条件下进行的。汽车转弯行驶时，由于受到侧向力的作用，轮胎会产生相应的侧向变形，使滚动阻力大幅度增加。试验表明，汽车转弯行驶增加的滚动阻力接近直线行驶时的50%～100%。

2. 空气阻力

汽车行驶时，相对运动的空气会起到阻碍作用。空气对汽车的作用力在行驶方向上的分力称为空气阻力。

空气阻力可分为压力阻力和摩擦阻力两部分。压力阻力是作用在汽车表面上的法向压力的合力在行驶方向上的分力；摩擦阻力是由于空气的粘性在车身表面产生的切向力的合力在行驶方向的分力。摩擦阻力与车身的表面积及表面质量有关。

压力阻力又分为以下四个部分：

① 形状阻力。它是指汽车行驶时，其正面的气流和后部产生的涡流等所引起的车身前后的压力差，所以又称为压差阻力。汽车车身主体和各个表面的形状及交接处的转折方式是影响形状阻力的主要因素。试验表明，对车身断面进行仔细设计，可以使形状阻力减少一半。

② 干扰阻力。它是由汽车表面凸起物引起气流干扰汽车表面产生的阻力。对干扰阻力影响较大的有不平滑的头灯、车门把手、前牌照、前保险杠、风窗上部的帽沿、排水槽、后视镜、外凸的门铰链、天线等一些构件，以及凸出于车身底座以下的底盘部分，如车轴、各种拉杆等。

③ 内部阻力。它是空气流过冷却系统和车身内部通风系统所引起的阻力。如果去除通风处不必要的边角和给予流过散热器的空气流以适当的导向，可以显著减小内部阻力。

④ 诱导阻力。它是空气流经车身时产生的上下部压力差即升力所引起的。因为实际上升力并不与汽车的行驶方向垂直，而是向后倾斜，它在行驶方向上的分力就是诱导阻力。

表1-6是一般轿车和外形形状较合理的跑车各种阻力所占的百分比。从表中可见，形状阻力在空气阻力中占有很大的比例。

表 1-6　各种空气阻力所占的百分比

阻力名称	一般轿车	理想型跑车
形状阻力	58%	70%
干扰阻力	14%	5%
内部阻力	12%	5%
诱导阻力	7%	0
摩擦阻力	9%	20%

在汽车行驶的速度范围内，根据空气动力学原理，空气阻力的数值与气流相对速度的动压力成正比，即

$$F_w = \frac{1}{2} C_D A \rho u_r^2 \tag{1-26}$$

式中：C_D——空气阻力系数，无因次系数，由试验测得；

A——迎风面积，即汽车在行驶方向上的投影面积，m^2；

ρ——空气密度，一般 $\rho = 1.2258\ NS^2 \cdot m^{-4}$；

u_r——汽车与空气的相对速度，无风时即为汽车的行驶速度 u_a，m/s。

如果汽车行驶速度 u_a 以 km/h 计，并将空气密度 ρ 的数值代入，则上式为

$$F_w = \frac{C_D A u_a^2}{21.15} \tag{1-27}$$

式（1-27）为计算空气阻力的公式，其合力在汽车上的作用点称为风压中心，风压中心离地面高度用 h_w 表示，称为风压中心高度。

式（1-27）表明，空气阻力与行驶速度的平方成正比，汽车行驶速度增加一倍，空气阻力是原空气阻力的 4 倍，而空气阻力所耗的功率是原车速消耗功率的 8 倍。高速行驶的汽车，其空气阻力消耗了发动机的大部分功率。此外，空气阻力还与空气阻力系数和迎风面积成正比。迎风面积受到乘坐使用空间的限制不可能进一步缩小，所以降低空气阻力系数成为降低空气阻力的主要手段。20 世纪 50 年代以前生产的轿车，空气阻力系数 C_D 值都在 0.6 以上；20 世纪 50～70 年代初生产的轿车，空气阻力系数 C_D 值维持在 0.4～0.6 之间。近年来，随着道路建设的日益完善和汽车行驶速度的不断提高，为了进一步降低油耗，各国都投入相当大的人力、物力，对降低空气阻力系数 C_D 值进行了大量的研究和实践。目前，生产的典型轿车的空气阻力系数 C_D 值大都在 0.3～0.4 之间。

现代车身空气动力学研究结果表明，空气阻力 D 系数 C_D 值较小的轿车车身具有以下一些特点（如图 1-22 所示）：

（1）首先应特别注意汽车头部的形状。汽车头部的前端应尽量地低矮，且在俯视图中呈半圆形。如果是直角形公共汽车的车身，则空气阻力系数 C_D 值会变大。特别对于行驶速度在 100km/h 以上的公共汽车来说，空气阻力的增加是非常明显的。

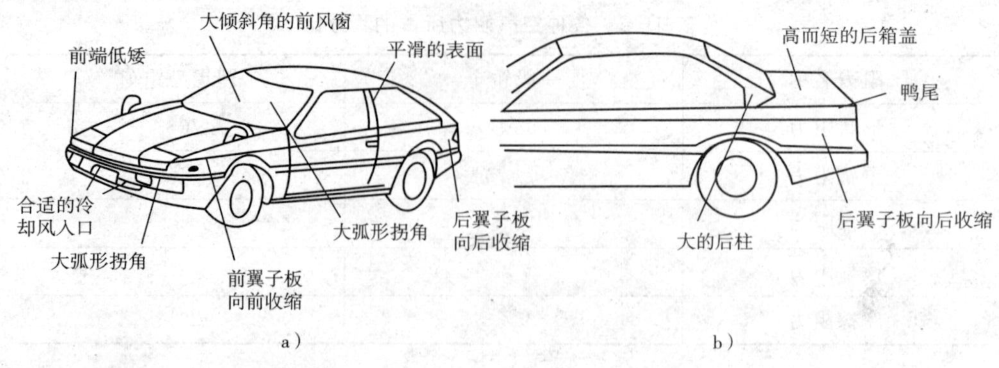

图 1-22　低 C_D 值车身的一些特点

(2) 车身各部件交接处的过渡应圆滑。为了使气流能在汽车各个表面过渡，汽车头部与前风窗边缘的交接处、前风窗顶部与顶盖的交接处以及两侧的拐角等过渡区域都应尽量圆滑。前风窗与发动机罩的夹角为 30°左右时，C_D 值最小，实验证明，继续减小这个角度不能得到更好的效果。

(3) 整个车身应前倾 1°～2°，这样可减少流入车底部的空气量，使升力降低。在俯视图上，汽车的中部应呈腰鼓形，并向后逐渐收缩。汽车的侧面玻璃应尽量接近外表面。

(4) 轿车的纵向最大的横截面不宜过分前移，以免造成气流提前分离。为了减小汽车车身前后的压力差，采用逐渐缩小的非常长的尾部是较理想的，但这样长的尾部不可能与汽车实用度相适应，比较图 1-23 的实验数据可知，采用徒然割尾的形状（图 1-23a）较背部线型急剧溜向低处的形状（图 1-23b）更佳。尾部愈短，这种差别愈大。汽车的尾部最好采用直背式或舱背式，其后端常装有扰流板，若采用折背式车身，其行李箱盖板至地面的距离应高些，长度要短些，后面应有鸭尾式结构。

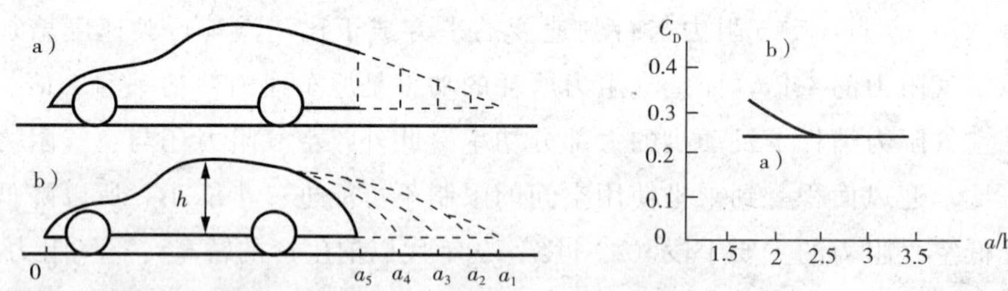

图 1-23　两种尾部形状汽车的空气阻力系数

后部长	a/h	C_D (a)	C_D (b)
a_1	3.5	—	0.21
a_2	3.0	0.22	0.22
a_3	2.5	0.24	0.26
a_4	2.0	0.24	0.28
a_5	1.5	0.25	0.33

(5) 汽车的底部最好采用平滑整体的底板，并尽量避免凸起的零部件露在底板之外。底板从车身中部或从后轮以后向上稍稍升高，这样可顺利地引导车身底部的空气流流向尾部，减少在车尾后部形成的涡流。

(6) 对于厢式车身结构的客车，应具有圆滑的拐角。例如，长度是宽度的2～5倍并具有直棱角的客车，其空气阻力系数C_D=0.8～0.9。如果在拐角处做成曲率半径为100～200mm的圆滑拐角时，空气阻力系数就可以减少30%。对于货车，应尽量使后部的车厢与前部的驾驶室等宽。带有闭式车厢的平头驾驶室，风窗与水平面的夹角不可太小，以70°左右为宜。半挂车的牵引车驾驶室上应安装导流板等装置。

(7) 为了减少汽车发动机冷却和车身内部通风所引起的空气阻力，应将空气散热器及通风系统的进气孔布置在汽车前脸和前风窗下部正压力较大的部位；出气孔最有利的位置则是发动机罩前端、车顶和侧面后部等负压力较大的地方。

应当指出，空气阻力系数C_D值是随车身底部的离地间隙、车身的俯仰角及侧向风的大小而变化的。一般应给出标定载荷下（轿车为半载）无侧向风时的空气阻力系数C_D值。

表1-7中列出部分汽车的空气阻力系数C_D和迎风面积A的数值。通常称空气阻力系数C_D和迎风面积A的乘积C_DA为空气阻力因数。

表1-7　部分汽车的空气阻力系数和迎风面积

车型	迎风面积 A/m^2	空气阻力系数 C_D	空气阻力因数 C_DA/m^2
轿车	1.3～2.4	0.3～0.55	0.39～1.32
货车	3.0～7.0	0.6～1.0	1.8～7
客车	4.0～7.0	0.5～0.8	2～5.6
吉尔 ЗИЛ130	4.0	0.941	3.764
别克 Elektra	2.3	0.49	1.13
桑塔纳 LX	1.89	0.425	0.803
波尔舍 904GTS	1.32	0.33	0.435
奥迪 100	2.05	0.31	0.636

3. 坡度阻力

当汽车上坡行驶时，汽车重力沿坡道方向的分力称为汽车的坡度阻力。如图1-24所示，坡道阻力F_i为

$$F_i = G\sin\alpha \tag{1-28}$$

式中：

G——作用于汽车上的重力，N；

α——道路的坡度角，(°)。

道路的坡度i用坡高h与相应的水平距离s之比来表示，即

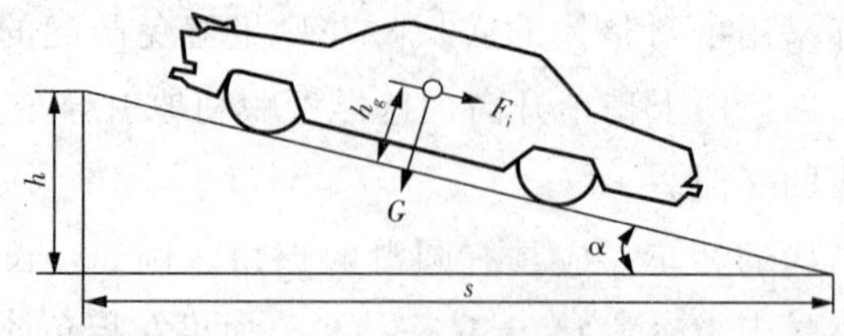

图 1-24 汽车的坡度阻力

$$i=\frac{h}{s}=\mathrm{tg}\alpha$$

根据我国颁布的公路工程技术标准，Ⅳ级公路在特殊的山岭重丘区，最大坡度为 9%。可见一般路面的坡度都较小。当 $\alpha<10°\sim15°$时，则

$$\sin\alpha\approx\mathrm{tg}\alpha=i$$

当坡度较大时，按上式近似计算结果误差较大，仍应按式（1-28）计算坡度阻力 F_{i}。图 1-25 表示了坡度 i 与坡度角 α 的换算关系。

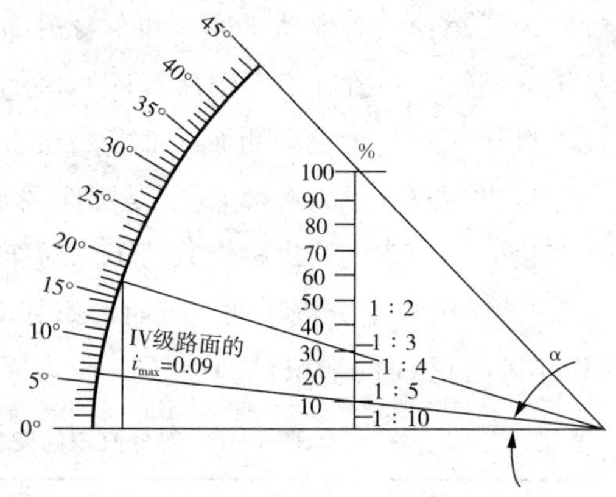

图 1-25 坡度与角度换算图

由于坡度阻力与滚动阻力均属于与道路有关的阻力，而且都与汽车重力成正比，故常将这两种阻力之和称为道路阻力，并以 F_ψ 表示，即

$$F_\psi=F_{\mathrm{f}}+F_{\mathrm{i}}=fG\cos\alpha+G\sin\alpha \tag{1-30}$$

令 $\psi=f\cos\alpha+\sin\alpha$，$\psi$ 称为道路阻力系数。当 α 不大时，$\cos\alpha\approx1$，$\sin\alpha\approx i$，则

$$F_\psi=G_{\mathrm{f}}+G_{\mathrm{i}}=G\,(f+i) \tag{1-31}$$

此时，道路阻力系数 $\psi=f+i$，则

$$F_\psi=G\psi \tag{1-32}$$

4. 加速阻力

汽车加速行驶时，需要克服由于其质量加速运动而产生的惯性力，即加速阻力 F_{j}。汽车的质量可分为平移质量和旋转质量两部分。汽车加速时，不仅汽车的平移质量产生惯性力，而且由于旋转质量的加速旋转还要产生惯性力偶矩。为了便于计算，一般把旋转质量的惯性力偶矩转化为平移质量的惯性力，并以大于 1 的系数 δ 计入，称之为旋转质量换算系数。因而汽车的加速阻力（N）为

$$F_{\mathrm{j}}=\delta m\frac{\mathrm{d}u}{\mathrm{d}t} \tag{1-33}$$

式中：δ——汽车旋转质量换算系数；

m——汽车质量，kg；

$\frac{\mathrm{d}u}{\mathrm{d}t}$——汽车行驶加速度，$\mathrm{m/s^2}$。

加速阻力 F_j 作用在汽车的质心上，其方向与加速度方向相反。

汽车上的旋转部件有发动机飞轮、各种轴及传动齿轮、车轮等。在一般进行汽车动力性计算时，只考虑发动机飞轮和车轮的旋转质量的影响，其他旋转质量的影响较小，可忽略不计。

如果以 I_f 表示发动机飞轮的转动惯量（$\mathrm{kg\cdot m^2}$）；$\sum I_w$ 表示所有车轮的转动惯量之和（$\mathrm{kg\cdot m^2}$）；ε_f 表示发动机飞轮的角加速度（$1/\mathrm{s^2}$）；ε_w 表示车轮的角加速度（$1/\mathrm{s^2}$）。当汽车加速时，飞轮与全部车轮产生的惯性力偶矩转换成车轮周缘的加速阻力之和，即

$$F_{jr}=\frac{I_f\varepsilon_f i_g i_0\eta_T+\sum I_w\varepsilon_w}{r} \tag{1-34}$$

由于飞轮的角加速度与车轮的角加速度的关系为

$$\varepsilon_f=i_g i_0\varepsilon_w$$

而车轮的角加速度与汽车加速度的关系为

$$\varepsilon_w=\frac{1}{r}\frac{\mathrm{d}u}{\mathrm{d}t}$$

所以

$$F_{jr}=\frac{I_f i_g^2 i_0^2\eta_T+\sum I_w}{r^2}\frac{\mathrm{d}u}{\mathrm{d}t} \tag{1-35}$$

将上式汽车旋转质量转化的惯性力和汽车平移质量的惯性力 $m\frac{\mathrm{d}u}{\mathrm{d}t}$ 相加即可得到加速总阻力

$$F_j=m\left(1+\frac{1}{m}\frac{\sum I_w}{r^2}+\frac{1}{m}\frac{I_f i_g^2 i_0^2\eta_T}{r^2}\right)\frac{\mathrm{d}u}{\mathrm{d}t} \tag{1-36}$$

将上式和（1-33）式相比较，显然

$$\delta=1+\frac{1}{m}\frac{\sum I_w}{r^2}+\frac{1}{m}\frac{I_f i_g^2 i_0^2\eta_T}{r^2} \tag{1-37}$$

令 $\delta_1=\frac{1}{m}\frac{\sum I_w}{r^2}$，$\delta_2=\frac{1}{m}\frac{I_f i_0^2\eta_T}{r^2}$，则

$$\delta=1+\delta_1+\delta_2 i_g^2 \tag{1-38}$$

式中 δ_1、δ_2 主要与车型有关。轿车 δ_1 在 0.05～0.07 之间；货车 δ_1 在 0.04～0.05 之间；一般汽车的 δ_2 均在 0.03～0.05 之间。

三、汽车行驶方程式

将上面分析的汽车驱动力和各种阻力之间关系的等式称为汽车的行驶方程式，即

$$F_t = F_f + F_w + F_i + F_j$$

$$\frac{T_{tq} i_g i_0 \eta_T}{r} = Gf\cos\alpha + \frac{C_D A u_a^2}{21.15} + G\sin\alpha + \delta m \frac{du}{dt} \tag{1-39}$$

此方程式表示了汽车直线行驶时驱动力与各种行驶阻力之间的数量关系，它在进行汽车动力性和经济性分析时十分有用。

汽车的行驶方程式，还可以通过对汽车各部分取隔离体进行严格的受力分析推导而得。

式（1－39）只是表明了各物理量之间的数量关系，这些并不表示真正作用于汽车上的外力。与驱动力和滚动阻力一样，作用在汽车质心上的惯性力并不是 $\delta m \frac{du}{dt}$，而应该是 $m \frac{du}{dt}$。此外，飞轮的惯性力偶矩是作用在汽车横截面上的。所以汽车行驶方程式中的加速阻力只是考虑汽车平移质量的惯性力和旋转质量惯性力偶矩对汽车运动影响总效应的一个数值。

第三节　汽车行驶的驱动—附着条件与汽车的附着力

一、汽车行驶的驱动—附着条件

由汽车行驶方程式可导出：

$$F_j = F_t - (F_f + F_w + F_i)$$

可见，当汽车驱动力等于滚动阻力、空气阻力和坡度阻力之和时，后备驱动力等于零，汽车将维持等速行驶；当汽车驱动力大于这三个阻力之和时，后备驱动力大于零，可用于克服加速阻力使汽车加速行驶；当驱动力小于三个阻力之和时，汽车将不能开动，正在行驶中的汽车将减速直至停车。所以，满足汽车行驶的第一个条件为

$$F_t \geqslant F_f + F_w + F_i \tag{1-40}$$

式（1－40）称为汽车行驶的驱动条件。

汽车行驶的驱动条件只是汽车行驶的必要条件，并不充分。如果汽车遇到冰雪坡道路面或驱动轮陷入泥坑，驱动轮在路面上滑转，汽车不能行驶。这时采用增大发动机转矩和传动系传动比等措施来增大汽车驱动力，其结果只能使驱动轮加速滑转，而汽车仍不能行驶。这种现象说明，驱动力受驱动轮和地面接触强度即轮胎与地面附着条件的限制。

无侧向力作用时，地面对轮胎切向反作用力的极限值称为附着力 F_φ。在硬路面上，

附着力 F_{φ} 与驱动轮的法向反作用力 F_Z 成正比，即

$$F_{\varphi}=F_Z\varphi$$

式中：φ——为附着系数，它是由轮胎、路面和使用条件决定的。

地面对驱动轮的切向反作用力不能大于附着力，否则驱动轮将会发生滑转。对于4×2型后轮驱动的汽车，则

$$F_{X2}\leqslant F_{Z2}\varphi$$

$$F_t-F_{f2}\leqslant F_{Z2}\varphi$$

$$F_t\leqslant F_{Z2}\varphi-F_{Z2}f$$

由于滚动阻力系数 f 比附着系数 φ 小得多，故可略去 $F_{Z2}f$ 项，上式可以近似写成

$$F_t\leqslant F_{Z2}\varphi$$

对于一般的汽车而言，上式可推广为

$$F_t\leqslant F_{Z\varphi}\varphi \tag{1-41}$$

式中：$F_{Z\varphi}$——作用于所有驱动轮上的法向反作用力，N。

式（1-41）称为汽车行驶的附着条件。

将式（1-40）和式（1-41）连起来写，可得

$$F_f+F_w+F_i\leqslant F_t\leqslant F_{Z\varphi}\varphi \tag{1-42}$$

式（1-42）为汽车能够行驶的必要与充分条件，称为汽车行驶的驱动—附着条件。

二、汽车的附着力

汽车附着力的大小取决于地面作用于驱动轮的法向反作用力和附着系数。而驱动轮的地面法向反作用力与汽车的总体布置、行驶状况及道路坡度有关。因此，有必要研究汽车在不同行驶条件下，作用于驱动轮的地面法向反作用力的变化情况。

如图1-26所示是汽车加速上坡时的受力图。图中的坡度阻力和加速阻力都被认为作用在汽车的质心上；空气阻力则作用在汽车风压中心上。

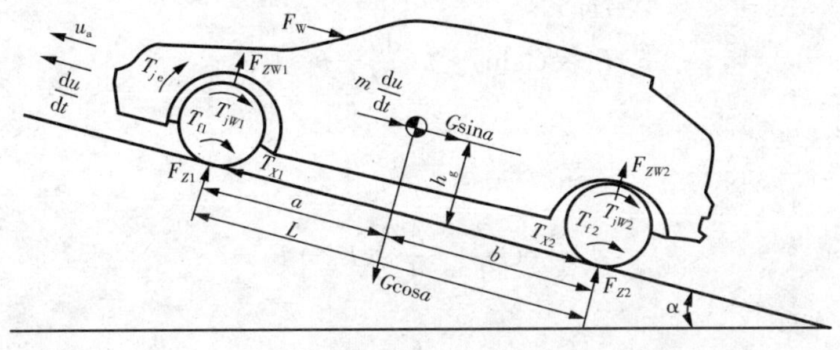

图1-26　汽车加速上坡受力图

在图1-26中：G 为汽车重力；α 为道路坡度角；h_g 为汽车质心高度；h_w 为风压中心

高度；F_w 为空气阻力；T_{je} 为作用于发动机飞轮上的惯性阻力偶矩；T_{f1}、T_{f2} 为作用在前后轮上的滚动阻力偶矩；T_{jw1}、T_{jw2} 为作用在前后轮上的惯性阻力偶矩；F_{Zw1}、F_{Zw2} 为作用在前后轮上的地面法向反作用力；F_{X1}、F_{X2} 为作用在前后轮上的地面切向反作用力；L 为汽车轴距；a、b 为汽车质心至前后轴的距离。

若将作用在汽车上的诸力对前后轮与路面接触面中心点取力矩，则

$$\left.\begin{aligned} F_{Z1}&=\frac{G\cos\alpha\ (b-fr)\ -Gh_g\sin\alpha-mh_g\dfrac{du}{dt}-\sum T_j-F_wh_w}{L}\\ F_{Z2}&=\frac{G\cos\alpha\ (a+fr)\ +Gh_g\sin\alpha+mh_g\dfrac{du}{dt}+\sum T_j+F_wh_w}{L}\end{aligned}\right\} \tag{1-43}$$

为了便于分析，可将上式简化。因一般道路的坡度较小，故 $\cos\alpha\approx1$；良好路面的滚动阻力系数值很小，令 $b-fr\approx b$，$a+fr\approx a$；$\sum T_j$ 的数值很小，可以忽略不计；对轿车而言，风压中心高和汽车质心高大致相等，即 $h_w\approx h_g$。这样，上式可写为

$$F_{Z1}=\frac{Gb-Gh_g\sin\alpha-mh_g\dfrac{du}{dt}-F_wh_g}{L}$$

$$F_{Z2}=\frac{Ga-Gh_g\sin\alpha-mh_g\dfrac{du}{dt}-F_wh_g}{L}$$

式中第一项为汽车静止时前、后轴上的静载荷，第二项为汽车在行驶过程中产生的动载荷。动载荷的绝对值随道路坡度与汽车行驶加速度的增加而增大。当汽车利用其极限附着能力以通过大坡度的道路和以大的加速度行驶时，动载荷的绝对值也达到最大值。此时，汽车的附着力与各行驶阻力有如下近似关系：

$$F_\varphi=G\sin\alpha+m\frac{du}{dt}+F_w+F_f$$

故

$$F_{Z1}=G\frac{b}{L}-\frac{h_g}{L}\ (F_\varphi-F_f)$$

$$F_{Z2}=G\frac{a}{L}+\frac{h_g}{L}\ (F_\varphi-F_f)$$

因此，对于后轴驱动的汽车，其附着力 $F_{\varphi2}$ 为

$$F_{\varphi 2}=F_{Z2}\varphi=\varphi\left[G\frac{a}{L}+\frac{h_g}{L}\left(F_{\varphi 2}-F_f\right)\right]$$

化简后得

$$F_{\varphi 2}=\frac{\varphi G\left(a-fh_g\right)}{L-\varphi h_g}$$

同理，前轮驱动汽车而言的附着力 $F_{\varphi 1}$ 为

$$F_{\varphi 1}=\frac{\varphi G\left(b+fh_g\right)}{L+\varphi h_g}$$

显然，对于四轮驱动的汽车，其附着力为

$$F_{\varphi 4}=\left(F_{Z1}+F_{Z2}\right)\varphi=G\varphi\cos\alpha\approx G\varphi$$

只有当汽车前、后轴驱动力的分配比值刚好等于其前、后轴法向反作用力的分配比值时，四轮驱动的汽车才能充分利用此附着力。

可见，在一定附着系数的路面上，不同驱动方式的汽车具有不同的附着力。只有四轮驱动的汽车才有可能充分利用汽车总重力产生的附着力。

常用附着利用率来描述汽车对附着潜力的利用程度。所谓附着利用率，即汽车的附着力占四轮驱动汽车附着力的百分比。如后轮驱动汽车的附着利用率为

$$F_{\varphi 2}/F_{\varphi 4}=\frac{a-f\,h_g}{L-\varphi\,h_g}\times 100\%$$

前轮驱动汽车的附着利用率为

$$F_{\varphi 1}/F_{\varphi 4}=\frac{b+f\,h_g}{L+\varphi\,h_g}\times 100\%$$

如图 1-27 所示为在不同路面附着系数下，不同驱动方式汽车的附着利用率曲线。假设参数为 $a=b=0.5L$，$h_g=0.35L$，$f=0.015$。由图可见，前轮驱动汽车的附着利用率不如后轮驱动汽车，道路附着系数愈高，两者差异愈大。为了满足汽车行驶的附着条件，一般前轮驱动轿车的质心都偏前布置，满载时前轴负荷应在 55%以上。

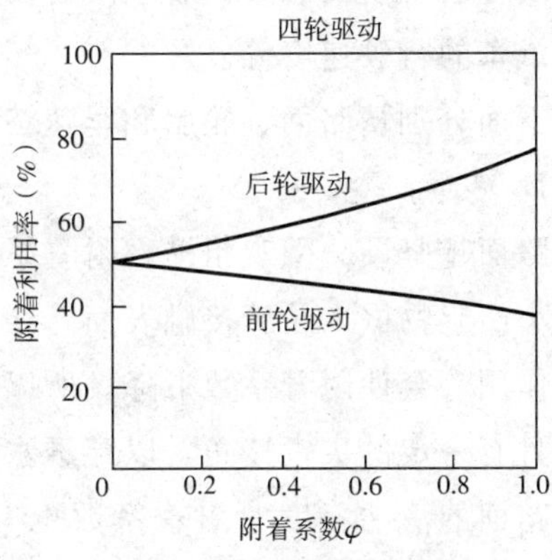

图 1-27 不同驱动方式汽车的附着利用率曲线

汽车质心位置与汽车受力情况有密切关系，对汽车的使用性能有很大影响，是汽车的重要参数之一。汽车的质心位置是由实验测得的。表1－8列出一些汽车的质心位置。

表 1－8　部分汽车的质心位置

车型	空　车			满　载		
	a/mm	b/mm	h_g/mm	a/mm	b/mm	h_g（mm）
东风 EQ1090	1964	1836	833	2822	978	
北京 BJ1040	1400	1400	712	1867	933	886
北京 BJ2020	1103	1197	680	1256	1044	750
天津 TJ210	990	1060	670	1240	810	700
三峰旅行车	1143	1457	695	1327	1273	802
马自达 1600	1103	1302	745	1322	1083	836
跃进 NJ230	1260	1500	720	1553	1207	874

三、影响附着系数的因素

提高附着系数可以增大汽车的有效驱动力和制动时的地面制动力，对汽车其他使用性能的改善也有重要意义。影响附着系数的主要因素有：路面的种类和状况、轮胎结构和气压、汽车的行驶速度等。

下面分别从路面、轮胎和车速三方面来讨论它们对附着系数的影响。

1. 路面

路面越坚硬、微观粗糙，附着系数越高。因为在硬路面上，轮胎变形大，路面上坚硬而微小凸起物嵌入轮胎接触表面，增大了接触强度。路面潮湿时，轮胎与路面间的水起着润滑作用，会使附着系数下降。所以，路面的宏观结构应具有自动排水功能，微观结构应粗糙且有一定的尖锐棱角，以穿透水膜直接与轮胎接触。

路面的清洁程度对附着系数也有影响。路面被细砂、尘土、油污、泥土等污物覆盖时，附着系数会降低，特别是在刚下雨时，附着系数会更低，有时会和冰雪路面一样滑。但经过较长时间雨水冲刷后，附着系数会有所回升。

汽车在松软土壤路面上行驶时，土壤变形大且抗剪强度较低，附着系数较小。潮湿、泥泞的土路抗剪强度更低，附着系数有明显的下降。表 1－9 为各种路面上的平均附着系数值。

表 1-9　轮胎与各种路面间的附着系数

路面类型	路面状况	高压轮胎	普通轮胎	越野轮胎
柏油或水泥路面	干燥	0.50～0.70	0.70～0.80	0.70～0.80
	潮湿	0.35～0.45	0.45～0.55	0.50～0.70
	污染	0.25～0.45	0.25～0.40	0.25～0.45
卵石路面	干燥	0.40～0.50	0.50～0.55	0.60～0.70
碎石路面	干燥	0.50～0.60	0.60～0.70	0.60～0.70
	潮湿	0.30～0.40	0.40～0.50	0.60～0.70
木块路面	干燥	0.50～0.70	0.60～0.75	0.60～0.70
	潮湿	0.30～0.40	0.40～0.50	0.50～0.60
土路	干燥	0.40～0.50	0.50～0.60	0.50～0.60
	潮湿	0.20～0.40	0.30～0.40	0.35～0.50
	泥泞	0.15～0.25	0.15～0.25	0.20～0.30
沙质荒地	干燥	0.20～0.30	0.22～0.40	0.20～0.30
	潮湿	0.35～0.45	0.40～0.50	0.40～0.50
粘土荒地	干燥	0.40～0.50	0.45～0.55	0.40～0.50
	潮湿	0.20～0.40	0.25～0.40	0.30～0.45
	稀湿	0.15～0.20	0.15～0.20	0.15～0.25
积雪荒地	松软	0.20～0.35	0.20～0.35	0.20～0.35
	压实	0.12～0.20	0.20～0.35	0.30～0.50
结冰路面	气温在零下状态	0.08～0.15	0.10～0.20	0.05～0.10

2. 轮胎

轮胎的花纹、结构尺寸、橡胶成分和质量及帘线的材料等对附着系数都有影响。具有细而浅花纹的轮胎在硬路面上有较好附着性能；具有宽而深花纹的轮胎，在松软路面可以增大嵌入轮胎花纹内土壤的剪切断面，从而达到提高附着系数的目的。

轮胎花纹可提高汽车抓地能力。胎面上的纵向曲折大沟槽和胎面边缘的横向沟槽，不仅使轮胎在纵向和横向均有较好的抓地能力，而且提高了在潮湿路面上的排水效果；胎面上大量的细微花纹在接地微小滑动过程中，进一步擦去接触面间的水膜，因而提高了轮胎附着系数。

增大轮胎与地面的接触面能提高附着能力，因此低气压、宽断面轮胎和子午线轮胎的附着系数要比一般轮胎高。

轮胎气压对附着系数影响很大。在硬路面和松软路面上，降低轮胎气压可增大轮胎与地面接触面积，因而附着系数明显提高，如图 1-28 所示。

当然，轮胎的磨损程度也会影响附着能力。新轮胎的附着系数很高，随着胎面花纹深度的减小，附着系数将显著降低。

此外，轮胎胎面的橡胶性质也是影响附着性能的重要因素，例如胎面胶为天然橡胶的轮胎，在低温下附着系数要比一般的合成橡胶轮胎高得多。

3. 车速

汽车的行驶速度对附着系数有一定的影响。随着行驶速度的提高，多数情况下附着系数是降低的。如图 1-29 所示，在硬路上提高汽车行驶速度时，由于胎面来不及与路面微观凹凸构造很好地嵌合，所以附着系数有所下降；在松软路面上，由于高速行驶的车轮极容易破坏土壤的结构，同时土壤也不能和胎面花纹很好地嵌合，所以提高行驶速度也会使附着系数降低；在潮湿路面上高速行驶的汽车，轮胎与路面间的水不易排出，附着系数明显降低，当汽车高速通过有积水层的路面时，由于流体压力的影响，会出现使轮胎上浮的现象，这种现象称为滑水现象。滑水现象大大减小了胎面与地面的附着能力。由实验得知，在车速为 100km/h，水膜厚度为 10mm 时，附着系数接近于零，即已发生了滑水现象。只有一种和上述不同的情况，即在结冰路面上，适当提高行驶速度，附着系数会略有提高。这是因为冰层接触轮胎受压时间短，接触面不易形成水膜的原故。但是，在结冰路面上车速还受到行车安全及其他性能的限制。

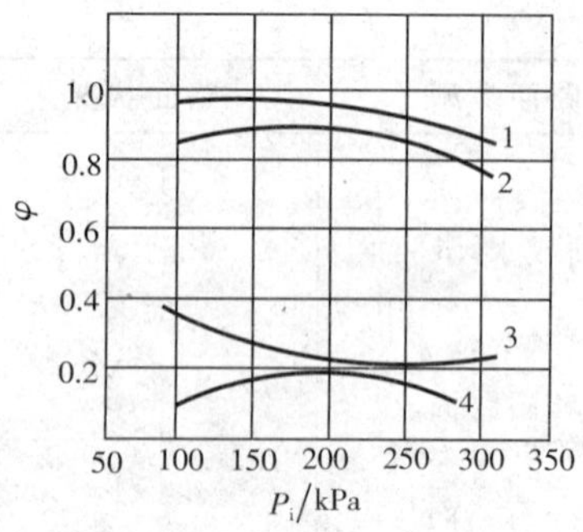

图 1-28　附着系数 φ 与轮胎气压 P_i 的关系

1—干燥泥凝土路面　2—湿混凝土路面

3—软路面　4—积雪路面

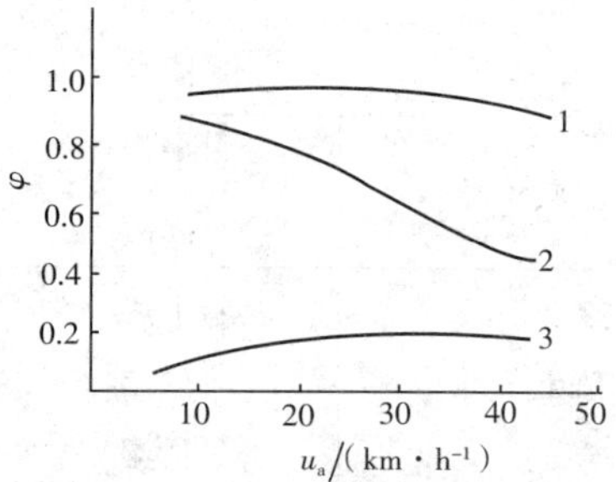

图 1-29　附着系数 φ 与转速 u_a 的关系

1—干燥泥路面　2—潮湿路面　3—结冰路面

第四节　汽车的动力性分析

汽车的动力性分析，就是用汽车的驱动力—行驶阻力平衡图、汽车的动力特性图和汽车的功率平衡图三种方法求解汽车动力性主要指标，为评价汽车的动力性提供科学的依据。

一、汽车的驱动力—行驶阻力平衡图

前面已得出汽车的行驶方程式：

$$F_t = F_f + F_w + F_i + F_j$$

或
$$\frac{T_{tq}i_g i_0 \eta_T}{r}=Gf\cos\alpha+\frac{C_D A u_a^2}{21.15}+G\sin\alpha+\delta m\frac{du}{dt}$$

上述公式表明汽车行驶时驱动力与各种行驶阻力间的相互平衡关系。当发动机的外特性、变速器传动比、主减速比、传动效率、车轮半径、空气阻力系数、汽车的迎风面积及汽车的质量等参数初步确定后，便可确定汽车在附着性能良好路面上的动力性指标。

为了清晰而形象地表明汽车行驶时的受力情况及其平衡关系，一般用图解法分析汽车行驶方程式，进一步求出动力性评价指标，即在如图1－11所示的汽车驱动力图上将汽车行驶时经常遇到的滚动阻力和空气阻力叠加后以相同的坐标和比例尺画上，得到汽车驱动力—行驶阻力平衡图。

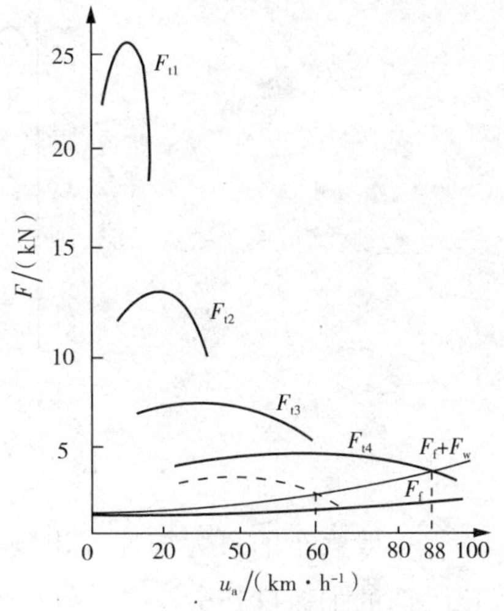

图1－30　汽车驱动力—行驶阻力平衡图

如图1－30所示为具有四挡变速器汽车的驱动力—行驶阻力平衡图。

下面具体说明汽车动力性三项评价指标。

1. 确定最高车速

最高车速（u_{amax}）是指汽车在良好水平路面上直线行驶时能达到的最高行驶车速。所以，此时汽车应以最高挡行驶，且坡度阻力和加速阻力皆为零。由汽车行驶方程式可知，此时 $F_t=F_f+F_w$，汽车受力处于相对稳定的平衡状态。显然，图上 F_{t4} 曲线与 F_f+F_w 曲线相交点所对应的车速便是汽车的最高车速。

从图中还可以看出，当行驶车速低于最高车速时，驱动力大于行驶阻力。汽车可以利用剩余驱动力 $F_t-(F_f+F_w)$ 加速或爬坡。若汽车需要以低于最高车速的速度行驶时，驾驶员可关小节流阀开度，发动机用部分负荷特性工作，相应的驱动力曲线如虚线所示。驱动力和行驶阻力得到新的平衡。

2. 确定汽车的加速能力

汽车的加速能力直接影响汽车平均行驶速度和汽车行驶安全。通常用加速时间来表明汽车的加速能力。加速时间有原地起步加速时间和超车加速时间。例如汽车用直接挡行驶时，由最低稳定车速加速到一定距离或某一较高车速所需的时间表明其加速能力，可根据图1－30求出汽车的加速时间。

假设汽车在良好水平路面上行驶，坡度阻力为零，因此由汽车行驶方程式得

$$\frac{du}{dt}=\frac{1}{\delta m}[F_t-(F_f+F_w)]$$

上式说明各挡剩余驱动力全部用来使汽车加速。显然，如图1－30所示可找出各挡下

每个车速的剩余驱动力，再根据上式进行计算，便可得到各挡油门全开时的加速度曲线，如图 1－31 所示。

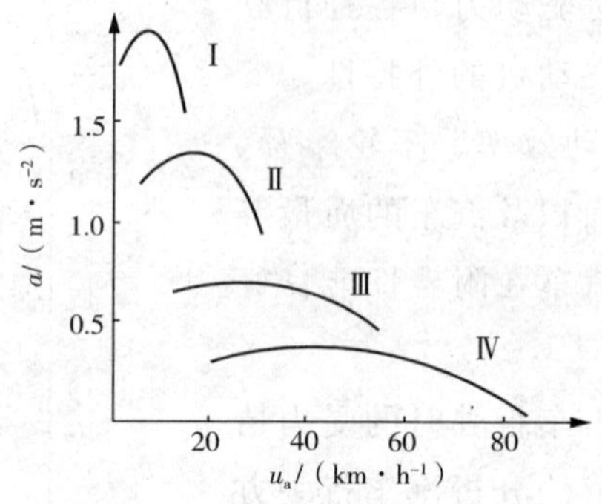

图 1－31　汽车的行驶加速曲线图

一般汽车的最大加速度出现在Ⅰ挡，但有的汽车Ⅰ挡的 δ 值过大，Ⅱ挡的加速度可能比Ⅰ挡的加速度还大。

根据图 1－31 可求出由某一较低车速 u_{a1} 加速至另一较高车速 u_{a2} 所需的时间。

由运动学可知：

$$\mathrm{d}t=\frac{1}{a_{\mathrm{j}}}\mathrm{d}u$$

所以

$$t=\int_{0}^{t}\mathrm{d}t=\int_{u1}^{u2}\frac{1}{a_{\mathrm{j}}}\mathrm{d}u=A$$

式中：a_{j}——汽车的加速度，$\mathrm{m/s^2}$。

加速时间可用计算机进行积分计算，也可以用图解积分法计算。用图解积分法时，将如图 1－31 所示 $a_{\mathrm{j}}-u_{\mathrm{a}}$ 曲线转换成 $\frac{1}{a_{\mathrm{j}}}-u_{\mathrm{a}}$ 曲线，如图 1－32a 所示。以直接挡加速度倒数曲线为例，如图 1－32b 所示，作图时，选择横坐标 $a\mathrm{mm}=1\mathrm{km/h}$、纵坐标 $b\mathrm{mm}=1\mathrm{s^2/m}$ 作为比例尺。将加速过程中的速度区间分为若干间隔（常取为 5km/h 为间隔），分别求出 Δ_1、Δ_2、Δ_3、…、Δ_n 的面积，则从 u_0 加速到 u_1 的时间（s）为

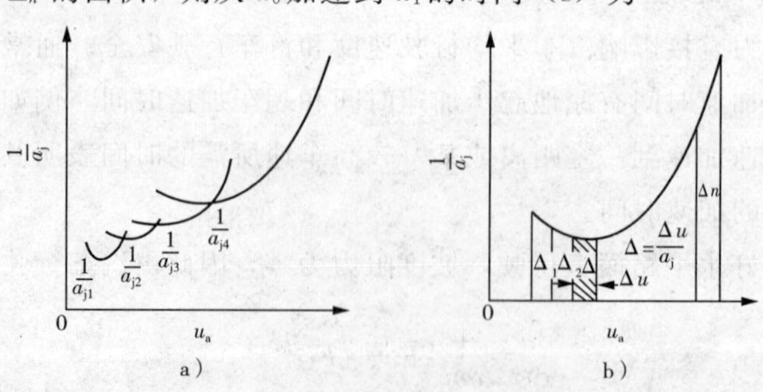

图 1－32　汽车的加速度倒数曲线

$$t_1=\frac{\Delta_1}{3.6ab}$$

从 u_0 加速到 u_2 的时间（s）为

$$t_2=\frac{\Delta_1+\Delta_2}{3.6ab}$$

一直计算到从 u_0 加速到 u_n 的时间为

$$t_n=\frac{\Delta_1+\Delta_2+\cdots+\Delta_n}{3.6ab}$$

根据不同情况，可计算出原地起步加速时间和超车加速时间曲线，如图 1－33 所示。

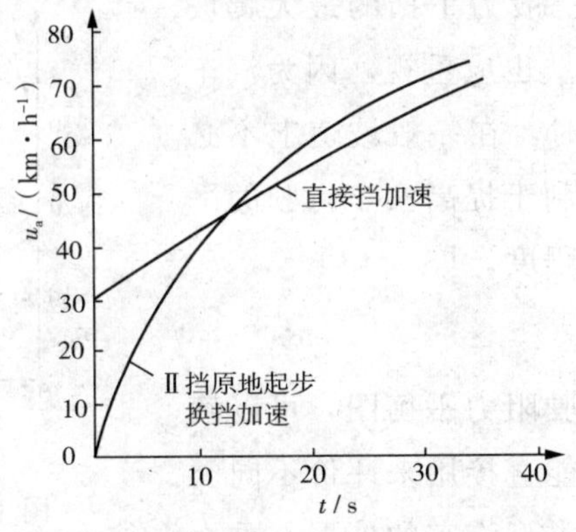

图 1－33　计算得出的某汽车加速时间曲线

在进行一般汽车动力性分析而计算原地起步加速时间时，为了使问题得到简化，往往忽略原地起步时离合器打滑的过程，即假设在最初时刻，汽车已具有起步挡位的最低车速，并忽略换挡操作的时间损失。从理论上讲，加速过程中的换挡时机可根据 $\frac{1}{a_j}-u_a$ 曲线来确定，如图 1－32a 所示。若Ⅰ挡与Ⅱ挡的加速度倒数曲线有交点，显然，为获得较短的加速时间，应在交点对应车速由Ⅰ挡换入Ⅱ挡。若Ⅰ挡与Ⅱ挡加速度倒数曲线不相交时，则应在Ⅰ挡加速行驶至发动机最高转速时换入Ⅱ挡。其他各挡间的换挡时机也按此原则确定。但实际上，汽车起步加速过程中换挡会有时间损失，无论各挡的加速度倒数曲线有无交点，实际操作时都不能保证换挡前后的速度不变，换挡的时间损失可按每换一次挡 0.4～0.6s 估算。

如需较准确地计算汽车原地起步加速时间，可用数值积分的方法对汽车原地起步加速过程进行计算机模拟计算。

3. 确定汽车的爬坡能力

汽车的爬坡能力指汽车满载时在良好路面上等速行驶能爬过的最大坡度。此时，汽车驱动力除克服滚动阻力和空气阻力外，剩余驱动力全部用来克服坡度阻力，所以其加速度为零，汽车行驶方程式为

$$F_i = F_t - (F_f + F_w)$$

式中，$F_f = Gf\cos\alpha$，由于良好路面上的滚动阻力系数 f 值较小，且令 $\cos\alpha \approx 1$，则有

$$G\sin\alpha = F_t - (F_f + F_w)$$

求得

$$\alpha = \arcsin\frac{F_t - (F_f + F_w)}{G}$$

根据图 1－30 所示找出各挡位下相应车速的剩余驱动力，就可以求出各挡位下相应车速时能爬过的坡度角，再根据 $\mathrm{tg}\alpha = i$ 求出坡度值，即可作出汽车各挡的爬坡度图，如图 1－34所示。

汽车的最大爬坡度 i_{max} 一般为 Ⅰ 挡的最大爬坡度。直接挡的最大爬坡度 i_{0max} 也应重视，因为汽车经常用直接挡行驶，i_{0max} 大时，在一般坡道上不必换入低挡即可通过，这样有利于提高汽车行驶的平均速度和减轻驾驶员的疲劳程度。

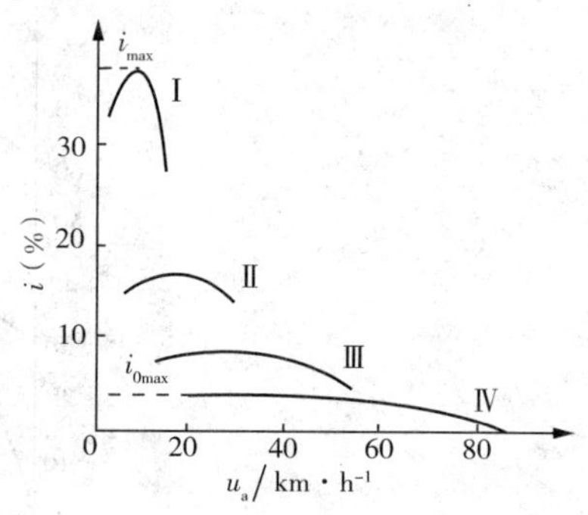

图 1－34　汽车的爬坡度图

二、汽车的动力特性图

利用汽车的驱动力—行驶阻力平衡图，可以确定汽车的动力性指标。但不能直接用来评价不同类型汽车的动力性。因为不同类型汽车的外形、重力不同，直接影响与它们有关的阻力。所以不能简单地根据汽车驱动力的大小来判断汽车动力性的好坏。

因此，要确定一个能够直接比较不同类型汽车动力性能的参数，必须设法消除在行驶阻力方面因车型而异的一些因素，它们包括汽车的重力和空气阻力。为此，提出了动力因数的概念。

将汽车行驶方程写成

$$F_t - F_w = Gf\cos\alpha + G\sin\alpha + \delta m\frac{\mathrm{d}u}{\mathrm{d}t}$$

等式两边除以汽车的重力

$$\frac{F_t - F_w}{G} = f\cos\alpha + \sin\alpha + \frac{\delta}{g}\frac{\mathrm{d}u}{\mathrm{d}t}$$

令 $D = \frac{F_t - F_w}{G}$，则

$$D = f\cos\alpha + \sin\alpha + \frac{\delta}{g}\frac{\mathrm{d}u}{\mathrm{d}t} \tag{1-44}$$

D 被称为汽车的动力因数，它是指单位汽车总重力所具有的剩余驱动力，它可以克服相应的道路阻力和加速阻力。常将动力因数作为表征汽车动力性的指标。

根据动力因数的定义，可作出汽车在各挡下的动力因数与行驶车速的关系曲线图，称为汽车动力特性图，如图 1-35 所示。在动力特性图上，以相同的比例尺作出滚动阻力系数随车速变化关系曲线，可方便地求出汽车动力性评价指标。

1. 确定最高车速

根据最高车速的定义可知，此时 $\alpha=0$，$\frac{\mathrm{d}u}{\mathrm{d}t}=0$，故式（1-44）可写成

$$D=f$$

显然，f 曲线与直接挡 $D—u_a$ 曲线交点所对应的车速即为汽车的最高车速 u_{amax}。

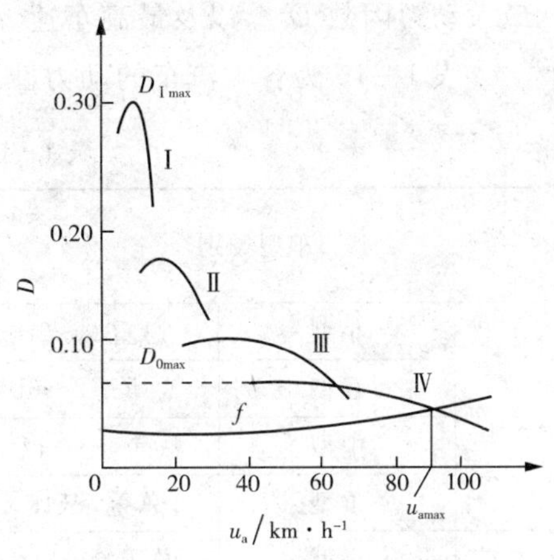

图 1-35　汽车的动力特性图

2. 确定汽车的加速能力

评价汽车的加速能力系指汽车在水平良好路面上进行加速行驶，此时 $i=0$，故式（1-44）为

$$D=f+\frac{\delta}{g}\frac{\mathrm{d}u}{\mathrm{d}t}$$

则

$$\frac{\mathrm{d}u}{\mathrm{d}t}=\frac{g}{\delta}(D-f)$$

上式表明，在动力特性图上某一速度时，动力因数曲线和滚动阻力系数曲线间距离（$D-f$）的 $\frac{g}{\delta}$ 倍就是处于该速度时所能达到的加速度。只要能确定汽车各挡位下的旋转质量换算系数，就可以绘制如图 1-31 所示的汽车加速度图，然后换算成加速时间。

3. 确定汽车最大爬坡度

求汽车在各挡位下能爬过的坡度时，由于 $\frac{\mathrm{d}u}{\mathrm{d}t}=0$，则式（1-44）为

$$D=f\cos\alpha+\sin\alpha$$

求最大爬坡度时，则上式为

$$D_{max}=f\cos\alpha_{max}+\sin\alpha_{max}$$

一般用上式求Ⅰ挡的最大爬坡度，即解三角方程：

$$D_{\mathrm{I}max}=f\cos\alpha_{\mathrm{I}max}+\sin\alpha_{\mathrm{I}max}$$

得

$$\alpha_{\mathrm{I}max}=\arcsin\frac{D_{\mathrm{I}max}-f\sqrt{1-D_{\mathrm{I}max}^2+f^2}}{1+f^2}$$

然后，再根据 $\mathrm{tg}\alpha_{\mathrm{I}\,max}=i_{\mathrm{I}\,max}$ 换算成最大爬坡度。

当坡度不大时，令 $\cos\alpha\approx1$，$\sin\alpha\approx i$，则

$$D=f+i$$

即

$$i=D-f$$

就是说，在动力特性图上，动力因数曲线和滚动阻力系数曲线间的距离即为汽车的爬坡度。

一般在汽车动力特性图上标出以下重要参数：I挡的最大动力因数 $D_{\mathrm{I}\max}$，最高挡的最大动力因数 $D_{0\max}$ 以及最高车速 $u_{a\max}$ 等。

表1-10为各类汽车的动力性参数范围。

表1-10　各类汽车的动力性参数范围

车型类别			直接挡最大动力因数 $D_{0\max}$	头挡最大动力因数 $D_{0\max}$	最高车速 /km·h^{-1}	比功率 /kW·t^{-1}
货车	小型	总重0～2t	0.06～0.10	0.30～0.40	80～120	15～35
	轻型	总重>2～6t	0.05～0.08	0.30～0.40	84～120	9.6～22
	中型	总重>6～14t	0.05～0.06	0.30～0.35	75～110	7.4～12
	重型	总重>14t	0.04～0.06	0.30～0.35	70～100	7.4～13
客车	小型	总重0～14t	0.05～0.08	0.20～0.35	80～120	15～23.5
	中型、大型	总重>4～19t	0.04～0.06	0.20～0.35	70～100	6.6～8.8
	铰接通道式	总重>18t	0.03～0.04	0.12～0.15	55～85	3.7～8.1
轿车	微型级	排量0～0.9L	0.07～0.10	0.30～0.40	90～120	18～51.7
	轻级	排量>0.9～2L	0.08～0.12	0.30～0.45	120～170	37～66
	中级	排量>2～4L	0.10～0.15	0.30～0.50	130～220	44～73.5
	高级	排量>4L	0.14～0.20	0.30～0.50	140～190	52～110
矿用自卸车			0.03～0.05	0.30～0.50	54～70	4.4～5.9

三、汽车的功率平衡图

用汽车驱动力与行驶阻力间的平衡关系及汽车的动力特性可以确定汽车的各项动力性指标。但要进一步分析发动机特性对汽车动力性的影响、传动系传动比的选择及汽车的燃油经济性等问题时，就要用到汽车的功率平衡。

汽车行驶时，不仅驱动力和行驶阻力相互平衡，发动机功率和汽车行驶的阻力功率也总是平衡的，即

$$P_e=\frac{1}{\eta_T}(P_f+P_w+P_i+P_j) \tag{1-45}$$

式中：P_f——克服滚动阻力消耗的功率，kW；

P_w——克服空气阻力消耗的功率，kW；

P_i——克服坡度阻力消耗的功率，kW；

P_j——克服加速阻力消耗的功率，kW。

上式称为汽车的功率平衡方程式。

由理论力学知识可知，功率等于力和沿力作用方向上运动速度的乘积，即 $P=Fu$，根

据此式求出汽车行驶时，克服各种阻力消耗的功率。

克服滚动阻力消耗的功率（kW）为

$$P_f=\frac{Gf\cos\alpha u_a}{1000\times3.6}=\frac{Gf\cos\alpha u_a}{3600}$$

式中：1000——换算系数，1000N · m/s＝1kW；

3.6——换算系数，1m/s＝3.6km/h。

克服空气阻力消耗的功率（kW）为

$$P_w=\frac{C_DAu_a^3}{3600\times21.15}=\frac{C_DAu_a^3}{76140} \tag{1-46}$$

克服上坡阻力消耗的功率（kW）为

$$P_i=\frac{G\sin\alpha u_a}{3600}$$

克服加速阻力消耗的功率（kW）为

$$P_i=\frac{\delta mu_a}{3600}\frac{du}{dt}$$

将上述各种阻力消耗的功率（kW）表达式代入式（1－45），则得

$$P_e=\frac{1}{\eta_T}\left(\frac{Gf\cos au}{3600}+\frac{C_DAu_a^3}{76140}+\frac{G\sin\alpha u_a}{3600}+\frac{\delta mu_a}{3600}\frac{du}{dt}\right)$$

当道路坡度较小时，令 $\cos\alpha\approx1$，$\sin\alpha\approx i$，则上式为

$$P_e=\frac{1}{\eta_T}\left(\frac{Gfu_a}{3600}+\frac{C_DAu_a^3}{76140}+\frac{Giu_a}{3600}+\frac{\delta mu_a}{3600}\frac{du}{dt}\right) \tag{1-47}$$

与汽车驱动力—行驶阻力平衡图一样，功率平衡方程式也可以用图解法求汽车动力性评价指标。若以纵坐标表示功率，横坐标表示汽车行驶速度，首先利用式（1－14）将发动机使用外特性中的 P_e-n 曲线转化为各个挡位的 P_e-u_a 曲线，再作出汽车经常遇到的阻力功率 $\frac{1}{\eta_T}$（P_f+P_w）和行驶车速的关系曲线，即得汽车功率平衡图，如图 1－36 所示。

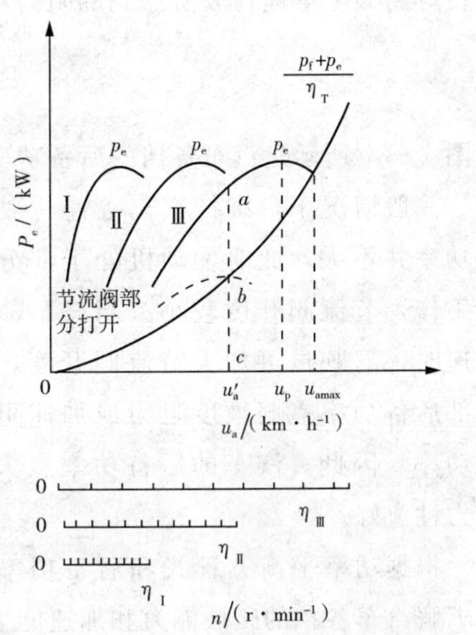

图 1－36　汽车的功率平衡图

由图 1－36 可见，在不同挡位时，发动机功率的起始值、最大值及终点值大小不变，只是各挡位下发动机功率曲线所对应的车速位置不同。且低挡时车速低，所占速度变化区域窄；高挡时车速高，所占速度变化区域宽。

滚动阻力功率 P_f 在低速区域内为一条直线，在高速时，P_f 为行驶速度 u_a 的二次或三次函数关系；空气阻力功率 P_w 则为行驶速度 u_a 的三次函数，二者叠加后，阻力功率曲线 (P_f+P_w) —u_a 是一条斜率越来越大的曲线，如图 1-36 所示。所以高速行驶的汽车，其发动机功率主要用来克服空气阻力所消耗的功率。

汽车在水平良好路面上以最高车速行驶时，$i=0$，$\frac{du}{dt}=0$，则

$$P_e=\frac{1}{\eta_T}(P_f+P_w)$$

即发动机在直接挡功率曲线与阻力功率曲线交点相对应的车速，便是汽车的最高车速 u_{amax}。

一般汽车最高挡时发动机最大功率对应的车速 u_p 等于或略小于最高车速。

当汽车要以低于最高车速 u_{amax} 的 u'_a 速度行驶时，驾驶员可减小节流阀开度，发动机以部分负荷特性工作，其功率曲线如图 1-36 中的虚线所示，以维持汽车等速行驶。此时，汽车的阻力功率为

$$\frac{1}{\eta_T}(P_f+P_w)=\overline{bc}$$

但发动机在汽车行驶速度 u'_a 时的最大功率为 $P_e=\overline{ac}$，如图 1-36 所示，则

$$P_e-\frac{1}{\eta_T}(P_f+P_w)=\overline{ac}-\overline{bc}=\overline{ab}$$

$\overline{ab}$ 段的功率可用来爬坡或加速。

当汽车以低于最高车速的某一车速行驶时，发动机输出的最大功率与以同样车速在水平良好路面上等速行驶所遇到的阻力功率之差，称为汽车在该车速时的后备功率，即

$$P_e-\frac{1}{\eta_T}(P_f+P_w)$$

如图 1-37 所示是汽车各挡的后备功率曲线。

一般情况下，维持汽车等速行驶所需发动机功率并不大，此时发动机处于部分负荷特性下工作，节流阀开度较小。当汽车需要爬坡或加速时，驾驶员可加大节流阀开度，用部分或全部后备功率克服坡度阻力或加速阻力所消耗的功率。因此，汽车的后备功率愈大，汽车的动力性愈好。

根据功率平衡方程式和后备功率的概念也可求解汽车各挡的爬坡能力和加速能力。

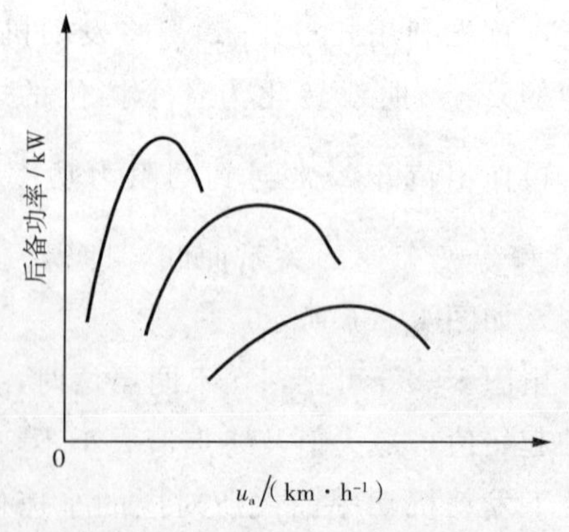

图 1-37 汽车的后备功率

利用功率平衡图可以形象地表明后备功率、发动机负荷率等概念，有利于深刻理解汽车动力性及燃油经济性等问题。

第五节　影响汽车动力性的主要因素

汽车的动力性与发动机性能参数、汽车结构参数以及运用条件密切相关。下面将从这三方面讨论各种因素对汽车动力性的影响。

一、发动机性能参数

发动机的最大功率、最大转矩及外特性曲线的形状对汽车的动力性影响最大。在附着条件允许的前提下，发动机功率和转矩愈大，汽车的动力性就愈好。因为发动机功率愈大，其后备功率也大，加速和爬坡性能好；而发动机转矩愈大，在传动系传动比一定时，最大动力因数较大，也相应地提高了汽车的加速和爬坡能力。但发动机功率过大，一方面会导致发动机尺寸、质量、制造成本增大和常用条件下发动机负荷率太低，不利于降低汽车的整备质量、整车成本和提高燃油经济性；另一方面，汽车驱动力的提高受到道路附着条件的制约，不能无限地增大，所以过分地增大发动机功率和转矩对汽车的动力性是无益的。

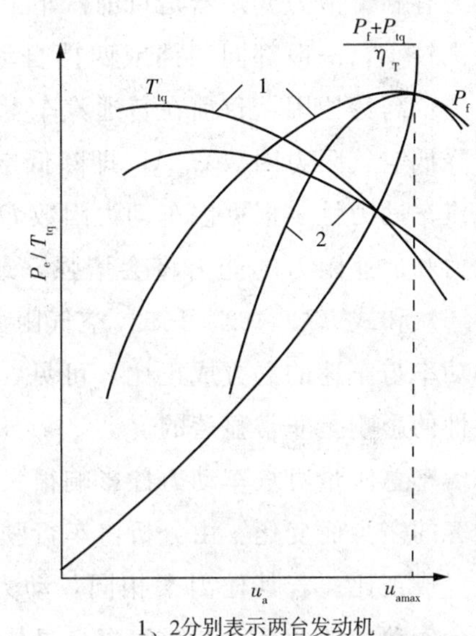

1、2分别表示两台发动机

图 1－38　发动机外特性曲线形状对动力性的影响

如图 1－38 所示，发动机外特性曲线的形状对汽车动力性有明显的影响。虽然两台发动机的最大功率及其相对应的转速相同，所确定的最高车速也相同，但由于外特性曲线形状不同，显然外特性曲线 1 在相同的挡位下低速运行时有较大的后备功率，使汽车具有较好的加速能力和爬坡能力。从转矩曲线也可看出，外特性曲线 1 的转矩值随车速降低而增高的幅度较大，这样不仅可以提高汽车克服道路阻力和短期超负荷能力，而且也可以减少换挡次数。常用发动机适性系数评价发动机适应汽车行驶阻力变化的能力。发动机适应性系数 K 为发动机最大转矩 T_{tqmax} 与发动机最大功率时相应的转矩 T_{tqp} 之比值。一般汽油机的 K 值在 1.1～1.3 之间，柴油机的 K 值相对更小。

二、汽车结构参数

传动效率直接影响汽车的动力性。传动效率越高，传动功率损失越小，传至驱动轮的有效功率越大，汽车的动力性就更好。根据使用条件，合理地选用润滑油和在润滑油中加

入减磨添加剂对提高传功效率有明显的效果。

主减速器传动比的大小，对汽车动力性有很大的影响。如果变速器的最高挡为直接挡，主减速器传动比将决定汽车的最高车速和低于最高车速行驶时的超车加速能力。这都是汽车动力性的重要评价指标。所以合理地选择主减器传动比是非常重要的。这部分内容将在后述章节中详细分析。

为了扩大发动机转矩的变化范围以适应汽车的各种行驶阻力，必须在传动系中采用变速器，其中，变速器的头挡传动比和变速器的挡数对汽车的动力性有显著的影响。变速器头挡传动比对汽车动力性的影响最大，它直接影响汽车起步加速性能和最大爬坡能力，这是因为头挡传动比愈大，该挡的最大驱动力和动力因数也就愈大。当然它们增大的程度也受到附着条件的限制。增加变速器的挡数，相当于增加了发动机发挥最大功率附近较高功率段的机会，有利于提高汽车的加速能力和爬坡能力。如挡数增至无穷多时，则称之为无级变速。采用无级变速时，其驱动力图为双曲线，对汽车克服行驶阻力、提高平均行驶速度极为有利。液力变矩器是目前汽车上使用最多的一种无级变速器，液力变矩器的转矩变化范围较小，一般都同三挡或四挡自动机械变速器串联使用。因为液力变矩器传动效率低、造价高等原因，目前在普通汽车上尚未能得到普遍使用。

降低空气阻力因数 C_DA，即降低空气阻力系数 C_D 和减小汽车迎风面积 A，可相应地提高汽车动力性。根据汽车动力因数 D 的定义，空气阻力愈小，动力因数愈大，其克服道路阻力和加速阻力的能力将会增强，最高车速也将会增大，于是动力性变得更好。由式（1－26）和式（1－46）可知，空气阻力与汽车行驶速度的平方成正比，克服空气阻力消耗的功率与车速的立方成正比。可见，对高速行驶的汽车来说，空气阻力因数 C_DA 对其动力性的影响是非常显著的。

汽车总质量对汽车动力性影响很大。汽车在使用过程中，其总质量的大小随运载货物和乘客的多少而变化。由分析汽车行驶阻力可知：除空气阻力外，其他行驶阻力都与汽车总质量成正比。若其他因素相同，动力因数则与汽车总质量成反比。可见增加汽车总质量，会使动力性变坏。减轻汽车自身质量是降低汽车总质量的有效途径，因此现代汽车越来越广泛地采用轻金属材料和非金属材料。减轻汽车自身质量不仅可提高汽车的动力性，而且对改善汽车燃油经济性也有十分重要的意义。

轮胎的尺寸与结构对汽车的动力性也有影响。对某一种型号汽车而言，其驱动力与车轮半径成反比，而行驶速度与车轮半径成正比。显然，车轮半径的大小，对汽车动力性的不同评价指标的影响是不同的。目前，在良好路面上行驶的汽车，车轮半径有减小的趋势。轮胎尺寸减小，可降低汽车自身质量，在附着系数较大的良好路面上，可增大驱动力，同时也降低了汽车的质心高度，从而提高了汽车的行驶稳定性。在发动机转速和功率允许的情况下，可用减小主减速器传动比的方法来提高汽车的行驶速度。经常在软路面或恶劣路面上行驶的越野汽车，由于其行驶速度不高，要求轮胎尺寸大些，主要是为了增大轮胎与路面间的附着能力和离地间隙，以利于提高越野汽车的通过性能。

三、汽车运用因素

运用因素对汽车动力性有重要影响，一辆动力性良好的汽车，若使用、保养和调整不当，就可能降低发动机有效输出功率和传动系的机械效率，从而使汽车的动力性变坏。

发动机的技术状况是保证汽车动力性的关键。需要正确保养和调整的有：混合气的浓度、点火时间、润滑油的选择和更换、冷却水的温度和气门间隙等。只有保持发动机应有的输出功率和转矩，才能保证汽车的动力性不下降。

汽车底盘的技术状况直接影响传动系的机械效率。传动系各部轴承紧度、制动器、离合器、前轮定位角等调整不当，润滑油的品种、质量、数量和温度不当，都会增大传动系的功率损失，使机械效率下降，影响汽车动力性的正常发挥。

运用条件主要指道路条件、气候条件及海拔高度等。道路的附着系数大、滚动阻力系数小、弯道少，汽车的动力性就好。若汽车行驶在坏路和无路的状况下，由于路面与轮胎间的附着系效减小、滚动阻力增加，因而使汽车动力性变坏。另外，风、雨、雪、高温、严寒等气候条件均不利于汽车的动力性。在高原地区行驶的汽车，由于海拔高，气压低，使发动机充气量下降，从而导致发动机有效功率下降。试验证明在海拔 400m 的高原地区，发动机功率比原来降低 40％～45％。

提高驾驶技术，有利于发挥汽车的动力性。如加速时能适时迅速地换挡，减少加速时间；熟练换挡、合理冲坡，将有助于提高汽车的爬坡能力。

第六节　汽车动力性试验

汽车的性能试验在汽车技术中占有极重要的位置。不但即将投产的汽车需要做鉴定试验，以检验汽车的各种使用性能是否达到设计要求，而且改装和修理后的汽车也要进行试验，检验是否符合使用要求。为了比较不同类型、不同厂家的汽车性能，有时还要做对比试验。因此，汽车使用性能试验对汽车的研究、设计制造及使用管理都有重要的意义。

汽车使用性能试验可分为道路试验和室内试验两种。由于试验仪器、设备的不同和更新，试验的具体方法也不完全相同。以下仅就汽车动力性试验的一般条件、主要项目及方法作简要介绍。

一、道路试验

汽车动力性道路试验主要是测定汽车的最高车速、加速能力、最大爬坡度等动力性评价指标。

1. 一般试验条件

根据汽车道路试验的国家标准规定，试验应在清洁、干燥、平坦，用沥青或混凝土铺装的直线道路上进行；道路长 2～3km，宽不小于 8m，纵向坡度在 0.1％以内；按试验要求，在试验区段的起点和终点等需要有标志的地方，用红白相间且高为2m的标杆插于路旁，每一标志点，在垂直于路面纵向中心线方向上插两根，相距2m左右。

试验应在无雨无雾天气时进行，大气温度在0℃～40℃之间，相对湿度小于95%，风速不大于3m/s。

汽车试验时，其装载质量为厂定最大装载质量。装载质量应均匀分市，并保证装载质量的大小和分布在试验过程中不变。乘员平均质量按65kg计算，可用相同质量的重物代替。

试验汽车使用的燃料、润滑油（脂）与制动液的牌号和规格，应符合该车技术条件或现行国家标准的规定。同一次试验的各项性能测定必须使用同一批燃油、润滑油（脂）和制动液。

试验前，必须保持试验车辆技术状况良好并进行预热行驶，使汽车发动机、传动系及其他部分预热到规定的温度状态：冷却水温度80℃～90℃、发动机机油温度60℃～95℃、变速器及驱动桥内齿轮油温度不低于50℃。

试验过程中，轮胎冷充气压力应符合该车技术条件的规定，误差不超过10kPa。

2. 试验内容与方法

（1）测定汽车的最高车速

在符合试验条件的道路上，选择中间200m为测量路段，并用标杆做好标志。测量路段两端留有足够的试验加速区间，使汽车在驶入测量路段前能够达到最高的稳定车速。试验汽车在加速区间以最佳的加速状况行驶，在到达测量路段前保持变速器在汽车设计最高车速的相应挡位，节流阀开至最大，使汽车以最高的稳定车速通过测量路段。试验往返各进行一次，用秒表或光电测时仪测定汽车通过测量路段的时间。计算汽车最高车速（km/h）的公式如下：

$$A_{max}=3.6\times\frac{200}{t}$$

式中：t——往返试验所测得时间的算术平均值，s。

（2）汽车的加速性能试验

进行原地起步连续换挡的加速性能试验时，汽车应先停于试验路段的一端，变速器置入该车的起步挡位（一般为Ⅰ挡），迅速起步并将节流阀快速开至最大，使汽车尽快加速行驶。当发动机转速达到最大功率转速时，力求迅速无声地换挡，换挡后立即将节流阀全开，直至最高挡达最高车速的80%，轿车应加速到100km/h以上。试验往返各进行一次，往返加速试验的路段应重合，用第五轮仪记录汽车加速行驶的全过程。

汽车最高挡或次高挡的加速性能试验是在选定的挡位上，以稍高于该挡最低稳定车速为基础算起，选5的整倍数的速度作等速行驶，用第五轮仪监督初速度，当车速稳定后（偏差±1km/h），驶入试验路段，迅速将节流阀开至最大，使汽车加速行驶至该挡最大车速的80%以上，轿车应加速到100km/h以上。用第五轮仪记录汽车的初速度和加速行驶

的全过程，试验往返各进行一次，试验路段应重合。

根据第五轮仪记录的数据，经处理后分别绘制出试验汽车往返两次的加速性能曲线，取两次曲线的平均值绘制汽车的加速性能曲线，即速度—时间（u_a-t）或速度—行程（u_a-s）曲线。这些曲线是评价汽车加速性能的依据。

第五轮仪是目前汽车道路试验广泛使用的测试仪器，它可以自动测量并记录汽车的行驶距离、时间及速度等，可直接打印出有关曲线。用第五轮仪进行试验时，由于道路的不平整会使第五轮产生跳动和侧滑，从而影响测量参数的精度。近年来采用一种直接安装在汽车上而不与地面接触的测量仪，如图 1-39 所示。这种非接触式汽车测量仪安装方便，测量精度高，适于高速测量，最高测量速度可达 250km/h。

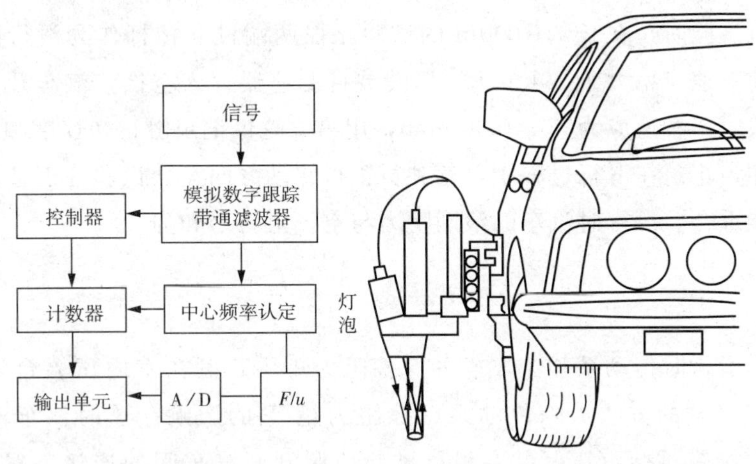

图 1-39　非接触式汽车速度测量仪

（3）汽车的爬坡能力试验

最大爬坡度试验的坡道坡度应接近被试验车辆的最大爬坡度。水泥坡道长不小于 25m，坡前应有 8～10m 的平直路段，在坡道中部设置 10m 长的测量路段。允许用平整、坚实、坡度均匀的自然坡道代替。

试验时，汽车经预热后停于接近坡道的平直路段上，变速器置于最低挡，起步后迅速将节流阀开至最大，测量并记录汽车通过测速路段的时间及发动机转速。试验过程中注意监视水温和机油压力等仪表的工作情况。

如果所选择的试验坡道的坡度与被试验车辆的最大爬坡度不相同，则可采用增减装载质量或变换变速器挡位的办法进行试验，然后按下式折算出最大爬坡度角：

$$\alpha_{max}=\arcsin\left(\frac{G_a\, i_{g1}}{G\, i_{ga}}\sin\alpha_a\right)$$

式中：α_a——试验时的实际坡度角，(°)；

G_a——试验时汽车实际总重力，N；

G——汽车厂定最大总重力，N；

i_{g1}——变速器头挡传动比；

i_{ga}——试验时变速所用挡位传动比。

爬坡的平均车速则为

$$u_a = 36/t$$

式中：t——通过测速路段的时间，s。

（4）汽车滑行试验

滑行试验是指汽车以某一稳定行驶速度为初速度，脱挡后利用汽车动能继续直线行驶直至停车的过程。滑行试验是确定汽车滚动阻力和空气阻力最简便的办法。滑行距离的长短客观上反映了汽车传动系机械效率的高低。

做汽车滑行试验时，在长约 1000m 的试验路段两端设立标杆作为滑行区段。汽车在驶入滑行区段前车速应稍大于 50km/h，驾驶员将变速器置入空挡，汽车开始滑行。当汽车进入滑行区段时，车速应为 50±0.3km/h，用第五轮仪记录滑行初速度和滑行距离，直至汽车完全停住为止。在滑行过程中，驾驶员不得转动方向盘。试验往返各进行一次，往返区段应尽可能重合。滑行时汽车的滚动阻力与空气阻力之和为

$$F_f + F_w = \delta m \frac{du}{dt} - \frac{T_r}{r}$$

式中，T_r为汽车滑行时传动系加于车轮的摩擦阻力矩。T_r可在室内试验台测得，也可采用抽出试验汽车半轴的方法消除传动系摩擦阻力矩 T_r的影响。这时汽车不能开动，只能用另一辆汽车拖带试验汽车，并在滑行试验前脱开两汽车间的连接装置。δ是汽车脱挡滑行的旋转质量换算系数，它只考虑车轮旋转质量的影响。

可利用低速滑行时的减速度直接求出滚动阻力，因为低速时空气阻力甚小，可以忽略不计。若假定高速滑行时滚动阻力系数 f 为常数，可根据 $u-t$ 曲线数据用曲线拟合等办法求出空气阻力系数 C_D值。

二、室内试验

现代汽车测试技术使人们在室内各种台架上便可测试汽车的大部分使用性能。汽车的动力性室内试验主要是测量汽车的驱动力、传动系机械效率、轮胎滚动阻力系数及空气阻力系数等。

汽车的驱动力可在汽车测功器——转鼓试验台上进行。如图 1-40 所示是一种单鼓式汽车测功器——转鼓试验台示意图。被试验汽车的两个驱动轮分别置于两个转鼓上，使驱动轮的中心与转鼓中心在同一垂直平面内。转鼓轴端与液力测功器或电力测功器相联结，测功器的外壳可在支架内摆动，用拉力表经杠杆保持其平衡。测功器能产生不同的阻力矩，用以调节试验时转鼓的转速，同时也相应调节了汽车的车速。由测力装置测得的力，可求出汽车驱动轮施加于转鼓的转矩 T，由图可知

$$T = FL$$

式中：F——拉力表测出的作用于测功器外壳杠杆上的拉力，N；

L——侧力器外壳的杠杆长度，m。

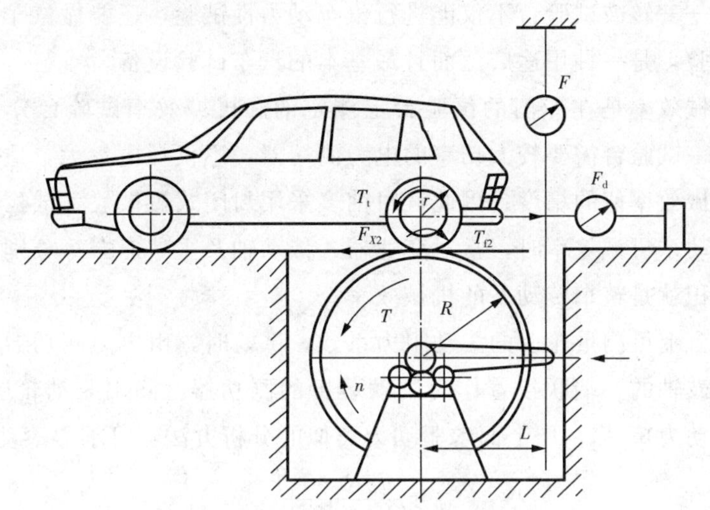

图 1-40　汽车测功器——转鼓试验台

试验时，为了固定汽车，用钢丝绳拉住汽车。钢丝绳与地面保持平行，其延长线应通过驱动轮中心。从连在钢丝绳中的拉力表可读出汽车的挂钩拉力 F_d 值。显然

$$F_d = F_{X2}$$

根据汽车驱动轮的力矩平衡，得

$$T_t = F_{X2} r + T_{f2}$$

分析转鼓的力矩平衡，则有

$$T = F_{X2} R - T_{f2}$$

式中：T——转鼓上产生的阻力矩，N·m；

R——转鼓的工作半径，m。

由以上两式联立，可求得驱动轮上的驱动转矩 T_t 为

$$T_t = F_d (r + R) - FL$$

则汽车的驱动力为

$$F_t = \frac{T_t}{r} = \frac{F_d (r + R) - FL}{r}$$

根据在不同挡位、不同车速下测得的节流阀全开时的 F_d 与 F 值，就可得到表征汽车动力性的驱动力图。

由于单鼓式测功转鼓试验台的转鼓直径较大，轮胎与转鼓的接触更接近其与路面接触的实际情况，滚动阻力小，因此检测精度比较高。

现今采用的电力测功器，一般利用电子调节装置调节测功器的负荷，可以模拟加速过

程中的全部阻力，即滚动阻力、空气阻力和加速阻力，实现了利用测功器在室内测试汽车的加速性能。

汽车测功器——转鼓试验台不仅能进行汽车动力性试验，还能做汽车燃油经济性和排气污染等多种试验，是一种用途广泛而且最基本的汽车试验设备。

传动系的机械效率是在专门的试验台上测定的。机械效率试验台分开式和封闭式两种。开式机械效率试验台需要较大功率的电力测功器，不仅耗电量大，造价也高，而且容易影响测出的机械效率值的精度。因此，目前多采用封闭式机械效率试验台。

测试汽车传动系机械效率时，常对变速器、传动轴及主减速器等分别测出其传动机械效率，它们的乘积就是整个传动系的机械效率。

在轮胎试验台上可测量轮胎的滚动阻力系数。试验时，由电力测功器驱动放在转鼓上的被试轮胎，转鼓轴的一端联接着作为制动装置的测功器。测出驱动轮胎的转矩 T_r 与作用于转鼓上的制动力矩 T_d，用上面求驱动力类似的分析方法，可求得滚动阻力系数 f，即

$$f=\frac{T_t R-T_d r}{W_r\ (R+r)}$$

式中：R——转鼓的半径，m；

r——轮胎的动力半径，m；

W——作用于轮胎上垂直载荷，N。

目前，轮胎试验装置能全面地测量轮胎的各项机械性能，如临界车速及侧偏特性等，它已成为轮胎科学研究中不可缺少的试验设备。

要准确地测出汽车的空气阻力系数必须采用风洞试验。所谓汽车风洞试验就是在能产生空气流的风洞设施中，以不动的汽车模型或整车经受到强迫流动的空气流来模拟汽车在道路上行驶时所受到空气流作用的试验。由于按比例缩小的汽车模型在风洞试验中很难完全满足相似理论所要求的试验条件，从而使测量误差增大，所以汽车模型风洞逐渐被大型整车风洞所取代。汽车风洞试验除测定空气阻力系数外，还可以解决与汽车空气动力学有关的其他问题。

实　例

纯电动汽车与使用内燃机作动力的汽车在驱动上不同的地方是纯电动汽车采用电动机作为驱动部件。那么如何估计电动汽车的动力性呢？下面可通过一个实例对其进行详细说明。

【例题】　某电动大客车使用的电动机性能如下：

$$T_m=\begin{cases}1146 & n_m\leqslant 2000\\ b_0+b_1\,(n_m-4518.2)+b_2\,(n_m-4518.2)^2 & \\ \qquad +b_3\,(n_m-4518.2)^3 & 2000\leqslant n_m\leqslant 7200\end{cases}$$

式中：T_m——电动机转矩，N·m；

n_m——电动机的转速，r/min。

拟合公式系数如下：$b_0=447.527$；　$b_1=-0.165465$；　$b_2=3.60772\times10^{-5}$；$b_3=-3.61349\times10^{-9}$。

电动机自带减速器，速比 L_5 为 2.93. 电动机的最高转速为 L_{10}。其他参数见表 1-11，其中蓄电池的放电效率是一个变化的量，为了便于计算，用平均放电效率替代。

表 1-11　某电动大客车的基本参数

参　　数	数　　值
整车满载总质量/kg	1700
迎风面积 A/m^2	7.95
空气阻力系数 C_D	0.7
滚动阻力系数 f	$0.0076+0.000056u_a$
车轮滚动半径 R_c/m	0.475
传动系总效率 η_T	0.92
旋转质量换算系数 δ	1.29
电动机及其控制器效率 η_{mc}	0.90
主减速比 i_0	6.2
蓄电池组总能量 E_B/（kW·h）	180
蓄电池的平均放电效率 η_q	0.95

要求如下：

（1）绘制驱动力—行驶阻力平衡图；

（2）计算最高车速、最大爬坡度和加速时间；

（3）计算充满电后匀速行驶的续驶里程（按照蓄电池总能量放出计算）。

解析：　很显然，与汽车动力性不同的就是电动机特性，而其他方面的计算则相同。因此，驱动力为

$$F=\frac{T_m i_m i_0 \eta_T}{r_r}=\frac{T_m\times2.93\times6.2\times0.92}{0.475}=35.18T_m$$

行驶速度为

$$u_a=0.377\frac{n_m r_r}{i_0 i_g}=0.377\frac{n_m\times 0.475}{6.2\times 2.93}=0.00986n_m$$

式中：u_a——车速，m/s；

n_m——电动机转速，r/min。

行驶阻力计算如下：

滚动阻力为

$$F_f=Gf=17000\times 9.8\times(0.0076+0.000056u_a)=1266.16+9.3296u_a$$

空气阻力为

$$F_w=\frac{C_D A u_a^2}{21.15}=\frac{0.7\times 7.95u_a^2}{21.15}=0.236u_a^2$$

动力因数为

$$D=\frac{F-F_w}{G}=\frac{35.18T_m-0.263u_a^2}{17000\times 9.8}=2.11\times 10^{-4}-1.58\times 10^{-6}u_a^2$$

爬坡度为

$$i=\tan\left[\arcsin\left(\frac{D-f\sqrt{1+f^2-D^2}}{1+f^2}\right)\right]$$

加速度为

$$\frac{du_a}{dt}=\frac{g}{\delta}(D-f)$$

（1）绘制驱动力-行驶阻力平衡图

利用 Matlab 作如图 1-41 所示的驱动力—行驶阻力平衡图和如图 1-42 所示的功率平衡图。与发动机一样，电动机也有最高转速的限制，可得最高车速为 71km/h。

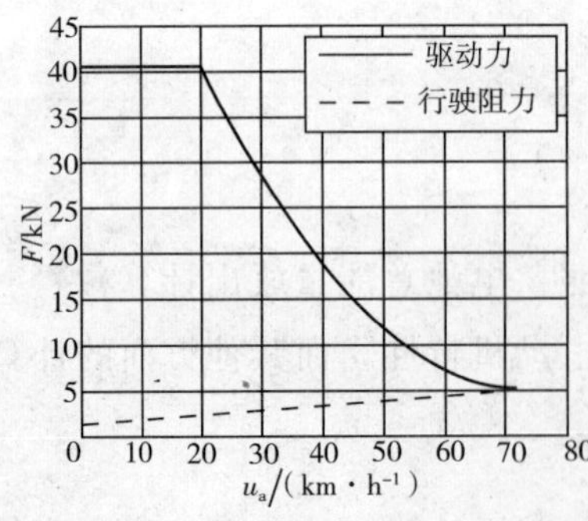

图 1-41　驱动力—行驶阻力平衡图

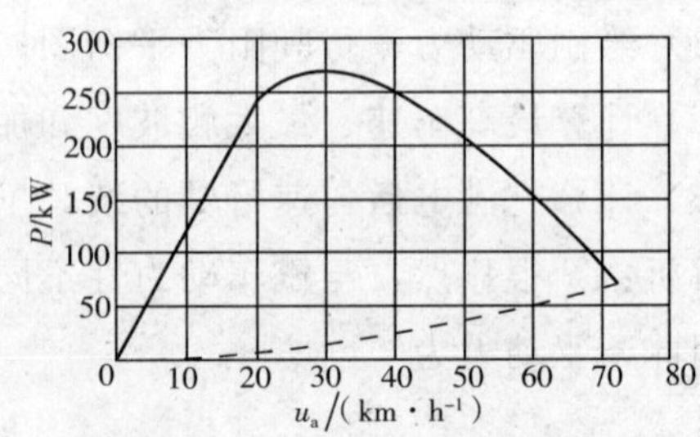

图 1-42　功率平衡图

（2）最大爬坡度和加速时间的计算

① 最大爬坡度

爬坡度曲线如图 1-43 所示，在 15km/h 时的最大爬坡度为 23.68%。

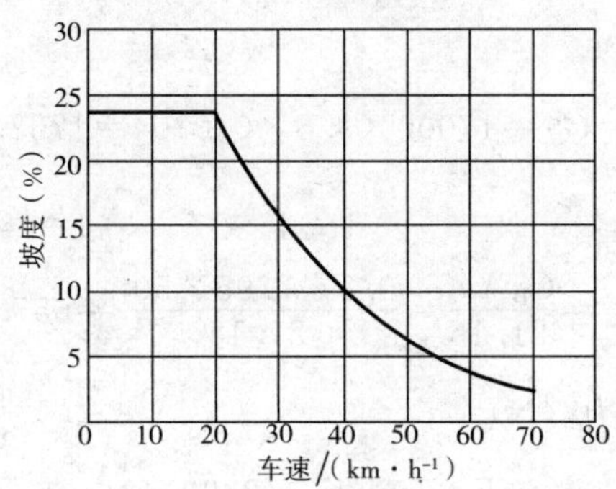

图 1-43　爬坡度曲线

② 加速时间计算

加速度曲线如图 1-44 所示，加速度倒数曲线如图 1-45 所示，加速距离曲线如图 1-46所示，加速时间如图 1-47 所示，由起步加速到 50km/h 需要的时间为 12.67s。

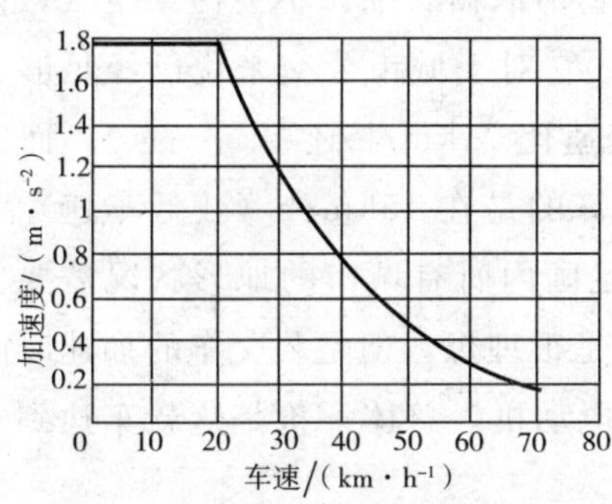

图 1-44　加速度曲线

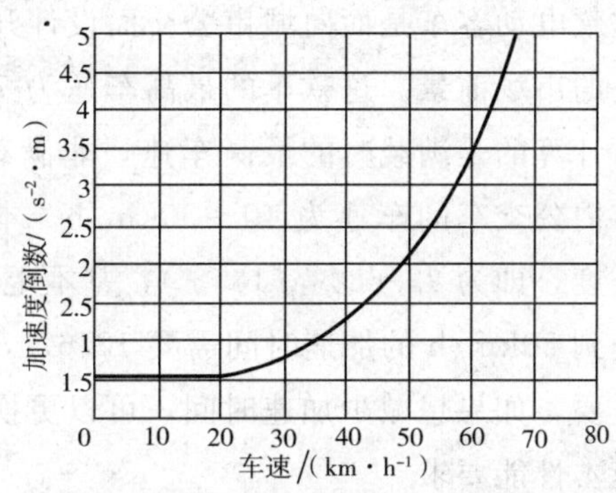

图 1-45　加速度倒数曲线

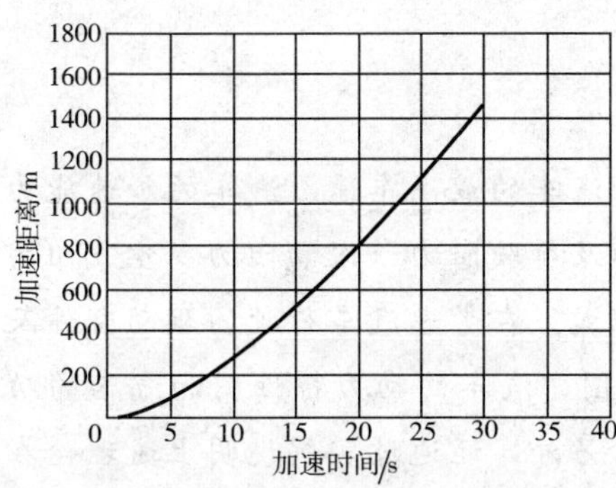

图 1-46　加速距离曲线

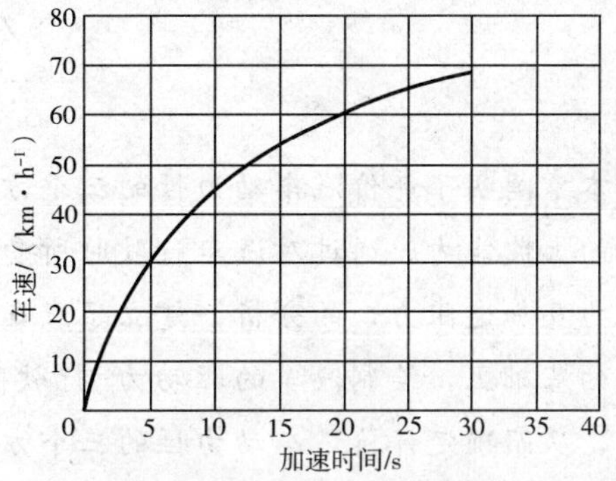

图 1-47　加速时间曲线

(3) 50km/h 匀速行驶的续驶里程计算

滚动阻力系数为

$$f=0.0076+0.000056u_a=0.0104$$

滚动阻力为（N）

$$F_f=Gf=17000\times 9.8\times 0.0104=1732.64$$

空气阻力（N）

$$F_w=\frac{C_D A u_a^2}{21.15}=\frac{0.7\times 7.95\times 50^2}{21.15}=657.8$$

匀速行驶情况下，总的驱动力（N）

$$F=F_f+F_w=2390.44$$

设续驶里程为 S（m），则

$$S=\frac{E_B\times 10^3\times 3600\eta_T\eta_{mc}\times 0.7\eta_q}{F}=149262$$

即续驶里程为 149km。

这款电动客车是面向城市公交而设计开发的，它不依赖石油，不会污染空气，因而具有较好的市场前景。这款车的最高车速为 71km/h，它对于城市公交来说已经足够了（本实例所计算的是满载时的最高车速，非满载时的车速比 71km/h 还要高一点），而一般情况下市内公交车的车速为 40～55km/h。本实例计算的是在 15km/h（较低车速）下的最大爬坡度，即为 23.68%（13.3°），基本上可以满足国内所有城市的地形状况需要。由起步加速到 50km/h 的加速时间需要 12.67s，所以不是很理想，但是公交车的加速时间不是特别重要，如果想减少加速时间，可以更换大功率电动机。总体评价是这款车达到了公交车的基本性能要求。

小　结

本章阐明了评价汽车动力性的三个方面指标：汽车的最高车速、汽车的加速能力以及汽车的上坡能力。通过对汽车行驶时所受的驱动力及行驶阻力（滚动阻力、空气阻力、坡度阻力及加速阻力）的分析，建立了汽车行驶方程式。在考虑汽车行驶的驱动条件及附着条件的基础上，绘制汽车的驱动力-行驶阻力平衡图、汽车的动力特性图和汽车的功率平衡图，从而确定评价汽车动力性的三个方面指标。另外，还通过实例说明上述理论在实践中的应用。最后对影响汽车动力性的几个主要因素进行了分析，并对汽车动力性的室内和道路试验方法进行介绍。

本章总结了动力性的主要影响因素：发动机的转速特性、传动系的机械效率、车轮半

径，并对其作了详细介绍。在第二节中提出了行驶阻力及影响因素，详细分析了影响滚动阻力的影响因素：车速、路面的种类、轮胎的结构和帘线及橡胶的品种等。同时从以下三个方面分析了汽车的动力性指标及求法：驱动力—行驶阻力平衡图，汽车动力因数与动力特性图，汽车的功率平衡图。

汽车动力性的研究具有重要意义：①不同的消费者选车时应根据自己的实际需要来考虑各个指标。作为代步工具，轿车经常在城市中和城市间使用。由于城市交通比较拥挤，车辆会频繁的制动与起步，所以轿车应有良好的加速性能。同时，轿车又有在城市间使用的需要，所以也应有较高的速度；又由于轿车一般在平直良好路面上行驶，所以对爬坡度要求不是特别高。而军用车辆经常穿山越岭，长途运输，所以军用车辆对爬坡度和最高速度要求比较高，常用的军用车辆爬坡度都可达到 100%（45°），个别性能优异的军用车辆最大爬坡度大于 70°。专业的赛车手对汽车的性能（特别是加速时间和最高车速）要求更高。②汽车设计者应根据用户的需要确定设计目标，然后选用合适的动力源并确定传动系的具体参数。当需要对一款车进行改进时，设计者需要重新选择动力源，或者在动力源不变的情况下重新设计传动系的参数使之达到设计目标。

汽车的动力性能不是越强越好，满足用户需求即可，因为随着动力性的增强，制造成本和使用成本均会提高。后续章节将研究如何在满足动力性要求的前提下提高汽车的燃油经济性以及综合匹配动力装置与传动系。

思考与练习

1-1　什么叫汽车的动力性？有哪些评价指标？

1-2　某汽车用直接挡以 $u_a=47\text{km/h}$ 的速度匀速行驶时，测得发动机转速 $n=2000\text{r/min}$，已知主减速器传动比 $i_0=6.67$，求驱动轮的滚动半径。

1-3　滚动阻力形成的原因及影响因素是什么？

1-4　汽车行驶的驱动－附着条件是什么？什么叫附着利用率？

1-5　某后轮驱动的货车，其总质量为 9500kg，质心至前轴距离 $a=2.82\text{m}$，轴距 $L=3.8\text{m}$，质心高度 $h_g=1.2\text{m}$，空气阻力因数 $C_DA=4\text{m}^2$。

(1) 求汽车在水平路面上静止不动时，前轴和后轴的地面法向反作用力。

(2) 当汽车以 80km/h 的速度在良好水平路面上（$f=0.01$）匀速行驶时，求此时驱动轮的驱动力 F_t 及前轴和后轴的地面法向反作用力。

(3) 如果用头挡匀低速爬坡，坡道路面滚动阻力系数 $f=0.015$，坡道角 $\alpha=15°$，驱动轮有足够大的驱动力，求能使汽车爬过坡道路面附着系数的最小值。

(4) 该车最高车速 $u_{amax}=90\text{km/h}$，路面滚动阻力系数 $f=0.01$，直接挡传动效率 $\eta_T=0.9$，发动机标定功率不得小于多少 kW？

1-6　影响汽车动力性的主要因素有哪些？

1-7　某中型货车的有关数据如下：

总质量　　$m=9300\text{kg}$

车轮滚动半径　　$r=0.49\text{m}$

传动系机械效率　　直接挡：$\eta_T=0.9$

其余各挡：$\eta_T=0.85$

滚动阻力系数　　$f=0.015$

空气阻力因数　　$C_DA=4\text{m}^2$

主减速器传动比　　$i_0=6.33$

变速器传动比及相应挡位的旋转质量换算系数如下：

挡　位	Ⅰ挡	Ⅱ挡	Ⅲ挡	Ⅳ挡	Ⅴ挡
传动比	7.31	4.31	2.45	1.54	1
旋转质量换算系数	3.17	1.77	1.27	1.12	1.07

发动机外特征如下：

n（r/min）	1200	1400	1600	1800	2000	2200	2400	2600	2800
T_{tq}（N·m）	326	334.5	343	340.5	338	332	326.5	313	300

要求（允许利用计算机计算）：

（1）计算并绘制驱动力与行驶阻力平衡图，求出最高车速和最大爬坡度；

（2）计算并绘制直接挡加速时间曲线；

（3）计算并绘制动力特性图，确定最高车速和最大爬坡度；

（4）计算并绘制功率平衡图，确定最高车速和最大爬坡度。

参考文献

[1] 清华大学．汽车理论 [M]．北京：机械工业出版社，2006

[2] 吉林工业大学．汽车理论 [M]．北京：中国工业出版社，1962

[3] M. 米奇克．汽车动力学 [M]．陈荫三译．北京．人民交通出版社，1992

[4] 阿达姆·搓莫托．汽车行驶性能 [M]．黄锡朋，解春阳译．北京：科学普及出版社，1992

[5] 葛安林．车辆自动变速理论与设计 [M]．北京：机械工业出版社，1993

[6] 张东霞，汤涌，朱方等．接于高压母线的电动机负荷等值模型 [J]，2006

[7] 赵英勋．汽车运用技术 [M]．北京：机械工业出版社，2009

[8] MA Qiang-jun Difference analysis between road-testing and Bench-testing on automobile power performance test [J]．中国测试技术，China Meas Urement. 2006（4）

[9] William C. Water. General Purpose Automotive Vehicle Performance and Economy Simulator. SAE Paper，No. 720043

[10] 陈家瑞．汽车构造 [M]．北京：机械工业出版社，2002

[11] Timothy C. Moore and Amory B. Lovims. Vehicle Design Strategies to Meet and Exceed PNGV Goals [J]．Warrendale PA：SAE papper 951906

[12] 张洪欣．汽车设计（第2版）．北京：机械工业出版社，1999

第二章 汽车的燃油经济性

引　言

近年来，汽车消费增长与石油供应不足的矛盾日益凸显。油价上涨，单位运输成本也随之上涨。通过技术创新，合理使用汽车，降低燃油消耗，提高汽车燃油经济性，对降低运输成本，充分利用石油资源，减少排气污染，保护环境具有十分重要的意义。

石油是现代工业特别是交通运输业的主要能源，又是化学工业的基本原料，是国民经济和国防建设不可缺少的战略物资。燃油费用占汽车运输成本的40%左右，在我国，汽车运输消耗的汽油占汽油总产量的90%。作为消耗性能源的石油，其储藏量随开采量的不断增加而逐渐减少，据预测世界石油储量仅够维持45年。分析汽车的燃油经济性对设计、制造和使用汽车以节约燃油具有重要意义。

汽车燃油经济性是汽车性能的重要指标，也是每个车主最关心的。燃油经济性好，可以降低行车费用，减少国家对进口石油的依赖性，节省石油资源，同时也可减少CO_2的排放量，起到减缓全球变暖的趋势。节约能源和减少能源消耗以减缓温室效应已成为全球关注的焦点，所以降低汽车燃油消耗就成了各国政府、汽车制造商和消费者共同关心的课题。

本章通过建立汽车等速百公里燃油消耗量曲线，把等速百公里燃油消耗量作为汽车燃油经济性的评价指标；阐述燃油经济性循环行驶试验工况的各工况燃油消耗量计算方法；进而讨论发动机性能、汽车结构及合理使用汽车对汽车燃油经济性的影响，比如提高压缩比、采用轻量化材料以及提高驾驶技术等；最后通过燃油经济性试验和实例计算说明以上所述理论的具体应用。

第一节　汽车燃油经济性的评价指标

汽车燃油经济性的评价通常用一定运行工况下汽车行驶100km的燃油消耗量或单位

运输工作量的燃油消耗量来衡量，也有用单位燃油消耗量能使汽车行驶的里程来评价的。

我国及欧洲国家的汽车燃油经济性指标用 L/100km 为单位，即汽车在一定的工况下行驶 100km 所消耗燃油的升数。其数值愈大，汽车的燃油经济性愈差。美国用 MPG 或 mile/USgal 为单位，它表示每加仑燃油能使汽车行驶的英里数，其数值愈大，汽车的燃油经济性愈好。

汽车运输企业常用 L/100t·km 为单位，表示每完成 100t·km 的客、货运输量所消耗燃油的升数。客运一般 10 人折合为 1t。

评价汽车燃油经济性指标的方法很多，其中等速行驶百公里燃油消耗量是比较简单而且被广泛应用的一种评价指标。它指汽车在一定载荷（我国标准规定轿车为半载、货车为满载）下，以最高挡在良好水平路面上等速行驶 100km 的燃油消耗量。测出每隔 10km/h 速度间隔的等速百公里燃油消耗量，然后在以车速为横轴、百公里燃油消耗量为纵轴的坐标系上绘制等速百公里燃油消耗量的特性曲线。它可以来评价汽车的燃油经济性和确定经济车速的范围。如图 2－1 所示为部分车型的等速百公里燃油消耗量曲线。

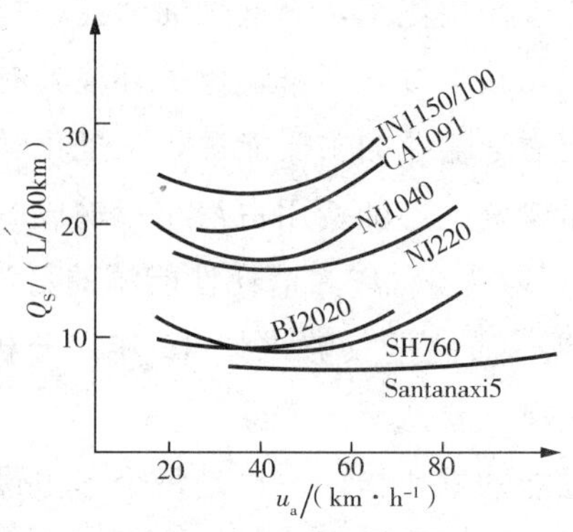

图 2－1　部分车型的等速百公里燃油消耗量曲线

等速行驶工况并不能全面反映汽车真实的运行情况。汽车在行驶时，除了用不同的速度作等速行驶外，还会在不同情况下出现加速、减速和怠速停车等工况，特别是在市区行驶时，上述行驶工况会出现得更加频繁。因此各国都制定了一些符合国情的循环行驶工况试验标准来模拟实际汽车运行状况，并以百公里燃油消耗量来评价汽车相应行驶工况的燃油经济性。近年来，我国已先后制定了轿车、微型汽车、不同类型的货车及客车的多工况循环试验方法标准，并以循环工况燃油消耗量作为汽车燃油经济性的综合评价指标。同时，汽车等速百公里燃油消耗量和最高挡全油门加速行驶 500m 的加速燃油消耗量亦作为单项评价指标。

第二节　汽车燃油经济性的计算

在汽车设计、改装和新产品开发工作中，常需要根据发动机台架试验得到的万有特性图和汽车的功率平衡图，对汽车的燃油经济性进行初步估算。下面着重介绍汽车等速行驶、加速、减速和怠速停车等行驶工况的燃油消耗量计算方法。

一、等速行驶百公里燃油消耗量的计算

当汽车在良好水平路面上以最高挡一定车速等速行驶时，发动机发出的功率 P 应与汽车行驶时的阻力功率平衡，从发动机负荷特性图中可得到发动机相应工况下的有效燃油消耗率 b，则等速行驶的百公里燃油消耗量为

$$Q_s=\frac{Pb}{1.02u_a\gamma} \tag{2-1}$$

式中：Q_s——等速百公里燃油消耗量，L/100km；

b——发动机有效燃油消耗率，g/（kW·h）；

γ——燃油重度（比重），N/L。根据国家标准规定，在气温 20℃、气压 100kPa 的标准状态下，汽油重度为 7.28N/L，柴油重度为 8.14N/L。

此时发动机应发出的功率（kW）为

$$P_e=\frac{1}{\eta_T}\left(\frac{Gfu_a}{3600}+\frac{C_DAu_a^3}{76140}\right)$$

将上式代入式（2-1），得

$$Q_s=\frac{b}{3672\eta_T\gamma}\left(Gf+\frac{C_DAu_a^2}{21.15}\right) \tag{2-2}$$

若已知发动机各转速下的负荷特性及有关汽车的结构参数，便很容易求出汽车等速行驶百公里燃油消耗量特性曲线，即 Q_s—u_a 曲线。

此外，还可用式（2-2）来分析汽车结构因素对燃油经济性的影响。

二、多工况循环行驶燃油经济性的计算

多工况循环行驶一般由等速段、加速段、减速段和怠速段所组成，只要知道各段的燃油消耗量，就能计算出按规定循环行驶的百公里燃油消耗量。

1. 等速行驶工况燃油消耗量的计算

如图 2-2 所示为某汽油发动机的万有特性曲线，图上有等燃油消耗率曲线，根据这些曲线可以确定发动机在某一转速 n、发出某一功率 P 时的有效燃油消耗率 b。为了计算方便，按发动机转速 n 和车速 u_a 的换算关系在万有特性图的横坐标上画出汽车最高挡的行

驶车速比例尺。

计算时要由已知的汽车结构参数按下式

$$P_e=\frac{1}{\eta_T}\left(\frac{Gfu_a}{3600}+\frac{C_D A u_a^3}{76140}\right)$$

计算出以某一规定速度等速行驶的汽车阻力功率 P 值，在万有特性图上可查出相应的有效燃油消耗率 b，从而计算出以该车速等速行驶时单位时间内的燃油消耗量 Q_t（mL/s）为

$$Q_t=\frac{Pb}{367\gamma} \tag{2-3}$$

整个等速段行程为 S 米，行驶时间为 t 秒的燃油消耗量 Q（mL）为

$$Q=\frac{PbS}{102u_a\gamma} \tag{2-4}$$

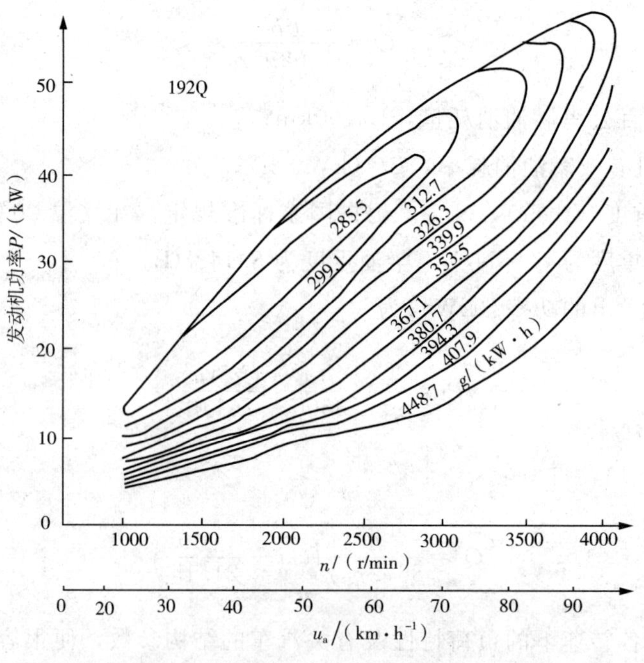

图 2-2　汽油发动机万有特性

2. 等加速行驶工况燃油消耗量的计算

汽车在加速行驶时，发动机还要提供为克服加速阻力所消耗的功率。若加速度为 $\frac{du}{dt}$，则发动机应提供的功率 P_e（kW）为

$$P_e=\frac{1}{\eta_T}\left(\frac{Gfu_a}{3600}+\frac{C_D A u_a^3}{76140}+\frac{\delta G u_a}{3600g}\frac{du}{dt}\right)$$

如多工况循环中某一等加速段如图 2-3 所示，需要计算由 u_{a1} 加速到 u_{a2} 过程的燃油消耗量，则可将加速过程分隔为若干区间，例如按速度每增加 1km/h 为一个小区间，已知

加速度$\frac{du}{dt}$，按上式求得小区间起始或终了对应时刻的发动机功率 P 值。利用万有特性图，由已求得的发动机功率 P 及其对应的车速 u_a，查出有效燃油消耗率 b 值，代入式（2－3）便可求出相应时刻的单位时间燃油消耗量 Q_t。

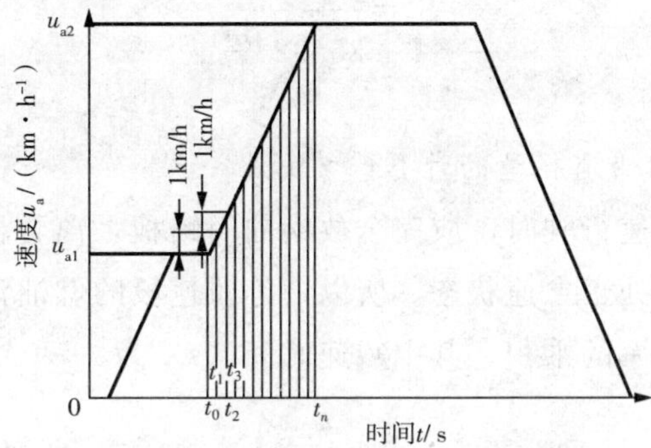

图 2－3　加速过程的燃油消耗量计算

当汽车加速行驶，车速每增加 1km/h 所用时间为 Δt 时，则

$$\Delta t=\frac{1}{3.6\,\frac{du}{dt}}$$

从初始速度 u_{a1} 加速至 u_{a1}＋1km/h 时的燃油消耗量（mL）为

$$Q_1=\frac{1}{2}\left(Q_{t0}+Q_{t1}\right)\Delta t$$

式中：Q_{t0}——车速为 u_{a1} 时，t_0 时刻的单位时间燃油消耗量，mL/s；

Q_{t1}——车速为 u_{a1}＋1km/h 时，t_1 时刻的单位时间燃油消耗量，mL/s。

同理，车速由 u_{a1}＋1km/h 再增 1km/h 时的燃油消耗量 Q_2（mL）为

$$Q_2=\frac{1}{2}\left(Q_{t1}+Q_{t2}\right)\Delta t$$

式中：Q_2——车速为 u_{a1}＋2km/h 时，t_2 时刻的单位时间燃油消耗量，mL/s。

依次可计算出每个小区间加速的单位时间燃油消耗量：

$$Q_3=\frac{1}{2}\left(Q_{t2}+Q_{t3}\right)\Delta t$$

$$\vdots$$

$$Q_n=\frac{1}{2}\left(Q_{t(n-1)}+Q_{tn}\right)\Delta t$$

由 u_{a1} 加速到 u_{a2} 整个加速段的燃油消耗量 Q_a（mL）为

$$Q_a=\sum_{i=1}^{n}Q_i=Q_1+Q_2+Q_3+\cdots+Q_n \tag{2-5}$$

或
$$Q_a=\frac{1}{2}(Q_{t0}+Q_{tn})\Delta t+\sum_{i=1}^{n-1}Q_{ti}\Delta_t \tag{2-6}$$

加速段汽车行驶的距离（m）为

$$S_a=\frac{u_{a2}^2-u_{a1}^2}{25.92\frac{du}{dt}} \tag{2-7}$$

3. 等减速行驶工况燃油消耗量的计算

在减速段，汽车作减速行驶时，应完全放松油门踏板，离合器仍然接合。必要时，允许轻微制动，此时发动机处于怠速状态。所以，等减速段的燃油消耗量等于减速行驶的时间与发动机怠速燃油消耗率的乘积。其中减速时间（s）为

$$t=\frac{u_{a2}-u_{a3}}{3.6\frac{du}{dt}}$$

式中：u_{a2}——等减速段起始车速，km/h；

u_{a3}——等减速段终了车速，km/h；

$\frac{du}{dt}$——减速度，m/s^2。

故减速段的燃油消耗量（mL）为

$$Q_d=\frac{u_{a2}-u_{a3}}{3.6\frac{du}{dt}}Q_i \tag{2-8}$$

式中：Q_d——等减速段的燃油消耗量，mL；

Q_i——发动机怠速时的燃油消耗率，mL/s。

减速段汽车行驶的距离（m）为

$$S_d=\frac{u_{a2}^2-u_{a3}^2}{25.92\frac{du}{dt}} \tag{2-9}$$

4. 怠速停车时燃油消耗量的计算

如多工况循环中有怠速停车段，怠速停车时间为 t_s，发动机怠速燃油消耗率为 Q_i，则怠速停车段的燃油消耗量（mL）为

$$Q_{id}=Q_i t_s$$

5. 整个循环工况的百公里燃油消耗量

根据以上讨论的不同工况燃油消耗量的计算，不难求出整个循环工况的百公里燃油消耗量（L/100km）为

$$Q_s=\frac{100\sum Q}{S} \tag{2-10}$$

式中：$\sum Q$——整个循环各工况段的燃油消耗量之和，mL；

S——整个循环的行驶距离，m。

第三节　影响汽车燃油经济性的主要因素

影响汽车燃油经济性的因素很多。从以上的分析计算不难看出，发动机性能、汽车结构及合理使用等因素对汽车燃油经济性都有重要的影响。

一、发动机对燃油经济性的影响

发动机是汽车的动力源，发动机性能的好坏，对汽车燃油经济性的影响很大。提高发动机燃油经济性一般有以下几种途径：

长期以来，提高压缩比是提高汽油机燃油经济性的主要措施。由于压缩比太高常会引起爆燃和表面点火，并产生严重的排气污染，所以以往压缩比一直控制在8.5左右。近年来，随着科学技术的飞速发展和电子控制技术在汽车上的广泛应用，使得压缩比进一步提高，如合理地改进进气系统和燃烧室，使进气旋流和挤气紊流得到加强，从而提高火焰传播速度；采用电子控制喷油系统和防爆燃系统等先进技术后，可使压缩比提高到10以上，最高可达到12。有试验资料表明，压缩比由9提高到10.5，燃油消耗量可降低10%。

采用稀燃技术和分层燃烧技术可有效地提高发动机的燃油经济性。如改进燃烧室结构，采用电子控制点火装置提高点火强度，适当提前点火时刻，延长点火时间；采用双凸轮轴、多气门可变进气系统，提高进气流速并造成绕气缸中心线的旋流和挤压紊流，使汽油充分雾化、均匀等。采取以上措施后可使空燃比提高到25～27，这样不仅提高了发动机的燃油经济性和动力性，而且大大地改善了排气污染。

采用电子燃油喷射系统（即利用电子计算机）对进气量和喷油量进行有效的控制，以达到提高发动机燃油经济性的目的。众所周知，传统的汽油发动机燃油供给方式是采用化油器将燃油与空气混合后送入气缸进行工作的。但由于化油器的喉管狭窄，流通截面小，进气阻力大，所以充气效率较低，燃油得不到充分雾化，发动机的动力性和燃油经济性的改善受到限制，且排气污染严重。燃油喷射装置取消了进气道中的化油器节流喉管，减小了进气阻力，改善了发动机充气状况。同时采用定时定量喷射燃油的方法供油，解决了燃油雾化及混合气均匀分配等问题，并能根据发动机的使用工况及使用场合的变化，较为精确地供给发动机，使其具有最佳空燃比的混合气，因而大大提高了发动机的综合性能。

当发动机处于强制怠速工况时，其燃油消耗量是正常怠速燃油消耗量的数倍，不仅浪费较多的燃油，而且增加了排放污染。采用电子控制怠速供油装置后，当强制怠速时，控制系统会驱动电磁阀开启附加空气通道，使空气进入怠速油道，减少甚至完全终止供油。尤其是对经常在山区行驶的汽车，其燃油经济性可得到明显改善。

发动机变缸工作控制装置在现代汽车上应用较为普遍。为了满足汽车最高车速和加速性能的要求，一般都选用输出功率较大的发动机。当汽车在市区或在良好道路上行驶时，发动机处在较低负荷率的部分负荷下工作，有效燃油消耗率较高，使汽车的燃油经济性降低。为了克服这一弊端，当发动机处于部分负荷下工作时，变缸工作控制系统就自动切断几个气缸的供油和点火，停止几个气缸的工作，使参与工作的气缸处于最经济负荷状态，以降低燃油消耗量。而当发动机需要增大输出功率时，再将各停火的气缸分别地加入工作或同时加入工作。控制单元从传感器测量的负荷信号中能够识别什么时候需进行变缸转换，可以使发动机顺利从一种工况向另一种工况连续地过渡转换。

柴油机的有效燃油消耗率要比汽油机低25%～30%，而且柴油机还具有热效率高、燃油价格低廉、工作可靠和寿命长等优点。目前汽车发动机有向柴油化发展的趋势。国外不同装载质量的货车已普遍装用柴油机，轿车也开始加入这一行列。

此外，减轻发动机机身质量、提高发动机零部件的加工精度、采用低粘度高润滑性能机油、减少摩擦损失和换油次数等都是提高燃油经济性的有效途径。

二、汽车结构对燃油经济性的影响

汽车结构对燃油经济性有较大的影响，概括起来有以下几方面。

1. 汽车的整备质量

所谓汽车的整备质量是指包括燃油、冷却水、润滑油、备胎和随车工具等在内的汽车空车质量。减轻汽车的整备质量，实质上是减轻汽车的自身质量，也叫做汽车轻量化。汽车轻量化对改善汽车的燃油经济性有重要的意义。有资料表明，整备质量减轻10%，油耗可减少8.5%。因此，汽车轻量化问题已成为现代新车开发中的重要内容之一。汽车的轻量化技术包括结构的合理设计和轻量化材料的使用两大部分。在结构设计方面，目前可凭借大型计算机，利用有限元法进行结构分析，对多种结构方案进行比较和改进，以达到轻量化的目的。如前置发动机前轮驱动，可以简化汽车传动系，减小传动系的质量；采用承载式车身，使发动机、变速器、油箱等总成都可直接安装在车身上；车身外板部件约占车身质量的20%，如果尽可能使车身外形合理，就可减少板料的用量；在不影响车内乘坐活动空间的前提下，尽可能缩小整个尺寸；采用中片弹簧悬架等。以上都是实现汽车轻量化的有效措施。轻量化材料在汽车上的使用也在逐年扩大，车用轻量化材料主要有以下几种：

（1）高强度钢板。主要用于车身内外板件，在减轻汽车自身质量的同时也相应提高了安全性。

(2) 铝材及铝合金。铝材的优点是质量小、加工性好、耐腐蚀及热传导性好。主要用于发动机及不要焊接和承载的车身安装件，如发动机罩、车门、滑动车顶、前翼子板等。汽车用铝合金有锌铝合金，其强度和硬度高，耐磨，流动性也好；铝镁合金具有良好的冲压性、抗腐蚀性和可焊性，适于制造刚度要求较大的车身承载构件。

(3) 塑料。塑料有质量小、易成形、易加工、易着色和耐腐蚀等优点。塑料制件在弹性变形时能吸收大量的碰撞能量，对强烈的撞击有缓冲作用。玻璃纤维增强塑料（SMC）有很高的机械强度，可替代钢板制件。所以塑料在汽车上的用量逐年增加，如 1969 年美国每辆轿车上的塑料用量只有 10kg，而 1990 年美国每辆轿车上的塑料用量达 136kg。塑料主要用于发动机罩、行李箱盖、顶盖、前后保险杠、翼子板、挡泥板、车门内外板、油箱、仪表板、方向盘、坐椅坐垫和车身骨架等构件。

货车的装载质量与其整备质量之比称为质量利用系数，其数值愈大，运输中的油耗和成本就会愈低。目前有些中型货车的质量利用系数已超过 1.4。

2. 空气阻力因数

随着公路交通设施的日趋完善，汽车行驶速度不断提高。改善汽车的外形，降低空气阻力系数和汽车迎风面积，对提高高速行驶汽车的燃油经济性有极明显的效果。有资料表明，典型轿车的空气阻力系数由 0.5 降低到 0.3，高速行驶时，可使油耗降低 22%。目前，各汽车厂家对汽车空气动力特性进行了大量的研究和实践，已使轿车的空气阻力系数降至0.28～0.29。

3. 传动系

汽车传动系的挡数、传动比和机械效率对汽车燃油经济性都有影响。

当汽车在一定条件下行驶时，不同挡位发动机的转速、负荷率均不相同，有效燃油消耗率也就不相同。变速器挡位愈多，根据不同行驶条件选用挡位的合理程度愈大，使发动机处于最经济工作状况的机会愈多，有利于提高汽车的燃油经济性。因此，目前轿车机械手动式变速器已基本上设置 5 个挡位。大型货车有采用更多挡位的趋势，如装载质量为 4t 的货车，有的已装用了 7 挡变速器。重型汽车和牵引车的变速器挡位可多至 10～12 个，极为有利地改善汽车的动力性和燃油经济性。但挡位过多，不仅会使传动系结构复杂、制造成本和质量增加，而且也不便于操作和选挡。

有些汽车在变速器中设置传动比小于 1 的超速挡，这是因为汽车空载或在良好路面上用直接挡行驶时仍有较大的后备功率，发动机负荷率较低，这时改用超速挡，可以提高发动机负荷率，降低有效燃油消耗率，改善汽车在良好路面上行驶和空载时的燃油经济性。

挡位无限多的变速器称为无级变速器。无级变速器在任何条件下都有可能使发动机在最经济工况下工作。若无级变速器始终能维持较高的机械效率，则汽车的燃油经济性会显著地提高。目前汽车装用较多的是液力机械式自动变速器，这种变速器普遍采用三元件单级液力变矩器加 3～4 个前进挡的行星齿轮传动装置，人们直接将其命名为“自动变速器”。采用自动变速器的汽车，由于它能传递最佳转矩，可降低5%～7%油耗，同时还明显地改善了驾驶员的工作条件。这种自动变速器在美国的装车率已达90%以上。

4. 轮胎

滚动阻力和空气阻力是汽车在任何行驶条件下均存在的行驶阻力。滚动阻力是和滚动阻力系数成正比的，所以减小滚动阻力系数可相应提高汽车的燃油经济性。有试验资料表明，轮胎的滚动阻力系数减小10%，可节油2%。

目前轮胎向质量小、耐磨耐久性好、高附着性和低滚动阻力系数等方向发展。公认综合性能最好的是子午线轮胎，子午线轮胎的帘布层是径向的，即帘线垂直于胎边。子午线轮胎的使用在轿车上已相当普及。在新车上子午线轮胎的装用率已达80%～90%。由于子午线轮胎具有以下优点，故载重车和公共汽车上也正在大力推广使用。

子午线轮胎的滚动阻力比普通斜交轮胎小20%～30%，汽车燃油消耗量可降低3%～8%；子午线轮胎的承载能力大，胎体的帘布层数比普通斜交胎胎体的帘布层少将近一半，所以子午线轮胎的质量比普通斜交轮胎轻5%～10%；子午线轮胎由于径向变形大，所以在地面上的压力较小，胎面磨耗小，使用寿命比普通斜交轮胎可提高0.5～1倍。除此之外，子午线轮胎的附着和侧偏性能也比普通斜交轮胎好。

三、汽车使用因素对燃油经济性的影响

1. 驾驶技术

不论汽车自身的性能如何，在实际使用中能否保持良好的燃油经济性，与驾驶员的驾驶技术密切相关。在车辆、行驶条件相同的情况下，因驾驶员的技术不同，可使实际燃油消耗量相差30%以上。正确的驾驶操作方法包括以下几方面。

汽车冷启动，特别在冬季冷启动时，要先预热，后启动，即怠速运转至水温达40℃以上时，再起步。起步后用低挡较低速度行驶一定距离，待水温和各总成油温升高后再进入正常行驶。

汽车在行驶时，车速不同，燃油消耗量也不一样，只有用经济车速行驶燃油消耗量才最低。一般汽车的经济车速是指直接挡的经济车速。实际上，汽车各挡位都有相应的经济车速，汽车在不同条件下使用不同挡位时，都应用其经济车速行驶。表2-1为EQ1090汽车各挡的经济车速及其百公里燃油消耗量。

从表2-1中可以看出，在一定的道路条件下，使用不同挡位行驶，汽车燃油消耗量是不相同的。显然，道路条件和行驶车速一定，发动机输出的功率相同，选用挡位愈低，后备功率愈大，发动机负荷率愈低，有效燃油消耗率愈高，百公里燃油消耗量就愈大。选用高挡行驶的情况则相反，所以一般应尽可能用高挡行驶。

表 2-1　东风 EQ1090 汽车各挡经济车速及其百公里燃油消耗量

挡　位	经济车速/（km・h）	燃油消耗量/（L・100km^{-1}）
一	6.5	
二	12	59.4
三	20	36.2
四	25	25.7
五	50	20.6

汽车在行驶过程中，切断发动机动力，依靠汽车的惯性行驶，称为汽车滑行。合理地使用“加速一滑行”的驾驶方法，在相同的平均车速下，比等速行驶的燃油经济性好。这是因为汽车加速时提高了发动机的负荷率，同时也提高了汽车的动能。在脱挡滑行时，一部分动能释放出来用以克服行驶阻力。汽车脱挡滑行时，发动机处于怠速工况，怠速的燃油消耗量是很低的。有试验表明，采用加速滑行的驾驶方法，当汽车满载时可使油耗降低14%左右；空载时可使油耗降低22%左右。

除加速滑行方法外还有减速滑行和下坡滑行驾驶方法。值得注意的是，不论哪种滑行都要因地制宜，在确保行车安全的前提下进行。滑行时发动机不应熄火。在高速公路上禁止滑行。

2. 挂车的应用

在运输条件允许的情况下，汽车拖带挂车是提高运输生产率、降低成本的一项有效措施。汽车拖带挂车后，虽然整车的百公里燃油消耗量有所增加，但单位运输量的燃油消耗量即百公里燃油消耗量却有所下降。因为拖带挂车后提高了发动机的负荷率，降低了相应的有效燃油消耗率；挂车的结构简单，使整个列车的质量利用系数得到提高。如对某载质量为5t的货车在平原地区进行道路试验，结果是单车运输为5.6L/100t・km，而拖带载质量为6t的挂车时，燃油消耗量为2.8L/100t・km，比单车的燃油消耗量降低50%。

3. 汽车的技术状况

汽车各主要总成技术状况的良好程度，各配合间隙是否适当，都会影响汽车的燃油经济性。因此，平时要加强对汽车的维护保养，包括清洁、润滑、紧固、调整和故障排除等，以保持良好的汽车技术状况。

在发动机方面，需要经常进行保养、检查和调整的部位有冷却系、供油系、点火系及气缸压缩压力等，只有保证它们处于正常工作状态，才能使发动机有良好的性能。

汽车底盘技术状况的好坏与经常保养和调整的关系很大。只要正确调整前轮定位、制动器摩擦片与制动鼓的间隙、轮胎气压、传动系齿轮传动副的啮合间隙、轴承和油封的紧度及各相对运动零部件正常的润滑，就可以提高传动系的机械效率和减小汽车的行驶阻力，有利于改善汽车燃油经济性。

常用汽车滑行距离的长短来评价汽车技术状况的优劣。滑行距离长，说明汽车的技术状况好，燃油经济性也好。例如，某汽车以初速度为 30km/h 的滑行距离从 254m 降至 173m，百公里燃油耗量增加了 25.8%。表 2-2 为不同总质量的汽车在水平良好路面上应有的滑行距离。

表 2-2 不同总质量的汽车在水平良好路面上的滑行距离

汽车总质量/t	空载		满载	
	滑行初速度/（$km\cdot h^{-1}$）	滑行距离/m	滑行初速度（$km\cdot h^{-1}$）	滑行距离/m
2～3	30	150～200	50	650～700
3.5～4.5	30	200～250	50	700～750
5～7	30	250～300	50	750～800
8～10	30	280～350	50	800～1100

第四节 汽车燃油经济性试验

汽车燃油经济性试验的目的是测定汽车在不同工况下的燃油消耗量，评定汽车的燃油经济性，鉴定各种节油措施的实际效果。

试验前的准备及试验条件与动力性试验要求基本相同。试验仪器有车速测定仪和燃油流量计，精度均为 0.5%，计时器的最小 E 数为 0.1s。

一、试验项目及方法

1. 直接挡全油门加速燃油消耗量试验

汽车挂直接挡，没有直接挡可用最高挡，以 30±1km/h 的速度，稳定通过 500m 的测速路段，在到达测试路段的起点时，油门突然全开，加速通过长度为 500m 的测试路段，测量并记录通过测试路段的加速时间、燃油消耗量及汽车到达测试路段终点时的速度。试验往返各进行两次，测得相同方向加速时间的相对误差不大于 5%。取四次测量结果的算术平均值作为测定值。

直接挡全油门加速燃油消耗量试验的目的是为了检验汽车的综合技术状况。其测定值应符合该车技术条件的规定，否则，不能做其他项目的试验。

2. 等速行驶燃油消耗量试验

汽车用常用挡，车速从 20km/h（当最小稳定车速大于 20km/h 时，从 30km/h）开始，以间隔 10km/h 的整数倍选取试验车速，稳定通过 500m 的测试路段，测量各车速下通过测试路段的时间和燃油消耗量。同一车速往返各进行两次，直至最高车速的 90%为止。至少要测定五个试验车速。

将各测量结果的算术平均值换算成等速百公里燃油消耗量，便可得到如图 2－1 所示的等速百公里燃油消耗量特性曲线。

3. 多工况燃油消耗量试验

我国已制订了轿车、微型汽车及各种类型的货车、客车的多工况燃油消耗量试验方法(见 GB/T12545—2008)。这里主要介绍总质量在 3500～14000kg 的载货汽车或非城市客车的多工况试验。其试验方法按图 2-4 及表 2-3 的规定试验循环进行。

汽车满载，用最高挡以 25km/h 的车速稳定通过 50m 的行程；在 50m 行程的终点，开始以 0.25m/s^{2}的加速度匀加速行驶 150m，使车速达到 40km/h；保持此车速稳定行驶 250m；再以 0.2m/s^{2}匀加速行驶 175m，车速应达到 50km/h 保持此车速稳定行驶 250m；最后以 0.36m/s^{2}的匀减速度行驶 200m，结束时车速应为 25±3km/h。

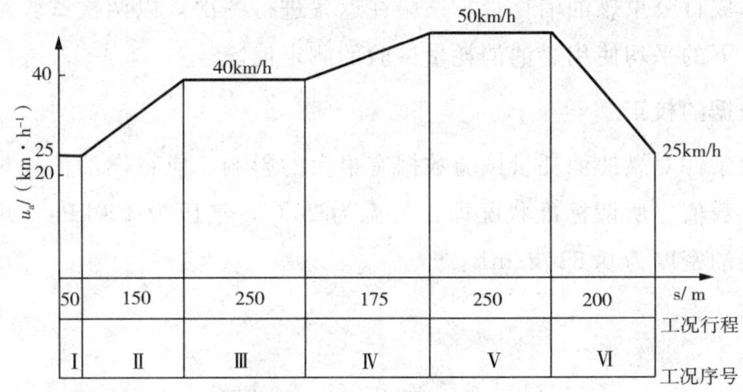

图 2-4　六工况试验循环示意图

表 2-3　六工况循环参数

工况序号	运转状态 /(km·h^{-1})	行程 /m	累计行程 /m	时间 /s	加速度 /(m·s^{-2})	变速器挡位
Ⅰ	25	50	50	7.2	—	最高挡
Ⅱ	25～40	150	200	16.7	0.25	最高挡
Ⅲ	40	250	450	22.5	—	最高挡
Ⅳ	40～50	175	625	14.0	0.20	最高挡
Ⅴ	50	250	875	18.0	—	最高挡
Ⅵ	50～25	200	1075	19.3	−0.36	最高挡

对最高挡的最小稳定车速大于 25km/h 的汽车，开始使用的挡位允许从最高挡降低一挡进行，当汽车进入等速行驶路段时，再换入最高挡行驶。

试验中，汽车加速、等速和使用制动器减速行驶时，每个试验工况除单独规定外，车速偏差为 12km/h；试验任何工况的时间偏差为±1s。

每个试验循环结束后，记录整个循环过程的燃油消耗量和通过时间。

按各试验循环规定完成一次试验后，汽车尽可能迅速掉头，从相反方向重复试验。试验往返各进行两次，取四次试验结果的算术平均值，经过换算成百公里燃油消耗量后作为多工况燃油消耗量试验的测定值。

4. 限定条件下的平均使用燃油消耗量试验

测试路段应设在三级以上的平原干线公路上，长度不小于 50km。在正常的交通情况下尽可能保持匀速行驶。不同类型汽车的行驶速度为轿车：60±2km/h；铰接式客车：35±2km/h；其他车辆：50±2km/h。客车每隔 10km 停车一次，怠速 1min 重新起步。

试验过程中，记录制动次数、各挡位使用次数、时间和行程。测定每 50km 单程的燃油消耗量，换算成百公里燃油消耗量。试验往返各进行一次，以两次试验结果的算术平均值作为限定条件下的平均使用燃油消耗量试验的测定值。

二、试验数据的校正

不同的试验条件对燃油消耗量试验数据有很大的影响。应将燃油消耗量的测定值校正到标准状况下的数值。所谓标准状况即：气温为 20℃，气压为 100kPa。此时汽油密度为 0.742g/mL，柴油密度为 0.830g/mL。

校正公式为

$$Q_s=\frac{Q_0}{C_1 C_2 C_3}\quad (\mathrm{L/100km}) \tag{2-11}$$

式中：Q_0——实测的燃油消耗量的均值，L/100km；

C_1——环境温度校正系数，$C_1=1+0.0025\ (20-T)$；

C_2——大气压力校正系数，$C_2=1+0.0021\ (p-100)$；

C_3——燃油密度校正系数，其中，汽油机 $C_3=1+0.8\ (0.742-\gamma)$，柴油机 $C_3=1+0.8\ (0.830-\gamma)$；

T——试验时的平均环境温度，℃；

p——试验时的大气压力，kPa；

γ——试验用汽油或柴油的密度，g/mL。

对汽车燃油经济性的评价，可根据不同的试验目的和车辆的使用特点，合理选用上述四项试验结果。其中多工况试验的燃油消耗量是综合性评价指标，其他三项试验结果可作为单项评价指标。

实 例

【例题】 某轻型货车装用汽油发动机的负荷特性如图 2-5 所示，其负荷特性曲线的拟合公式为

$$b = B_0 + B_1 P_e + B_2 P_e^2 + B_3 P_e^3 + B_4 P_e^4$$

式中：b——有效燃油消耗率，g/（kW·h）；

P_e——发动机发出的功率，kW。

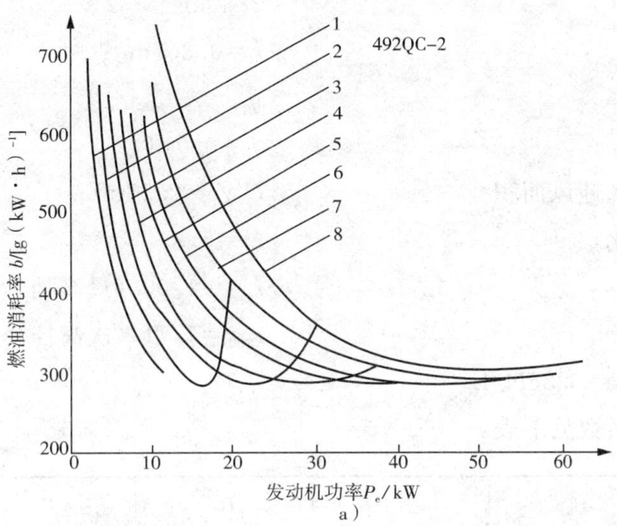

a）

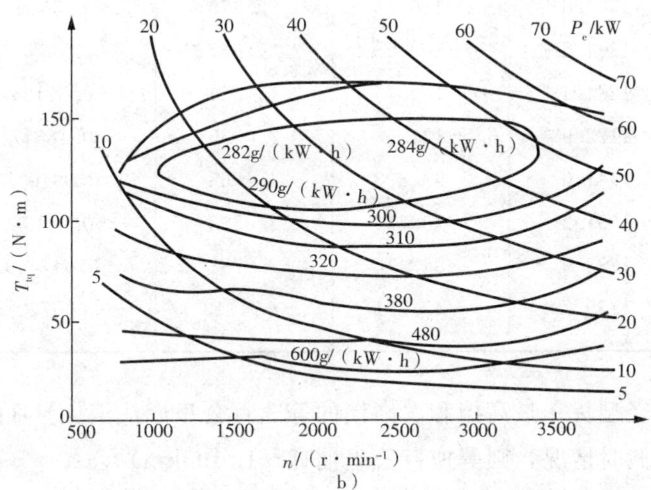

b）

图 2-5　汽油发动机的负荷特性与万有特性

汽油发动机使用外特性的 T_{tq}—n 曲线的拟合公式为

$$T_{tq} = -19.13 + 259.27\left(\frac{n}{1000}\right) - 165.44\left(\frac{n}{1000}\right)^2 + 40.874\left(\frac{n}{1000}\right)^3 - 3.8445\left(\frac{n}{1000}\right)^4$$

式中：T_{tq}——发功机转矩，N·m；

n——发动机转速，r/min。

轻型货车的有关数据：

装载质量	2000kg
整车整备质量	1800kg
总质量	3880kg
车轮半径	$r=0.367\text{m}$
传动系机械效率	$\eta_T=0.85$
坡度阻力系数	$f=0.013$
空气阻力系数×迎风面积	$C_DA=2.77\text{m}^2$
主减速器传动比	$i_0=5.83$
变速器传动比	$i_{g\text{IV}}=1.00$（最高挡）
	$i_{g\text{III}}=1.71$（次高挡）

已知燃油重度 $\gamma=6.86\text{N/L}$

拟合公式中的系数见下表：

$n/(\text{r}\cdot\text{min}^{-1})$	B_0	B_1	B_2	B_3	B_4
815	1326.8	−416.46	72.379	−5.8629	0.17768
1207	1354.7	−303.98	36.657	−2.0553	0.043072
1614	1284.4	−189.75	14.524	−0.51184	0.0068164
2012	1122.9	−121.59	7.0035	−0.18517	0.0018555
2603	1141.0	−98.893	4.4763	−0.091077	0.00068906
3006	1051.2	−73.714	2.8593	−0.05138	0.00035032
3403	1233.9	−84.478	2.9788	−0.047449	0.0002823
3804	1129.7	−45.291	0.71113	−0.00075215	−0.000038568

计算并绘制该轻型货车最高挡和次高挡的等速百公里燃油消耗量曲线。

解析：考虑满载时情况，则等速百公里油耗（L/100km）公式

$$Q_s=\frac{Pb}{1.02u_a\gamma}$$

$$u_a=\frac{0.377rn}{i_g i_0}$$

由

$$\left.\begin{matrix} n \\ P_e \end{matrix}\right\}\Rightarrow b$$

（1）最高挡时：$i_{g\text{IV}}=1.00$

① $n=815\text{r/min}$，则

$$u_a=19.34\text{km/h}$$

$$P_e=\frac{1}{\eta_T}\left(\frac{Gfu_a}{3600}+\frac{C_DAu_a^3}{76140}\right)$$

即

$$P_e=3.4342\ (kW)$$

由负荷特性曲线的拟合公式，得

$$b=B_0+B_1P_e+B_2P_e^2+B_3P_e^3+B_4P_e^4$$

$$b=541.7150\ [g/(kW\cdot h)]$$

$$Q_s=\frac{Pb}{1.02u_a\gamma}=13.7458\quad (L/100km)$$

② $n=1207r/min$，即

$$u_a=28.64\ (km/h)$$

$$P_e=\frac{1}{\eta_T}\left(\frac{Gfu_a}{3600}+\frac{C_DAu_a^3}{76140}\right)$$

即

$$P_e=5.6333\ (kW)$$

由负荷特性曲线的拟合公式，得

$$b=481.8801\ [g/(kW\cdot h)]$$

$$Q_s=\frac{Pb}{1.02u_a\gamma}=13.5424\quad (L/100km)$$

③ $n=1614r/min$，即

$$u_a=38.30\ (km/h)$$

$$P_e=\frac{1}{\eta_T}\left(\frac{Gfu_a}{3600}+\frac{C_DAu_a^3}{76140}\right)$$

即

$$P_e=8.5929\ (kW)$$

由负荷特性曲线的拟合公式，得

$$b=438.8021\ [g/(kW\cdot h)]$$

$$Q_s=\frac{Pb}{1.02u_a\gamma}=14.0684\quad (L/100km)$$

④ $n=2012r/min$，即

$$u_a=47.75\ (km/h)$$

$$P_e=\frac{1}{\eta_T}\left(\frac{Gfu_a}{3600}+\frac{C_DAu_a^3}{76140}\right)$$

即

$$P_e=12.3730\ (\text{kW})$$

由负荷特性曲线的拟合公式，得

$$b=383.3792\ [\text{g/(kW·h)}]$$

$$Q_s=\frac{Pb}{1.02u_a\gamma}=14.1975\quad (\text{L/100km})$$

⑤ $n=2603\text{r/min}$，即

$$u_a=61.77\ (\text{km/h})$$

$$P_e=\frac{1}{\eta_T}\left(\frac{Gfu_a}{3600}+\frac{C_DAu_a^3}{76140}\right)$$

即

$$P_e=20.0690\ (\text{kW})$$

由负荷特性曲线的拟合公式，得

$$b=334.8077\ [\text{g/(kW·h)}]$$

$$Q_s=\frac{Pb}{1.02u_a\gamma}=15.5448\quad (\text{L/100km})$$

⑥ $n=3006\text{r/min}$，即

$$u_a=71.34\ (\text{km/h})$$

$$P_e=\frac{1}{\eta_T}\left(\frac{Gfu_a}{3600}+\frac{C_DAu_a^3}{76140}\right)$$

即

$$P_e=27.0634\ (\text{kW})$$

由负荷特性曲线的拟合公式，得

$$b=319.9546\ (\text{g/kW·h})$$

$$Q_s=\frac{Pb}{1.02u_a\gamma}=17.3468\ (\text{L/100km})$$

⑦ $n=3403\text{r/min}$，即

$$u_a=80.75\quad (\text{km/h})$$

$$P_e=\frac{1}{\eta_T}\left(\frac{Gfu_a}{3600}+\frac{C_DAu_a^3}{76140}\right)$$

即

$$P_e=35.5911 \ (\text{kW})$$

由负荷特性曲线的拟合公式，得

$$b=314.3375 \quad [\text{g}/(\text{kW}\cdot\text{h})]$$

$$Q_s=\frac{Pb}{1.02u_a\gamma}=19.7926 \quad (\text{L}/100\text{km})$$

⑧ $n=3804\text{r/min}$，即

$$u_a=90.28 \quad (\text{km/h})$$

$$P_e=\frac{1}{\eta_T}\left(\frac{Gfu_a}{3600}+\frac{C_DAu_a^3}{76140}\right)$$

即

$$P_e=46.0744 \ (\text{kW})$$

由负荷特性曲线的拟合公式，得

$$b=305.5543 \ [\text{g}/(\text{kW}\cdot\text{h})]$$

$$Q_s=\frac{Pb}{1.02u_a\gamma}=22.2866 \quad (\text{L}/100\text{km})$$

故由以上各个点可以做出最高挡的等速百公里油耗曲线，如图 2-6 所示。

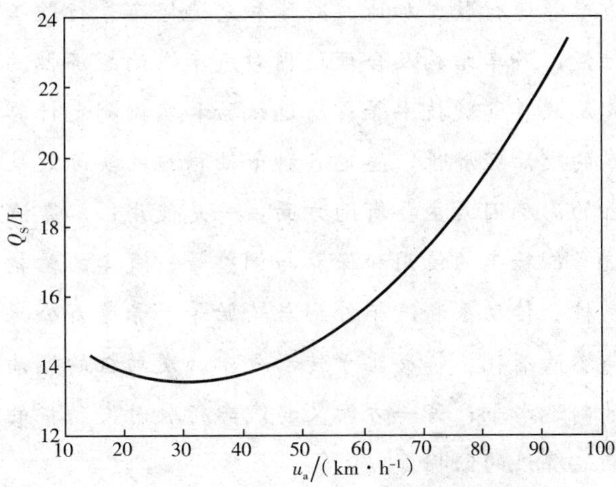

图 2-6　最高挡等速百公里油耗曲线

(2) 同样，可做出次高挡的等速百公里油耗曲线，如图 2-7 所示。

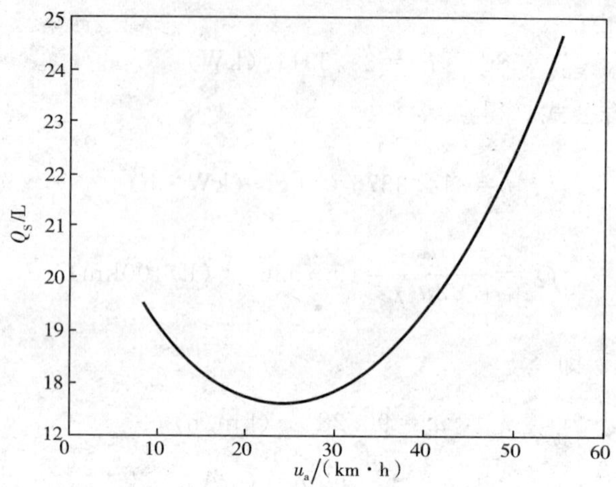

图 2-7　次高挡等速百时油耗曲线

小　结

本章阐述了汽车燃油经济性的评价指标可以用一定运行工况下汽车行驶 100km 的燃油消耗量或单位运输工作量的燃油消耗量来衡量，也可用单位燃油消耗量能使汽车行驶的里程来评价，其中等速行驶百公里燃油消耗量是比较简单而且被广泛应用的一种评价指标；介绍了根据发动机的万有特性图和汽车的功率平衡图对汽车的燃油经济性进行初步估算的方法；着重介绍汽车等速行驶、加速、减速和怠速停车等行驶工况的燃油消耗量计算方法；讨论了发动机性能、汽车结构及合理使用对汽车燃油经济性的影响，比如提高压缩比、采用轻量化材料以及改善驾驶技术等；通过试验和实例测定计算汽车在不同工况下的燃油消耗量，评定汽车的燃油经济性，鉴定各种节油措施的实际效果。

汽车的燃油经济性的影响因素主要有两方面：一是使用；二是汽车结构。使用方面包括行驶车速、挡位的选择、挂车的使用和保养与调整等；汽车的结构方面包括缩减轿车总尺寸及减轻质量、发动机、传动系和汽车外形与轮胎等。等速百公里燃油消耗量正比于等速行驶时的行驶阻力与燃油消耗率，反比于传动效率。发动机的燃油消耗率，一方面取决于发动机的种类、设计制造水平；另一方面又与汽车行驶时发动机的负荷率有关。上述因素可作为提高汽车燃油经济性的依据。

汽车燃油经济性的研究对于消费者有很大的实用意义。不同的消费者选车时应根据自身的需求来考虑各个指标。作为代步工具，普通轿车一般在城市中或城市间平直良好路面上行驶，因此，要求其具有良好的燃油经济性能，而不要求特别高的爬坡度；军用越野车辆经常穿山越岭，长途运输，因此，要求其具有较高爬坡度和最高速度，也要兼顾燃油经济性。

汽车燃油经济性的研究对于汽车设计者也有很重要的意义。一方面能节约大量能源，

减少汽车尾气排放，减少空气污染；另一方面对于汽车企业保持竞争力具有重要意义。

如何匹配汽车动力装置参数，这既要考虑汽车的动力性，又要考虑符合经济性指标要求。

思考与练习

2-1　某车以 80km/h 的速度匀速行驶，10min 消耗燃油 20L，已知此时发动机的有效燃油消耗率 b=290g/（kW·h），求发动机发出的功率。（已知燃油重度 γ=6.86N/L）

2-2　影响汽车燃油经济性的因素有哪些？

2-3　某汽车以 2.5 的减速度从 50km/h 等减速行驶到 25km/h，设该车发动机怠速燃油消耗量为 0.299mL/s，试计算该车等减速行驶工况中的燃油消耗量以及在该时间内的行驶距离。

参考文献

[1] 余志生．汽车理论（第 5 版）[M]．北京：机械工业出版社，2009.

[2] John C. Hilliard，George S. Springer. Fuel Economy in Road Vehicles Powered by Spark Ignition Engines [M]. New York：Plenum Press，1984.

[3] Ulrich Seiffer，Peter Waltzer. The Future for Automotive Technology [M]. London：Frances Finter，1984.

[4] JohnE. Clark，Gene J. Mascetti. Passenger Car Fuel Economy Influence Coefficients [J]. Warrendale PA：SAE paper 850525.

[5] W. H. Hucho. The Optimization of Body Details——A Method for Reducing the Acrodynamic Drag of Road Vehicles [J]. Warrendale PA：SAE paper 760185.

[6] Timothy C. Moore and Amory B. Lovins. Vehicle Design Strategies to Meet and Exceed PNGV Goals [J]. Warrendale PA：SAE paper 951906.

[7] T. R Stockton. The Ford Research Dual Mode Continuously Variable Transmission [J]. Warrendale PA：SAE paper 841305.

[8] E. Hendrids. Qualitative and Quantitative Influence of a Fully Electronically Controlled CVT on Fuel Economy and Vehicle Performance [J]. Warrendale PA：SAE paper 930668.

[9] 马芳武．汽车空气动力学 [M]．北京：机械工业出版社，1993.

[10] 倪佑民．汽车化性试验方法和数据处理 [J]．汽车工程，1982（4）.

[11] R. A. White and H. N. Korst. The Determination of Vehicle Drag Contribution from Coast-Down Test [J]. Warrendale PA：SAE paper 720099.

[12] T. P. Yasin. The Analytical Basis of Automobile Coastdown Testing [J]. Warrendale PA：SAE paper 780334.

第三章 汽车动力装置参数的选定

引　言

追求经济性和动力性的最佳组合，是汽车工业发展的目标之一。汽车工业自诞生之初，以美欧为首的汽车制造商便不断地追求更快的速度、更短的加速时间以及更大的爬坡度，与之相应大功率发动机则不断问世。由于当时油价比较低廉，因此汽车燃油经济性得不到足够重视。然而随着20世纪几次石油危机的爆发，油价上升，汽车燃油经济性变得越来重要，日本经济型汽车因此受到市场欢迎，由此引发了人们对提高汽车燃油经济性相关技术的深入研究。选择合适传动系的各挡传动比，尤其是最小传动比、最大传动比，是提高汽车燃油经济性的有效方法。同时汽车挡位数的增加对于提高汽车的动力性、改善汽车的燃油经济性有着显著效果。

如今，节能减排与环保已成为消费者的共识，消费者要求在保证汽车具有足够动力的同时尽量提高汽车的燃油经济性，同时还会根据自身需求理性地来选购汽车，这就要求设计者能够根据汽车动力性与燃油经济性之间的关系，根据不同的市场需求确定汽车的动力装置参数，以获得最佳经济性和最大动力性。

汽车动力装置参数包括发动机的功率和传动系的传动比，它们对汽车的动力性与燃油经济性有很大影响。在确定参数时，必须充分考虑满足这两个基本性能的要求。此外还要注意满足驾驶性的要求。本章将详细讨论汽车动力装置参数的选择方法。

第一节　发动机最大功率的确定

通常采用以下两种方法确定发动机最大功率。

1. 根据最高车速计算发动机最大功率

发动机的最大功率 P_{emax} 应不小于汽车以最高车速行驶时的阻力功率，即

$$P_{emax} \geqslant \frac{1}{\eta_T}\left(\frac{fG}{3600}u_{amax}+\frac{C_D A}{76140}u_{amax}^3\right) \tag{3-1}$$

所选发动机的最大功率应满足上式的计算结果，但也不宜过大，否则会因发动机负荷率偏低而影响汽车的燃油经济性。

2. 用比功率确定发动机最大功率

所谓比功率是指单位汽车总质量所具有的发动机功率，其常用单位为kW/t。

比功率可用下式计算：

$$比功率=\frac{1000P_{emax}}{m} \tag{3-2}$$

式中：m——汽车的总质量，kg。

统计资料表明，货车的比功率一般在7.35kW/t以上，轻型货车的比功率可达26～40kW/t。重型自卸车因车速较低，故比功率较小。轿车的车速高，其比功率一般远大于货车，但因各种轿车的动力性能差异很大，因此其比功率的变化范围也较大，通常在20～100kW/t之间。对于货车来说，通常根据自身的总质量即可选定比功率的大小。而轿车除了质量因素外，还要考虑最高车速，方能选定比功率。

国家标准《机动车运行安全技术条件》（GB7258—2004）规定，在道路行驶的汽车，其比功率应不小于5.0kW/t，以免因部分车辆动力性能太差而影响整个道路交通的畅通。

在确定了发动机最大功率后，还要考虑发动机最大功率时的转速n_p的大致范围，以便更好地选择合适的发动机。n_p的范围可根据发动机类型、最高车速、发动机最大功率等因素来选定。通常汽油机的n_p在3000～5800r/min之间，柴油机的n_p在1800～4000r/min之间。轿车和轻型货车的n_p偏高，中型货车则偏低，重型货车柴油机的n_p则更低些。

第二节　传动系最小传动比的确定

传动系最小传动比就是系统中的各总成最小传动比之乘积，对于没有分动器和副变速器的汽车而言，传动系最小传动比等于变速器最高挡传动比与主减速器传动比i_0的乘积。本节将讨论变速器最高挡为直接挡时的传动系最小传动比i_0的确定。

i_0的选择应首先满足汽车最高车速的要求，同时还要兼顾汽车的加速能力、爬坡能力和燃油经济性，最终还要符合主减速器齿轮的齿数比。

假设有三个i_0可供选择，且$i_{01}>i_{02}>i_{03}$，三者所对应的最高车速虽不尽相同，但都能满足要求，其中与i_{02}对应的发动机功率曲线在最大功率处与阻力功率曲线相交，其最高车速最高，如图3-1所示。下面对这三种选择进行分析比较：

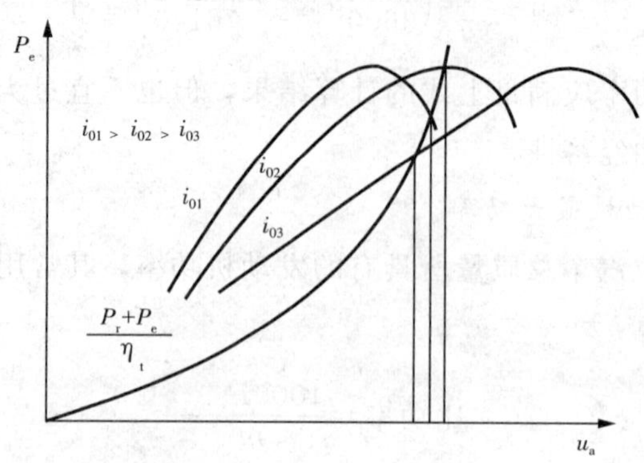

图 3-1　i_0改变时的功率平衡图

(1) 选用 i_{01}，汽车的后备功率较大，动力性较好，但因发动机的功率利用率降低，有效燃油消耗率增大，因而汽车的燃油经济性较差；

(2) 选用 i_{02}，则汽车的动力性稍差，而燃油经济性较好；

(3) 选用 i_{03}，其最高车速小于上述两种选择，动力性最差，燃油经济性稍好。

若发动机最大功率时的车速用 u_p表示，相应的最高车速为 u_{amax}。过去，多数汽车所选的 i_0，使 u_{amax}略大于 u_p，如图 3-1 所示的 i_{01} 曲线；或使 u_{amax}等于 u_p，如图 3-1 所示的 i_{02}曲线。近年来，为了提高汽车的燃油经济性，出现了减小传动系最小传动比的趋势，使 u_{amax}略小于 u_p，如图 3-1 所示的 i_{03} 曲线。有的装有五挡变速器的汽车，5 挡时的最高车速反而略低于 4 挡时的最高车速。统计资料表明，现代汽车的 u_p/u_{amax}值在 0.72～1.43 之间。设计人员可根据汽车的类型、用途和要求最终确定 i_0的值。

为了使汽车获得较高的平均车速，还要求汽车以最高挡行驶时具有一定的爬坡能力。因此，在确定传动系最小传动比时，应考虑满足最高挡动力因数 D_{0max}的要求。例如，中型货车、重型货车的推荐值一般为 $D_{0max}=0.04\sim0.08$，中级轿车 $D_{0max}=0.1\sim0.15$。

当最高挡为直接挡时，i_0与 D_{0max}的关系可用下式计算：

$$D_{0max}=\frac{\dfrac{T_{tqmax}i_0\eta_T}{r}-\dfrac{C_DAu_{at}^2}{21.15}}{G} \tag{3-3}$$

式中：T_{tqmax}——发动机最大转矩，N·m；

u_{at}——汽车以最高挡行驶时，发动机发出最大转矩时的车速，km/h。

第三节 传动系最大传动比的确定

普通汽车的传动系最大传动比等于变速器Ⅰ挡传动比 i_{g1} 与主减速器传动比 i_0 的乘积。i_0 选定后，剩下的问题就是如何确定变速器Ⅰ挡传动比 i_{g1}。

货车的变速器Ⅰ挡传动比通常是根据汽车所要求的最大爬坡度来确定的。根据驱动力与行驶阻力相平衡的原理，当汽车行驶在最大坡度的路面时，Ⅰ挡的最大驱动力 F_{t1max} 应等于相应的滚动阻力 F_f、坡度阻力 F_{imax} 和空气阻力 F_w 之和。此时的车速一般很低，空气阻力可忽略不计，因此有

$$F_{t1\max}=F_f+F_{imax}$$

或

$$\frac{T_{tqmax}i_g i_0 \eta_T}{r}=Df\cos\alpha_{\max}+G\sin\alpha_{\max}$$

即

$$i_{g1}\geqslant\frac{G\ (f\cos\alpha_{\max}+\sin\alpha_{\max})}{T_{ta\max}i_0\eta_T} \tag{3-4}$$

由于汽车的爬坡能力还受到附着条件的限制，如果选择过大的 i_{g1} 未必能够提高爬坡能力，反而会给变速器设计和换挡操作带来不便。另外，最终确定的 i_{g1} 应与变速器中有关齿轮的齿数比相吻合。

一般货车的最大爬坡度约为30%，即 $\alpha_{max}\approx16.7°$。

轿车因比功率较大，其最大爬坡度一般都能超过30%，Ⅰ挡传动比的确定主要应满足加速能力的要求。对于中级轿车、高级轿车，原地起步加速到100km/h的时间一般为10～17s，普通轿车则为12～25s，设计人员可参考同类型轿车来选择 i_{g1}。

越野汽车的最大爬坡度一般可达60%左右，$\alpha_{max}\approx31°$。除此之外，还要求越野车能够在极低车速下稳定行驶，以防在松软地面上行驶时土壤受冲击遭剪切破坏而影响附着能力。因此对所选的传动系最大传动比还要验算其最低稳定车速：

$$u_{amin}=0.377\frac{n_{min}r}{i_{tmax}} \tag{3-5}$$

式中：u_{amin}——汽车最低稳定车速，km/h；

n_{min}——发动机最低稳定转速，r/min；

i_{max}——传动系最大传动比。

第四节　传动系挡数和中间各挡传动比的确定

增加挡位数可以提高发动机的功率利用率，这对于提高汽车的平均车速和降低发动机的燃油消耗率均有利。因此，增加挡位数可以改善汽车的动力性和燃油经济性。

挡位数的多少还会影响相邻两个挡位传动比的比值。比值过大会造成换挡困难。一般认为比值不宜超过1.7～1.8。因此，传动系最大传动比 i_{tmax} 与最小传动比 i_{tmin} 之比 i_{tmax}/i_{tmin} 越大，挡位数也应越多。

但是，挡位过多会造成变速器结构复杂。因此轻型货车、中型货车常采用五挡变速器。已有不少装有手动变速器的轿车采用了五挡变速器，较过去的挡数有所增加。重型汽车和越野汽车，因行驶阻力的变化范围大，i_{tmax}/i_{tmin} 的比值大，所以常采用六个以上挡位的变速器，甚至多达十几个挡位。为了使变速器结构不过于复杂，可采用装副变速器或分动器兼副变速器的方法。

在确定了传动系最大传动比、最小传动比和挡位数后，应继续确定中间各挡的传动比。

资料表明，汽车传动系各相邻两挡传动比的比值一般都比较接近。在换挡过程中，传动系输出转矩的放大倍数较为均匀地逐级递增或递减。例如，CA1091 汽车，其六挡变速器各挡传动比和相邻两挡传动比的比值分别为

$$\frac{i_{g1}}{i_{g2}}=\frac{7.640}{4.835}=1.580；\quad \frac{i_{g2}}{i_{g3}}=\frac{4.835}{2.857}=1.692；$$

$$\frac{i_{g3}}{i_{g4}}=\frac{2.857}{1.895}=1.508；\quad \frac{i_{g4}}{i_{g5}}=\frac{1.895}{1.337}=1.417；$$

$$\frac{i_{g5}}{i_{g6}}=\frac{1.337}{1.000}=1.337。$$

因此，在确定各挡传动比时，可按等比级数的关系进行初步计算，即

$$\frac{i_{g1}}{i_{g2}}=\frac{i_{g2}}{i_{g3}}=\cdots=q$$

式中：q——各挡之间的公比。

由此可得，各挡的传动比分别为

$$i_{g1}=qi_{g2}$$

$$i_{g2}=qi_{g3}$$

$$\cdots$$

现以五挡变速器为例，且假设 $i_{g5}=1$，则各挡传动比分别为

$$i_{g4}=q$$

$$i_{g3}=q^2$$

$$i_{g2}=q^3$$

或

$$q=\sqrt[4]{i_{g1}}$$

对于具有 n 个挡位，其最高挡为直接挡的变速器，则公比 q 为

$$q=\sqrt[n-1]{i_{g1}} \tag{3-6}$$

实际上，汽车行驶时各个挡位的利用率差异很大，例如中型货车五挡变速器中的四挡、五挡的利用率一般可达85%～90%。因此，适当减小较高挡位之间的传动比比值，对于提高发动机的功率利用，改善汽车的动力性和经济性较为有利。所以，经变速器齿轮齿数分配后，所得到的各挡传动比往往按如下关系分布：

$$\frac{i_{gn-1}}{i_{gn}}\leqslant\frac{i_{gn-2}}{i_{gn-1}}\leqslant\cdots\leqslant\frac{i_{g1}}{i_{g2}}$$

第五节　利用燃油经济性—加速时间曲线确定动力装置参数

初步选择参数之后，可拟定供选用参数数值的范围，进一步具体分析、计算不同参数匹配下的汽车燃油经济性与动力性，综合考虑各方面因素，最终确定动力装置的参数。通常以循环工况 Q（L/100km）代表燃油经济性，以原地起步加速时间代表动力性，作出不同参数匹配下的燃油经济性—加速时间曲线，并根据此曲线确定动力装置参数。下面举例说明。

一、主减速器传动比的确定

在动力装置其他参数不变的条件下，若要选定最佳主减速器传动比，可根据燃油经济性与动力性的计算，绘制如图3-2所示的不同 i_0 时的燃油经济性—加速时间曲线。如图3-2所示纵坐标是0→96.6km/h（0→60mile/h）时的加速时间（s），横坐标为EPA循环工况的燃油经济性（km/L或mile/gal）。计算不同 i_0 值时的加速时间与每升燃油行驶公里数后，即可作出图示曲线。曲线表明，i_0

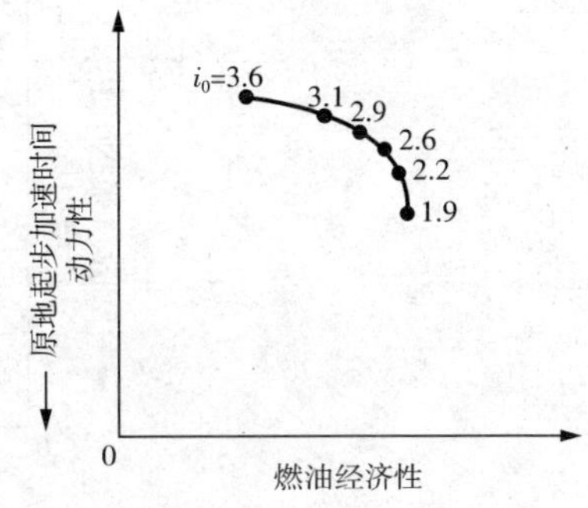

图3-2　i_0 改变时的功率平衡图

值较大时，加速时间较短但燃油经济性下降；i_0较小时，加速时间延长但燃油经济性改善。若选定 2.6 作为主减速器传动比，则能兼顾汽车的燃油经济性与动力性。若以动力性为主要目标，则可选用较大的 i_0 值；若以燃油经济性为主要目标，可选用较小的 i_0 值。

燃油经济性—加速时间曲线通常大体上呈 C 形，所以又称之为 C 曲线。

二、变速器与主减速器传动比的确定

在不改变发动机的条件下，可利用 C 曲线从数种变速器中选一合适的变速器和一合适的主减速器传动比。

如图 3-3 所示绘制了数种变速器的 C 曲线。如图 3-3a 所示是三挡变速器与四挡变速器的 C 曲线。如图 3-3b 所示是四挡变速器与五挡变速器的 C 曲线。三挡变速器与四挡变速器均具有直接挡，由于四挡变速器的变速范围广，所以汽车动力性有所提高。五挡变速器具有超速挡，汽车的燃油经济性与动力性均有显著提高。如图 3-3c 所示是装有三种不同传动比的五挡变速器 A、B、C 时汽车的 C 曲线。可以根据设计汽车的主要目标选用其中的一个，并根据其它曲线确定主传动比。如图 3-3 所示上还画出了三条 C 曲线的包络线，称为“最佳燃油经济性—动力性曲线”。它表示三种五挡变速器与不同传动比主减速器匹配时，在一定加速时间的要求下燃油经济性的极限值。

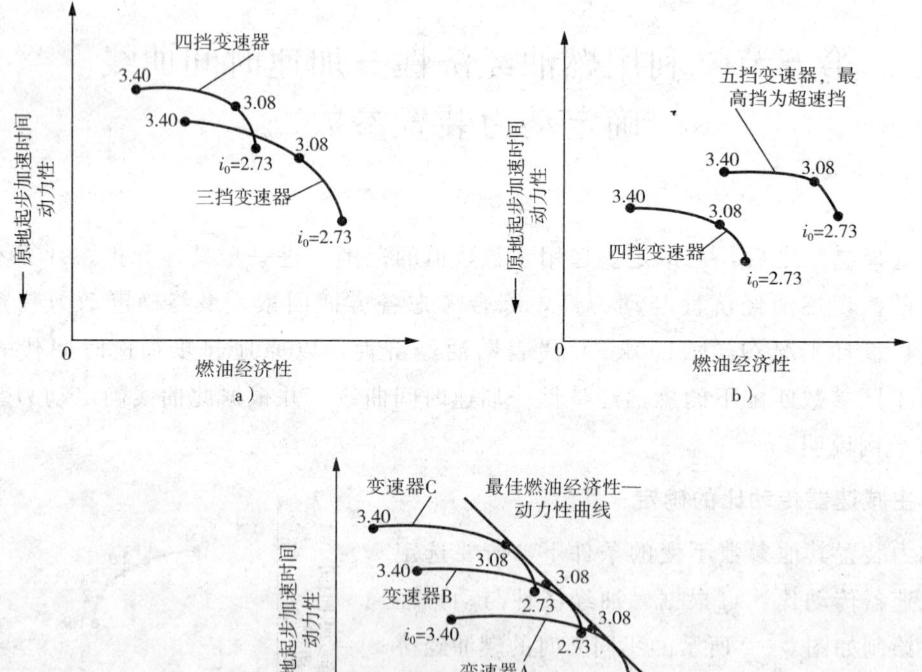

图 3-3 装用不同变速器时的燃油经济性—加速时间曲线

如图 3－4a 所示是 TJ－6120 客车装用两种不同传动比的五挡变速器与不同传动比主减速器时的 C 曲线。可以看出，以变速器Ⅱ和主减速器传动比为 8.6 时的匹配关系得到的燃油经济性与动力性最佳。

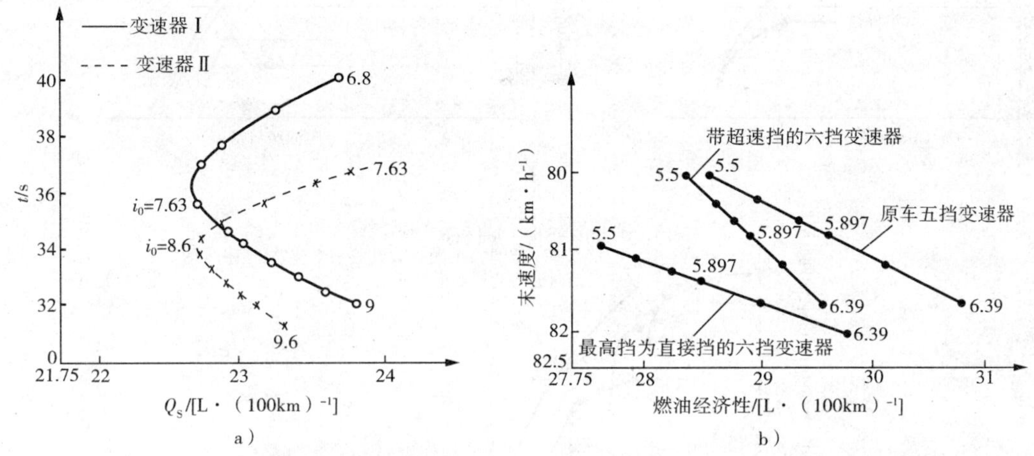

图 3－4 装用不同变速器时的燃油经济性—加速时间曲线

a）TJ－6120 客车的燃油经济性—加速时间曲线 b）CA1091 货车的燃油经济性—1km 加速末速度曲线

如图 3－4b 所示是 CA141 货车装用三种不同变速器时的燃油经济性——1km 加速末速度曲线。它是以 0→1000m 连续换挡加速的末速度作为动力性评价指标的。可以看出，装用带有超速挡的或最高挡为直接挡的六挡变速器，燃油经济性都比用五挡变速器时有所改善。如果驱动桥的传动比采用 5.897，则装用最高挡为直接的六挡变速器时，不但燃油消耗量可减少 1.08L/100km（3.6%），而且 0→1000m 连续换挡加速的末速度也可以增加 0.58km/h（0.7%）。

三、发动机、变速器与主减速器传动比的确定

本例为不同排量发动机、不同变速器与不同主减速器传动比的动力装置参数的确定。

如图 3－5a 所示是一辆轿车在同一变速器条件下，选用三种不同排量发动机时的燃油经济性—加速时间曲线。若要求的加速时间为 13.5s，则只能选用大或中排量发动机。因为中排量发动机的燃油经济性好，所以应当选用中排量发动机，然后利用中排量发动机的 C 曲线确定最佳主减速器传动比。

为了便于进行不同变速器的选定，如图 3－5a 所示还画出一条三种不同排量发动机 C 曲线的包络线，也称作“最佳燃油经济性和动力性曲线”。它表明该轿车装用一种变速器、装用不同排量发动机与匹配不同主减速器传动比时，一定加速时间的动力性要求下所能达到的燃油经济性的极限值。如图 3－5b 所示上画出了该轿车装用三种具有不同传动比的 4 挡变速器时的“最佳燃油经济性和动力性曲线”。可以看出，在加速时间要求为 13.5s 的条件下，C 型变速器的燃油经济性最好，比 A 型提高 4.4%。

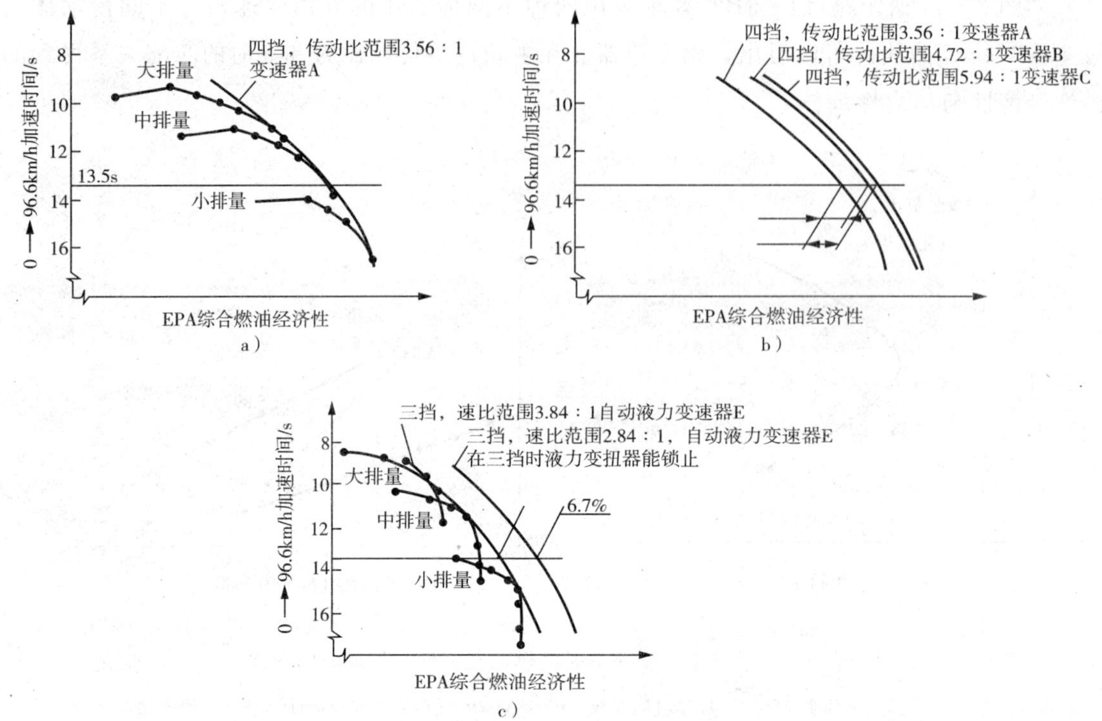

图 3-5　不同排量发动机的C曲线与不同变速器的最佳燃油经济性和动力性曲线

本例还比较了装用自动液力变速器时的情况。如图 3-5c 所示是三挡自动液力变速器与在第 3 挡能锁止的三挡自动液力变速器的“最佳燃油经济性和动力性曲线”。分析表明，在加速时间要求为 13.5s 的条件下，具有第 3 挡能锁止的自动液力变速器的燃油经济性可提高 6.7%。

以燃油经济性—加速时间曲线来确定动力装置的方法比较常用。Thomas R. Stockton 曾给出了一辆质量为 795.5kg、装有五挡变速器的轿车，利用燃油经济性—加速时间曲线来确定发动机排量（相当于功率）与主减速器传动比的例子，如图 3-12 所示。图上绘制装用不同排量发动机（0.8～1.6L）与匹配不同主减速器传动比〔n/u_a 值由 18.6～36.7r·min^{-1}/（km·h^{-1}），即由 30～59r·min^{-1}/（mile·h^{-1}）〕时的 EPA 城市、公路综合燃油经济性（km/L 或 mile/gal）与 0→96.6km/h（0→60mile/h）加速时间曲线。如图 3-6 所示还有：

（1）第 1 挡能克服 30% 坡度所要求的最小 n/u_a 值曲线。

（2）第 4 挡在 88.55km/h（55mile/h）与 96.6km/h（60mile/h）车速行驶时，能克服 3% 坡度的最小 n/u_a 值曲线。

（3）驾驶性能要求的最小 n/u_a 值曲线。

分析图中的曲线可知，当加速时间定为 13s 以内时，以 1.2L 排量发动机匹配与 n/u_a=20.5 r·min^{-1}/（km·h^{-1}）相应的主减速器传动比为佳。此时，每升燃油可行驶

26km。不过，这种匹配不能满足驾驶性能的要求。对于 1.2L 发动机，允许的 n/u_a 值为 26.7 r·min^{-1}/（km·h^{-1}），相应的加速时间为 12.3s，但每升燃油只能行驶 23.48km。综合衡量得失，不如选取 1.5L 排量的发动机，n/u_a 值为 21.5r·min^{-1}/（km·h^{-1}），此时加速时间缩短到 9.7s，每升燃油能行驶 23.73km。

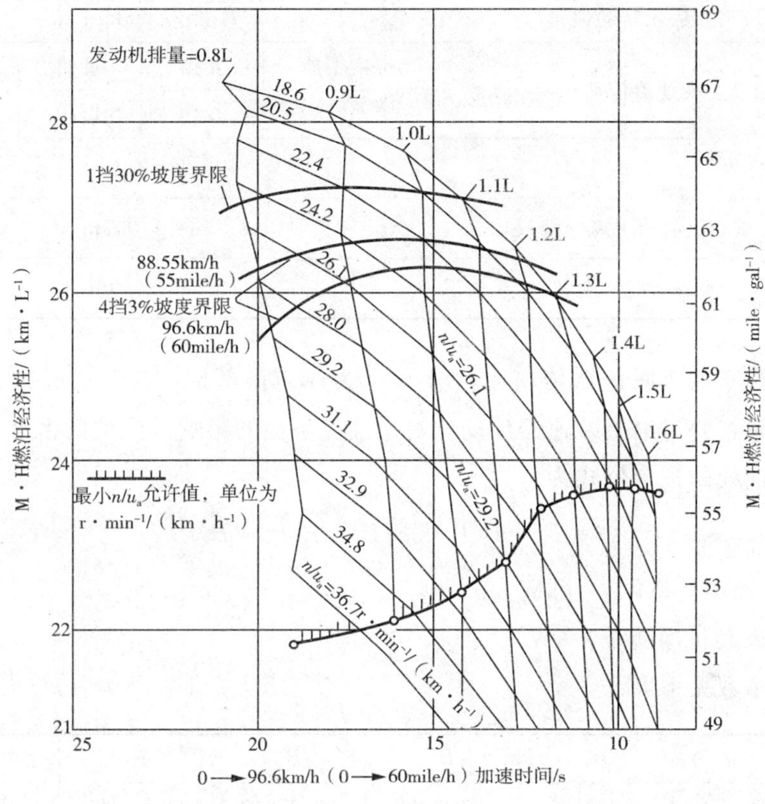

图 3-6　用以选用发动机排量与主减速器传动比的燃油经济性—加速时间曲线

实　例

【例题】　轻型货车的有关数据见下表：

装载质量	2000kg
整车整备质量	1800kg
总质量	3880kg
车轮半径	0.367m
传动系机械效率	$\eta_T=0.85$
滚动阻力系数	$f=0.013$

空气阻力系数×迎风面积	$C_DA=2.77m^2$
主减速器传动比	$i_0=5.83$
飞轮转动惯量	$I_f=0.218kg\cdot m^2$
四前轮转动惯量	$I_{w1}=1.798kg\cdot m^2$
四后轮转动惯量	$I_{w2}=3.598kg\cdot m^2$

	Ⅰ挡	Ⅱ挡	Ⅲ挡	Ⅳ挡
变速器传动比	5.89	3.19	1.70	1.00

轴距	$L=3.2m$
质心至前轴距离（满载）	$a=1.947m$
质心高度（满载）	$h_g=0.9m$

改变轻型货车的主减速器传动比，求出 i_0 为 5.20、5.54、5.93、6.23、6.48 时的百公里燃油消耗量，并讨论主减速器传动比对燃油经济性的影响（汽油的密度是0.7g/cm³）。

负荷特性曲线的拟合公式为

$$b=B_0+B_1P_e+B_2P_e^2+B_3P_e^3+B_4P_e^4$$

式中：b——燃油消耗率，g/（kW·h）；

P_e——发动机净功率，kW。

拟合公式系数见下表：

n/（r·min⁻¹）	B_0	B_1	B_2	B_3	B_4
3400	1233.9	−84.478	2.9788	−0.047449	0.00028230

解析： $i_0=5.20$ 时，以最高挡、较高转速（n 取 3400r/min）、最经济负荷（即 90%负荷大约 18kW）行驶时油耗为例，则百公里消耗燃油量计算如下：

$$u_{a1}=\frac{0.377rn}{i_gi_0}=\frac{0.377\times0.367\times3400}{1\times5.20}=90.4655\ (km/h)$$

$$b_1=B_0+B_1P_e+B_2P_e^2+B_3P_e^3+B_4P_e^4\Rightarrow b_1=431.3g/(kW\cdot h)$$

将 b_1，u_{a1} 代入下式得

$$Q_{s1}=\frac{P_eb}{1.02u_a\rho g}=\frac{18\times431.3}{1.02\times90.47\times0.7\times9.8}=12.26$$

$$\Rightarrow Q_{s1}=12.26\ (L)$$

同理，当 i_0 分别等于 5.54、5.93、6.23、6.48 时的百公里燃油消耗量为

$$Q_{s2}=13.07\ (L),\ Q_{s3}=13.97\ (L),\ Q_{s4}=14.69\ (L),\ Q_{s5}=15.28\ (L)$$

从以上计算可以看出，汽车的主减速比对燃油消耗有着一定的影响，当主减速比增大时，燃油消耗量增大；反之，燃油消耗量减小。所以在汽车主减速比设计时，除满足汽车动力性要求外，还要综合考虑主减速比对燃油消耗量的影响。

小　结

本章阐述了发动机的最大功率、传动系最大和最小传动比、传动系挡数和各中间各挡传动比的确定方法，同时还对汽车燃油经济性—加速时间曲线确定动力装置参数作了详细论述。

(1) 根据最高车速计算发动机最大功率和用比功率确定发动机最大功率。

(2) 传动系最大传动比的确定主要是从最大爬坡度、附着率及汽车最低稳定速度三方面考虑；传动系最小传动比的确定是根据计算公式以及汽车功率平衡图；本章讨论了对于没有分动器和副变速器且变速器最高挡为直接挡的汽车传动系最小传动比 i_0 的确定。

(3) 在确定了传动系最大传动比、最小传动比和挡位数后，通过按等比级数的方法确定中间各挡的传动比。

(4) 动力装置参数，主要是利用燃油经济性—加速时间曲线来具体确定。

发动机的功率决定着汽车的动力性能。发动机功率越大，就可保证汽车的最高车速越高，同时使得后备功率大，汽车的加速与爬坡性能必然较好。但是大的发动机功率会带来汽车燃油经济性的降低，因此，汽车设计者及汽车使用者应当根据各自的情况适当选择一定功率的发动机，使得汽车动力性与燃油经济性较好的结合起来。汽车传动系传动比的大小，尤其是传动系的最小传动比对汽车发动机的油耗高低与汽车动力性的发挥尤为重要。由于汽车经常在高速挡位行驶，使用最小传动比的机会更多。因此最小传动比的设计，对整车的动力性、经济性有着举足轻重的影响。传动系最大传动比、传动系的挡位数以及各挡传动比对汽车动力性也有很大影响。挡位数增加时，发动机在接近最大功率工况下工作的机会增加，发动机的平均利用率高，后备功率大，这有利于汽车加速和爬坡，提高了汽车中速行驶的动力性。同时，挡位数多，增加了发动机在低燃油消耗率区工作的可能性，降低了油耗，改善了汽车燃油经济性。汽车动力传动系的匹配还应考虑其动力特性是否与整车的动态特性匹配，如动力传动系机构的运转频率不能与车身的各阶固有频率重合，则会产生共振。

思考与练习

3-1　新设计一辆货车，若已确定其总质量 $m=9300\text{kg}$，空气阻力系数 $C=0.9$，迎风面积 $A=4.8\text{m}^2$，传动系机械效率 $\eta_T=0.85$，最高车速为 110km/h，试初选发动机的功率。

3-2　说明主减速器传动比 i_0 的大小对汽车动力性和燃油经济性的影响。

3-3　由公式 $u_a=0.377\dfrac{nr}{i_j i_0}$，是否可以认为汽车的主减速器传动比 i_0 越小，车轮半径 r 越大，汽车的最高车速就越高？为什么？

3-4 已知发动机的最大转矩为 360N·m/（1200r/min），车轮半径 $r=0.48$m，主减速器传动比 $i_0=6.39$，其余参数同第 3-1 题，试求：

（1）直接挡时的最大动力因数 D_{0max}；

（2）若要求汽车的最大爬坡度为 29%，初步确定头挡传动比 i_{g1}。

3-5 增加传动系的挡位数，对改善汽车的动力性和燃油经济性有何作用？

3-6 已知某五挡变速器的 $i_{g5}=1$，$i_g3=2.45$，若按等比级数分配，其余各挡的传动比为多少？

参考文献

[1] M. 米奇克．汽车动力学：A 卷［M］．陈荫三译．北京：人民交通出版社，1992.

[2] 吉林工业大学．汽车理论［M］．北京：中国工业出版社，1962.

[3] Howard E. Chana，William L. Fedewa，John E. Mohaney. An Analytical Study of Transmission Modifications as Related to Vehicle Performance and Economy［J］. Warrendale PA：SAE paper 770418.

[4] 李冀荣，李以盛．解放公共汽车动力性及燃油经济性的计算机模拟与传动系参数的优化［J］．汽车运输研究，1984（3）．

[5] 张大壮，唐志强，刘永军等．汽车燃料经济动力性模拟程序及动力系统合理匹配［J］．汽车技术，1988（5，6）．

[6] 景山克三．自动车性能试验［M］．东京：山海棠，1979.

[7] 余煜华．车速与车辆功率配备问题［J］．川汽科技，1994（2）．

[8] 余志生．汽车理论［M］．北京：机械工业出版社，2009.

第四章 汽车的制动性

引 言

汽车是具有较高行驶速度的一种交通工具，尤其是在现代制造技术及道路等级不断提高的今天，汽车的高速性能得到了前所未有的发挥。但是由于道路和交通条件的不断变化，常常要改变行车速度，甚至瞬间停车，这就要求在任何速度下行驶的汽车，通过制动，能在尽可能短时间内降低车速或者停车，保持车辆制动时的稳定性，同时对周围环境和驾驶员不造成伤害，因此汽车具有良好的制动性能非常重要。汽车的制动性是指人为地强制汽车在短距离内减速直至停车且维持行驶方向稳定、下长坡时能维持一定车速和保证汽车较长时间停放在斜坡上的能力。

制动性是汽车的主要性能之一，直接关系到交通安全。重大交通事故往往与制动距离太长、制动时发生严重侧滑或方向失控、下长坡制动稳定性差等因素有关，因此改善汽车的制动性始终是汽车设计制造部门的重要任务。制动性对汽车其他性能也有一定的影响。汽车制动效果好，汽车安全行驶速度和平均行驶速度可能提得越高，汽车的动力性与燃油经济性也就会越好。

汽车的制动性是通过制动装置实现的。汽车制动装置一般包括行车制动装置和驻车制动装置，有些需要增设应急制动装置、辅助制动装置及自动制动装置等。驾驶员想使运动着的汽车迅速停住就要通过制动装置吸收掉汽车的动能。为了保证汽车具有良好的制动性能，制动装置就必须保证效果好、工作可靠、并且吸收能量快。目前，制动防抱装置、驱动防滑装置等先进制动控制系统的运用，使得汽车的制动性能得到极大的提高，这对保障汽车行车安全，提高汽车动力性能、燃油经济性能有着重要的意义。

本章从汽车制动时车轮的受力情况，各种力之间的相互关系及其影响因素，汽车制动过程的基础上，结合相关运动学知识，研究汽车制动性的评价指标，达到定量分析汽车制动性的目的，并指导汽车制动性试验。

第一节 制动性的评价指标

汽车的行车制动性主要由下列三方面的指标来评价。

1. 制动效能

制动效能包括汽车的制动距离、制动减速度和制动力。汽车在良好路面上以一定初速度制动到停车的制动距离或制动时汽车的减速度，是制动性能最基本的评价指标。随着制动试验台的普及和推广，人们也把对汽车制动性起决定性作用的地面制动力作为制动效能的评价指标。

2. 制动效能的恒定性

制动效能的恒定性即汽车制动器的抗衰退性能，包括抗热衰退性和抗水衰退性。汽车高速行驶或下长坡连续制动，制动器温度升高，此时汽车制动效能保持的程度，称为抗热衰退性能。汽车涉水行驶后，在制动器潮湿时汽车制动效能保持的程度，称为抗水衰退性能。

3. 制动时汽车行驶的方向稳定性

方向稳定性即制动时汽车按给定路径行驶的能力。若制动时发生跑偏、侧滑或失去转向能力，则汽车将偏离原来的路径。

表 4－1 和表 4－2 分别为一些国家轿车和我国二轴式汽车制动规范对行车制动性的部分要求。

表 4－1 一些国家轿车制动规范对行车制动性能的要求

项 目	中 国	欧洲经济共同体 (EEC) 71/320	瑞 典 F18	美 国 联邦 105
试验路面	干水泥路面	附着良好	NO_2＝0.8	Skid No31
载重	满载	一个驾驶员或满载	任何载荷	轻载、满载
制动初速	80km/h	80km/h	80km/h	96.54km/h (60mile/h)
制动时的稳定性	不许偏出 3.7m 通道	不抱死跑偏	不抱死跑偏	不抱死跑偏 3.66m (12ft)
制动距离 或制动减速度	≤50.7m	≤50.7m ≥5.8m/s²	≥5.8m/s²	≤65.8m (216ft)
踏板力	<500N	<490N	<490N	66.7～667N (15～150lbf)

表 4-2 我国机动车运行安全技术条件对各类汽车行车制动性能的要求

类 型	制动初速度 /km·h⁻¹	满载检验制动距离要求/m	空载检验制动距离要求/m	满载检验充分发出的平均减速度 /m·s⁻²	空载检验充分发出的平均减速度 /m·s⁻²	制动稳定性要求车辆任何部位不得超出试车道宽度/m
座位数≤9的载客汽车	50	≤20	≤19	≥5.9	≥6.2	2.5
其他总质量≤4.5t的汽车	50	≤22	≤21	≥5.4	≥5.8	2.5[①]
其他汽车、汽车列车及无轨电车	30	≤10	≤9	≥5.0	≥5.4	3.0

注：对总质量大于 3.5t 并小于 4.5t 的汽车试车道宽度为 3m。

第二节 制动时车轮的受力

汽车在受到与行驶方向相反的外力作用下才能减速直至停车。汽车制动过程的实质是借助这些外力，使汽车制动开始时所具有的动能和势能（下坡制动时）转变为其他形式能（一般为热能）予以耗散。这些外力只能由地面和空气提供。但由于空气阻力相对较小，所以实际上外力是由地面提供。地面提供汽车减速直至停车的力，称为地面制动力。地面制动力愈大，制动减速度愈大，制动距离也愈短，故地面制动力对汽车制动性具有决定性作用。

下面分析一个车轮在制动时的受力状况，以说明影响汽车地面制动力的主要因素。

一、地面制动力

在良好的硬路面上制动时车轮的受力情况如图 4-1 所示，W 为车轮垂直载荷，F_p 为车轴对车轮的推力，F_z 为地面对车轮的法向反作用力，F_{Xb} 为地面制动力，单位均为 N；T_μ 为车轮制动器的摩擦力矩（制动力矩），T_j 为车轮及与其相连旋转质量惯性力偶矩，T_f 为车轮滚动阻力偶矩，单位均为 N·m；r 为车轮半径，单位为 m。

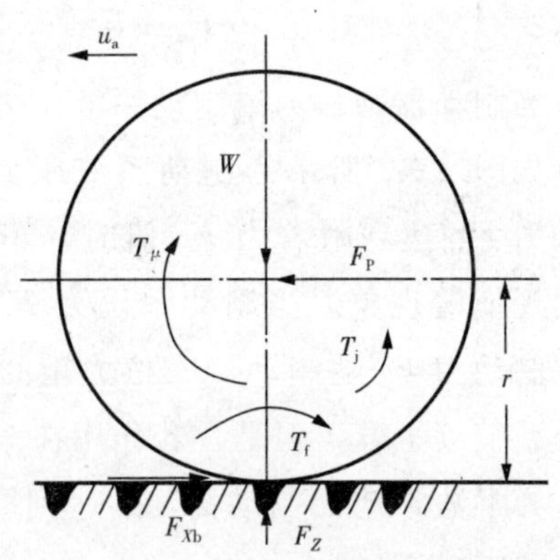

图 4-1 制动时车轮受力图

根据对车轮中心的力矩平衡条件，得

$$T_{\mu}=F_{Xb}r+T_{j}+T_{f}$$

由于滚动阻力偶矩 T_f 和与其相连旋转质量惯性力偶矩 T_j 相对制动力矩 T_{μ} 小得多，故忽略不计，则地面制动力

$$F_{Xb}=\frac{T_{\mu}}{r} \tag{4-1}$$

地面制动力是使汽车制动而减速行驶的外力，但是地面制动力取决于两对摩擦副的摩擦力：一对是制动器内制动摩擦片与制动鼓或制动盘间的摩擦力；另一对是轮胎与地面间的摩擦力——附着力。

二、制动器制动力

在轮胎周缘克服制动器摩擦力矩所需的力称为制动器制动力，用符号 F_{μ} 表示。也可以认为制动器制动力 F_{μ} 是制动力矩 T_{μ} 的转化力，其转化半径等于车轮半径 r。因此

$$F_{\mu}=\frac{T_{\mu}}{r} \tag{4-2}$$

制动器制动力取决于制动器的形式、结构尺寸、制动器摩擦副的摩擦系数以及车轮半径，并与制动踏板力，即制动系的液压或空气压力成正比。

三、地面制动力、制动器制动力与附着力之间的关系

在制动时，若车轮的运动只考虑滚动与拖滑两种状况，当制动踏板力较小时，制动器摩擦力矩不大，地面与车轮之间的摩擦力即地面制动力足以克服制功器摩擦力矩而使车轮滚动。此时，地面制动力就等于制动器制动力，且随踏板力的增加成正比地增长，如图 4-2 所示。但是地面制动力是滑动摩擦的约束反力，其值不能超过附着力，即

$$u_w \approx r_r \omega_w \tag{4-3}$$

或最大地面制动力 F_{Xbmax} 为

$$F_{Xbmax}=F_{\varphi}=F_{Z}\varphi \tag{4-4}$$

当制动器踏板力或制动系液压力上升到某一值（如图 4-2 所示为制动系液压力 P_a），地面制动力 F_{Xb} 达到附着力 F_{φ} 值时，车轮抱死不转而出现拖滑现象。当制动系压力 $P>P_a$ 时，制动器制动力 F_{μ} 随制动器摩擦力矩的增长仍按直线关系继续上升，但是，若作用在车轮上的垂直载荷为常数，地面制动力 F_{Xb} 达到附着力 F_{φ} 的值后就不再增加。

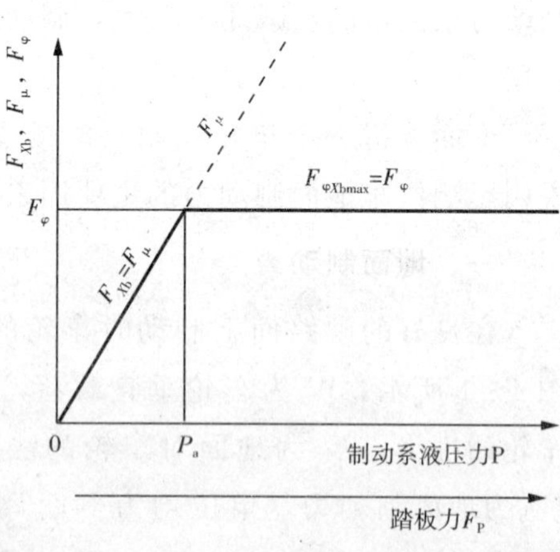

图 4-2 地面制动力、制动器制动力与附着力的关系

由此可见，汽车的地面制动力取决于制动器

制动力，但同时又受地面附着条件的限制，因此汽车只有在具有足够的制动器制动力和地面附着力时，才能获得足够的地面制动力。

四、硬路面上的附着系数

曾假设车轮的运动只有滚动和抱死拖滑。但观察汽车制动过程，发现胎面留在地面上的印痕从车轮滚动到抱死拖滑是一个渐变的过程。如图 4-3 所示为汽车制动过程中逐渐增大踏板力时轮胎留在地面上的印痕。根据印痕，制动过程大致可分为三个阶段。

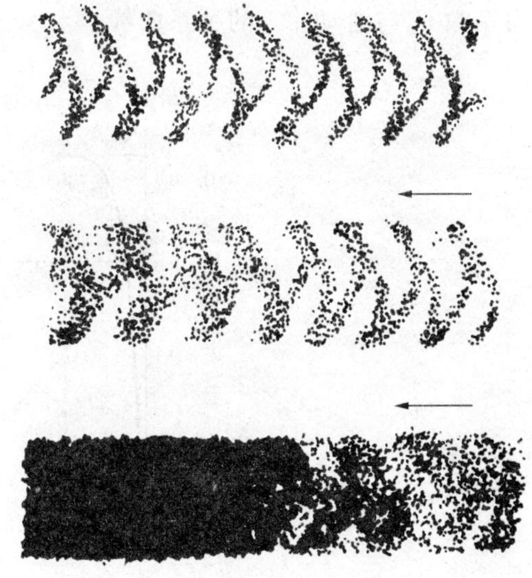

图 4-3　制动时轮胎留在地面上的印痕

第一阶段：印痕的形状与轮胎胎面花纹基本一致，车轮接近纯滚动，可以认为

$$u_W > r_r\omega_W$$

式中：u_W——车轮中心的速度；

r_r——没有地面制动力时车轮的滚动半径；

ω_W——车轮的角速度。

第二阶段：轮胎花纹的印痕可以辨别，但花纹逐渐模糊，轮胎除滚动外，还与地面发生一定程度的相对滑动，即车轮处于边滚边滑的状态，此时

$$u_W > r_r\omega_W$$

且随着制动强度的增加，滑动成分的比例越来越大，即

$$u_W \gg r_r\omega_W$$

第三阶段：地面上形成一条粗黑的印痕，看不出花纹的印痕。车轮被制动器抱住，在地面上作完全拖滑，即

$$\omega_w = 0$$

这三个阶段说明随着制动强度的不断增加，车轮的滚动成分越来越少，滑动成分越来越多，直至完全拖滑。一般用滑动率 s 说明上述过程中滑动成分的多少。滑动率的定义是

$$s = \frac{u_W - r_r\omega_W}{u_W} \times 100\% \quad (4-5)$$

滑动率 s 能定量地表示制动时车轮与地面间相对滑动程度。在纯滚动时，$u_W = r_r\omega_W$，滑动率 $s=0$；纯拖滑时，$\omega_W=0$，$s=100\%$；边滚边滑动时，$0<s<100\%$。

路面与轮胎间的附着系数 φ 不是一个常数，其值主要取决于道路的材料、路面的状况与轮胎结构、胎面花纹、材料以及汽车的行驶速度等因素。在制动过程中，它与轮胎在路面上的滑动程度有关。若令制动力与垂直载荷之比为制动力系数（或纵向附着系数），用

φ_b 表示；令侧向力与垂直载荷之比为侧向力系数（或侧向附着系数），用 φ_l 表示，则在不同滑动率时，它们的数值不同。如图 4-4 所示总结出了试验所得的制动力系数 φ_b 和侧向力系数 φ_l 与滑动率 s 的关系曲线。

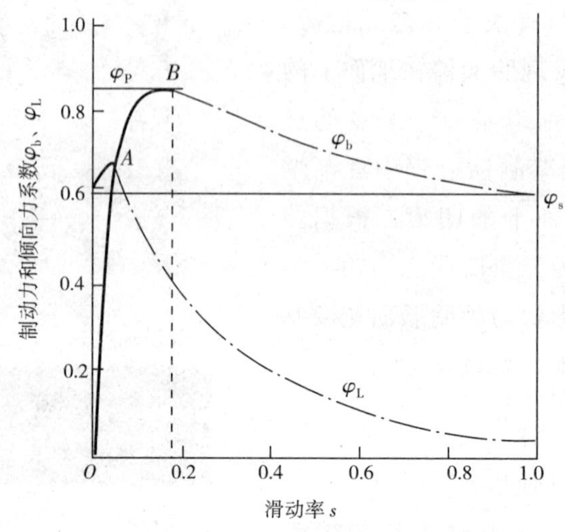

图 4-4　φ_b—s 和 φ_L—s 曲线

在制动力系数 φ_b—s 曲线上，OA 段近似于直线，φ_b 随 s 的增加而迅速增大，过 A 点后增长缓慢，到 B 点达到最大值。制动力系数的最大值称为峰值附着系数 φ_p，φ_p 一般出现在滑动率为 15%～20%的区间内。滑动率再增加，制动力系数将下降，直至滑动率为 100%。$s=100\%$的制动力系数称为滑动附着系数 φ_s。在干燥路面上 φ_p 和 φ_s 的差值较小，而在湿路面上差值较大。若令 $\gamma=\varphi_s/\varphi_p$，则 r 在 1/3～1 之间。各种路面的平均峰值附着系数和滑动附着系数见表 4-3。

表 4-3　各种路面的平均峰值附着系数和滑动附着系数

路　面	峰值附着系数 φ_P	滑动附着系数 φ_s
沥青或混凝土（干）	0.8～0.9	0.75
沥青（湿）	0.5～0.7	0.45～0.6
混凝土（湿）	0.8	0.7
砾石	0.6	0.55
土路（干）	0.68	0.65
土路（湿）	0.55	0.4～0.5
雪（压紧）	0.2	0.15
冰	0.1	0.07

侧向力系数 φ_L，在滑动率较小时随滑动率增大略有上升，上升到某一滑动率后迅速下降。侧向力系数愈大，表明轮胎保持转向、防止侧滑的能力愈大。

制动时若能使滑动率保持在较小值（通常在20%左右），便可获得较大的制动力系数和较高的侧向力系数，则制动性能最好，侧向稳定性也很好。普通制动系统无法完成，但近年来发展的自动防抱装置却能实现，显著地改善了汽车在制动时的制动效能与方向稳定性。

第三节　汽车的制动效能及其恒定性

汽车的制动效能是指汽车迅速降低车速直至停车的能力。评定制动效能的指标是制动距离 S（m）、制动减速度 a_b（m/s^2）和地面制动力 F_{Xb}（N）。

一、制动效能的评价指标

1. 制动距离

制动距离与汽车的行驶安全有直接的关系。它指的是汽车在附着性能良好的水平路面上以车速 u_0 滑行时，从驾驶员踩着制动踏板开始到停车为止汽车所驶过的距离。制动距离与汽车制动前的车速、制动踏板力、路面附着条件以及制动系统的形式有关。在测试制动距离时，应对踏板力（或制动系压力）、车速、路面附着系数做出一系列规定。制动距离与制动器的热状态也有密切关系，若没有特殊说明，一般制动距离是在制动器为冷态（起始制动时制动器的温度在100℃以下）条件下测得的。由于汽车的动力性（最高车速）不同，制动效能要求不同：一般轿车、轻型货车行驶车速高，要求制动效能也高；重型货车行驶车速低，要求就稍低一点。

2. 地面制动力

地面制动力：

$$F_{Xb}=\varphi_b G$$

式中：G——汽车的总重力，单位为N；

φ_b——制动力系数。

3. 制动减速度

在不同路面上，汽车所能达到的制动减速度 $a_{b\max}$（m/s^2）为

$$a_{b\max}=\varphi_b g$$

若存在汽车的前、后轮同时抱死，则制动减速度为

$$a_{b\max}=\varphi_s g$$

若汽车装有理想的自动防抱死装置，则制动减速度为

$$a_{b\max}=\varphi_p g$$

但汽车制动时，一般不希望任何车轴上的制动器抱死，故 $a_{b\max}$ 将小于 $\varphi_s g$。

二、制动距离的分析

为了分析制动距离，需全面了解制动过程；如图 4－5 所示是驾驶员在接受了紧急制动信号后，制动踏板力、汽车制动减速度与制动时间的关系曲线。如图 4－5a 所示是实际测得的。如图 4－5b 所示是经过简化后的曲线。

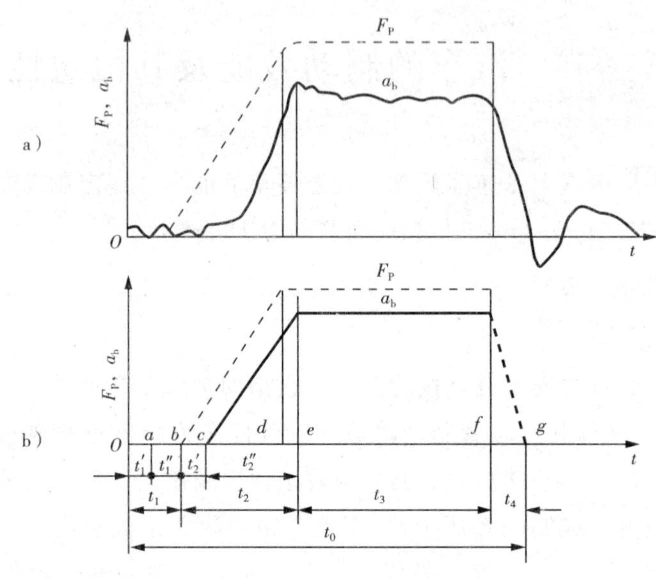

图 4－5　汽车的制动过程

图 4－5 中的 a 点是驾驶员接到需要紧急制动信号的时刻，但并没有立即行动，而是要经过 t'_1 后才意识到应进行紧急制动，并移动右脚，再经过 t''_1 后才踩着制动踏板（b 点）。从 a 点到 b 点所经历的时间 $t_1=t'_1+t''_1$ 称为驾驶员反应时间，这段时间一般为 0.3～1.0s。从 b 点开始，随着驾驶员踩踏板的动作，踏板力 F_p 迅速增大，到 d 点时达到最大值。由于制动操纵系统和制动器内部存在间隙，驾驶员踩到踏板后，要经过 t'_2 后（c 点），地面制动力才起作用，使汽车开始产生减速度。由 c 点到 e 点是制动器制动力增长过程所需的时间 t''_2。$t_2=t'_2+t''_2$ 总称为制动器的作用时间。制动器作用时间一方面取决于驾驶员踩踏板的速度，更重要的是受制动系结构形式的影响。t_2 一般在 0.2～0.9s 之间，从图中的 e 点到 f 点为持续制动时间 t_3，其减速度基本不变。到 f 点时驾驶员松开踏板，但制动力的消除还需要一段时间 t_4，t_4 一般在 0.2～1.0s 之间。这段时间过长会耽误随后起步行驶的时间。若因车轮抱死而使汽车失去控制，驾驶员采取措施放松制动踏板时，又使制动力不能立即释放。

由此可知整个制动过程分为驾驶员的行动反应、制动器起作用、持续制动和放松制动器四个阶段。制动距离一般指踩着踏板开始到完全停车时驶过的距离，包括制动器起作用和持续制动两个阶段的距离 S_2 和 S_3。

在制动器起作用阶段，汽车驶过的 S_2 估算如下：

在 t'_2 时间内

$$S'_2 = u_0 t'_2$$

式中：u_0——起始制动车速。

在 t''_2 时间内，制动减速度呈线性增长，即

$$\frac{du}{dt} = kt$$

式中：$k = \frac{a_{b\max}}{t''_2}$，故

$$\int du = \int kt\, dt$$

求解这个积分等式。$t=0$ 时（如图 4 - 5 所示的 c 点），$u=u_0$，故

$$u = u_0 + \frac{1}{2}kt^2$$

在 t''_2 时的车速为

$$u_e = u_0 + \frac{1}{2}kt''^2_2$$

又因

$$u = \frac{dS}{dt} = u_0 + \frac{1}{2}kt^2$$

所以

$$\int dS = \int (u_0 + \frac{1}{2}kt^2) dt$$

而 $t=0$ 时（如图 4 - 5 所示的 c 点），$S=0$，故

$$S = u_0 t + \frac{1}{6}kt^3$$

在 t''_2 内汽车驶过的距离为

$$S''_2 = u_0 t''_2 - \frac{1}{6}a_{b\max}t''^2_2$$

因此，在 t_2 时间内的制动距离为

$$S = S'_2 + S''_2 = u_0 t'_2 + u_0 t''_2 - \frac{1}{6}a_{b\max}t''^2_2$$

在持续制动阶段，汽车以 $j_{\max}$ 作匀减速运动，其初速度为 u_e，末速度为零，故

$$S_3 = u_e^2 / 2a_{b\max}$$

将 $u_e = u_0 - \frac{1}{2}a_{b\max}t''_2$ 代入上式，得

$$S_3=\frac{u_0^2}{2a_{b\max}}-\frac{u_0 t''_2}{2}+\frac{a_{b\max}t''^2_2}{8}$$

故总制动距离

$$S=S_2+S_3=\left(t_2+\frac{t''_2}{2}\right)u_0+\frac{u_0^2}{2a_{b\max}}-\frac{a_{b\max}t''^2_2}{24}$$

由于 t''_2 很小，故略去$\frac{a_{b\max}t''^2_2}{24}$项，取车速的单位为 km/h，制动距离的单位为 m，则上式可写成

$$S=\frac{1}{3.6}\left(t'_2+\frac{t''_2}{2}\right)u_{a0}+\frac{u_{a0}^2}{25.92a_{b\max}} \tag{4-6}$$

从式（4－6）可以看出，决定汽车制动距离的主要因素是制动器作用时间、最大制动减速度（即地面制动力的制约因素：附着力或最大制动器制动力）和制动的起始车速。附着力（或制动器制动力）愈大、起始车速愈低，制动距离愈短。

真正使汽车减速停车的是持续制动阶段，但制动器起作用时间对制动距离的影响也是不小的。制动器起作用时间与制动系的结构形式有密切关系。当驾驶员急速踩下制动踏板时，液压制动系的制动器起作用时间可短到 0.1s 或更短；真空助力制动系和气压制动系为 0.3～0.9s；有挂车时的汽车列车制动器起作用时间长达 2s，但精心设计的汽车列车制动系可缩短到 0.4s。

实践证明，改进制动系结构、减少制动器起作用时间是缩短制动距离的有效措施。

三、制动效能的恒定性

以上讨论仅限于在冷制动情况下（制动器起始温度在 100℃以下）的制动效能。汽车在繁重的工作条件下制动时（例如在下长坡时，制动器就要长时间地、连续地作较大强度的制动），制动器温度常在 300℃以上，有时高达 600℃～700℃，高速制动时，制动器温度会快速升高。制动器温度升高后，摩擦力矩将显著下降，这种现象称为制动器的热衰退。热衰退是制动器不可避免的现象，只是程度上有所差别。制动效能的恒定性主要指的是抗热衰退性能。

制动器抗热衰退性能一般用一系列连续制动时制动性能的保持程度来衡量。根据国际标准草案 ISO/DIS6597 的推荐，要求以一定车速连续制动 15 次，每次的制动强度为 3m/s^2，最后的制动效能应不低于规定的冷制动试验制动效能的 60%（制动踏板力相同的条件下）。

山区行驶的货车和高速行驶的轿车，对抗热衰退性能的要求很高。一些国家规定，大型货车必须装备辅助制动器，以保持山区行驶的制动效能。

抗热衰退性能与制动器摩擦副材料及制动器结构有关。一般制动器是以铸铁作制动鼓、盘，石棉摩擦材料作摩擦片组成的。正常制动时，摩擦副的温度在 200℃左右，摩擦副的摩擦系数为 0.3～0.4。但在更高的温度时，摩擦系数会下降很多，出现热衰退现象。

制动器的抗热衰退性能不仅受摩擦材料摩擦系数下降的影响，而且与制动器的结构形式有密切关系。

常用制动效能因数与摩擦系数的关系曲线来说明各种类型制动器的效能及其恒定性。如图 4－6 所示是具有典型尺寸的各种形式制动器制动效能因数与摩擦系数的关系曲线。

制动效能因数 K_{ef} 是单位制动泵推力 F_P 所产生的制动器摩擦力 F，即

$$K_{ef}=\frac{F}{F_P}$$

式中：F——制动器摩擦力，$F=\frac{T_\mu}{R}$（T_μ 为制动器摩擦力矩，R 为制动鼓或制动盘的作用半径）；

F_P——输入力（一般取施于两制动蹄的张外力（或加于两制动块的压紧力）的平均值为输入力）。

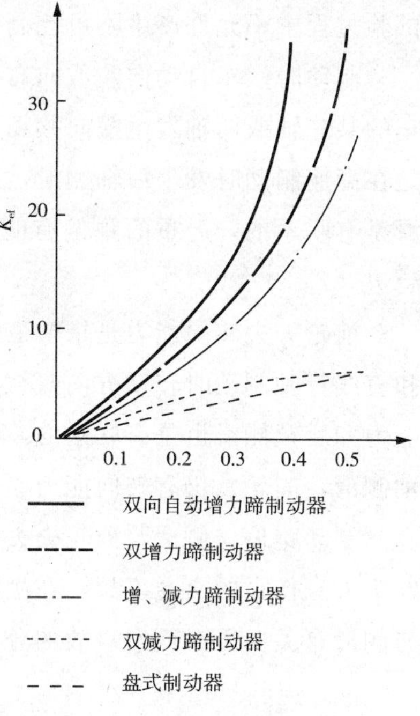

图 4－6　制动效能因数曲线

从图中可以看出，双向自动增力蹄及双增力蹄制动器产生增力作用，具有较大的制动效能因数。当摩擦系数变化时，制动效能按非线性关系迅速改变。因此，摩擦系数的微小改变，能引起制动效能大幅度变化，即制动器的稳定性差。双减力蹄制动器情况与之相反。增、减力蹄制动器介于二者之间。盘式制动器的制动效能没有鼓式制动器大（一般盘式制动器常加装真空助力器以增大制动效能），但其稳定性好。高强度制动时，摩擦材料的摩擦系数虽有下降，但对制动效能影响不大。近年来盘式制动器广泛用于高速轿车、重型矿用车。当汽车涉水行驶时，水进入制动器，短时间内制动效能的降低称为水衰退。这是由于水进入制动器后，摩擦系数下降，制动器的摩擦力矩也随之下降，使制动效能降低。不过由于制动器工作时的发热作用，进入制动器的水迅速蒸发，制动效能得到恢复。所以水衰退现象不像热衰退现象那样引起人们的重视。

第四节　制动时汽车的方向稳定性

制动过程中，有时会出现制动跑偏、侧滑或前轮失去转向能力而使汽车失去控制离开原来的行驶方向，甚至闯入对方车辆行驶轨道、下沟、滑下山坡的危险情况。汽车在制动过程中维持直线行驶或按预定弯道行驶的能力称为制动时汽车的方向稳定性。汽车试验时

常规定一定宽度的试验通道（如 1.5 倍车宽或 3.7m），制动时方向稳定性合格的车辆，在试验过程中不允许产生不可控制的效应使其离开该通道。

制动时汽车自动向左或向右偏驶称为制动跑偏，如图 4－7a 所示。侧滑是指制动时汽车的某一轴或两轴发生横向移动，如图 4－7b 所示。侧滑往往发生在后轴。最危险的情况是在高速制动时发生后轴侧滑，此时汽车常发生不规则的回转运动而失去控制。跑偏与侧滑是有联系的，严重的跑偏有时会引起后轴侧滑，易于发生侧滑的汽车也有加剧跑偏的趋势。

前轮失去转向能力是指弯道制动时，汽车不再按原来弯道行驶而沿弯道切线方向驶出和直线行驶制动时转动方向盘汽车仍按直线方向行驶的现象，如图 4－8 所示。失去转向能力和后轴侧滑也是有联系的，一般汽车如后轴不会侧滑，前轮就可能失去转向能力。后轴侧滑，前轮常仍有转向能力。

制动跑偏、侧滑与前轮失去转向能力是造成交通事故的重要原因。国外的统计表明，发生人身伤亡的交通事故，在潮湿路上约有 1/3 与侧滑有关，在冰雪路面上有 70%～80% 与侧滑有关。再对侧滑事故的分析，发现 50% 是由制动引起的。

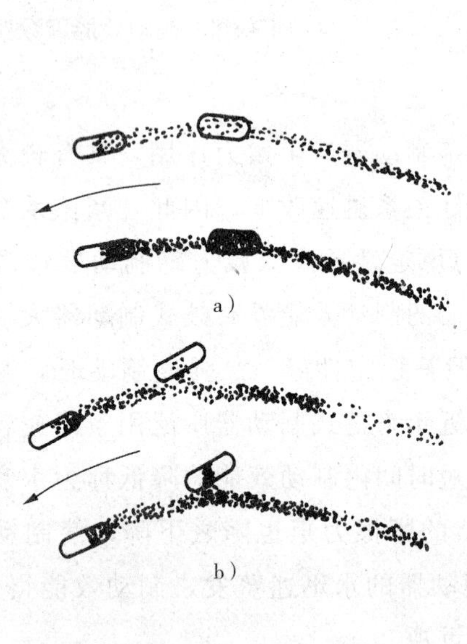

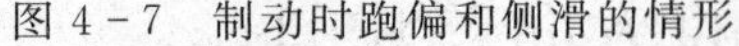

图 4－7　制动时跑偏和侧滑的情形

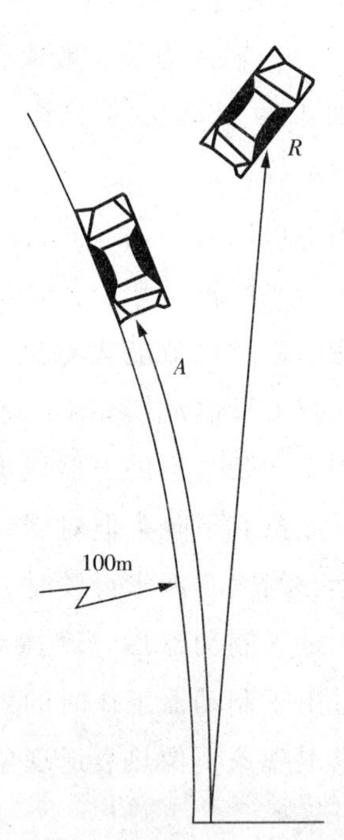

图 4－8　制动时汽车失去转向能力的情形

一、汽车的制动跑偏

制动时汽车发生跑偏的原因有两个：

（1）汽车左、右车轮，特别是前轴左、右车轮（转向轮）制动器制动力或地面制动力不相等。

（2）制动时悬架导向杆系与转向系拉杆在运动学上的不协调（互相干涉）。

上述第一个原因是由制造、调整误差造成的，汽车是向左或向右跑偏，要根据具体情况而定；而第二个原因是设计造成的，制动时汽车总是向左（或向右）一方跑偏。

如图 4－9 所示给出了由于转向轴左右车轮制动力不相等引起制动跑偏的受力分析简图。为使分析问题简化，假定车速较低、跑偏量不大，且跑偏过程中方向盘是不动的，制动过程中汽车不受侧向力（除地面侧向反力外）作用。没有发生侧滑现象，并忽略汽车作圆周运动时产生的离心力及车身绕质心的惯性力偶矩。

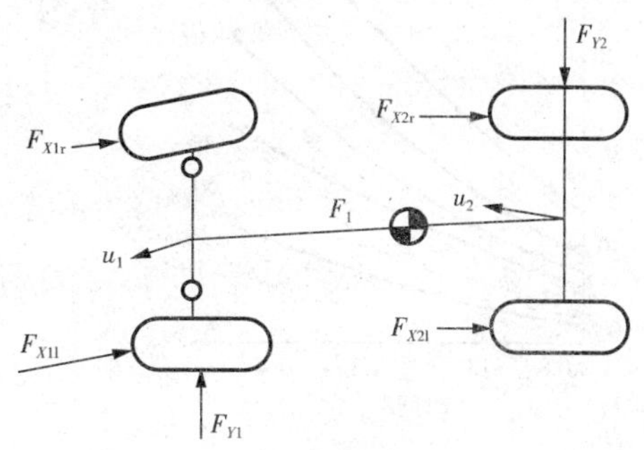

图 4－9 制动跑偏时的受力图

设左前轮地面制动力 F_{X1l} 大于右前轮地面制动力 F_{X1r}，即 $F_{X1l}>F_{X1r}$。此时前、后轴分别受到的地面侧向反作用力为 F_{Y1} 和 F_{Y2}。显然 F_{X1l} 绕主销的力矩大于 F_{X1r} 绕主销的力矩。虽然方向盘不动，但由于转向系各处的间隙及零部件的弹性变形，转向轮仍产生一向左转动的角度而使汽车有轻微的转弯行驶，即跑偏。同时由于主销有后倾，也使 F_{Y1} 对转向轮产生同一方向的侧偏力矩，增大了向左转动的角度。主销内倾如果做到主销中心线与路面的交点到轮胎接地点（轮胎印迹中心）的距离接近于零，则有利于减小转向轮制动跑偏。

可在轿车上试验来观察左右车轮制动力不相等的程度对制动跑偏的影响。试验时，在左右转向轮制动分泵的油路中，备装有一个可以调节油压的限压阀，控制左、右转向轮制动器制动力；后轮制动分泵油路中也装有一个可调节油压的限压阀，以改变前后轴制动器制动力之比，使汽车在制动时产生后轴车轮抱死与不抱死两种工况。试验时，又分方向盘锁死和不锁死两种情况。

左右车轮制动器制动力之差用不相等度 $\Delta F_{\mu\gamma}$ 表示：

$$\Delta F_{\mu\gamma}=\frac{F_{\mu b}-F_{\mu l}}{F_{\mu b}}\times 100\%$$

式中：$F_{\mu b}$——大的制动器制动力；

$F_{\mu l}$——小的制动器制动力。

试验的结果用车身横向位移（cm）和汽车的航向角（°）来表示。航向角为制动时汽车纵轴线与原定行驶方向的夹角。

试验结果如图 4－10 和图 4－11 所示。由图可见，制动跑偏随着 $\Delta F_{\mu\gamma}$ 的增加而增大；当后轮抱死时，跑偏的程度加大。现实中左、右车轮的地面制动力是不可能绝对相等的。为防止跑偏，机动车运行安全技术条件（GB7258—1997）中规定前轴左、右轮制动力之差不得超过该轴负荷的 5%，后轴左、右轮制动力之差不得超过该轴负荷的 8%。

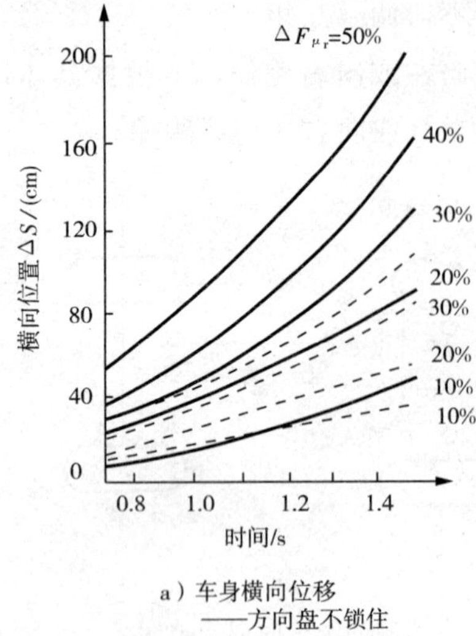

a）车身横向位移
——方向盘不锁住

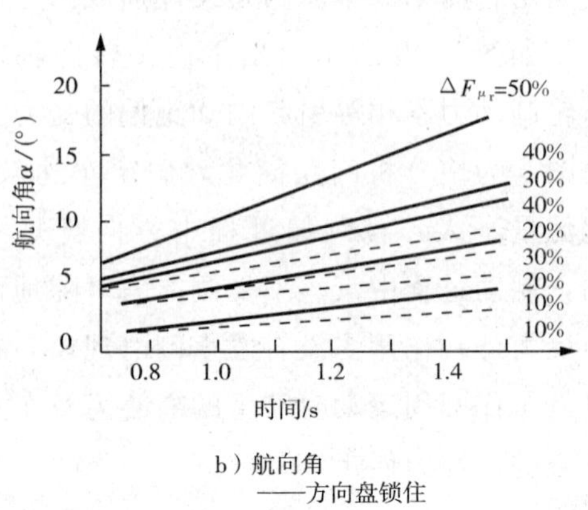

b）航向角
——方向盘锁住

图 4－10　后轮未抱死时，$\Delta F_{\mu\gamma}$对制动跑偏的影响（起始车速 62.7km/h）

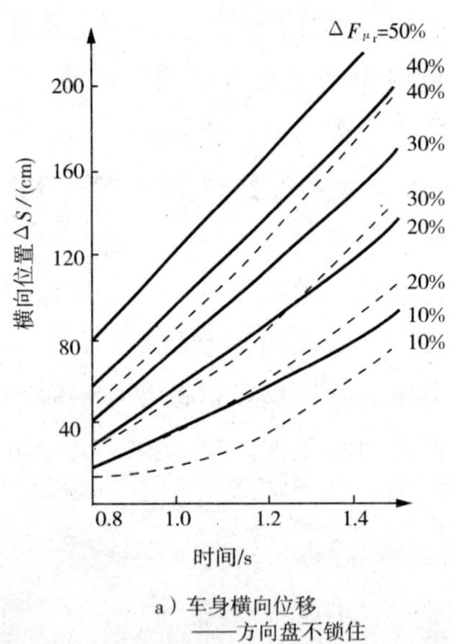

a）车身横向位移
——方向盘不锁住

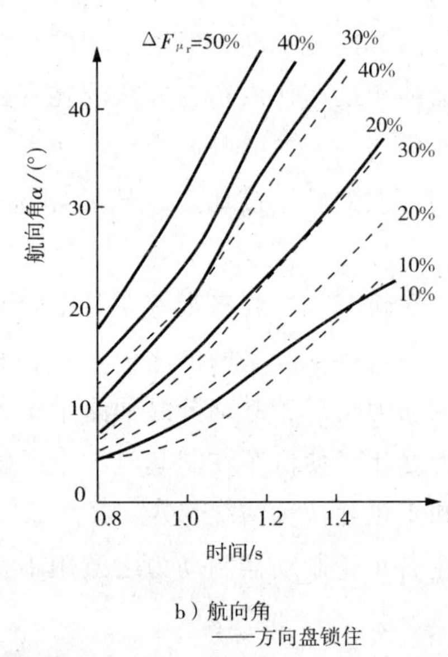

b）航向角
——方向盘锁住

图 4－11　后轮抱死时，$\Delta F_{\mu\gamma}$对制动地偏的影响（起始车速 62.7km/h）

造成跑偏的第二个原因是悬架导向杆系与转向系拉杆发生运动干涉，且跑偏的方向不变。例如一试制中的货车，在紧急制动时总是向右跑偏，在制动初速度为 30km/h 时，最严重的跑偏距离为 1.7m。分析其原因主要是转向节上节臂处的球头销离前轴中心线太高，悬架钢板弹簧的刚度又太小造成的。如图 4－12 所示为该货车的前部简图。在紧急制动时，前轴向前扭转了一角度，转向节上节臂球头销本应作相应的移动，但由于球头销又连接在转向纵拉杆上，仅能克服转向拉杆的间隙，使拉杆有少许弹性变形而不允许球头销作相应的移动，致使转向节臂相对于主销作向右的偏转，于是引起转向轮向右转动，造成汽

车跑偏。改进了设计使转向节上节臂处球头销位置下移，在前钢板弹簧扭转相同角度时，球头销位移量减少，转向节偏转也减少。同时增加了前钢板弹簧的刚度，基本上消除了跑偏现象。

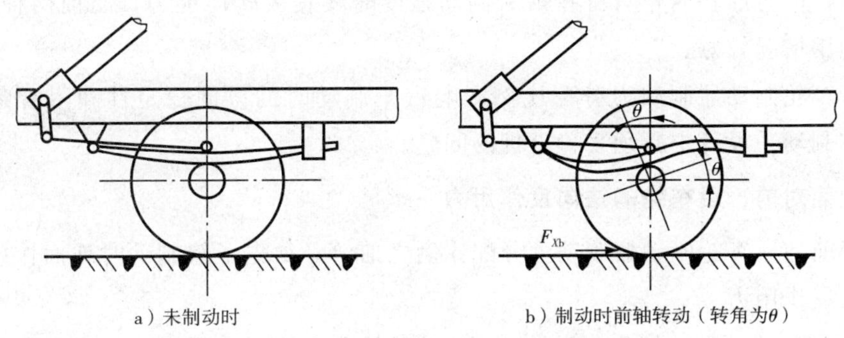

a）未制动时　　b）制动时前轴转动（转角为θ）

图 4-12　悬架导向杆系与转向系拉杆在运动学上的不协调引起的制动跑偏

二、制动时后轴侧滑与前轴转向能力的丧失

制动过程中发生侧滑，尤其是后轴侧滑，引起汽车剧烈的回转运动，严重时可使汽车调头。由理论分析与实验可知，制动时各后轴车轮比前轴车轮先抱死拖滑，就可能发生后轴侧滑。若能使前、后轴车轮同时抱死或前轴车轮先抱死、后轴车轮后抱死或不抱死，则能防止后轴侧滑。不过只有前轴车轮抱死或前轴车轮先抱死时，因为侧向力系数接近零，地面不能产生足够的侧向反作用力，因此汽车无法按原弯道行驶而沿切线方向驶出，即失去了转向能力。

为了保证汽车制动时的方向稳定性，首先不允许出现只有后轴车轮抱死或后轴车轮比前轴车轮先抱死的情况，以防止出现危险的后轴侧滑；其次，尽量少出现只有前轴车轮抱死或前、后轴车轮都抱死的情况，以维持汽车的转向能力。最理想的情况是前、后车轮都处于滚动状态而不出现抱死，以确保制动时的方向稳定性。

以上讨论了评价汽车制动性的三项指标，即制动效能、制动效能的恒定性以及制动时汽车的方向稳定性，并分析了各种影响因素。下面讨论与方向稳定性密切相关的制动器制动力在前、后轴间的分配和调节问题。

第五节　前、后车轮制动器制动力的比例关系

一般汽车根据前、后车轮制动器制动力的分配、载荷情况及道路附着系数和坡度等因素，当制动器制动力足够时，制动过程可能出现如下三种情况：

（1）前轮先抱死拖滑，然后后轮抱死拖滑；

（2）后轮先抱死拖滑，然后前轮抱死拖滑；

(3) 前后轮同时抱死拖滑。

情况 (1) 是稳定工况，但在制动时汽车丧失转向能力，且附着条件没有充分利用；情况 (2) 后轴可能出现测滑，是不稳定工况，附着条件利用率也低；而情况 (3) 可以避免后轴侧滑，同时前转向轮只有在最大制动强度时才丧失转向能力，与前两种情况相比，附着条件利用情况较好。

前、后车轮制动器制动力分配比例影响汽车制动时的方向稳定性和附着条件利用程度，是汽车制动系设计中必须妥善处理的问题。

一、地面对前、后车轮的法向反作用力

在分析前、后车轮制动器制动力分配比例之前，必须先了解制动时地面作用于前、后车轮的法向反作用力。

如图 4－13 所示是汽车在水平路面上制动时的受力情形。图中忽略了汽车的滚动阻力偶矩、空气阻力以及旋转质量减速时产生的惯性力偶矩。下面的分析中还忽略了制动时车轮边滚边滑的过程，附着系数只取一个定值 φ。

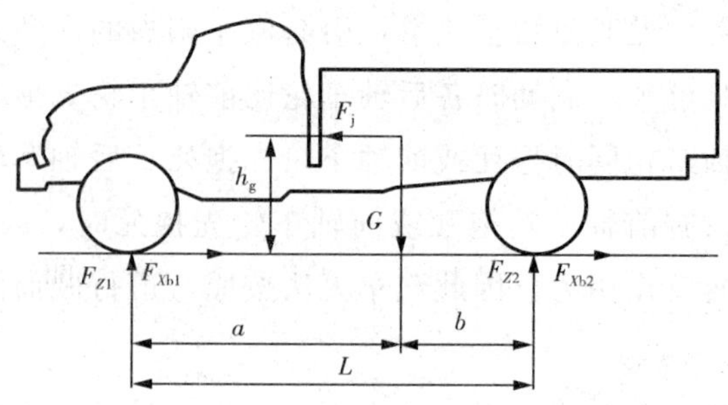

图 4－13　汽车制动时的受力图

图中：F_{Z1}——地面对前轮的法向反力；

F_{Z2}——地面对后轮的法向反力；

G——汽车的重力；

F_{Xb1}——前轮的地面制动力；

F_{Xb2}——后轮的地面制动力；

a——汽车质心至前轴中心线的距离；

b——汽车质心至后轴中心线的距离；

h_g——汽车质心高度；

F_j——汽车制动时产生的惯性力。

对后轮接地点取力矩，得

$$F_{Z1}L=Gb+F_j h_g=Gb+\frac{G}{g}\frac{du}{dt}h_g$$

式中：g——重力加速度；

$\frac{du}{dt}$——汽车制动减速度。

对前轮接地点取力矩，得

$$F_{Z2}L=Ga-F_{j}h_{g}=Ga-\frac{G}{g}\frac{du}{dt}h_{g}$$

可求得地面法向反力为

$$\begin{cases}F_{Z1}=\frac{G}{L}\left(b+\frac{h_{g}}{g}\frac{du}{dt}\right)\\F_{Z2}=\frac{G}{L}\left(a-\frac{h_{g}}{g}\frac{du}{dt}\right)\end{cases}\tag{4-7}$$

若在各种不同附着系数的路面上制动，前、后轮都抱死拖滑（不论是同时抱死或分别先后抱死），此时 $F_{Xb}=F_{Xb1}+F_{Xb2}=F_{\varphi}=G\varphi$，或$\frac{du}{dt}=\varphi g$。此时地面的法向反力为

$$\begin{cases}F_{Z1}=\frac{G}{L}\left(b+\varphi h_{g}\right)\\F_{Z2}=\frac{G}{L}\left(a-\varphi h_{g}\right)\end{cases}\tag{4-8}$$

由式（4－7）和式（4－8）可以看出汽车在制动过程中，前、后轮法向反力随制动减速度（当前、后轮均抱死后随地附着系数）呈线性变化，前轮法向反力增加，后轮法向反力减少。当制动强度或附着系数改变时，前、后轮法向反力变化是很大的。例如 NJ130 汽车，当$\frac{du}{dt}=0.7g$，即 $\alpha_1-\alpha_2=0.7$ 时，前轮法向反力增加了 90%，而后轮则减少了 38%。

二、理想的前、后轮制动器制动力分配曲线

如前所述，制动时前、后车轮同时抱死，对附着条件的利用和制动时汽车的方向稳定性均较为有利。此时前、后车轮制动器制动力力 $F_{\mu1}$ 和 $F_{\mu2}$ 的关系曲线，常称为理想的前、后轮制动器制动力分配曲线。

在任何附着系数 φ 的路面上，前、后车轮同时抱死的条件是：前、后车轮制动器制动力之和等于附着力；并且前、后车轮制动器制动力分别等于各自的附着力，即

$$\begin{cases}F_{\mu1}+F_{\mu2}=\varphi G\\F_{\mu1}=\varphi F_{X1}\\F_{\mu2}=\varphi F_{X2}\end{cases}$$

或

$$\begin{cases}F_{\mu1}+F_{\mu2}=\varphi G\\\frac{F_{\mu1}}{F_{\mu2}}=\frac{F_{Z1}}{F_{Z2}}\end{cases}$$

将式（4－8）代入上式，得

$$\begin{cases} F_{\mu1}+F_{\mu2}=\varphi G \\ \dfrac{F_{\mu1}}{F_{\mu2}}=\dfrac{b+\varphi h_g}{a-\varphi h_g} \end{cases} \tag{4-9}$$

消去变量 φ，得

$$F_{\mu2}=\frac{1}{2}\left[\frac{G}{h_g}\sqrt{b^2+\frac{4h_gL}{G}F_{\mu1}}-\left(\frac{Gb}{h_g}+2F_{\mu1}\right)\right] \tag{4-10}$$

由式（4－10）画成的曲线即为前、后车轮同时抱死时的前、后车轮制动器制动力的关系曲线——理想的前、后车轮制动器制动力分配曲线，简称I曲线。一般可用作图法直接求得I曲线。

先将式（4－9）中第一式按不同的 φ 值（φ＝0.1，0.2，0.3，…）作图绘制在图4－14上，得到一组与坐标轴成45°的平行线；再对式（4－9）中第二式按不同的 φ 值（φ＝0.1，0.2，0.3，…）作图也绘制在图4－14上，得到一组通过坐标原点、斜率不同的射线。将上述两组直线中对应同一 φ 值的两条直线的交点 A，B，C，…连接起来，使得到I曲线。曲线上任一点代表在该附着系数路面上满足前、后轴车轮同时抱死条件的前、后车轮制动器应产生的制动力。

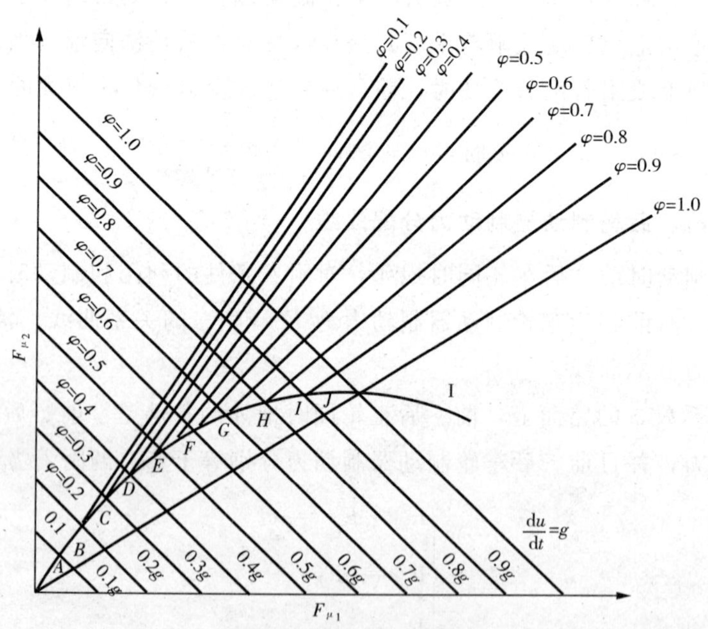

图4－14　理想的前、后车轮制动器制动力分配曲线

由此可见，只要给出汽车的总质量（或重力）及汽车的质心位置（a，b 和 h_g）就能作出I曲线。I曲线是踏板力增长到前、后车轮同时抱死拖滑时的前、后车轮制动器制动力的分配曲线。车轮同时抱死时，$F_{\mu1}=F_{Xb1}=F_{\varphi1}$，$F_{\mu2}=F_{Xb2}=F_{\varphi2}$，所以I曲线也是车轮

同时抱死时前、后车轮附着力 $F_{\varphi1}$ 和 $F_{\varphi2}$ 的关系曲线。

还应进一步指明，汽车前、后车轮制动器制动力常不能按 I 曲线的要求来分配。实际制动过程中常是一根车轴的车轮先抱死，随着踏板力的进一步增加，接着另一根车轴的车轮抱死。I 曲线还是前、后车轮都抱死后的地面制动力 F_{Xb1} 与 F_{Xb2}（即附着力 $F_{\varphi1}$ 与 $F_{\varphi2}$）的关系曲线。

三、具有固定比值的前、后车轮制动器制动力与同步附着系数

不少两轴汽车的前、后车轮制动器制动力之比为固定常数。常用前轮制动器制动力与汽车总制动器制动力之比来表明制动力分配的比例，称为制动器制动力分配系数，用 β 表示，即

$$\beta=\frac{F_{\mu1}}{F_{\mu}}$$

式中：$F_{\mu1}$——前轮制动器制动力；

F_{μ}——汽车总制动器制动力，$F_{\mu}=F_{\mu1}+F_{\mu2}$，$F_{\mu2}$ 为后轮制动器制动力。

所以

$$F_{\mu1}=\beta F_{\mu},\quad F_{\mu2}=(1-\beta)F_{\mu}$$

且

$$\frac{F_{\mu1}}{F_{\mu2}}=\frac{\beta}{1-\beta} \tag{4-11}$$

或

$$F_{\mu2}=\frac{1-\beta}{\beta}F_{\mu1} \tag{4-12}$$

式（4－12）为通过坐标原点的直线，其斜率为

$$\mathrm{tg}\theta=\frac{1-\beta}{\beta} \tag{4-13}$$

该直线称为实际前、后车轮制动器制动力分配线，简称 β 线。

如图 4－15 所示为某一货车的 β 线，还给出了该车满载和空载时的 I 曲线。β 线与 I 曲线（满载）交于 B 点，此时的附着系数 $\varphi_0=0.39$。β 曲线与 I 曲线交点处的附着系数称为同步附着系数。它是由汽车结构参数决定的、反映汽车制动性能的一个参数。

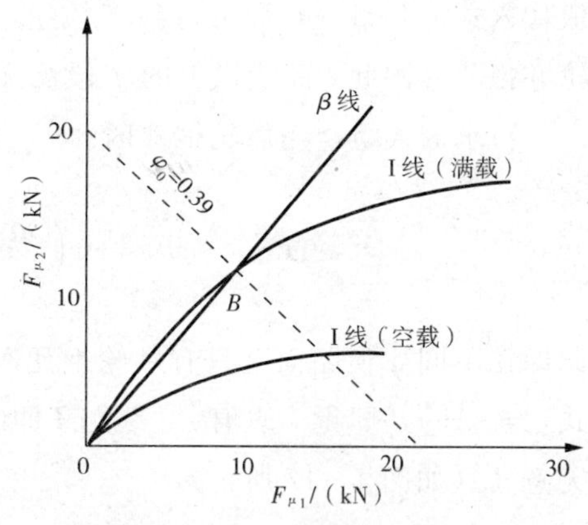

图 4－15　某货车的 β 线与 I 曲线

同步附着系数表明前、后轮制动器制动力为固定比值的车辆只有在一种附着系数（即同步附

着系数）的路面上制动时才能使前、后车轮同时抱死拖滑。

同步附着系数也可用解析法求得。

设车辆在同步附着系数 φ_0 的路面上制动时，此时前、后车轮将同时抱死拖滑，将式（4－9）代入式（4－11），得

$$\frac{\beta}{1-\beta}=\frac{b+\varphi_0 h_g}{a-\varphi_0 h_g}$$

整理后得

$$\varphi_0=\frac{L\beta-b}{h_g} \tag{4-14}$$

式中：L——汽车轴距，$L=a+b$。

四、前、后车轮制动器制动力为固定比值的汽车在各种路面上制动过程的分析

利用 β 线与 I 曲线，就可以分析前、后车轮制动器制动力为固定比值的汽车在各种路面上的制动情况。为便于分析，先介绍两组线组——f 线组与 r 线组。f 线组是在各种附着系数的路面上制动时假定后轮没有抱死而前轮抱死拖滑时的前、后轮地面制动力的关系曲线；r 线组是假定前轮没有抱死而后轮抱死拖滑时的前、后轮地面制动力的关系曲线。

先求 f 线，当前轮抱死时：

$$F_{Xb1}=\varphi F_{Z1}=\varphi\left(\frac{Gb}{L}+\frac{F_{Xb}h_g}{L}\right)=\varphi\left(\frac{Gb}{L}+\frac{F_{Xb1}+F_{Xb2}}{L}h_g\right)$$

整理得

$$F_{Xb2}=\frac{L-\varphi h_g}{\varphi h_g}F_{Xb1}-\frac{G_b}{h_g} \tag{4-15}$$

这就是在不同 φ 值路面上只有前轮抱死时的前、后轮地面制动力的关系式。以不同 φ 值代入式（4－15），即可得到 f 线组，并绘制于图 4－16 上。f 线与 I 曲线相交点处，后轮亦抱死，因此 I 曲线以上的 f 段已无意义（如图 4－17 所示）。

再求 r 线组，当后轮抱死时：

$$F_{Xb2}=\varphi F_{Z2}=\varphi\left(\frac{Ga}{L}-\frac{F_{Xb}h_g}{L}\right)=\frac{-\varphi h_g}{L+\varphi h_g}F_{Xb1}+\frac{\varphi Ga}{L+\varphi h_g} \tag{4-16}$$

此即在不同 φ 值路面上只有后轮抱死时的前、后轮地面制动力的关系式。以不同 φ 值代入式（4－16），即得 r 线值。r 线与 I 曲线相交点处，前轮亦抱死，故 I 曲线以下的 r 线段已无意义（如图 4－17 所示）。

对于同一 φ 值的 f 线与 r 线的交点 A，B，C，…既符合 $F_{Xb1}=\varphi F_{Z1}$，又符合 $F_{Xb2}=\varphi F_{Z2}$，所以这些交点便是前、后车轮都（包括同时）抱死的点。因此，连结 A，B，C，…各点的曲线也就是 I 曲线。

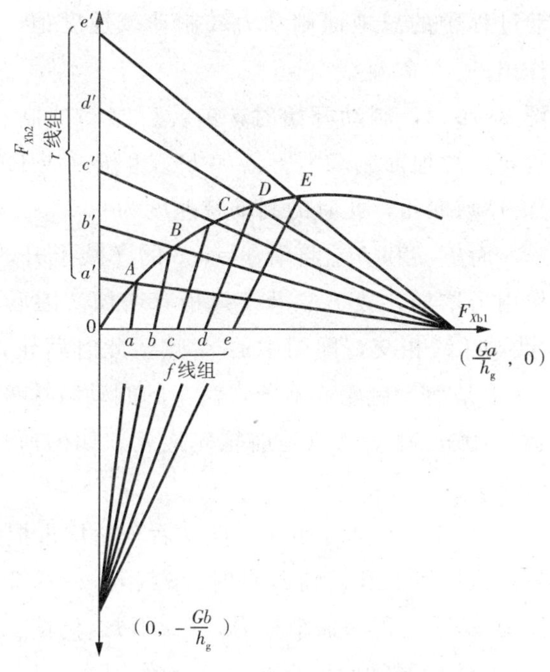

图 4-16　f 线组与 r 线组

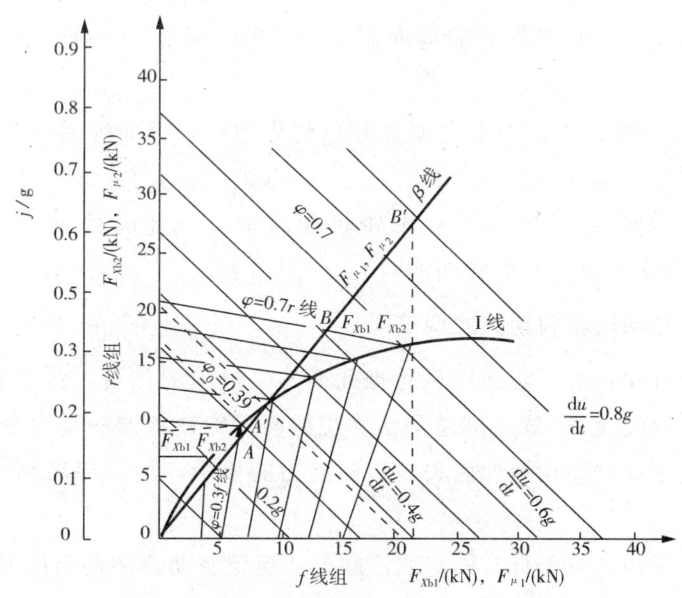

图 4-17　不同 φ 值路面上汽车制动过程的分析

下面利用 β 线、I 曲线、f 线和 r 线组分析某货车在不同 φ 值路面上的制动过程。

货车的同步附着系数 $\varphi_0=0.39$，其 β 线、I 曲线、f 和 r 线组如图 4-17 所示。图中还画上了（$F_{Xb1}+F_{Xb2}$）为 $0.1g$，$0.2g$，$0.3g$，…的 45°斜直线组。每根斜直线上的点均有同样大小的总地面制动力 F_{Xb}，相应的制动减速度也是常数，即为 0.15，0.25，0.35，…故此 45°斜直线组称为“等地面制动力线组”或“等制动减速度线组”。分析制动过程时，常利用此线组来确定制动过程中的总地面制动力或制动减速度值。该线组就是式（4-9）中的第一式按不同 φ 值作出的45°斜直线组。

（1）当 $\varphi<\varphi_0$ 时，设 $\varphi=0.3$，制动开始时，前、后制动器制动力 $F_{\mu1}$、$F_{\mu2}$ 按 β 线上升。因前、后车轮均未抱死，故地面制动力 F_{Xb1} 和 F_{Xb2} 也按 β 线上升。到 A 点时，β 线与 $\varphi=0.3$ 的 f 线相交，前轮开始抱死，此时的制动减速度为 $0.27g$。假如继续增加制动踏板力，$F_{\mu1}$ 和 $F_{\mu2}$ 沿 β 线上升，而 F_{Xb1} 和 F_{Xb2} 将沿 $\varphi=0.3$ 的 f 线上升，F_{Xb1} 不再等于 $F_{\mu1}$，但继续制动，前轮法向反作用力增加，故 F_{Xb1} 沿 f 线稍有增加。因后轮未抱死，F_{Xb2} 仍等于 $F_{\mu2}$ 而继续上升，直至 f 线与 I 线相交，即图中的 A' 点，此时后轮达到抱死所需的地面制动力（即后轮的附着力），于是前、后轮均抱死，汽车的制动减速度为 $0.3g$。

可见，β 线位于 I 曲线下方，制动时总是前轮先抱死。如前所述，前轮先抱死虽是一种稳定工况，但丧失转向能力。

（2）当 $\varphi>\varphi_0$ 时，设 $\varphi=0.7$，制动开始时，前、后车轮均未抱死，前、后轮的地面制动力和制动器制动力相等，按 β 线上升，到 B 点时，β 线与 $\varphi=0.7$ 的 r 线相交，后轮开始抱死，此时的制动减速度为 $0.6g$，再增加踏板力，$F_{\mu1}$ 和 $F_{\mu2}$ 仍按 β 线增加，F_{Xb1} 和 F_{Xb2} 将沿 $\varphi=0.7$ 的 r 线变化。由于继续制动时，后轮法向反作用力有所减少，因而后轮地面制动力沿 r 线稍有下降。但前轮未抱死，F_{Xb1} 仍等于 $F_{\mu1}$。当 $F_{\mu1}$、$F_{\mu2}$ 升到 B' 点时，r 线与 I 曲线相交，F_{Xb1} 达到前轮抱死所需的地面制动力，前、后轮均抱死，汽车的制动减速度为 $0.7g$。

可见，β 线位于 I 曲线上方，制动时总是后轮先抱死，因而容易发生后轴侧滑使汽车失去方向稳定性。

（3）当 $\varphi=\varphi_0$ 时，制动时前、后车轮将同时饱死，此时的制动减速度为 $\varphi_0 g$ 即 $0.39g$，也是一种稳定工况，丧失转向能力。

五、前、后车轮制动器制动力的调节

通过以上分析可知：为了防止因后轮抱死而发生危险的侧滑，汽车制动系的实际前、后轮制动器制动力分配线（β 线）应总是在理想的前后轮制动器制动力分配曲线（I 曲线）的下方。为了减少制动时前轮抱死而失去转向能力的机会，尽量提高制动效能，β 线应尽量接近 I 曲线。

由前面的分析可知，对于具有固定比值的前、后轮制动器制动力的制动系特性，其实际制动力分配曲线与理想的制动力分配曲线相差很大，可能出现因前轮抱死而失去转向能力或因后轮抱死而有发生后轴侧滑的危险情况。因此，现代汽车均装有各种制动力调节装置，用来改变前轮或后轮制动器分泵的油压或气压，从而改变前、后制动器制动力的比值，使之接近于理想制动力分配曲线，满足制动法规的要求。

如图4-18所示给出了几种调节阀的制动力分配曲线。

限压阀串联在制动总泵和后轮分泵之间，当制动总泵输出油压达到预定的压力时，限压阀起作用，后轮制动分泵的油压不再升高，后轮制动器制动力不再增长。比例阀可分为

控制前轮分泵油压的增压阀和控制后轮分泵油压的减压阀两种。当总泵油压达到预定压力后，通过增压阀或减压阀的作用控制β线的斜率，使β线更接近I曲线。

无论是比例阀还是限压阀，都有感载式与非感载式。感载式可以随汽车载荷改变β线，使β线接近汽车不同载荷的I曲线，从而明显地改善了汽车的制动性。

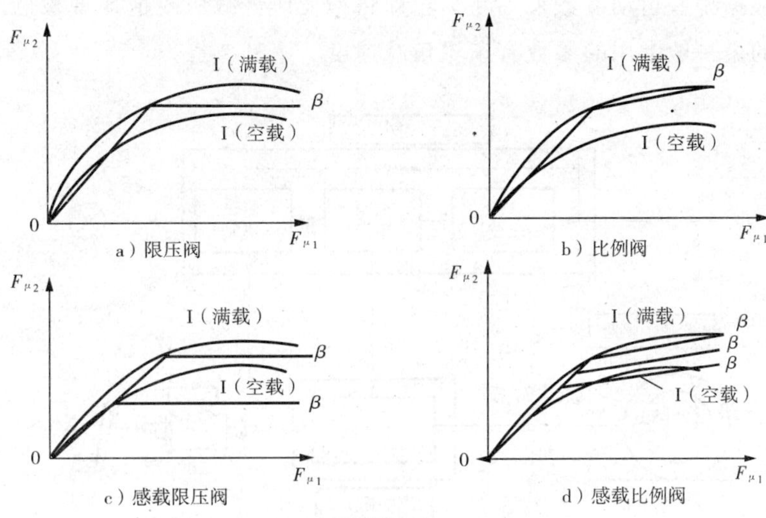

图4－18　各种调节阀的β线

第六节　汽车防抱制动装置

目前，为了充分发挥轮胎与地面间的潜在附着能力，从而满足制动过程中汽车对制动的要求，很多高级轿车、豪华客车与重型货车上已装备了防抱制动装置（Antilock Braking System，简称ABS)。ABS通过将制动力调节到适应于车轮一路面所能提供的附着力，以达到防止车轮在制动期间抱死的目的。在正常制动情况下，驾驶员可照常操纵制动器；而在滑溜的道路上或紧急制动期间，当操纵制动器引起车轮趋于抱死时，ABS便开始起作用，独立地调节车轮的制动力，防止车轮抱死，使车轮与地面间滑动率保持在20%左右，充分利用轮胎与地面间的峰值附着系数和高的侧向力系数，提高制动减速度、缩短制动距离以及保证汽车的制动方向稳定性。

ABS一般由轮速传感器、电子控制器与压力调节器三部分组成，如图4－19所示。

轮速传感器用于测量车轮的转速。电子控制器（亦称ECU模块）具有运算功能，接收轮速传感器的信号，计算出车轮速度、滑动率和车轮的加、减速度。把这些信号加以分析，对制动压力发出控制指令。电子控制器能控制压力调节器，对其他部件的功能还具有监控作用。当这些部件发生异常时，由指示灯或蜂鸣器给驾驶员报警，使整个系统停止工作，恢复到常规制动方式。

压力调节器安装在主缸（总泵）和轮缸（分泵）之间，接受电子控制器的指令，由调节器内的电磁阀、液压泵、驱动电机直接或间接地控制制动压力的增减。

目前ABS主要采用预测控制技术来实现近似理想的制动控制过程，即预先规定控制参数和门限值等控制条件，然后检测控制。对于防抱死系统来说，规定哪些运动参数作为控制参数，即根据哪些运动参数来判断车轮即将抱死应该减压或抱死现象已消失需要重新制动是很重要的。一般常用的参数有车轮角减速度、滑动率等。

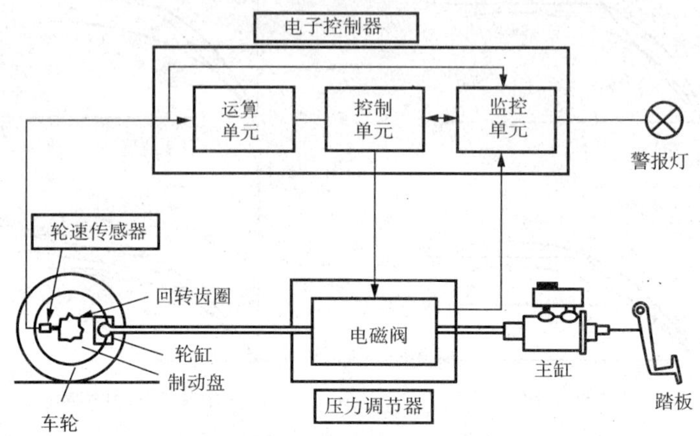

图 4-19　ABS的组成示意图

如图 4-20 所示是以车轮角减速度为控制参数的防抱制动车轮速度的变化曲线。

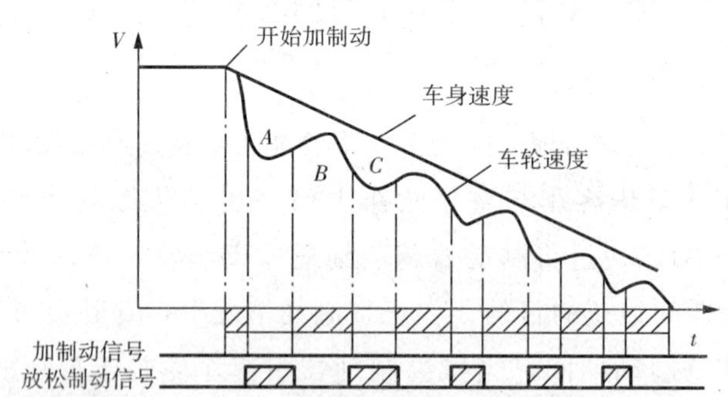

图 4-20　防抱制动车轮速度的变化曲线

当实测的车轮角减速度超过预选的门限值时，控制器发出指令，开始释放制动系压力，使车轮得以加速旋转。再预选一个角加速度门限值，当车轮的角加速度达到此门限值时，控制器又发出指令，制动压力又开始增大，车轮作减速转动，因此用车轮角速度传感器作为信号输入，同时在电子控制器中设置合理的加、减速度门限值，就可以实现防抱死制动的工作循环。

当踩下制动踏板时，制动压力迅速上升，汽车开始减速。当车轮减速到 C 点时，车轮角减速度达门限值，控制器发出指令，使制动压力迅速下降，车轮惯性地减速一段时间

后，转速开始上升。当车轮加速到 B 点时，车轮角加速度达门限值，控制器又发出指令，使制动压力迅速上升，车轮惯性地加速一段时间后，转速又开始下降，汽车减速。当车轮减速到 C 点时，车轮角减速度又达门限值，控制器又发出指令，减小制动压力，车轮转速又开始上升。如此反复循环，直至停车。这种压力升降循环的频率应足够高，以适应路面的不断变化，每秒可达 10～12 次。

Benz 轿车装有以车轮角减速度作为控制参数的 ABS 系统，其道路试验结果如下表。

表 4－4　Benz 轿车的道路试验结果

试验条件		装有 ABS			无 ABS		
混凝土路面	起始车速 /(km·h^{-1})	制动距离 /m	平均减速度 /(m·s^{-2})	制动距离减小量/m	制动距离 /m	平均减速度 /(m·s^{-2})	残余速度 u_R /(km·h^{-1})
干	100	41.8	9.25	8.2	50	7.73	40
湿	100	62.75	6.71	37.25	100	3.9	60
干	130	81.2	8.0	12.5	93.7	7.0	47.5
湿	130	97.1	6.71	41.1	138.2	4.72	70.9

注：表中所列残余速度是指装有 ABS 系统的汽车停住时，不装 ABS 系统的汽车还有的车速。

第七节　驻车制动性

驻车制动性是衡量汽车长期停放在坡道上的能力。驻车制动一般靠手操纵的驱动机构使后轴制动器或中央制动器产生制动力矩并传到后轮，路面对后轮产生地面制动力，以实现整车制动（驻车制动）。

如图 4－21 所示为汽车驻车的受力情况。α 为坡道的倾角，F'_{Xb2} 为驻车制动时的地面制动力。

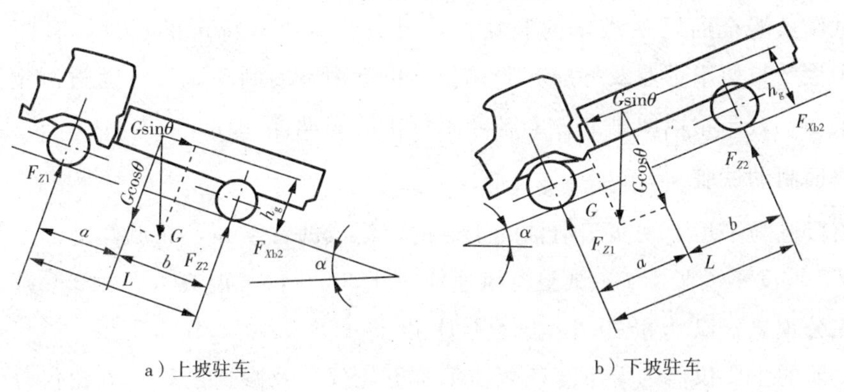

图 4－21　汽车驻车时的受力情况

根据力和力矩平衡条件，得

上坡方向：

$$F'_{Xb2}=G\sin\alpha$$

$$F_{Z2}=\frac{Ga\cos\alpha+Gh_g\sin\alpha}{L}$$

下坡方向：

$$F'_{Xb2}=G\sin\alpha$$

$$F_{Z2}=\frac{Ga\cos\alpha-Gh_g\sin\alpha}{L}$$

汽车可能停驻的极限上坡路倾角 α，可根据后轮上的附着力与制动力相等的条件求得，即 $F'_{xb2}=\varphi F_{Z2}$，得

$$\alpha=\mathrm{tg}^{-1}\frac{\varphi a}{L+\varphi h_g}$$

同理可导出汽车可能停驻的极限下坡路倾角 α'，即

$$\alpha'=\mathrm{tg}^{-1}\frac{\varphi a}{L+\varphi h_g}$$

因为 $\alpha>\alpha'$，所以最大驻车坡度为

$$i_\alpha=\mathrm{tg}\alpha'=\frac{\varphi a}{L+\varphi h_g}$$

第八节　汽车制动性试验

汽车的制动性主要通过路面试验来评定。一般要测定冷态制动及高温下（热态）制动的制动距离、制动减速度、制动时间等参数，另外还要测定在转弯与变更车道时汽车制动的方向稳定性。

路面试验虽能全面反映汽车的制动性，但试验需要有特定的场地，且颇费时间。因此，在汽车生产与使用企业及一般实验单位，也常用室内制动试验台通过测定汽车的地面制动力以及左、右车轮地面制动力差来评定汽车的制动性。

一、路面制动试验

试验路段应为平坦、硬实、清洁、干燥的水泥或沥青路面，轮胎与地面间的附着系数不小于0.7，坡度不大于1%。试验时风速应小于3m/s，气温在5℃～30℃范围内。试验前汽车应充分预热，以0.8～0.9u_{max}行驶1h以上。

路面试验的主要仪器为第五车轮仪（简称五轮仪）及减速度计。五轮仪分为接触式和非接触式两种。目前非接触式五轮仪采用电磁感应传感器或光电感应传感器与数字显示装

置，能精确测出制动起始车速、制动距离和时间，明显地提高了试验的准确性。

在进行冷制动试验时，制动器温度不能超过100℃。汽车加速超过起始制动车速3～5 km/h，摘挡滑行，待车速降至起始制动车速时，紧急制动直至停车。用仪器记录各项评定指标。

高温工况（热态）制动试验包含两个阶段：加热制动与测定制动性指标。连续制动是一种常用的加热方法，即令汽车加速到$0.8u_{max}$时，以$3m/s^2$减速度制动减速到$0.4u_{max}$；再加速，再制动减速，根据不同车型重复15～20次，每次制动的时间间隔为45～60s。加热结束时轿车制动器的温度可升至250℃～270℃，中型货车达140℃～150℃，重型货车达170℃～200℃。也可令汽车维持40km/h车速驶下1.7km、7%的坡道来加热制动器。加热前后及中间应进行数次制动性指标测定以评定制动系的热衰退性能。另一种高温工况是下长坡连续制动。令汽车在坡度为6%～10%、长7～10km的坡道上以车速30km/h制动下坡，最后检查制动性指标。

汽车转弯制动试验在平坦的干地面上进行。试验时汽车沿一定半径作圆周行驶，达到下述开始制动前的稳定状态：转弯半径为40m或50m，侧向加速度为$5\pm0.5m/s^2$，相应车速为51km/h或57km/h；或者转弯半径为100m，侧向加速度$4\pm0.4m/s^2$，相应车速为72 km/h。保持方向盘转角不变，关油门，迅速踩制动踏板，离合器可以分离也可以不分离，使汽车以不同的等减速度制动。记录制动减速度、汽车横摆角速度、航向角的变动量、制动时侧向路径偏离量等参数。根据试验结果绘制上述参数与制动减速度的关系曲线。利用这些曲线来评价汽车的转弯制动方向稳定性。

因为湿路面附着系数降低很多，转弯制动试验也常在湿路面上进行。评定制动时方向稳定性的试验，也在汽车的左、右两侧车轮行经不同附着系数的路面上进行，如左轮行经$\varphi=0.7$的路面，右轮为$\varphi=0.3$的路面。

二、室内制动试验

室内制动试验台主要有滚筒式和平板式两种。

1. 滚筒式制动试验台

如图4-22所示是一种广泛采用的滚筒式制动试验台简图。滚筒2由电动机经减速装置驱动。旋转的滚筒带动车轮1旋转，当踩下制动踏板时，车轮受到的制动器摩擦力矩增加滚筒旋转的阻力，电机的反作用力矩由测力传感器4测得，这样就能测出每个车轮制动器的摩擦力矩，也就得到每个车轮的制动力大小。

筒面应有横向槽形花纹以增加筒面与轮胎胎面间的附着系数。制动试验台滚筒表面应干燥，没有松散物质及油污。驾驶员将汽车驶上该筒，位置摆正，启动滚筒，使用制动，测取所要求的参数值，并记录车轮是否抱死。

在测量制动时，为了获得足够的附着力，以避免车轮抱死，允许在汽车上增加足够的附加质量或施加相当于附加质量的作用力（附加质量或作用力不计入轴荷）；也可采取防止车辆移动的措施（例如加三角垫块或采取牵引等方法）。

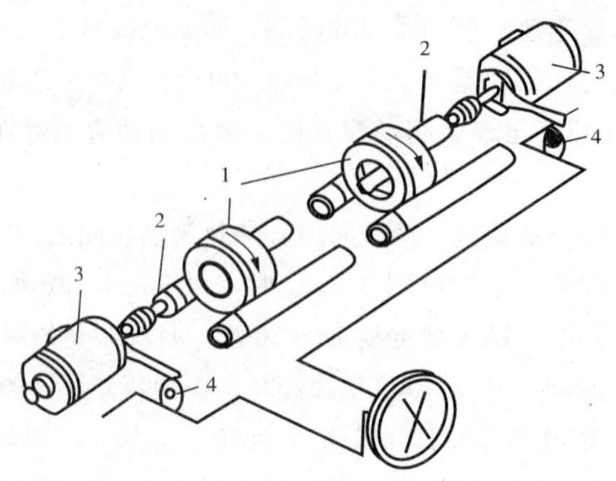

图 4-22 滚筒式制动试验台简图

1—车轮；2—滚筒；3—电机；4—测力传感器

2. 平板式制动试验台

如图 4-23 所示是一种普遍采用的平板式制动试验台简图。驾驶员以较低车速（5～10km/h）将汽车对正平板台并驶上平板，置变速器于空挡，急踩制动踏板，车轮与平板 1 之间产生一对水平方向的作用力与反作用力，车轮受到的平板 1 提供的作用力即为车轮的地面制动力。由于每块平板由四个钢珠支承，水平作用力只能通过装有拉力传感器 2 拉力杆传至地脚。拉力杆受到的力即为车轮的制动力。只要测得每块平板受到的水平作用力，也就得到每个车轮地面制动力。为了增加车轮轮胎与平板间的附着系数，平板表面有网状花纹。

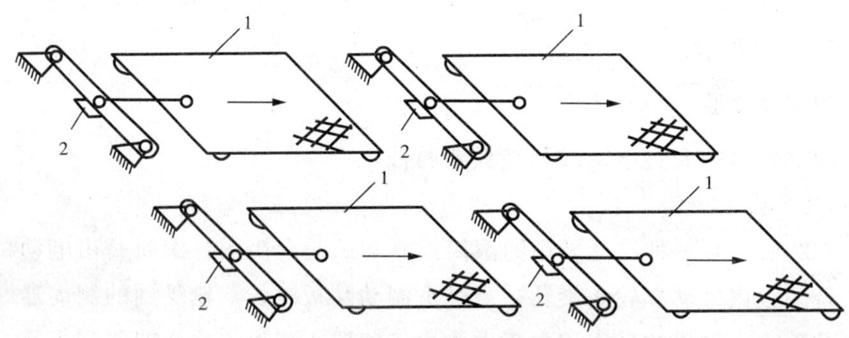

图 4-23 平板式制动试验台简图

1—平板；2—拉力传感器

平板式制动试验台与滚筒式制动试验台相比具有测试过程接近实际状况、能测试实际制动时的动态载荷变化、检测效率高等优点。

驻车制动性能可通过坡度为 20%（总质量为整备质量的 1.2 倍以下的汽车为 15%）、轮胎与路面间的附着系数不小于 0.7 的坡道或制动试验台来检验。

实　例

【例题】　某中型货车装有前、后制动器分开的双管路制动系，其有关参数如下：

载荷	质量 m/kg	质心高 h_g/m	轴距 L/m	质心至前轴距离 a/m	制动力分配系数 β
空载	4080	0.845	3.95	2.10	0.38
满载	9290	1.170	3.95	2.95	0.38

（1）计算并绘制利用附着系数曲线与制动效率曲线。

（2）求行驶车速为 30km/h 时，在 $\varphi=0.8$ 路面上车轮不抱死的制动距离。计算时取制动系反应时间 $\tau'_2=0.02$s，制动减速度上升时间 $\tau''_2=0.02$s。

（3）求制动系前部管路损坏时汽车的制动距离，制动系后部管路损坏时汽车的制动距离。

解析：（1）前轴利用附着系数为

$$\varphi_f=\frac{L\beta z}{b+zh_g}$$

后轴利用附着系数为

$$\varphi_r=\frac{L(1-\beta)z}{a-zh_g}$$

空载时：

$$\varphi_0=\frac{L\beta-b}{h_g}=\frac{3.95\times0.38-1.85}{0.845}=-0.413$$

$\varphi>\varphi_0$，故空载时后轮总是先抱死。

由公式

$$E_r=\frac{z}{\varphi_r}=\frac{a/L}{(1-\beta)+\varphi_r h_g/L}$$

代入数据，$E_r=\dfrac{2.1}{2.449+0.845\varphi_r}$，作图如图 4-24 所示。

满载时：

$$\varphi_0=\frac{L\beta-b}{h_g}=\frac{3.95\times0.38-1}{1.17}=0.4282$$

$\varphi<\varphi_0$ 时，前轮先抱死，由公式

$$E_f=\frac{z}{\varphi_f}=\frac{b/L}{\beta-\varphi_f h_g/L}$$

代入数据，$E_f=\dfrac{1}{1.501-1.17\varphi_f}$，作图如图 4－24 所示。

$\varphi>\varphi_0$ 时，后轮先抱死，由公式

$$E_r=\frac{z}{\varphi_r}=\frac{a/L}{(1-\beta)+\varphi_r h_g/L}$$

代入数据，$E_r=\dfrac{2.95}{2.449+1.17\varphi_r}$，作图如图 4－24 所示。

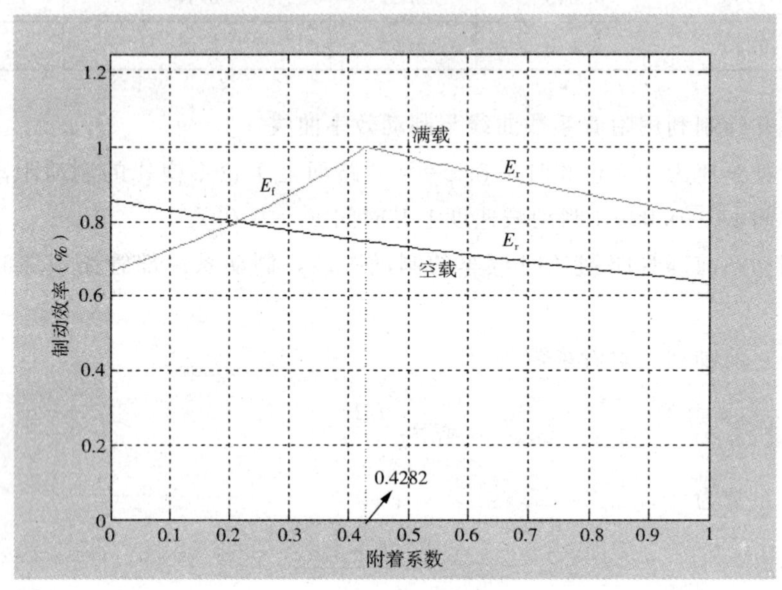

图 4－24　附着系数曲线与制动系数曲线

（2）由图或通过计算可得：

空载时，$\varphi=0.8$，制动效率约为 0.7，因此其最大动减速度 $a_{bmax}=0.8g\times0.7=0.56g$，制动距离为

$$S=\frac{1}{3.6}\left(\tau'_2+\frac{\tau''_2}{2}\right)u_{a0}+\frac{u_{a0}^2}{25.92a_{bmax}}$$

$$=\frac{1}{3.6}\left(0.02+\frac{0.02}{2}\right)\times30+\frac{30^2}{25.92\times0.56g}=6.57\text{（m）}$$

（3）由图或通过计算可得：

满载时制动效率为 0.87，因此其最大动减速度 $a'_{bmax}=0.8g\times0.87=0.696g$，制动距离为

$$S=\frac{1}{3.6}\left(\tau'_2+\frac{\tau''_2}{2}\right)u_{a0}+\frac{u_{a0}^2}{25.92a_{bmax}}$$

$$=\frac{1}{3.6}\left(0.02+\frac{0.02}{2}\right)\times30+\frac{30^2}{25.92\times0.696g}=5.34\text{（m）}$$

小 结

本章讨论了汽车制动性的三方面指标：制动效能、制动效能的恒定性以及制动时汽车的方向稳定性。

汽车制动时，实际促使汽车制动的外力主要是地面制动力。地面制动力不但取决于制动器制动力，又受到地面附着条件的限制。①对于制动效能，制动距离和制动减速度是主要的评定指标；②对于制动效能的恒定性，它主要通过制动效能因数与摩擦因数的关系曲线来说明制动效能及其稳定程度；③对于制动时汽车的方向稳定性，制动跑偏、后轴侧滑或前轮失去转向能力是汽车制动时会出现的危险状况，通过β线、I曲线、f线组和r线组可以分析汽车在不同附着系数路面上的制动过程，从而可以采取相应措施，以避免上述危险情况的发生；④此外装用ABS和ASR等可以有效地保障汽车的制动性能，提高汽车行驶安全性。

目前，汽车制动系统正朝着电子控制的方向发展。ABS/ASR在汽车上的广泛应用，大大提高了汽车制动系统的可靠性，保障了汽车的行驶安全。而全电制动控制系统（BBW）由于其巨大的优越性，将取代传统的以液压为主的传统制动控制系统，成为未来汽车制动控制系统的主要发展方向。同时，随着其他汽车电子技术特别是超大规模集成电路的发展，电子元件的成本及尺寸将不断下降。汽车电子制动控制系统将与其他汽车电子系统如汽车电子悬架系统、汽车主动式方向摆动稳定系统、电子导航系统、无人驾驶系统等融合在一起成为综合的汽车电子控制系统，未来的汽车中就不存在孤立的制动控制系统，各种控制单元集中在一个ECU中，并将逐渐代替常规的控制系统，实现车辆控制的智能化。

思考与练习

4-1 什么叫汽车的制动性？有哪些评价指标？

4-2 汽车制动过程中，地面制动力、制动器制动力及附着力之间有何联系和区别？

4-3 某轿车由真空助力制动系改为压缩空气助力（气顶油）制动系后，制动器作用时间t_2由原来的0.89s减少为0.54s，以30km/h为起始车速制动时，其最大制动减速度由原来的7.25m/s^{2}增加到7.65 m/s^2，试计算两种制动系统的制动距离，并以此分析制动器作用时间的重要性。

4-4 某汽车总质量为5400kg，质心高度$h_g=1.25$m，质心至前轴距离$a=2.315$m，至后轴距离$b=0.985$m，制动器制动力分配系数$\beta=0.446$，求该车的同步附着系数。在$\varphi=0.6$的道路上制动时是否会出现后轴先抱死的现象？

4-5 某汽车在附着系数为φ的道路上制动时，若能保证前、后轴车轮同时抱死，求此时汽车的前、后轮制动力的比值。

4-6 在附着系数非常低的冰雪路面上，驾驶员常采用点制动或手制动器制动而不用紧急制动，为什么？

4-7 什么是ABS系统？为什么装有ABS系统的汽车具有最优良的制动性能？

4-8 某旅行车轴距$L=2.405$m，满载时质心高度$h_g=0.836$m，质心至前轴距离$a=1.322$m，求附着系数在$\varphi=0.6$的下坡道上最大驻车坡度。

参考文献

[1] 余志生．汽车理论（第5版）［M］．北京：机械工业出版社，2010.

[2] 清华大学汽车教研组．汽车的制动性能［M］．北京：清华大学出版社，1975.

[3] 柳作民．最新国际汽车制动法规汇编［G］．中国汽车工程学会制动专业委员会全国汽车标准化技术委员会制动分委会，1997.

[4] ZBT24007－1989中华人民共和国行业标准．汽车制动系结构、性能及试验方法［S］．

[5] 伦景光，倪佑民，陈学众．关于汽车转弯制动试验的几个问题［J］．汽车运输研究，1983.

[6] M. 米奇克．汽车动力学：A卷（第二版）［M］．陈萌三译．北京：人民交通出版社，1992.

[7] 司利增．汽车防滑控制系统——ABS与ASR［M］．北京：人民交通出版社，1996.

[8] 马建，陈萌三，余强等．发动机制动和排气制动对客车制动稳定性的影响［J］．交通运输工程学报：2003，3（3）．

[9] 衣丰艳，何仁，刘成晔．车用缓速器制动性能虚拟仿真［J］．农业机械学报：2007，37（1）．

[10] Rudolf limpert. Brake Design and Safety［J］. Society of Automotive Engineers. Inc，1992.

第五章 汽车的操纵稳定性

引　言

汽车操纵稳定性的研究，是与汽车车速的提高分不开的，早期的低速汽车不会有此类问题。操纵稳定性的研究最早开始于高速赛车。随着民用车辆车速的提高，人们在驾驶车辆时会感到“发飘”、“反应迟钝”、“丧失路感”等，于是操纵稳定性便成为热点和前沿问题。

汽车的操纵稳定性是指在驾驶者不感到过分紧张、疲劳的情况下，汽车能遵循驾驶者通过转向系及转向车轮给定的方向行驶，且当遭遇侧向力（如侧向风力、汽车在横坡行驶时重力的侧向分力等）干扰时，汽车能抵抗干扰而保持稳定行驶的能力。汽车的操纵稳定性包括相互联系的两部分，即操纵性和稳定性，两者很难分开。操纵性差，会导致汽车侧滑、回转、倾覆，汽车的稳定性就破坏了；稳定性差就会失去操纵性，使汽车处于危险状态。所以通常统称为操纵稳定性。汽车的操纵稳定性直接影响操纵方便的程度、汽车动力性的发挥和汽车运输生产率的提高，它是高速汽车安全行驶的一个主要性能，且成为衡量现代汽车性能的主要标准之一。

汽车的操纵稳定性涉及的问题较为广泛，与前面讨论的几个性能有所不同，它需要采用较多的参量进行多方面评价。

对汽车在纵坡、横坡以及转弯行驶时的翻倾或侧滑问题，本章第五节将单独讨论。

第一节　概　述

在汽车操纵稳定性的研究中，常把整车作为一个系统，通过系统的输入和输出物理参量之间的关系，来表征汽车的操纵稳定性能，如图 5－1 所示。

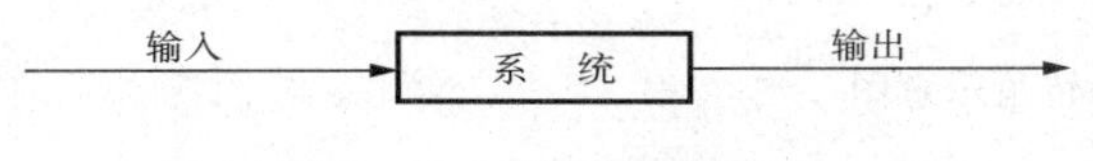

图 5－1　系统分析示意图

操纵稳定性的评价内容较为广泛，本章将着重讨论方向盘角阶跃输入下的稳态响应和瞬态响应。

汽车转弯时，实际输入的物理参量显然是方向盘转角，但为了简化分析过程，假设方向盘转角与前轮偏转角之间为单纯的比例关系，即

$$\delta_{sw}(t)=i_w\delta(t)$$

式中：$\delta_{sw}(t)$——方向盘转角随时间变化的函数；

i_w——转向系角传动比，假设为常数；

$\delta(t)$——前轮偏转角随时间变化的函数。

所谓的前轮偏转角 δ 是指假想的设置在前轴中点的车轮偏转角，如图 5－2 所示。δ 的大小为

$$\delta=\frac{1}{2}(\delta_l+\delta_r)$$

式中：δ_l、δ_r——分别为左、右前轮的偏转角。

在下面的分析中，均以前轮偏转角 δ 作为输入量。阶跃函数是工程上常用的输入函数之一，对于前轮角阶跃函数而言，其数学表达式如图 5－3 所示。

$$\delta(t)=\begin{cases}0 & t<0\\ \delta_0 & t\geqslant 0\end{cases}$$

为了描述前轮偏转后汽车的运动状况，通常需建立一个固结于运动着的汽车上的直角动坐标系即车辆坐标系，如图 5－4 所示。xOz 处于汽车左右对称的平面内、x 轴平行于地面指向前方，z 轴指向上方，y 轴指向转弯时的外侧，坐标系的原点与质心重合。与操纵稳定性有关的主要运动参数为：汽车绕 z 轴旋转的角速度——横摆角速度 ω_r、汽车质心沿 x 轴方向的绝对速度——前进速度 u、汽车质心沿 y 轴方向的绝对速度——侧向速度 v、汽车质心绝对加速度沿 y 轴方向的分量——侧向加速度 a_y 等。

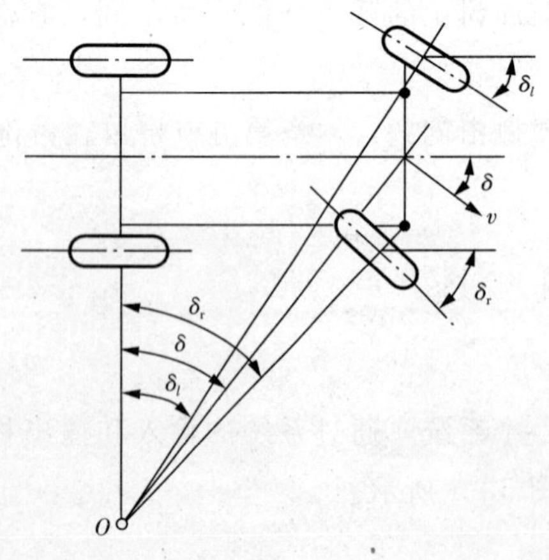

图 5－2　前轮偏转角示意图

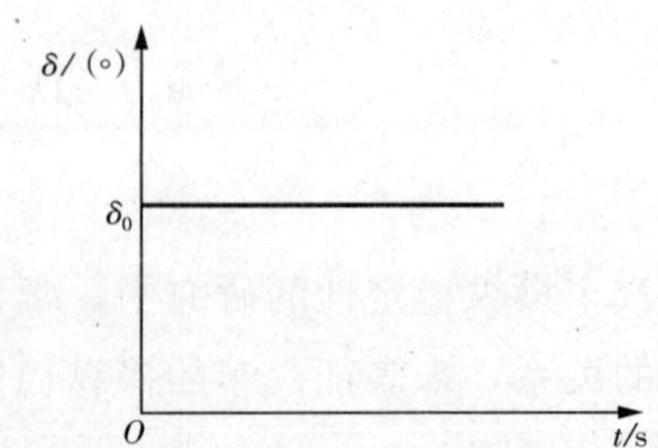

图 5－3　前轮角阶跃函数 $\delta(t)$

汽车的前轮角阶跃输入下的瞬态响应就是指汽车在接收到输入信号 $\delta(t)$ 后，其输出信号随时间的变化过程，即函数 $\omega_r(t)$；其稳态响应，就是指时间 t 趋于∞的输出状态，

即ω_r（∞），一般经过较短时间就可近似认为系统进入稳态。

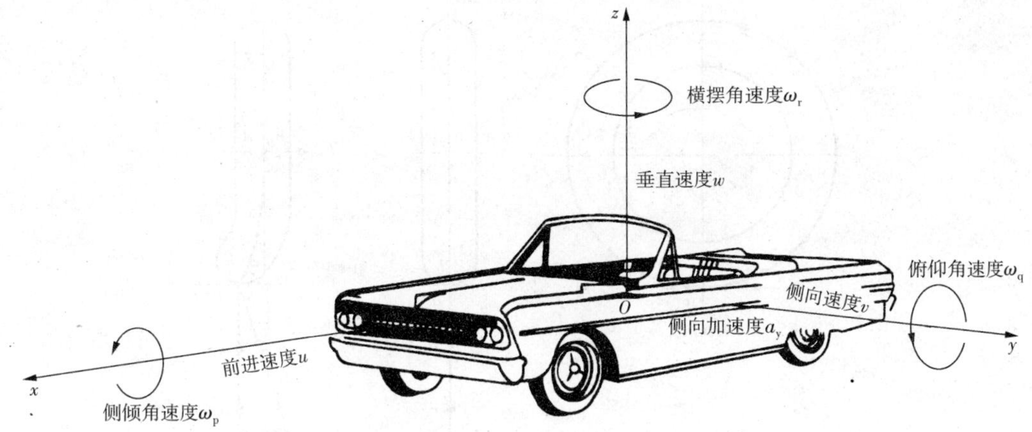

图 5-4　车辆坐标系及汽车的有关运动形式

第二节　轮胎的侧偏特性

一、轮胎的侧偏现象

汽车行驶时，由于各种侧向力的作用，地面相应地产生地面侧向反作用力 F_Y，F_Y 又称作侧偏力。车轮在侧向力 F_y 和侧偏力 F_Y 的作用下，其运动方向偏离了车轮平面方向，这种现象称为轮胎的侧偏现象。这种现象主要表现为以下两方面：

（1）当侧偏力 F_Y达到车轮与地面间的附着极限时，车轮发生侧向滑动，若滑动速度为 Δu，车轮便沿合成速度 u'方向运动，偏离了车轮平面 CC 方向。

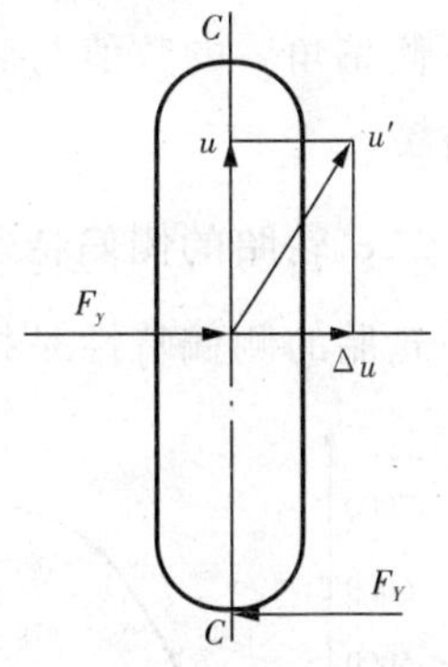

图 5-5　有侧向力作用时刚性车轮的滚动

（2）由于弹性车轮在侧向力的作用下产生侧向变形所引起的侧偏。下面利用如图 5-6 所示对这个现象作一说明。设想在车轮的中心平面圆周上作出 a，b，c，…标记（如图 5-6a 所示），当车轮未受侧向力而滚动时（如图 5-6b 所示），车轮上的 b 点将与支承面上的 b_1 点相接触，c 点将与 c_1 点相接触，依此类推，从而可得车轮在支承面上的运动轨迹 af_1。由于 af_1处于车轮平面之内，因此车轮的运动方向与车轮平面一致，没有侧偏现象。当车轮受到侧向力 F_y 作用时，就会产生如图 5-6c 所示的侧向变形，一旦滚动，车轮上的 b 点将与支承面上的 b'_1相接触，c 点将与 c'_1相接触，依此类推。

弹性车轮在侧向力作用下，由于车轮的侧向弹性变形，其实际运动方向不再是车轮平面所指的方向，而是偏离了一个角度，这个角度 α 称为侧偏角。

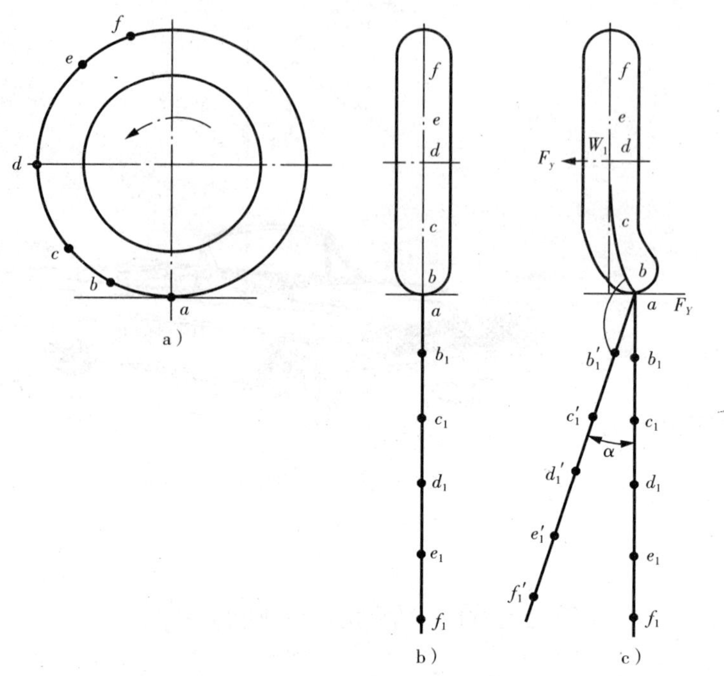

图 5-6　弹性车轮与侧偏现象

从图中可以看出，侧偏方向与侧向力 F_y 的方向一致，与侧偏力 F_Y 的方向相反。当汽车转弯时，侧偏方向则与离心力方向一致，因此也可用离心力方向来定义的 α 正值。显然，侧偏角 α 的数值与侧向力 F_y 的大小有关；换言之，侧偏角 α 的数值与侧偏力 F_Y 的大小有关。

二、轮胎的侧偏特性

轮胎的侧偏特性是指侧偏力 F_Y 与侧偏角 α 之间的数值关系。如图 5-7 所示给出了一

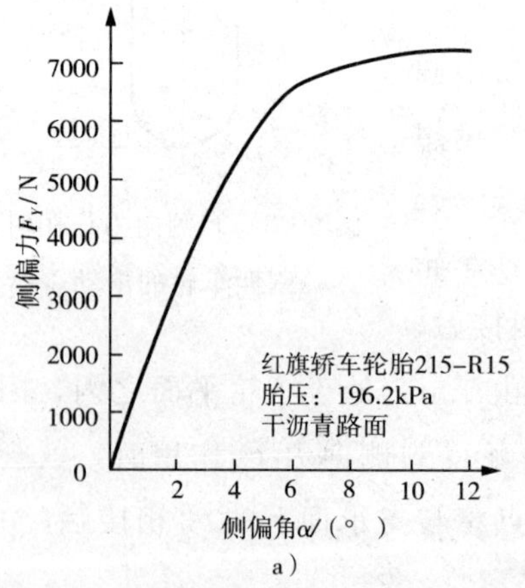

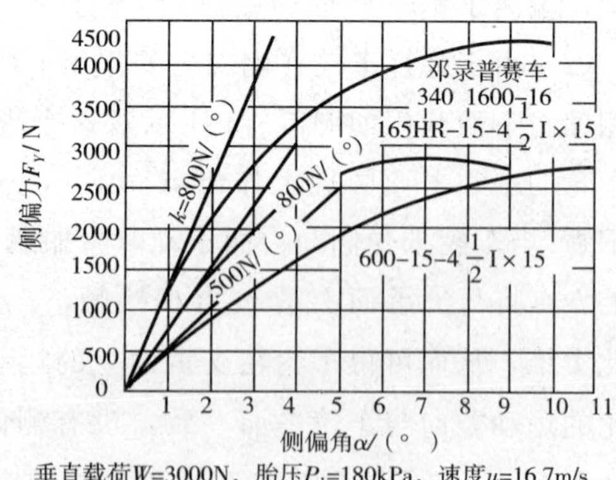

图 5-7　轮胎的侧偏特性

些由试验测出的轮胎侧偏特性曲线。曲线表明，当侧偏角小于5°时，F_Y与α成线性关系。汽车正常行驶时，侧向加速度不超过0.4g，侧偏角不超过4°～5°，可以认为侧偏力与侧偏角成线性关系。侧偏特性曲线在$\alpha=0°$处的斜率称为侧偏刚度k，单位为N/rad或N/（°）。因此，F_Y与α的数值关系可写作

$$F_Y = k\alpha \tag{5-1}$$

部分轮胎的侧偏刚度值见表5－1。

表5－1 部分轮胎侧偏刚度值

轮胎	车轮载荷/N	轮胎气压/kPa	侧偏刚度/N·rad^{-1}
5.20—13	2452	1.6	17893
6.00—13	2943	1.4	17690
6.40—13	3924	1.7	20626
165R14	3924	1.9	31799
175HR14	3433	2.0	38382
5.60—15	2943	1.8	29332
155SR15	3924	2.1	29049
6.50—16	5886	2.5	49310
9.00—20	19620	5.5	132687
9.00R20	19620	5.5	168205
11R22.5	16180	7.75	112815
12.00—20	29480	6.4	187371

注：$\alpha=0～3°$，干燥路面，无切向力。

当侧偏力较大时，侧偏角以较大的速率增长，即$F_Y—\alpha$曲线的斜率逐渐减小，这是由于轮胎在接地处已发生部分侧滑的缘故。侧偏力达到附着极限时，整个轮胎侧滑。

三、影响侧偏刚度的因素

1. 轮胎的尺寸、型式和结构

尺寸较大的轮胎有较高的侧偏刚度。子午线轮胎接地面宽，一般侧偏刚度较高，如图5－8所示。

轮胎断面高H与断面宽B之比$H/B\times100\%$称为扁平率。早期轮胎的扁平率为100%，现代轮胎的扁平率逐渐减小，目前不少轿车已采用扁平率为60%的宽轮胎。扁平率对轮胎侧偏刚度影响很大，采用扁平率小的宽轮胎是提高侧偏刚度的主要措施。

2. 轮胎的充气压力

轮胎的充气压力对侧偏刚度也有显著影响。如图5－9所示，随着气压的增加，侧偏刚度增大，但气压增加到一定值时侧偏刚度不再增大。

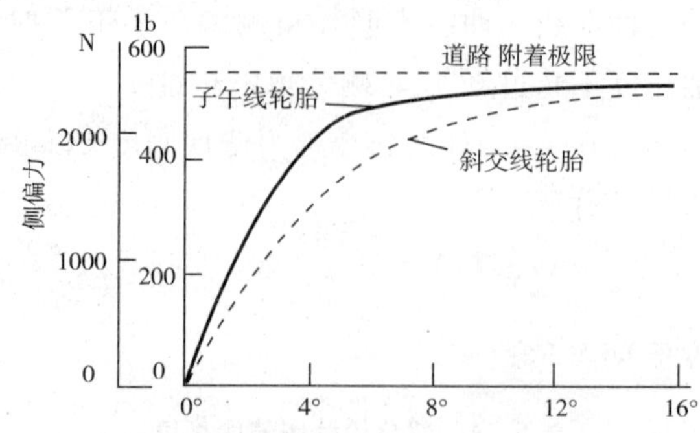

图 5－8　一斜交线轮胎与一子午线轮胎的侧偏特性

3. 轮胎的垂直载荷

如图 5－10 所示可以看出，同一侧偏角下，不同垂直载荷时的侧偏力不一样。在一般情况下，侧偏刚度随垂直载荷的增加而加大，但垂直载荷过大时，轮胎与地面接触区的压力变得极不均匀，侧偏刚度反而有所减小。侧偏刚度最大时的垂直载荷约为额定载荷的 150%。

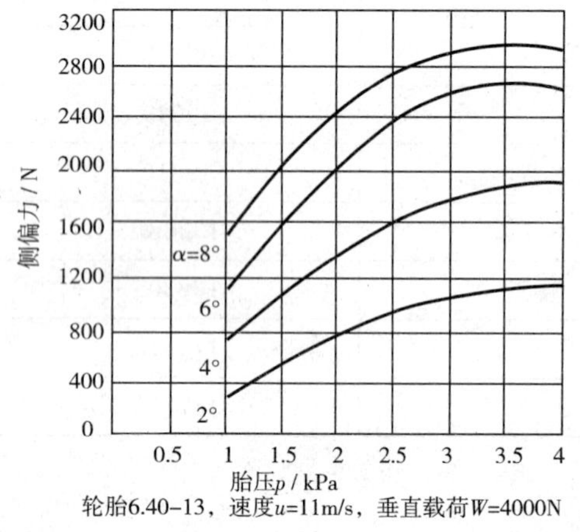

图 5－9　轮胎充气压力对侧偏刚度的影响

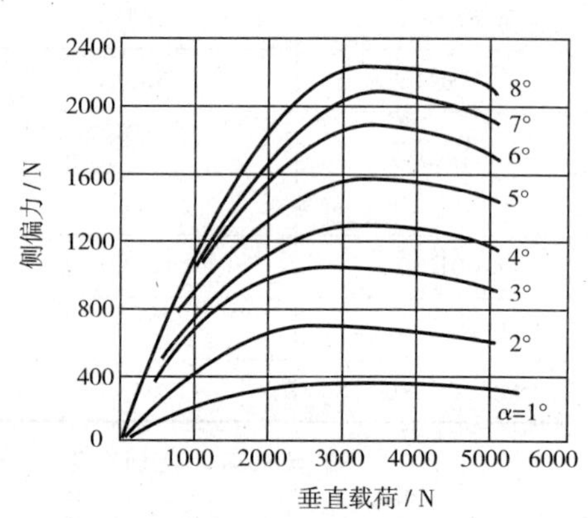

图 5－10　垂直载荷对侧偏刚度的影响

第三节　前轮角阶跃输入的瞬态响应

一、线性二自由度汽车模型的运动微分方程

为了建立汽车转向运动的微分方程，应建立相应的力学模型。由于影响汽车转向运动的因素较多，受力情况较为复杂。为了使分析更加简洁明了、突出重点，假设汽车只作平行于水平路面的平面运动，忽略悬架的作用以及空气动力的作用，并认为汽车左右对称，前后轴上的每对车轮分别用具有其两倍侧偏刚度的单个车轮来表示。实际汽车便被简化成一个类似于摩托车的两轮汽车模型，如图 5－11 所示。

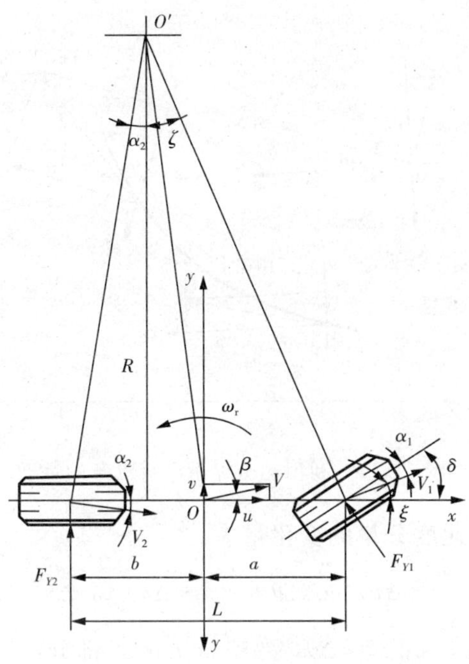

图 5 - 11　二自由度汽车模型

如图 5 - 11 所示描述了汽车转向运动的动态过程，O'仅为瞬时中心，汽车作刚体平面运动，而并非作定轴转动。图中的有关参数如 F_Y、ω_r、v 以及角度 δ、α、β 等均随时间而变化，唯独汽车前进速度 v 假设为常量。系统的输入函数为前轮偏转角 δ（t）（此处 δ（t）是泛指的函数，并非仅指阶跃函数），输出函数为横摆角速度 ω_r（t）和质心侧偏角 β（t）（在求解时，β 将被消去）。

作平面运动汽车的运动微分方程为

$$\left.\begin{aligned} F_{Y2}+F_{Y1}\cos\delta=ma_y \\ aF_{Y1}\cos\delta-bF_{Y2}=I_z\dot{\omega}_r \end{aligned}\right\} \tag{5-2}$$

式中：I_z——汽车绕 z 轴的转动惯量；

$\dot{\omega}_r$——汽车横摆角加速度。

δ 角度较小，汽车高速行驶时可近似认为 $\cos\delta\approx1$，把 $F_Y=k\alpha$ 代入式（5 - 2），得

$$\left.\begin{aligned} k_1\alpha_1+k_2\alpha_2=ma_y \\ ak_1\alpha_1-bk_2\alpha_2=I_z\dot{\omega}_r \end{aligned}\right\} \tag{5-3}$$

式中：k_1、k_2——分别为前、后轴两车轮的总侧偏刚度，单位为 N/rad。

下面确定汽车质心绝对加速度在 y 轴上的分量 a_y。如图 5 - 12 所示，图中 Ox 与 Oy 分别为动坐标系的纵轴和横轴。质心速度 V 于 t 时刻在 Ox 轴上的分量为 u，在 Oy 轴上的分量为 v。由于汽车转向行驶时伴有平移和转动，在 $t+\Delta t$ 时刻，质心速度的大小和方向发生变化，动坐标系的纵轴和横轴的方向亦发生变化，相对 t 时刻旋转了 $\Delta\theta$ 角。

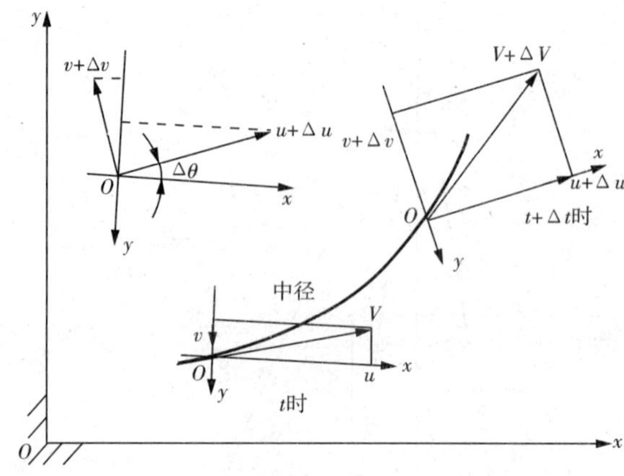

图 5-12 利用动坐标系分析汽车的运动

由此经过 Δt 后，沿 Oy 轴速度分量的变化量为

$$[(v+\Delta v)\cos\Delta\theta+(u+\Delta u)\sin\Delta\theta]-v$$

考虑到 $\Delta\theta$ 很小，$\cos\Delta\theta\approx1$，$\sin\Delta\theta\approx\Delta\theta$，忽略 $\Delta u\sin\Delta\theta$ 部分，上式可改写为

$$\Delta v+u\Delta\theta$$

由此可得，汽车质心绝对加速度沿横轴 Oy 上的分量 a_y 为

$$a_y=\lim_{\Delta t\to0}\left(\frac{\Delta v+u\Delta\theta}{\Delta t}\right)=\frac{\mathrm{d}v}{\mathrm{d}t}+u\frac{\mathrm{d}\theta}{\mathrm{d}t}=\dot{v}+u\omega_r \tag{5-4}$$

前、后侧偏角 α_1、α_2 与有关参数的关系可用如图 5-11 和图 5-13 来确定。V_1、V_2分别为前、后轴中点的速度，β 为质心侧偏角，$\beta=\frac{v}{u}$。ξ 为 V_1 与 x 轴的夹角，其值为

$$\xi=\frac{v+a\omega_r}{u}=\beta+\frac{a\omega_r}{u}$$

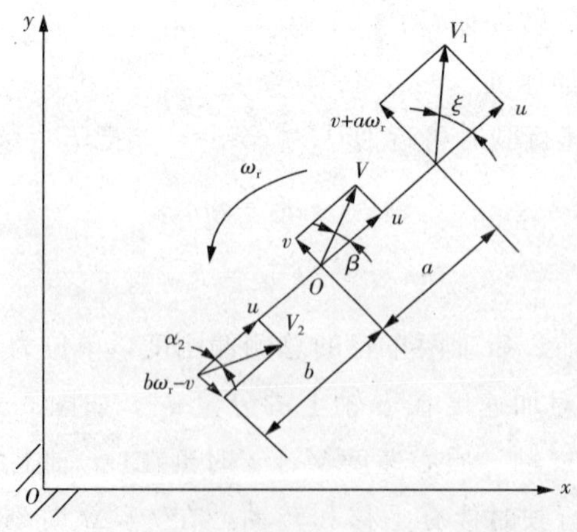

图 5-13 汽车转向运动速度

从而可得

$$\left.\begin{aligned}\alpha_1&=\delta-\xi=\delta-\beta-\frac{a\omega_r}{u}\\ \alpha_2&=\frac{b\omega_r-v}{u}=\frac{b\omega_r}{u}-\beta\end{aligned}\right\}\tag{5-5}$$

将式（5－4）、式（5－5）代入式（5－3），整理后得汽车转向运动微分方程式为

$$\left.\begin{aligned}&m(\dot{v}+u\omega_r)+(k_1+k_2)\beta+\frac{\omega_r}{u}(ak_1-bk_2)=k_1\delta\\ &I_Z\dot{\omega}_r+(ak_1-bk_2)\beta+\frac{\omega_r}{u}(a^2k_1+b^2k_2)=ak_1\delta\end{aligned}\right\}\tag{5-6}$$

二、前轮角阶跃输入下的瞬态响应

利用式（5－6）导出汽车前轮输入角为阶跃函数时，汽车横摆角速度的瞬态响应 $\omega_r(t)$。

由式（5－6）的第二式得

$$\beta=\frac{ak_1\delta-I_z\dot{\omega}_r-\frac{\omega_r}{u}(a^2k_1+b^2k_2)}{ak_1-bk_2}$$

求导数得

$$\dot{\beta}=\frac{ak_1\dot{\delta}-I_z\ddot{\omega}_r-\frac{1}{u}(a^2k_1+b^2k_2)\dot{\omega}_r}{ak_1-bk_2}$$

$$\dot{v}=u\dot{\beta}$$

代入式（5－6）的第一式，消去 β 和 $\dot{v}$ 后，经整理得到如下的二阶非齐次线性微分方程

$$\ddot{\omega}_r+2\zeta\omega_0\dot{\omega}_r+\omega_0^2\omega_r=B_1\dot{\delta}+B_0\delta\tag{5-7}$$

式中：

$$\omega_0^2=\frac{bk_2-ak_1}{I_z}+\frac{L^2k_1k_2}{mu^2I_z}$$

其中，ω_0——固有频率，rad/s；

$$\zeta=\frac{m(a^2k_1+b^2k_2)+I_z(k_1+k_2)}{2\omega_0muI_z}\tag{5-8}$$

其中，ζ——阻尼比；

$$B_1=\frac{ak_1}{I_z}\tag{5-9}$$

$$B_0=\frac{Lk_1k_2}{muI_z}\tag{5-10}$$

当输入函数 $\delta(t)$ 为阶跃函数时，则有

$$\begin{cases}\delta(t)=\delta_0 & t\geqslant 0\\ \delta(t)=0 & t<0\end{cases} \tag{5-11}$$

故当 $t>0$ 后，式（5-7）改写为

$$\ddot{\omega}_r+2\zeta\omega_0\dot{\omega}_r+\omega_0^2\omega_r=B_0\delta_0 \tag{5-12}$$

下面通过求解方程（5-12）即可求得角阶跃输入下的瞬态响应 $\omega_r(t)$。方程的解等于它的一个特解和相应的齐次方程的通解之和。

方程的特解为

$$\omega_r=\frac{B_0\delta_0}{\omega_0^2}$$

对应的齐次方程 $\ddot{\omega}_r+2\zeta\omega_0\dot{\omega}_r+\omega_0^2\omega_r=0$ 的特征方程为

$$s^2+2\zeta\omega_0 s+\omega_0^2=0 \tag{5-13}$$

由于正常使用的汽车均为小阻尼系统，即 $\zeta<1$，因此特征方程的根为一对共轭复根

$$s=-\zeta\omega_0\pm\omega_0\sqrt{1-\zeta^2}\,i$$

式中：$i=\sqrt{-1}$。

齐次方程的通解为

$$\omega_r=A_1\mathrm{e}^{-\zeta\omega_0 t}\cos\omega_d t+A_2\mathrm{e}^{-\zeta\omega_0 t}\sin\omega_d t \tag{5-14}$$

式中：ω_d——有阻尼固有频率，$\omega_d=\omega_0\sqrt{1-\zeta^2}$；

A_1、A_2——待定的积分常数。

因此，微分方程（5-12）的解即瞬态响应为

$$\omega_r(t)=\frac{B_0\delta_0}{\omega_0^2}+A_1\mathrm{e}^{-\zeta\omega_0 t}\cos\omega_d t+A_2\mathrm{e}^{-\zeta\omega_0 t}\sin\omega_0 t \tag{5-15}$$

下面来确定积分常数 A_1、A_2。

汽车转向运动的初始条件为：$t=0$ 时，$\omega_r=0$，$\beta=0$，$\delta=\delta_0$。根据微分方程组（5-6）的第二式，还可求得 $t=0$ 时，

$$\dot{\omega}_r=\frac{ak_1\delta_0}{I_z}=B_1\delta_0$$

由 $t=0$ 时，$\omega_r=0$，即可求得 A_1 为

$$A_1=-\frac{B_0\delta_0}{\omega_0^2} \tag{5-16}$$

由 $t=0$ 时，$\dot{\omega}_r=B_1\delta_0$，即可求得 A_2 为

$$A_2=\frac{B_0\delta_0}{\omega_0^2}\left(\frac{B_1}{B_0}\omega_0^2-\zeta\omega_0\right)\frac{1}{\omega_d} \tag{5-17}$$

令 $C=\sqrt{A_1^2+A_2^2}$，$\varphi=\operatorname{arctg}\frac{A_1}{A_2}$，则式（5-15）可改写为

$$\omega_r(t)=\frac{B_0\delta_0}{\omega_0^2}+Ce^{-\zeta\omega_0 t}\sin(\omega_d t+\varphi) \tag{5-18}$$

式中的 C 和 φ 均与时间无关，此处不再详述。

从上式可以看出，当输入为角阶跃函数时，其瞬态响应为一个常数项与正弦衰减振荡曲线的叠加，如图 5-14 所示。$\omega_r(\infty)$ 就是响应曲线的稳态值，记作 ω_{rs}。

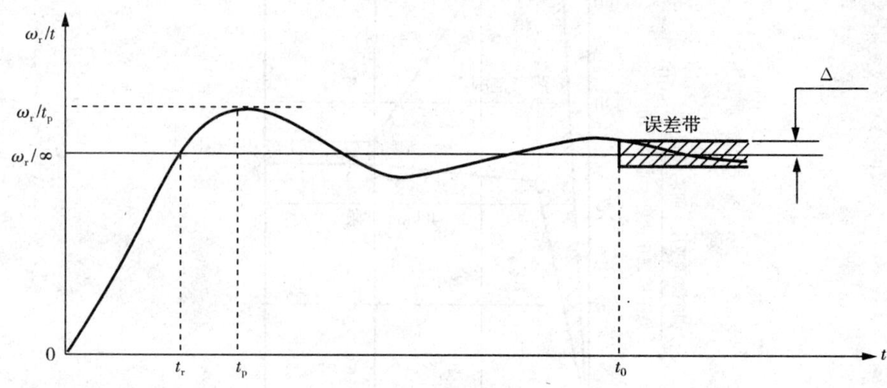

图 5-14　前轮角阶跃输入下的瞬态响应

三、表征瞬态响应品质的几个主要参数

1. 上升时间 t_r

上升时间又称响应时间，它是指响应曲线 $\omega_r(t)$ 从零开始上升后，第一次到达稳态位置所需的时间。在不同的文献资料中，对上升时间亦有不同的定义，例如定义 t_r 为第一次到达 $0.9\omega_{rs}$ 所需时间。各种定义方法，对于定性分析均无本质差异。

2. 峰值时间 t_p

指响应曲线 $\omega_r(t)$ 从零开始，到达第一个峰值 $\omega_r(t_p)$ 所需的时间。

3. 超调量 σ_p

指瞬态过程的最大偏差 $\omega_r(t_p)-\omega_r(\infty)$ 与稳态值 $\omega_r(\infty)$ 之比，即

$$\sigma_p=\frac{\omega_r(t_p)-\omega_r(\infty)}{\omega_r(\infty)}\times 100\% \tag{5-19}$$

超调量是一个相对值，它反映了系统响应过程中的最大偏差，σ_p 小一些为好。

4. 稳定时间 t_s

定义一个误差带。在瞬态响应曲线 $\omega_r(t)$ 的稳态值 $\omega_r(\infty)$ 的上、下各取一个允许误差 Δ（如图 5-14 所示）。在汽车操纵稳定性的分析中，取 $\Delta=0.05\omega_{rs}$。这样在稳态值上

下 2Δ 的区域内就构成了一个误差带。

稳定时间 t_s 是指这样一个时间，当 $t>t_s$ 时，

$$|\omega_r(t)-\omega_r(\infty)|\leqslant 0.05\omega_r(\infty)$$

即响应曲线 $\omega_r(t)$ 在 $t\geqslant t_s$ 时，就处在误差带之内。

当 $t\geqslant t_s$ 时，瞬态响应过程结束，系统进入稳态响应过程。上述三个时间 t_r、t_p、t_s 均表征系统对输入信号作出反应的快速性，三者均以小为好，如图 5-15 所示为美国的汽车试验标准，图中满意范围表明对上述四个参数的要求。

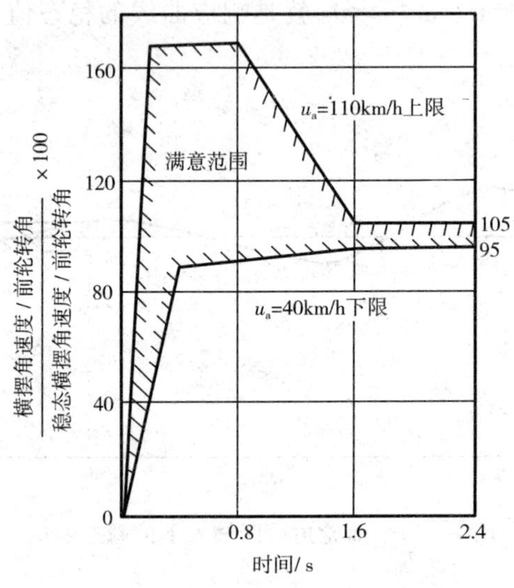

图 5-15　瞬态横摆试验的满意范围

5. 固有频率 ω_0 和阻尼比 ζ

固有频率主要影响系统反应的快速性。如果保持 ζ 不变，增大 ω_0，则 t_r、t_p、t_s 均会减小，且不会改变超调量，阻尼比则主要影响超调量。如果保持 ω_0 不变，增大阻尼比 ζ，则超调量 σ_p 将明显减小，但 t_p、t_s 却有所增加。

由式（5-9）可以看出，ω_0 与 ζ 两者之间有一定的关系，不宜片面追求某一方面。汽车应具有适当的 ω_0 和 ζ 值，从而可兼顾快速性和超调量两个方面。在车速为 100km/h 左右时，现代轿车的 ω_0 值在 2πrad/s 左右，ζ 值大致在 0.5～0.8 范围内。

第四节　前轮角阶跃输入的稳态响应

由式（5-18）可知，系统的瞬态响应 $\omega_r(t)$ 为

$$\omega_r(t)=\frac{B_0\delta_0}{\omega_0^2}+Ce^{-\zeta\omega_0 t}\sin(\omega_d t+\varphi)$$

因此，系统的稳态响应 ω_{rs} 为

$$\omega_{rs}=\lim_{t\to\infty}\omega_r(t)=\frac{B_0}{\omega_0^2}\delta_0=g_s\delta_0$$

式中：$g_s=B_0/\omega_0^2$——稳态横摆角速度增益（下面简称增益）。

增益 g_s 的含义是输出量的稳态值 ω_{rs} 与输入量的稳态值 δ_0 之比值，即 $g_s=\omega_{rs}/\delta_0$ 它反映了系统内在的固有特性，与输入量无关。因此，增益 g_s 是研究系统的稳态响应特性和讨论稳态转向特性的基本依据。

将式（5-8）、(5-11）代入（5-6），经 $g_s=\omega_{rs}/\delta_0$ 整理得

$$g_s=\frac{u/L}{1+Ku^2}\quad(1/s)\tag{5-20}$$

$$K=\frac{m}{L^2}\left(\frac{b}{k_1}-\frac{a}{k_2}\right)\quad(s^2/m^2)\tag{5-21}$$

式中：K 称为稳定性因数，它是表征汽车稳态转向特性的重要参数。

一、汽车的稳态转向特性

根据 K 值等于 0、小于 0 还是大于 0 三种情况，汽车的稳态转向特性可分为如下三类（如图 5-16 所示）。

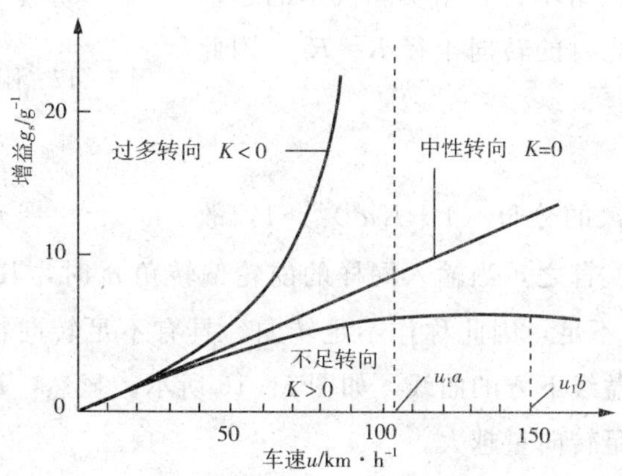

图 5-16 g_s-u 关系曲线

1. 中性转向

$K=0$ 时，$g_s=u/L$，g_s-u 关系曲线是一条斜率为 $1/L$ 的直线。这种转向特性称为中性转向。对于中性转向而言，因

$$g_s=\frac{\omega_{rs}}{\delta_0}=\frac{u}{L}$$

故

$$\omega_{rs}=\frac{u}{L}\delta_0$$

由力学原理知

$$\omega_r = \frac{u}{R}$$

式中：R——汽车的转向半径。

在分析操纵稳定性时，R 均指转向中心至汽车纵向轴线的垂直距离，如图 5－17 所示。当系统进入稳态时，R 不再随时间而变，但与车速有关。因此，具有中性转向汽车的转向半径 R 为 L/δ_0。可见，中性转向汽车的转向半径 R 仅与前轮偏转角 δ_0 和轴距 L 有关，且不随车速而变。

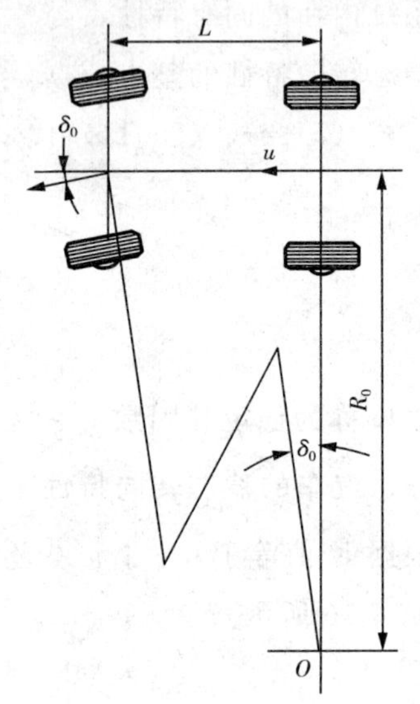

图 5－17　刚性车轮汽车的转向运动

下面简要介绍具有刚性车轮汽车的转向运动（假设没有侧滑），如图 5－17 所示，与中性转向汽车比较。刚性车轮汽车的前、后轮侧偏刚度 k_1、k_2 均等于 ∞，因此 $K=0$，$g_s=u/L$，与中性转向汽车相同。从图中的几何关系可以看出，因 δ_0 较小，故 $R_0 \approx L/\delta_0$，亦与中性转向的转向半径 R 相同。

实际汽车的车轮均有弹性，但若汽车以极低车速转向行驶时，侧偏角可忽略不计，则实际汽车的运动与刚性车轮汽车相同，此时的转向半径 $R=R_0$，因此 R_0 也可称作起始转向半径。

2. 不足转向

当 $K>0$ 时，增益 g_s 的分母（$1+Ku^2$）>1，故小于中性转向的增益。换言之，当输入同样的前轮偏转角 δ_0 时，其稳态横摆角速度 ω_{rs} 小于中性转向的 ω_{rs}，转向不足，因此称作不足转向。具有不足转向特性汽车的 g_s-u 曲线是一条位于中性转向增益线下方的曲线，如图 5－16 所示。显然，K 值越大，汽车转向不足的程度就越高，即不足转向量越大。

可求得当车速为 $u_{ch}=\sqrt{\frac{1}{K}}$（m/s）时，增益 g_s 达到最大值。如果把 $u_{ch}=\sqrt{\frac{1}{K}}$ 代入式（5－20），可得 $g_s=\frac{u_{ch}}{2L}$，即当车速为 u_{ch} 时，不足转向汽车的增益仅为同轴距中性转向汽车的一半。u_{ch} 也可以用来表征汽车的不足转向量，因此称为特征车速。显然 u_{ch} 越小，K 值就越大，不足转向量也越大。

3. 过多转向

当 $K<0$ 时，式（5－20）中的分母小于 1，增益 g_s 大于中性转向的 g_s，当输入角 δ_0 相同时，ω_{rs} 比中性转向时大，呈现转向过度的特性，因此称作过多转向。具有过多转向汽车的 g_s-u 曲线是一条位于中性增益线上方的向上弯曲的曲线，如图 5－16 所示。K 值越小

（即绝对值越大），汽车的过多转向量就越大。

由式（5－20）可知，当车速 $u^2=-\frac{1}{K}$时，分母为 0，g_s趋于∞，如图 5－16 所示。该车速称为临界车速，记作 u_{cr}。显然，$u_{cr}=\sqrt{-\frac{1}{K}}$（m/s），它也是表征过多转向量的参数。临界车速越低，过多转向量越大。

下面就汽车行驶的安全性和转向操纵的灵敏性，对三种转向特性的汽车进行比较。如图 5－16 所示，当车速一定时，过多转向汽车的增益 g_s最大，不足转向汽车 g_s最小。因为 $g_s=\frac{\omega_{rs}}{\delta_0}$，这就意味着过多转向汽车以较小的方向盘转角即可产生同样的横摆角速度 ω_{rs}，可见过多转向汽车具有较高的操纵灵敏性。而不足转向汽车的灵敏性则较低，且不足转向量越大，灵敏性越低。从安全角度出发，假设三种类型的汽车具有相同的前轮偏转角 δ_0，则过多转向汽车的 ω_{rs}最大，对行驶安全不利。尤其是当车速接近临界车速后，只要极微小的前轮偏转角，就会产生极大的角速度 ω_{rs}，汽车因急剧旋转很可能引起事故。而不足转向汽车却有较好的行驶安定性。因此，过多转向汽车虽然灵敏性较好，但安全性较差，故一般汽车不应具有过多转向特性；中性转向汽车虽然能兼顾安全性和灵敏性，但因使用条件多变，汽车使用中有可能转变为过多转向。在以安全为主并兼顾灵敏性的前提下，一般汽车均应具有适度的不足转向特性。

如图 5－18 所示是美国的试验标准，图中给出了当侧向加速度为 0.4g 时的 g_s-u_a 曲线的满意范围，可供参考。

据国外的一些试验数据，现代轿车的稳定性因数值 K 为 0.002～0.0035s^2/m（在侧向加速度为 0.3g 时），转向灵敏度$\frac{\omega_{rs}}{\delta_{sw0}}$（$\delta_{sw0}$为稳态时的方向盘转角）为 0.16～0.331/s（在 $a_y=0.4g$，$u=22.35$m/s 时）。

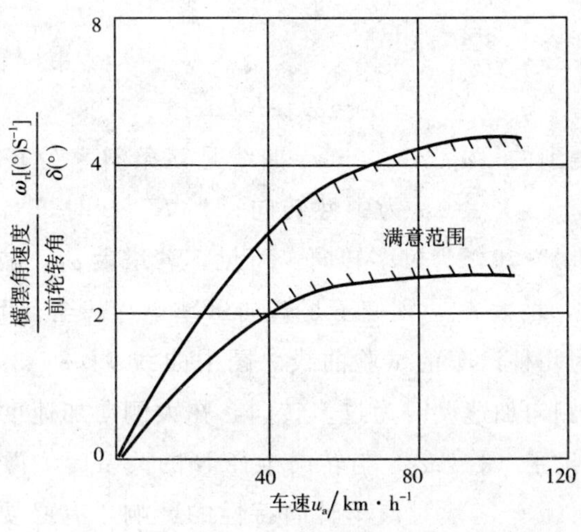

图 5－18　g_s-u_s曲线的满意范围

前面的理论分析是在线性区进行讨论的，前、后轮侧偏刚度 k_1、k_2 均被认为常数，不随侧偏角 α 或侧向加速度 a_y 而变。计算所得的稳定性因数 K 当然也不随 a_y 而变。实际上，轮胎的侧偏特性为非线性的，即使是小侧向加速度时，也只能说是近似线性的，不同侧向加速度所对应的 k_1、k_2 不尽相同，试验数据当然也不同。因此在提供试验结果时，必须同时指明相应的侧向加速度值，以便分析比较。

二、表征稳态转向特性的其他几个参数

为了便于分析和试验，汽车的稳态转向特性还可采用其他参数来描述。

1. 前、后轮侧偏角之差（$\alpha_1-\alpha_2$）

由式（5-21）

$$K=\frac{m}{L^2}\left(\frac{b}{k_1}-\frac{a}{k_2}\right)$$

对上式分子、分母同乘以侧向加速度 a_y，则可改写为

$$K=\frac{1}{a_yL}\left(\frac{ma_yb}{Lk_1}-\frac{ma_ya}{Lk_2}\right) \tag{5-22}$$

当汽车进入稳态后，$\dot{\omega}_r=0$，已有 $\cos\delta_0\approx1$，代入式（5-2）得

$$F_{Y1}=\frac{ma_yb}{L}$$

$$F_{Y2}=\frac{ma_ya}{L}$$

代入上式得

$$K=\frac{1}{a_yL}\left(\frac{F_{Y1}}{k_1}-\frac{F_{Y2}}{k_2}\right)$$

即

$$K=\frac{1}{a_yL}\ (\alpha_1-\alpha_2)$$

或写作

$$\alpha_1-\alpha_2=KLa_y \tag{5-23}$$

根据式（5-23）得到的（$\alpha_1-\alpha_2$）$-a_y$ 曲线是三条斜率为 KL 的直线，如图 5-19a 所示。当 $K=0$ 时，（$\alpha_1-\alpha_2$）$=0$，为中性转向；当 $K>0$ 时，（$\alpha_1-\alpha_2$）>0，为不足转向；当 $K<0$ 时（$\alpha_1-\alpha_2$）<0，为过多转向。可见，若增大 α_1，减小 α_2，则使不足转向量增加；反之，若减小 α_1，增大 α_2，则使不足转向量减小，甚至有可能转变为过多转向。

如图 5-19b 所示为几种汽车的试验曲线。图中曲线 1、2、3 为过多转向，曲线 5 为不足转向。曲线 4 在小侧向加速度时为过多转向，在大侧向加速度时转变为不足转向，关于这种情况将在下面讨论了（$\alpha_1-\alpha_2$）与转向半径 R 的关系后，再进一步说明。

为了更深入地掌握（$\alpha_1-\alpha_2$）对汽车转向特性的影响，有必要讨论（$\alpha_1-\alpha_2$）与转向半径 R 的关系。如图 5-20 所示是汽车进入稳态后的转向运动简图，汽车以角速度 ω_{rs} 作

等速圆周运动。图中有关参数如 α_1、α_2、R 以及前、后轴中点速度 V_1、V_2 等均为常数，不随时间而变，且转向中心 O 的位置也不变。利用图中各参数的几何关系，即可导出稳态时（$\alpha_1-\alpha_2$）与 R 的关系。另外要说明一点，图中 C 点仅为垂足，并非质心，因质心位置与公式推导无关，故图中未画出。

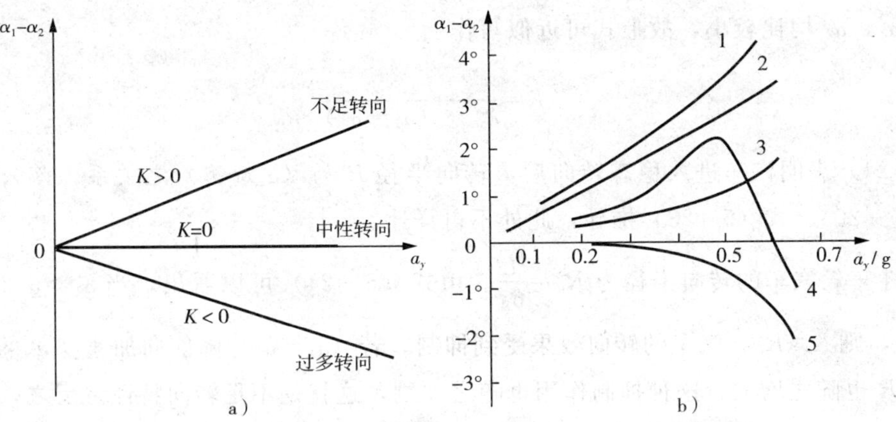

图 5-19　表示汽车稳态转向特性的（$\alpha_1-\alpha_2$）$-a_y$ 曲线

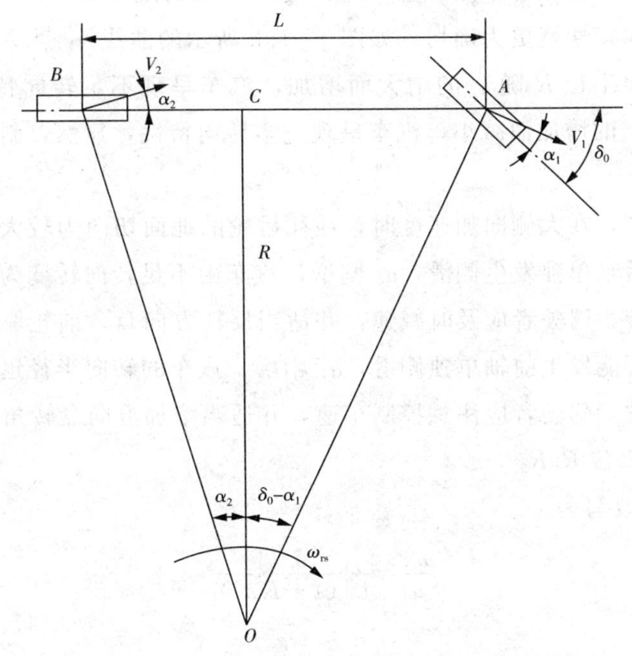

图 5-20　汽车稳态转向运动简图

如图 5-20 所示，得

$$\mathrm{tg}\,(\delta_0-\alpha_1)=\frac{AC}{R}$$

$$\mathrm{tg}\alpha_2=\frac{BC}{R}$$

将上面两式相加，且 $L=AC+BC$，得

$$R=\frac{L}{\mathrm{tg}\ (\delta_0-\alpha_1)\ +\mathrm{tg}\alpha_2}$$

因 δ_0、α_1、α_2 均比较小，故上式可近似写作

$$R=\frac{L}{\delta_0-\ (\alpha_1-\alpha_2)} \tag{5-24}$$

式（5-24）表明汽车进入稳态转向后，转向半径 R 与（$\alpha_1-\alpha_2$）之关系。该公式也可利用式（5-20）、式（5-23）推导，此处不再详述。

刚性车轮汽车的转向半径为 $R_0=\frac{L}{\delta_0}$。由式（5-24）可以看出，当 $\alpha_1>\alpha_2$ 时，（$\alpha_1-\alpha_2$）>0，则 $R>R_0$，汽车的转向效果受到抑制。若（$\alpha_1-\alpha_2$）随侧向加速度 a_y 的增大而增加，则 R 也随之增大，这种抑制作用也随之加剧，这就是不足转向特性。反之，当 $\alpha_1<\alpha_2$ 时则 $R<R_0$，汽车的转向效果得到加强。若（$\alpha_2-\alpha_1$）随侧向加速度 a_y 的增大而增加，则 R 也随之减小，这种加强作用也随之加剧，这就是过多转向特性。

考虑实际汽车的非线性，采用（$\alpha_1-\alpha_2$）随 a_y 变化的规律即（$\alpha_1-\alpha_2$）$-\alpha_y$ 曲线的斜率来描述汽车的转向特性就更为确切。如图 5-19b 所示的曲线 4，当 α_y 较小时，斜率为正值，这就意味着转向半径 R 随 α_y 的增大而增加，汽车呈现不足转向特性；当 α_y 较大时，斜率为负值，R 随 α_y 的增加而减小，汽车呈现过多转向特性，显然，斜率为 0 时，为中性转向。

后轮驱动的汽车，在大侧向加速度时，往往后轮的地面切向力较大，则侧向承受能力大为下降。有可能后轴单独发生侧滑，α_2 剧增，汽车由不足转向转变为过多转向。为了避免汽车出现急剧旋转，驾驶者应及时减速，并适当反转方向盘。前轮驱动的汽车，在大侧向加速度时，则有可能发生前轴单独侧滑，α_1 剧增，汽车的转向半径迅速增大。为了使汽车能按预定路径行驶，驾驶者应注意控制车速，并适当增加方向盘转角。

2. 转向半径的比值 R/R_0

将式（5-20）改写为

$$\frac{\omega_{rs}}{u}=\frac{\delta_0}{L\ (1+Ku^2)}$$

因

$$\frac{\omega_{rs}}{u}=\frac{1}{R};\ \frac{\delta_0}{L}=\frac{1}{R_0}$$

故

$$\frac{1}{R}=\frac{1}{R_0\ (1+Ku^2)}$$

即

$$\frac{R}{R_0}=1+Ku^2 \tag{5-25}$$

如图 5-21 所示给出了按式（5-25）求得的$\frac{R}{R_0}-u^2$ 关系曲线和一些汽车试验测得的$\frac{R}{R_0}-a_y$关系曲线。

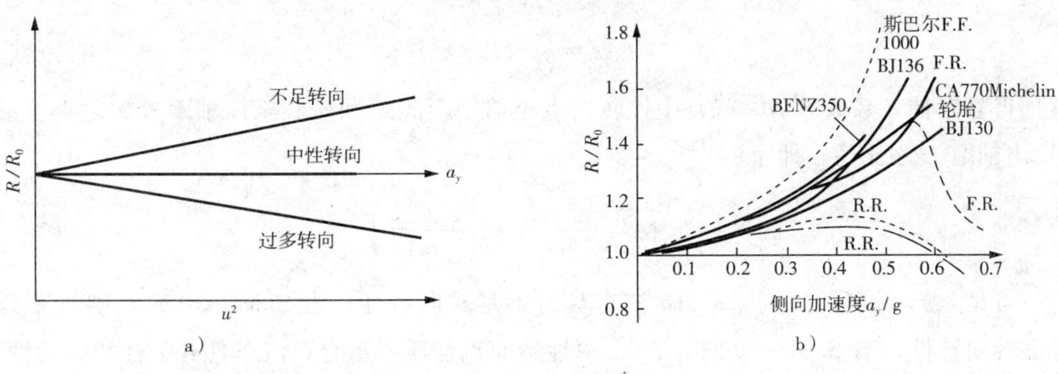

图 5-21　表示汽车稳态响应的$\frac{R}{R_0}-a_y$关系曲线

式（5-25）表明，当 $K>0$ 时，$\frac{R}{R_0}>1$，说明不足转向汽车的转向半径及总大于 R_0，且 R 将随车速的提高而增加；当 $K<0$ 时，$\frac{R}{R_0}<1$，说明过多转向汽车的转向半径 R 总小于 R_0，且 R 将随车速的提高而减小；当 $K=0$ 时，$\frac{R}{R_0}=1$，说明中性转向汽车的转向半径 R 等于 R_0，不随车速而变。应指出的是中性转向汽车的转向半径虽然始终等于 R_0，但其转向中心的位置与刚性车轮汽车不同，因此汽车上各点的速度方向也与刚性车轮汽车不同。

3. 静态储备系数 S. M.

假设将一辆具有不足或过多转向特性汽车的质心 C（如图 5-22 所示）后移或前移至 C_0 点，使该车具有中性转向特性，则 C_0点称为中性转向点。由于当侧向力作用在 C_0点时，前、后侧偏角相等，因此当 C 点位于 C_0点之前时，$\alpha_1>\alpha_2$，汽车具有不足转向特性。当 C 点位于 C_0点之后时，$\alpha_2>\alpha_1$ 汽车具有过多转向特性。两点之间的距离反映了不足或过多转向量的大小。

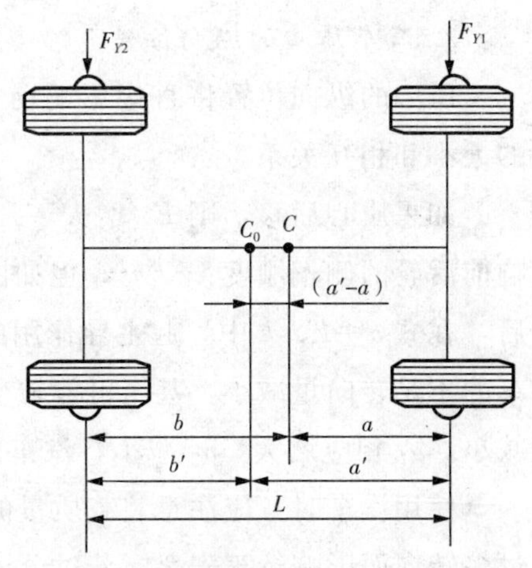

图 5-22　中性转向点位置的确定

下面先求 C_0 点至前轴的距离 a'。当侧向力作用在 C_0 点时，前、后侧偏力分别为 F_{Y1}、F_{Y2}（如图 5-22 所示）。

对中性转向点 C_0 取矩，则有

$$F_{Y1}a' = F_{Y2}b'$$

即
$$k_1\alpha_1 a' = k_2\alpha_2 b'$$

因
$$\alpha_1 = \alpha_2，\ b' = L - a'$$

得
$$k_1 a' = k_2\ (L - a')$$

整理得静态储备系数 S. M. 就是中性转向点至前轴距离 a' 和质心至前轴距离 a 之差（$a'-a$）与轴距 L 之比值，即

$$\text{S. M.} = \frac{a'-a}{L} = \frac{k_2}{k_1+k_2} - \frac{a}{L} \tag{5-26}$$

可见，当 S. M. >0 时，$a'>a$ 汽车具有不足转向特性；当 S. M. <0 时，则汽车具有过多转向特性；当 S. M. $=0$ 时，$a=a'$ 中性转向点与质心重合，汽车具有中性转向特性。

三、影响汽车稳态转向特性的主要因素

1. 前、后轮的侧偏刚度

前、后轮的侧偏刚度 k_1、k_2 值和匹配关系，对于前后侧偏角 α_1、α_2 的大小和相互关系具有重大的影响，因此 k_1、k_2 是影响汽车稳态转向特性的最主要因素。

由于轮胎的型号、规格和充气压力直接影响侧偏刚度的大小。因此，在更换轮胎时，必须按说明书规定的型号、规格选用，不应随意改变。使用时，还应注意检查轮胎气压，按规定要求充气，以免对转向特性产生不利影响。

2. 汽车质心的纵向位置

质心的纵向位置将直接影响前、后侧偏力 F_{Y1}、F_{Y2} 的分配。从而影响侧偏角 α_1、α_2 的大小和相互关系。

如果质心后移，则 F_{Y2} 增大，F_{Y1} 减小，虽然此时前后轮的垂直载荷相应变化，从而影响前后轮的侧偏刚度 k_1，k_2，但如图 5-10 所示，侧偏刚度变化比较缓慢。因此 F_Y 改变后，在式 $\alpha = F_Y/k$ 中，起主导作用的是 F_Y。出此可见，质心后移将使 α_2 增大 α_1 减小，汽车的不足转向量减小，甚至可能转变为过多转向。反之，如果质心前移，则 F_{Y1} 增大，F_{Y2} 减小，α_1 相应增大，α_2 减小，汽车的不足转向量增加。

使用汽车时，应注意装载质量的分布。如果装载质量过于后移，则有可能使汽车转变过多转向而影响行车安全。若过分前移，则会因不足转向量过大，使转向灵敏度降低，显然也是不足取的。

3. 汽车悬架对稳态转向特性的影响

汽车转弯时，车厢在悬挂质量的离心力 F_{sy} 的作用下，将绕侧倾轴线（前、后侧倾中

心 O_{m1}、O_{m2} 的连线）转动一个角度，称为侧倾角 Φ_r，如图 5－23 所示，侧倾角 Φ_r 的大小与汽车悬架的结构型式、尺寸和弹簧刚度等参数有密切的关系。下面从三方面说明车厢侧倾对汽车稳态转向特性的影响。

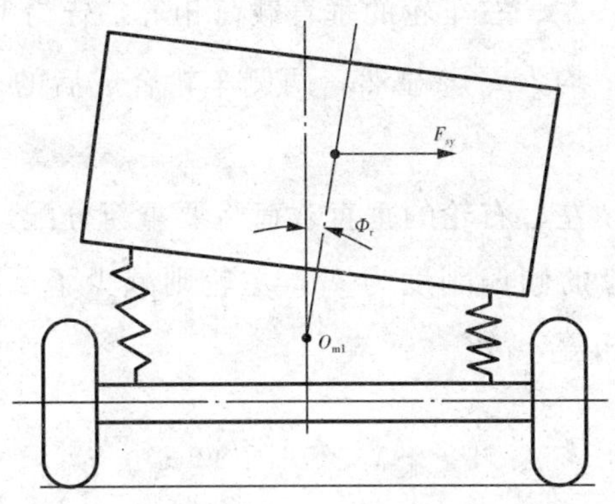

图 5－23　车厢的侧倾

（1）车轮侧斜角的变化

当车厢侧倾时，由于悬架结构型式的不同，车轮侧斜角的变化有如下两种情况：

①车轮朝车厢侧倾的方向倾斜，即车轮的侧斜方向与离心力方向一致，如图 5－24a、b、c 所示。它们分别是上、下横臂长度相等且平行的双横臂、单纵臂、烛式独立悬架。

②车轮朝车厢侧倾的相反方向倾斜，即车轮的侧斜方向与离心力方向相反，如图 5－24d 所示的单横臂独立悬架在小侧向加速度时，就是属于这种情况。

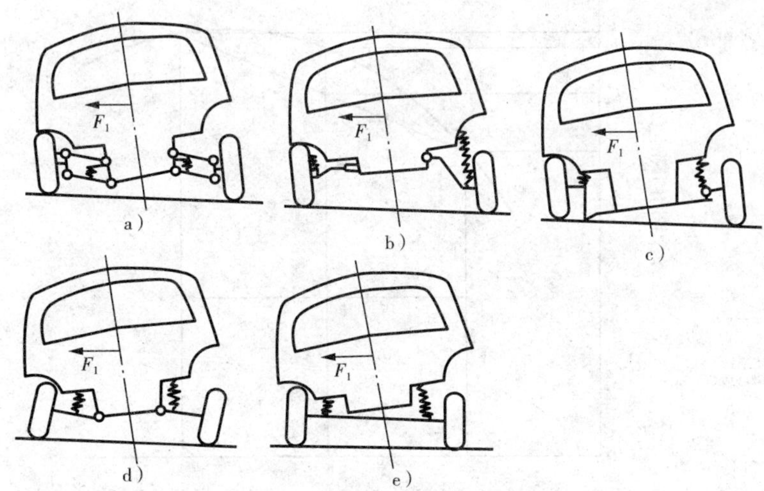

图 5－24　车轮倾斜与悬架导向机构关系

车轮的侧斜不随车厢的侧倾而变（如图 5－24e 所示）为非独立悬架。

车轮侧斜后，由于轮胎与地面接触面的受力情况发生变化，从而产生一个附加的偏侧角 $\Delta\alpha$。$\Delta\alpha$ 的大小与车轮侧斜角 γ 有关，两者的关系可通过试验求得。$\Delta\alpha$ 的方向与车轮倾斜的方向一致，因此当γ与离心力方向一致时，$\Delta\alpha$为正值，车轮的侧偏角增大，如图5-24b；当γ与离心力方向相反时，$\Delta\alpha$为负值，车轮的侧偏角减小，如图5-24d所示。

（2）左、右轮垂直载荷的重新分配

假设汽车转向运动时，左、右车轮的垂直载荷相等，皆为W_0（如图5-25所示），故每侧轮胎的侧偏刚度相等，均为k_0。显然，两侧车轮合成后的总侧偏刚度为$2k_0$，相应的侧倾角$\alpha_0=F_Y/2k_0$。

实际上，汽车转向时，左、右轮的垂直载荷将要重新分配。如图5-25所示，右轮的垂直载荷增加了ΔW，相应的侧偏刚度为k_r，左轮则减少了ΔW，相应的侧偏刚度为k_l。由于左、右车轮的侧偏角相等，故

$$F_Y=k_r\alpha+k_l\alpha$$

即

$$\alpha=\frac{F_Y}{k_r+k_l}$$

如图5-25所示可以看出，$k_r+k_l=2k'_0$，故$\alpha=F_Y/2k'_0$。因$k'_0<k_0$，所以$\alpha>\alpha_0$，即左、右车轮垂直载荷重新分配后，车轮的总侧偏刚度将会减小，侧偏角则会增大。左、右轮垂直载荷差别ΔW越大，则总侧偏刚度越小，侧偏角越大。

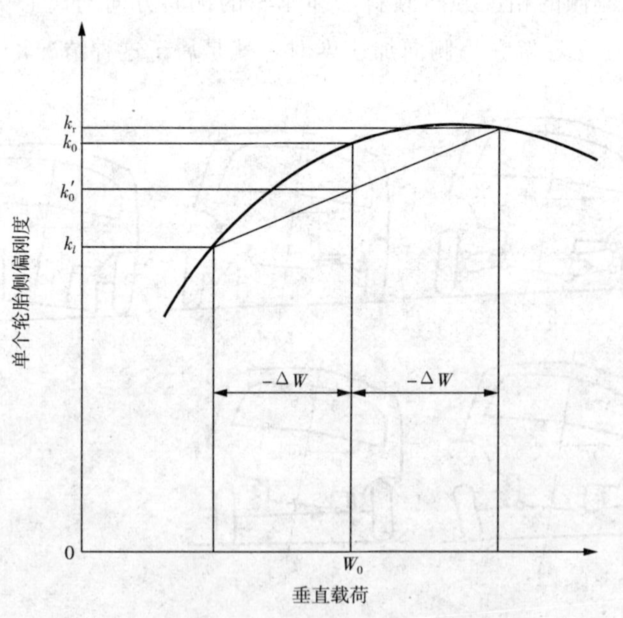

图5-25 左右车轮垂直载荷再分配时轮胎的侧偏刚度

当车厢侧倾时，悬架系统将产生弹性恢复力偶矩M_s与侧倾力矩M_Φ相平衡。M_s等于前、后悬架弹性恢复力偶矩M_{s1}、M_{s2}之和，即$M_s=M_{s1}+M_{s2}$，而

$$M_{s1}=K_{\Phi1}\Phi_r$$

$$M_{s2}=K_{\Phi2}\Phi_r$$

式中：$K_{\Phi1}$、$K_{\Phi2}$——分别为前后悬架的侧倾角刚度（指单位车厢侧倾角下，悬架给车厢的弹性恢复力偶矩）。$K_{\Phi1}$，$K_{\Phi2}$均与悬架的结构型式和参数有关。

通过受力分析可知，M_{s1}、M_{s2}将影响前后轴左、右车轮垂直载荷的分配。M_s越大，则ΔW也越大。如果$K_{\Phi1}>K_{\Phi2}$，则$\Delta W_1>\Delta W_2$，前轮侧偏角的增加量较后轮为大，汽车趋于增加不足转向量；反之，则趋于减少不足转向量，如图5－26所示。

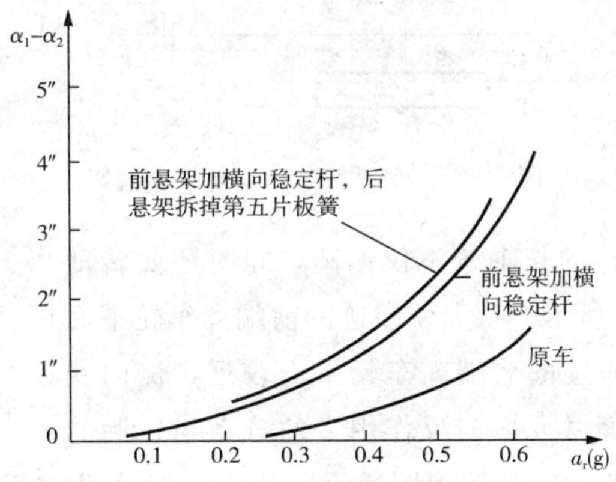

图5－26　利用横向稳定杆等改变前后悬架角刚度后，汽车稳态转向特性的变化

（3）轴转向

当车厢侧倾时，由于悬架导向机构的运动学关系，使车轴绕垂直轴线转动，这种现象称为轴转向。

下面以单纵臂非独立悬架为例说明。如图5－27所示，汽车转向时车厢侧倾，外侧的弹性元件受到压缩，铰接中心C将下移至C_1点，相应的车轮中心O将左移至O_1点。而内侧因弹性元件伸张，铰接中心将上移至C_2点，相应的车轮中心O将右移至O_2点。从俯视图可以看出，车轴线转动了λ角，这就是轴转向现象。

轴转向的大小和方向与悬架的结构型式、布置和参数有关。如果轴转向的方向与离心力方向一致，从运动学的观点看，相当于使车轮的侧偏角增加。对于后轴而言，将使汽车减小不足转向量；如果轴转向方向与离心力方向相反，则相当于使车轮的侧偏角减小，若为后轴，将使汽车增加不足转向量。

综上所述可知，汽车悬架的设计，不仅应满足汽车平顺性的要求，还应顾及对操纵稳定性的影响。

4．轮胎弹性侧偏产生的回正力矩

当车轮在侧向力作用下，轮胎产生侧向弹性变形，接地印迹将侧向偏离轮胎中心平面。

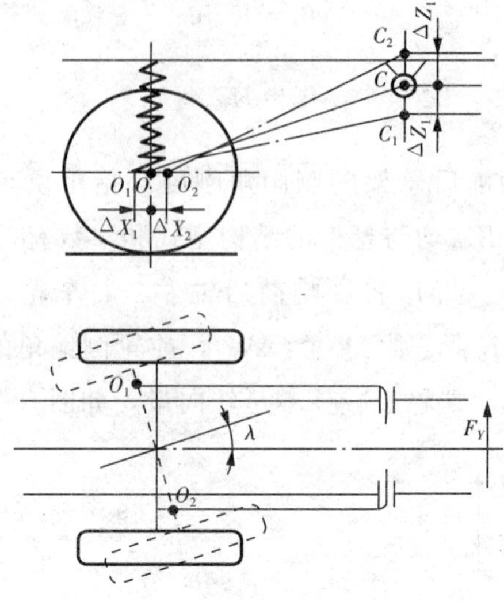

图 5-27　单纵臂非独立悬架的轴转向

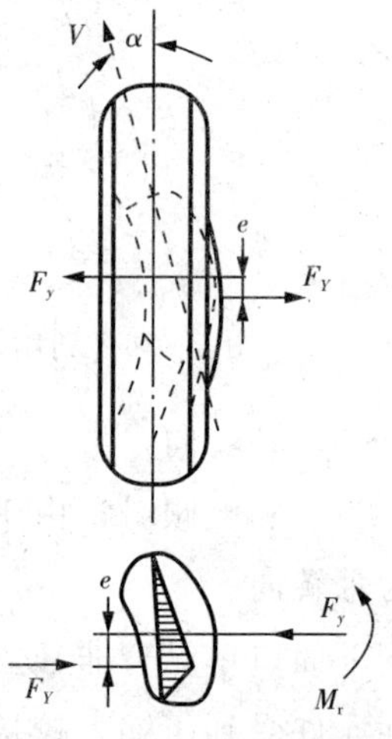

图 5-28　轮胎弹性侧偏产生回正力矩

一旦车轮滚动，印迹的长轴线不仅偏离，同时还要转动一个角度 α，如图 5-28 所示。从而使印迹的前端离车轮平面较近，侧向变形较小；印迹的后端离车轮平面较远，侧向变形较大。可以认为，地面微元侧向反作用力的分布与轮胎的侧向变形成正比，如图 5-28 的俯视图所示，其合力 F_Y 的大小与侧向力 F_y 相等，但其作用点却后移了一段距离 e。e 称为轮胎拖距，F_Ye 就是回正力矩 M_r。汽车转向运动时，M_r 是使车轮回正的主要恢复力矩之一。试验表明，侧偏角 1°所产生的回正力矩与主销后倾角 5°～6°的效果相当，为避免转向沉重，汽车的主销后倾角一般不宜超过 2°～3°。现代轿车由于轮胎的气压降低弹性增加，主销后倾角可减小到接近于 0，甚至为负值（如红旗牌轿车）。

回正力矩 M_r 的大小与轮胎的型式、结构参数、气压以及垂直载荷等团素有关。在侧偏角 α 较小，轮胎没有侧滑之前，M_r 随 α 的增大而增加，可通过试验求得。

下面从两方面说明回正力矩 M_r 对汽车稳态转向特性的影响。

（1）由于轮胎的弹性侧偏，使前、后侧偏力的作用点分别后移拖距 e_1、e_2，如图 5-29 所示。此时的前、后侧偏力 F'_{Y1}、F'_{Y2} 分别为

$$F'_{Y1}=\frac{F_y\ (b+e_2)}{(a-e_1)\ +\ (b+e_2)}\approx\frac{F_y\ (b+e_2)}{L}$$

$$F'_{Y2}=\frac{F_y\ (a-e_1)}{(a-e_1)\ +\ (b+e_2)}\approx\frac{F_y\ (a-e_1)}{L}$$

与前述的作用在车轮中心的侧偏力 F_{Y1}、F_{Y2} 相比，显然 $F'_{Y1} > F_{Y1}$，$F'_{Y2} < F_{Y2}$，因此，前轴的侧偏角增大，后轴的侧偏角减小，两者均使汽车的不足转向量增加。

(2) 在正力矩的作用下，悬架和车轮均发生扭转变形，其效果相当于使侧偏角增大。因此，回正力矩作用的结果，使前轴趋于增加不足转向量，使后轴趋于减少不足转向量。

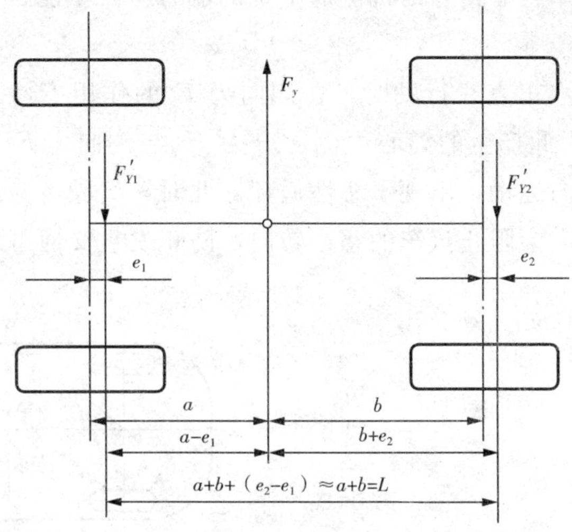

图 5-29　考虑回正力矩后汽车的侧向受力情况

四、三种稳态转向特性汽车的抗侧向干扰能力的比较

汽车直线行驶时，如果突遇侧向干扰力 F_y 的作用，汽车的运动状态将会发生变化。下面对三种不同转向特性汽车在侧向力 F_y 作用下的运动状态作比较分析。假设各种侧向干扰力 F_y 的作用点均与质心重合。

(1) 中性转向特性汽车直线行驶时，在侧向力 F_y 的作用下，前、后轮均要发生侧偏，但因 $\alpha_1=\alpha_2=\alpha$，其转向中心在无穷远处。故汽车仍为直线行驶，而其行驶方向 BB 却偏离了原方向 AA 一个 α 角，如图 5-30a 所示。欲使汽车仍按原方向行驶，驾驶者应向 F_y 的相反方向打方向盘，使汽车的纵轴线偏转 α 角，然后再将方向盘回正，如图 5-30b 所示。

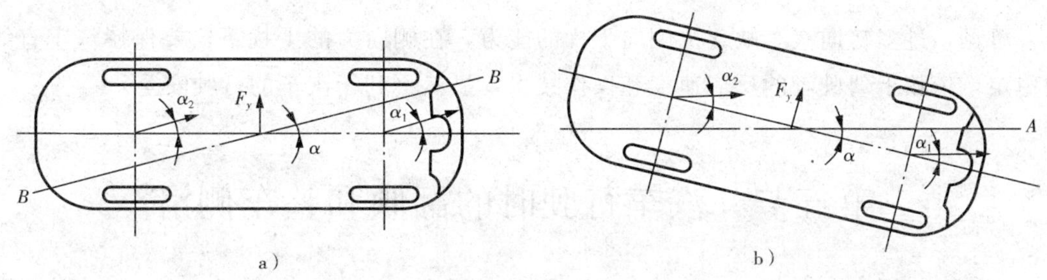

图 5-30　中性转向特性汽车运动简图

可见，中性转向汽车在侧向力的干扰下，仍能保持稳定行驶，具有一定的抗侧向干扰的能力。但因行驶方向的改变，使得驾驶者需及时处置，方能让汽车按原定方向继续行驶。

（2）不足转向特性汽车直线行驶时，在侧向力 F_y 的作用下，前、后轮发生侧偏，且 $\alpha_1 > \alpha_2$，汽车绕瞬时转向中心 O_0 转动，如图 5-31 所示。由此而产生的离心力 F_c 的侧向分力 F_{cy} 与 F_y 的方向相反，前、后侧偏角相应减小，抑制了汽车的转向，使汽车具有自动恢复直线行驶的倾向。

可见，不足转向汽车具有良好的抗侧向干扰的能力，汽车能自动抵御侧向干扰，保持直线行驶的稳定。

（3）过多转向特性汽车直线行驶时，在侧向力 F_y 的作用下，因 $\alpha_2 > \alpha_1$，汽车将绕瞬时转向中心 O_0 转动。由此产生的离心力侧向分力 F_{cy} 与侧向力 F_y 方向一致，如图 5-32 所示，加剧了汽车的转向运动，出现了恶性循环。此时，驾驶者应及时使汽车减速，并朝侧向力方向打方向盘，人为阻止汽车的急剧转向，防止发生交通事故。

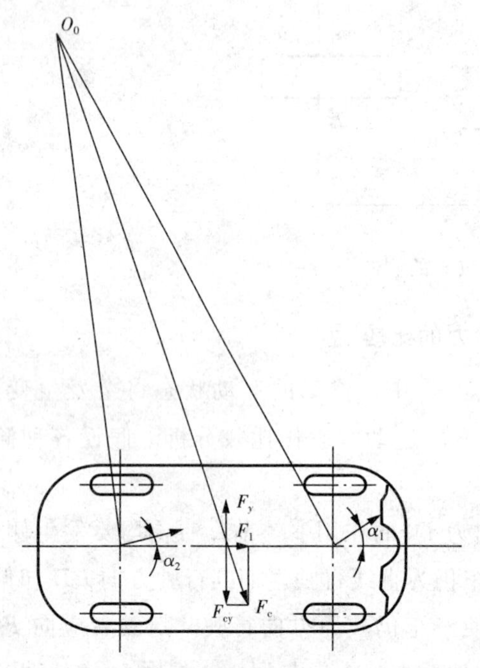

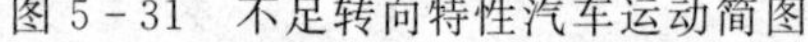

图 5-31　不足转向特性汽车运动简图

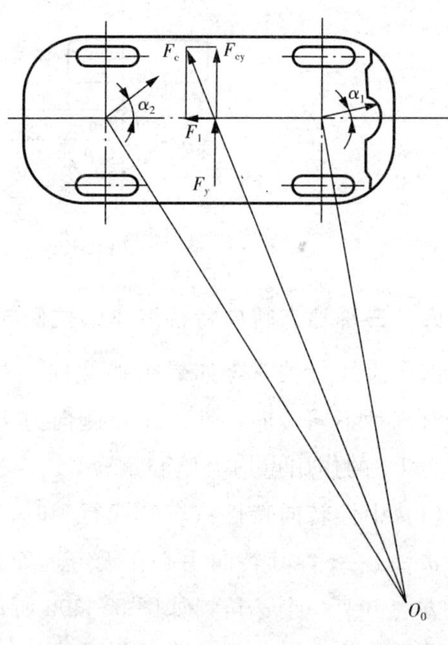

图 5-32　过多转向特性汽车运动简图

可见，过多转向汽车缺乏抗侧向干扰的能力，在侧向力的干扰下，要保持汽车直线行驶稳定，依赖于驾驶者的反应速度和操作技术，显然不利于汽车的行驶安全。

第五节　汽车行驶时的翻倾和整车侧滑

一、汽车的纵向翻倾

当汽车等速上坡行驶时，受力情况如图 5-33 所示。当前轮的法向反作用力 $F_{Z1}=0$ 时，汽车便开始绕后轮与地面接触中心点向后翻倾，通常称为纵翻。下面求汽车不发生纵

翻的极限坡度角 ψ_{max}。

由受力平衡可得

$$F_{z1}=\frac{Gb\cos\psi-Gh_g\sin\psi}{L}$$

令 $F_{z1}=0$，则有

$$Gb\cos\psi-Gh_g\sin\psi=0$$

即
$$\mathrm{tg}\psi=\frac{b}{h_g}$$

可见，汽车不发生纵翻的极限坡角度为

$$\psi_{max}=\mathrm{arctg}\frac{b}{h_g} \qquad (5-27)$$

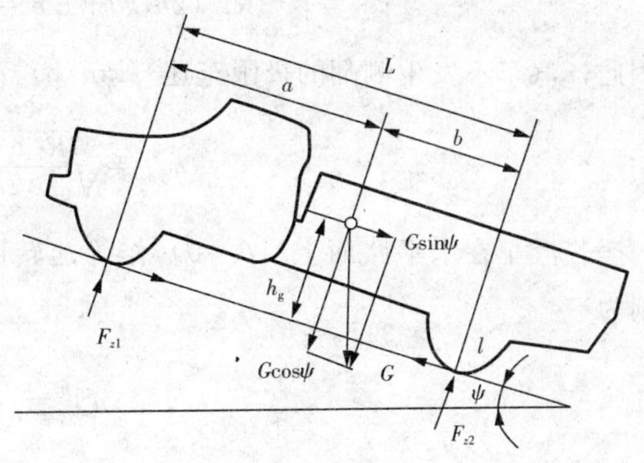

图 5-33　汽车在纵坡上的受力简图

统计资料表明，正常装载的汽车，其 ψ_{max} 值远超过汽车的爬坡能力，不至于发生纵翻。但是，如果装载不合理，使汽车的质心过高，又过分靠后，则有可能发生纵翻。

二、汽车在弯道行驶时的侧翻和整车侧滑

为了提高汽车行驶的安全性，在公路的弯道处常筑有一定的横向坡度，下面就这种情况进行讨论。

1. 汽车在离心力作用下的侧翻

汽车在具有横坡的弯道上，作等速转向运动时的受力简图如图 5-34 所示。

当内侧的法向反作用力 $F_{zr}=0$ 时，汽车开始绕 A 点向外侧翻倾，通常称之为侧翻。求出当横向坡度角为 θ，弯道曲率半径为 R_r 时，汽车不发生侧翻的极限车速 u_{max}。由受力平衡可得

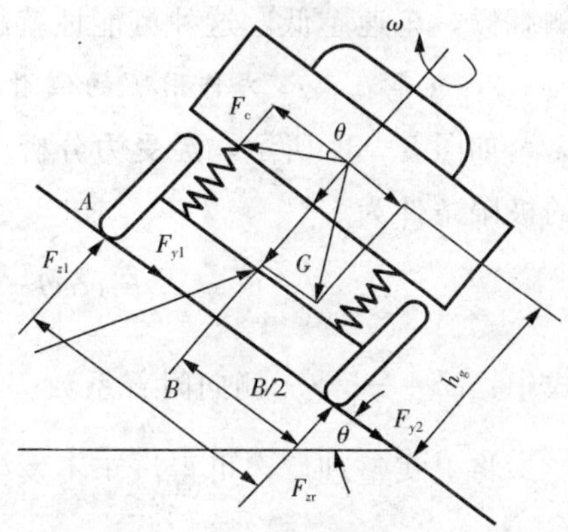

图 5-34　汽车在横坡上转向时的受力简图

$$F_{zr}=\frac{Gh_g\sin\theta+G\dfrac{B}{2}\cos\theta+F_c\dfrac{B}{2}\sin\theta-F_ch_g\cos\theta}{B}$$

式中：G——汽车重力，$G=mg$；

F_c——汽车转向行使时离心力的侧向分力，近似按离心力计算，故 $F_c=\dfrac{mu^2}{R_r}$；

B——汽车的轮距。

令 $F_{Zr}=0$，则有

$$Gh_g\sin\theta+G\frac{B}{2}\cos\theta=F_ch_g\cos\theta-F_c\frac{B}{2}\sin\theta$$

将 $G=mg$，$F_c=mu^2/R_r$ 代入上式，整理得

$$R_r\ (2h\text{tg}\theta+B)\ =u^2\ (2h_g-B\text{tg}\theta)$$

因此，汽车不发生侧翻的极限车速（km/h）为

$$u_{max}=\sqrt{\frac{R_r g\ (2h\text{tg}\theta+B)}{2h_g-B\text{tg}\theta}} \tag{5-28}$$

若汽车在水平路面上（$\theta=0$）作等速转向运动时，不发生侧翻的极限车速（km/h）则为

$$u_{max}=\sqrt{\frac{R_r gB}{2h_g}} \tag{5-29}$$

由上面两个公式可以看出，公路弯道处筑有适当的横坡，可提高不发生侧翻的极限车速，有利于行车安全。

从式（5-28）还可以得到，当 $\text{tg}\theta=2h_g/B$ 时，u_{max} 可达无穷大。换言之，当 $\theta>\text{arctg}\left(\frac{2h_g}{B}\right)$时，不论车速多大，都不会发生汽车向外侧翻倾。但 θ 过大，汽车却有可能向内侧翻倾，车速越低，这种可能性就越大，对这个问题将在后面讨论。

2. 汽车在离心力作用下的侧滑

如图 5-34 所示，经受力分析可得，汽车在横向坡道上转弯行驶时，不发生向外侧滑的极限条件为

$$F_c\cos\theta-G\sin\theta=\ (F_c\sin\theta+G\cos\theta)\ \varphi_1$$

式中：$\varphi_1=\frac{F_Y}{G}$——侧向附着系数。

将上式整理后，可得汽车不发生向外侧滑的极限车速 u'_{max}(km/h) 为

$$u'_{max}=\sqrt{\frac{R_r g\ (\varphi_1+\text{tg}\theta)}{1-\varphi_{1\text{tg}\theta}}} \tag{5-30}$$

显然，当 $\text{tg}\theta=1/\varphi_1$ 时，$u'_{max}=\infty$，即汽车以任何车速行驶均不会向外侧滑。

当汽车在水平路面上转弯行驶时，则不发生侧滑的最大车速（km/h）为

$$u'_{max}=\sqrt{R_r g\varphi_1} \tag{5-31}$$

综上可知，弯道处适当的横坡，可提高允许车速，减少侧滑。同时应看到，当路面湿滑时，φ_1 减小，允许车速降低，驾驶者应充分注意，以免发生侧滑。

3. 侧滑发生在侧翻之前的条件

通常在多数情况下，侧翻造成的危害比侧滑更大。为了安全，希望侧滑发生在侧翻之前，即 $u'_{max}<u_{max}$，或

$$\sqrt{\frac{R_r g\ (\varphi_1+\text{tg}\theta)}{1-\varphi_1\text{tg}\theta}}<\sqrt{\frac{R_r g\ (2h_g\text{tg}\theta+B)}{2h_g-B\text{tg}\theta}}$$

在水平路面上，侧滑发生在侧翻之前的条件为

$$\varphi_1 < \frac{B}{2h_g} \tag{5-32}$$

三、汽车在横坡直线行驶或静止时的侧翻

汽车在横向坡道直线行驶或静止时，如果横向坡度角 θ（如图 5-35 所示）超过某一值时，汽车将发生侧翻。《机动车运行安全技术条件》(GB7258－1997) 中规定：机动车空载、静态状况下，向左侧及右侧倾斜最大侧倾稳定角，双层客车不小于 28°，总质量为车辆整备质量 1.2 倍以下的车辆不小于 30°，其他车辆不小于 35°。

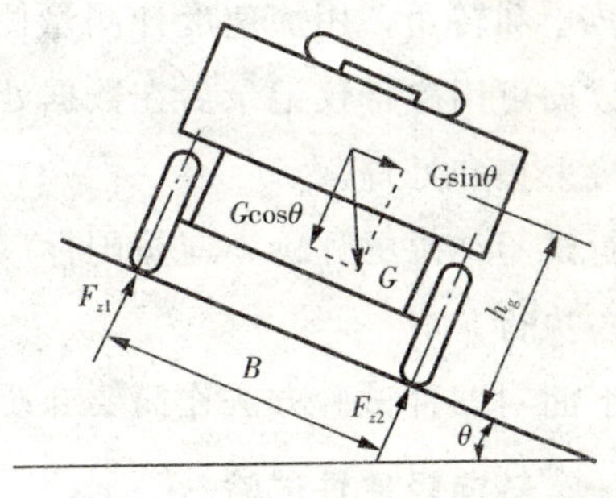

图 5-35　汽车在横向坡道上的受力简图

下面讨论汽车不发生侧翻的最大横坡角 θ 与汽车有关参数的关系。

由图 5-35 可得

$$F_{z1} = \frac{G\dfrac{B}{2}\cos\theta - Gh_g\sin\theta}{B}$$

令 $F_{z1}=0$，即可求得不发生侧翻的最大横坡角为

$$\mathrm{tg}\theta_{max} = \frac{B}{2h_g}$$

即

$$\theta_{max} = \mathrm{arctg}\,\frac{B}{2h_g} \tag{5-33}$$

可见，降低质心高度 h_g，适当增大轮距 B，均有助于提高汽车的抗侧翻能力。

第六节　操纵稳定性试验

汽车操纵稳定性的试验方法和评价体系，涉及内容比较广泛，各个国家也不尽相同。我国现行的操纵稳定性试验方法的国家标准有：蛇行试验 (GB/T 6323.1－1994)、转向瞬态响应试验（转向盘角阶跃输入）(GB/T 6323.2－1994)、转向瞬态响应试验（转向盘角脉冲输入）(GB/T6323.3－1994)、转向回正性能试验（(GB/T 6323.4－1994)、转向轻便性试验 (GB/T 6323.5－1994)、稳态回转试验 (GB/T 6323.6－1994)、静侧翻稳定性台架试验 (GB/T14172－1994)。标准适用于轿车、客车、货车及越野汽车，其他类型汽车可参照执行。

试验对车辆状况、装载、轮胎气压、燃料及润滑油、气象条件、仪器设备、试验场地

等方面均有一定的要求，应符合上述国标和《汽车道路试验方法通则》(则 GB/T 12534—1990) 中的相应规定。

试验用的仪器设备主要有：用车速测试仪测量车速和时间，用测力方向盘测量方向盘作用转矩和转角，用加速度计测量侧向加速度，用陀螺仪测量横摆角速度和车厢侧倾角。试验数据可用磁带仪记录后在数据处理设备上进行处理，也可采用实时数据处理设备在现场直接采集和处理。

对试验结果的评价，应按国标《汽车操纵稳定性指标限值和评价方法》(QC/T 480—1999) 执行。

下面对四种试验方法作简要介绍。

一、转向轻便性试验

这种试验用以评价汽车在停车场地停车过程中或在城镇狭小街巷以低车速和前转向轮大转角行驶时的转向轻便性。

试验是在规定的双纽线跑道上进行，如图 5-36 所示。图中 R_{min} 为试验汽车前外轮最小转弯半径的 1.1 倍，$d=3R_{min}$，双纽线的极坐标方程为 $l=d\sqrt{\cos2\psi}$。汽车以 10km/h 的车速在上述跑道上等速行驶，同时测量的参数有：方向盘直径、方向盘转角和方向盘作用转矩。

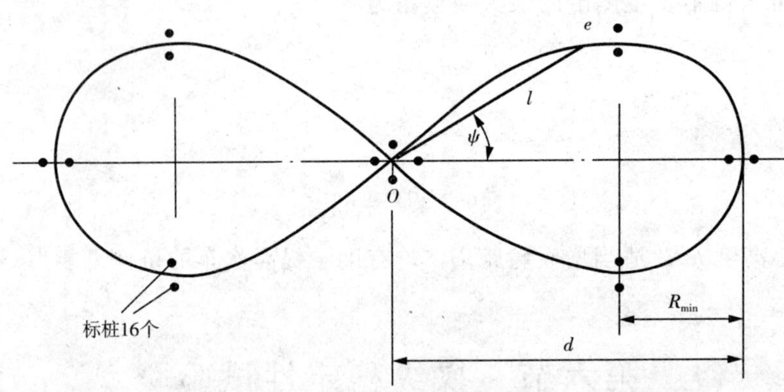

图 5-36　转向轻便性试验场地布置示意图

对采集的数据经整理后，即可绘出如图 5-37 所示的方向盘作用转矩与方向盘转角之间的关系曲线，从而可求得下列参数：

(1) 方向盘最大作用转矩 M_{max}。

(2) 方向盘最大作用力 F_{max}，即

$$F_{max}=\frac{2M_{max}}{D} \tag{5-34}$$

式中：D——方向盘直径。

(3) 绕双纽线路径一周，方向盘作用功 W，即

$$W=\int_{-\theta_{max}}^{+\theta_{max}}|\Delta M(\theta)\mathrm{d}\theta| \tag{5-35}$$

式中：$\Delta M(\theta)$——绕双纽线路径一周，方向盘往返转矩差随方向盘转角的变化；

$\pm\theta_{max}$——绕双纽线路径一周，方向盘向左、向右的最大转角。

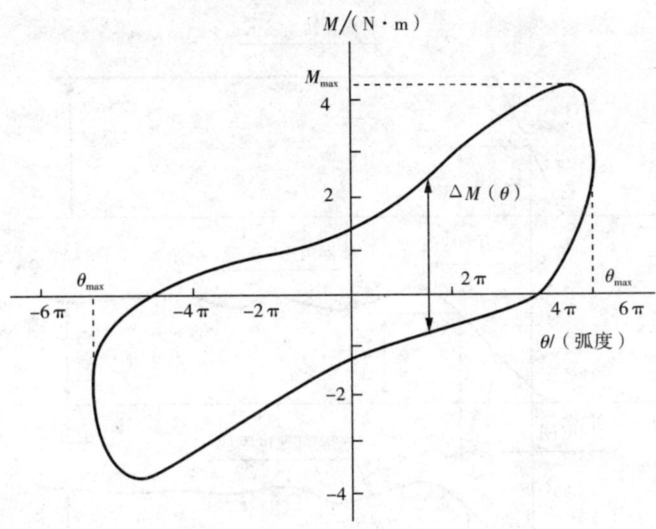

图 5-37　转向盘作用转矩与转向盘转角间关系

(4) 方向盘平均作用转矩 M_s，即

$$M_s=\frac{0.5W}{|+\theta_{max}|+|-\theta_{max}|} \tag{5-36}$$

(5) 方向盘平均作用力 F_s，即

$$F_s=\frac{2M_s}{D} \tag{5-37}$$

上述五项参数中，方向盘最大作用力 F_{max} 和方向盘平均作用力 F_s 为评价计分的指标。

二、方向盘角阶跃输入下的瞬态响应试验

本试验是为了识别汽车作为一个线性系统的动态特性。

试验应在干燥、平坦的良好路面上进行。试验车速为被试汽车最高车速的70%，方向盘输入角可按试验车速和规定的稳态侧向加速度值进行预选。所要求的稳态侧向加速度值为：从 1m/s^2 做起，每隔 0.5m/s^2 做一次试验，直到 3m/s^2 为止。

试验时，汽车先以试验车速直线行驶，然后以不小于200°/s的角速度打方向盘，到达预选位置并固定数秒钟，待系统进入稳态后，停止记录。记录过程中应保持车速不变。

试验采集的数据有：车速、时间、方向盘转角、侧向加速度和横摆角速度。经整理后可绘出方向盘输入转角、横摆角速度和侧向加速度随时间变化的曲线，如图5-38所示。从曲线图形中即可求得响应时间（其定义如图5-38所示）、峰值时间、超调量等反映系

统动态特性的参数。国家标准还要求拟合画出横摆角速度响应时间与稳态侧向加速度的关系等八种曲线，在此不再详细介绍。

作为本试验的评价计分指标是稳态侧向加速度为 2m/s² 时的汽车横摆角速度响应时间。

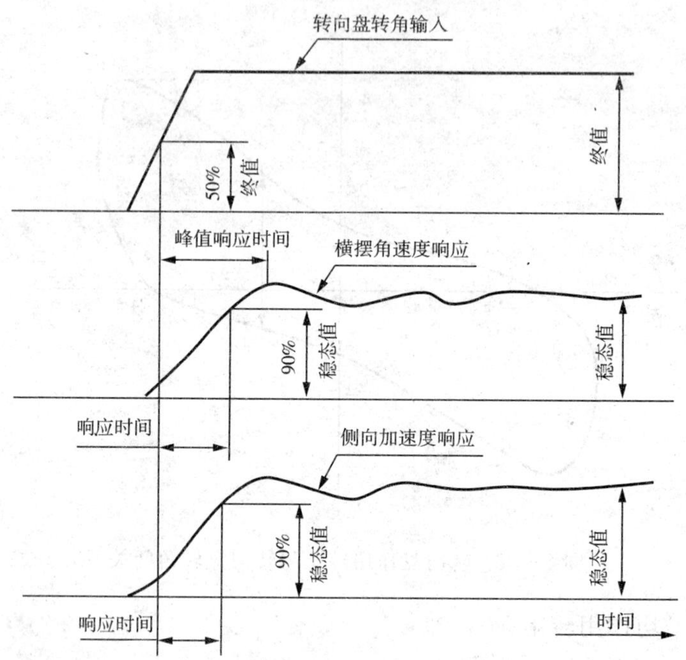

图 5-38　方向盘输入转角、横摆角速度和侧向加速度随时间变化的曲线

三、方向盘角阶跃输入下的稳态响应试验

稳态响应试验又称稳态回转试验，其目的是为了表征和评价汽车的稳态转向特性，它是汽车操纵稳定性的一个基本试验。

在试验场地上画出半径为 15m 或 20m 的圆周，作为汽车试验起始时的行驶路径，即前面的起始半径 R_0。试验时，汽车先以最低稳定车速沿所画圆周行驶，待安装于汽车纵向平面的车速传感器对准地面圆周，并保持稳定后，固定方向盘转角。然后，汽车缓慢连续而均匀地加速，直至汽车的侧向加速度达到 6.5m/s² 为止，记录整个过程。汽车在试验时的行驶轨迹如图 5-39 所示。

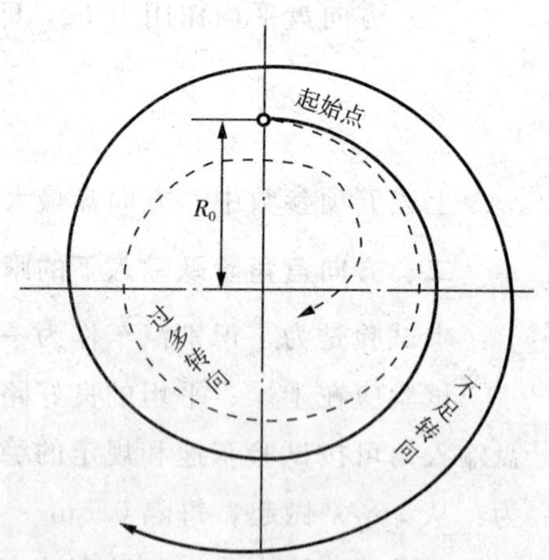

图 5-39　定方向盘连续加速试验中汽车行径的轨迹

试验采集的数据有：车速、时间、横摆角速度、车厢侧倾角、侧向加速度。经整理后，即可绘出如下三种关系曲线：

(1) 转向半径比 R/R_o 与侧向加速度 a_y 的关系曲线

根据记录的横摆角速度 ω_r 及汽车前进车速 u，即用下列公式计算转向半径 R_i 和相应的测向加速度 a_{yi}。

$$R_i=\frac{u_i}{\omega_{ri}} \quad (i=1, 2, 3, \cdots, n) \tag{5-38}$$

$$a_{yi}=u_i\omega_{ri} \quad (1, 2, 3, \cdots, n) \tag{5-39}$$

式中：u_i——t_i 时刻的前进车速，m/s；

ω_{ri}——t_i 时刻的横摆角速度，rad/s；

R_i——t_i 时刻的转向半径，m；

a_{yi}——t_i 时刻的侧向加速度，m/s^2；

n——采样点。

由计算出的 R_i 值，算出各点的转向半径比 R_i/R_o，即可绘出类似图 5-21 所示的 $\frac{R}{R_o}-a_y$ 关系曲线。

(2) 汽车前、后轴侧偏角差值（$\alpha_1-\alpha_2$）与侧向加速度 a_y 的关系曲线

根据上面计算所得的转向半径 R_i 值，利用下式即可算出相应的 $\alpha_1-\alpha_2$ 值。

$$(\alpha_1-\alpha_2)_i=57.3L\left(\frac{1}{R_0}-\frac{1}{R_i}\right) \tag{5-40}$$

式中：$(\alpha_1-\alpha_2)$——t_i 时刻的前、后轴侧偏角之差，(°)；

L——轴距，m。

根据计算结果绘出如图 5-19 所示的（$\alpha_1-\alpha_2$）$-a_y$ 的关系曲线。

(3) 侧倾角 φ_r 与侧向加速度 a_y 的关系曲线

根据记录所得的各个时刻的车厢侧倾角 φ_{ri}，即可绘出 φ_r-a_y 的关系曲线。

稳态响应试验的评价计分指标为：

(1) 中性转向点的侧向加速度值，即（$\alpha_1-\alpha_2$）$-a_y$ 曲线上，斜率为零处的侧向加速度值。

(2) 不足转向度，即（$\alpha_1-\alpha_2$）$-a_y$ 曲线上，侧向加速度值为 $2m/s^2$ 处的平均斜率（纵坐标值除以横坐标值）。

(3) 车厢侧倾度，即 φ_r-a_y 曲线上，侧向加速度值为 $2m/s^2$ 处的平均斜率（纵坐标值除以横坐标值）。

四、转向回正性试验

试验的目的是鉴别汽车转向回正的能力。转向回正性试验有低速和高速回正性试验两种，现分别说明。

1. 低速回正性能试验

汽车沿半径为 15m 的圆周行驶，调整车速使侧向加速度达到 $4m/s^2$，固定方向盘转

角，稳定车速并开始记录，待 3s 后，驾驶员突然松开方向盘。松手瞬间应记录，以确定时间坐标的原点。松手后至少记录 4s 内的汽车运动历程。记录过程中油门开度保持不变。

2. 高速回正性能试验

对于最高车速超过 100km/h 的汽车，还要进行高速回正性能试验。试验时，汽车的车速为被试汽车最高车速的 70%，转动方向盘使侧向加速度达到 2 m/s^2，稳定后开始记录，随后驾驶员突然松开方向盘并记录，记录松手后 4s 内的汽车运动历程。记录过程中油门开度保持不变。

回正性试验采集的数据有：车速、时间、侧向加速度、横摆角速度。经整理后，可绘出横摆角速度 ω_r 与时间 t 的关系曲线，如图 5-40 所示（摘自美国的汽车试验标准）。根据 ω'_r-t 关系曲线，即可求得下列参数：稳定时间、残留横摆角速度即松手后 3s 时的横摆角速度、超调量、振荡频率、阻尼比、横摆角速度总方差。

作为评价计分指标的为残留横摆角速度绝对值和横摆角速度总方差两项参数。

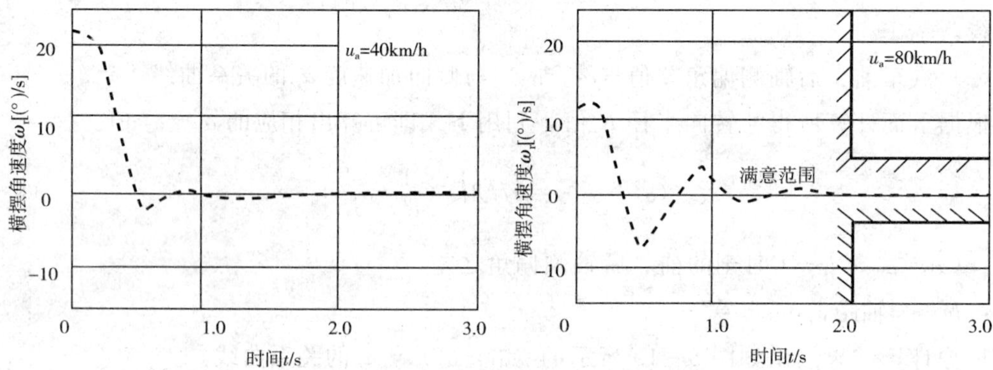

图 5-40 回正试验的横摆角速度与时间关系曲线

实 例

【例题】 某轿车的有关参数见表 5-2。

表 5-2

质 量	$m=1100$kg
质心至前轴距离	$a=1.15$m
轴 距	$L=2.5$m
单侧前轮的侧偏刚度	$k'_1=297.3$N/deg
单侧后轮的侧偏刚度	$k'_2=392.7$N/deg

试求：

(1) 稳定性因数 K 和特征车速 u_{ch} (km/h)；

(2) 画出 g_s-u_s 关系曲线；

(3) 侧向加速度为 0.3g 时的前、后侧偏角之差 $(\alpha_1-\alpha_2)$ (°)；

(4) 侧向加速度为 0.3g，前轮侧转角 $\delta_0=7°$ 时的转向半径 R 和 R/R_0；

(5) 欲使汽车转变为中性转向特性，质心后移的距离；

(6) 将前、后轮互换后，该车具有何种转向特性，若为过多转向，请算出临界车速 u_{cr}(km/h)。

解析：(1) 前后轮总的侧偏刚度分别为 $k_1=32021.7\text{N/rad}$，$k_2=45022.9\text{N/rad}$，质心至前轴距离 $a=1.15\text{m}$，轴距 $L=2.5\text{m}$，质心至后轴距离 $b=1.35\text{m}$，稳定因数为

$$K=\frac{m}{L^2}\left(\frac{b}{k_1}-\frac{a}{k_2}\right)=\frac{1100}{2.5^2}\left(\frac{1.35}{320.21.7}-\frac{1.15}{45022.9}\right)=0.00294\ (\text{s}^2/\text{m}^2)$$

稳定因数大于零，所以汽车具有不足转向特性。

特征车速为

$$u_{ch}=\sqrt{\frac{1}{K}}=\sqrt{\frac{1}{0.00294}}=18.5\text{m/s}=66.6\ (\text{km/h})$$

(2) 稳态横摆角速度增益 $g_s=B_0/\omega_0^2=\dfrac{u_s/L}{1+Ku_s^2}$，这里 u_s (km/h) 为自变量，g_s 随着 u_s 的变化而变化。利用 matlab 编制程序，实现 g_s-u_s 的关系曲线图（如图 5-41 所示）。

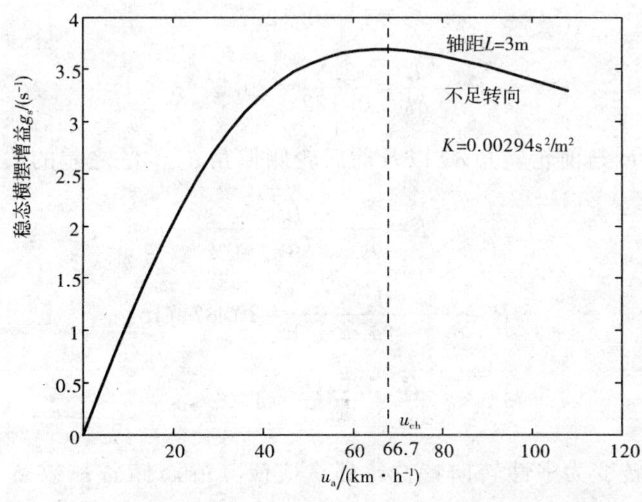

图 5-41　g_s-u_s 的关系曲线图

附 matlab 程序：

```
l=2.5;
```

```
k=0.00294;
u=0:30;
gs=u./(1+1*k*u.*u);
us=3.6*u
plot(us,gs,'-')
xlabel('ua/(km/h-1)')
ylabel('稳态横摆增益 gs(s-1)')
text(80,3.25,'不足转向');
text(80,3.8,'轴距 L=3m');
text(68,0.1,'ucr')
text(66.7,-0.11,'66.7');
text(80,2.8,'K=0.00294s2/m2')
hold on;
us=66.7;
gs=0:0.05:4;
plot(us,gs,':');
```

（3）由 $K=\frac{1}{a_y L}(\alpha_1-\alpha_2)$ 知

$$\alpha_1-\alpha_2=Ka_yL=0.00294\times0.3\times2.5=0.002205\text{rad}=0.13^\circ$$

（4）具有中性转向汽车的转向半径 R_0 与前轮转角 δ_0 具有 $R_0=\frac{L}{\delta_0}$ 的关系，则

$$\delta_0=7^\circ=0.122\text{rad}$$

$$R_0=\frac{L}{\delta_0}=\frac{2.5}{0.122}=20.5\ (\text{m})$$

汽车转向半径 R 与前轮转角 δ_0 以及前后轮侧偏角 $\alpha_1-\alpha_2$ 之差的关系为

$$R=\frac{L}{\delta_0-(\alpha_1-\alpha_2)}$$

则

$$R=\frac{L}{\delta_0-(\alpha_1-\alpha_2)}=20.87\ (\text{m})$$

$$\frac{R}{R_0}=\frac{20.87}{20.5}=1.02$$

（5）要使汽车转变为中性转向特性，那么应使其静态储备系数 S. M 为零，静态储备系数 S. M 就是中性转向点到前轴距离 a' 和汽车质心至前轴距离 a 之差 $(a'-a)$ 与轴距 L 之比，即

$$\text{S. M.}=\frac{(a'-a)}{L},$$

其中

$$a'=\frac{k_2}{k_1+k_2}L=1.46\ (\mathrm{m})$$

要使静态储备系数S.M为零，即（$a'-a$）为零，那么应使$a=a'=1.46$m，所以质心后移的距离为

$$(a'-a)=1.46-1.15=0.31\ (\mathrm{m})$$

（6）前、后轮互换，那么

$$k_1=45022.9\mathrm{N/rad},\ k_2=32021.7\ (\mathrm{N/rad})$$

$$K=\frac{m}{L^2}\left(\frac{b}{k_1}-\frac{a}{k_2}\right)=\frac{1100}{2.5^2}\left(\frac{1.35}{45022.9}-\frac{1.15}{32021.7}\right)=-0.00104\ (\mathrm{s^2/m})^2$$

$K<0$，所以该车具有过多转向特性。临界车速为

$$u_{cr}=\sqrt{\frac{1}{-K}}=\sqrt{\frac{1}{0.00104}}=31\mathrm{m/s}=142.6\ (\mathrm{km/h})$$

小　结

本章论述了汽车的操作稳定性及其评价标准，建立了车辆坐标系。在车辆坐标系下研究汽车在方向盘角节阶跃输入下的瞬态响应、稳态响应，分析了相应的影响因素；以轮胎的侧偏特性为研究基点，阐明了轮胎的结构、规格对操作稳定性的影响，证实子午线轮胎、扁平率低的轮胎拥有较好的侧偏特性；通过简化的二自由度汽车模型，分析研究表征汽车操纵稳定性的几个重要参数；通过对不同悬架下汽车的外倾侧倾及相关方面的研究，分析了悬架与车型的匹配及其对稳定性的影响。

通过本章介绍可知轮胎的侧偏特性对汽车的操纵稳定性有重大影响，通过研究分析可知侧偏特性影响主要有以下几方面：

（1）高宽比越小，轮胎的侧偏刚度越大，对于提高操作稳定性有利。

（2）垂直载荷增大，侧偏刚度增大，但载荷增大到一定程度，侧偏刚度K反而减小，这主要是载荷过大使得轮胎与地面接触不均匀所致。

（3）轮胎充气压力，实验证明充气压力上升，K增大。

思考与练习

5-1　汽车操纵稳定性是如何定义的？

5-2　影响轮胎侧偏刚度的因素主要有哪些？

5-3　两轮汽车模型图（如图5-11所示）中，各个参数分别表示什么含义，其中哪些是时间的变量？

5-4　表征系统瞬态响应快速性的时间参数有哪几个，其含义分别是什么？

5-5　说明稳态横摆角速度增益 g_s 的含义。

5-6　如何运用 $g_s—u_a$ 关系曲线来判别汽车的稳态转向特性？

5-7　利用 $g_s—u_a$ 关系曲线，说明稳定性因数对汽车稳态转向特性的影响。

5-8　如何运用前、后侧偏角之差（$\alpha_1-\alpha_2$）与侧向加速度 a_y 的试验关系曲线来判别汽车的稳态转向特性？

5-9　随着车速的提高，不同稳态转向特性汽车的转向半径 R 是如何变化的，为什么？

5-10　画出具有中性转向特性和具有刚性车轮汽车的稳态转向运动简图，比较它们的共同点和不同点。

5-11　为什么汽车应具有适度的不足转向特性？

5-12　一汽车在试验场上测试结果为中性转向特性，有什么方法在现场就使该车转变为不足转向特性？

5-13　利用公式（5-20）、式（5-23）证明

$$R=\frac{L}{\delta_0-(\alpha_1-\alpha_2)}$$

5-14　证明公式

$$(\alpha_1-\alpha_2)=57.3L\left(\frac{1}{R_O}-\frac{1}{R_i}\right)$$

5-15　某越野汽车的有关参数为：

质心距后轴的距离　$b=1.3\text{m}$

质心高度　$h_g=1.1\text{m}$

轮距　$B=1.4\text{m}$

试求：

（1）当汽车加速行驶在纵向坡度为40%的路面上时，不发生纵翻的极限加速度是多少？

（2）当汽车转弯行驶在弯道曲率半径 $R_r=70\text{m}$，横向坡度为8%，侧向附着系数 $\varphi_l=0.5$ 的路面上时，不发生侧翻和侧滑的极限车速分别是多少？

参考文献

[1] 余志生．汽车理论（第3版）[M]．北京：机械工业出版社，2000.

[2] 郭孔辉．汽车操纵动力学 [M]．长春：吉林科学技术出版社，1991.

[3] 汽车工程手册编辑委员会．汽车工程手册（实验篇）[M]．北京：人民交通出社，2000.

[4] 陈家瑞．汽车构造 [M]．北京：机械工业出版社，2002.

[5] 张洪欣．汽车设计（第2版）．北京：机械工业出版社，1999.

[6] 方刚，谷正气．侧风对高速行驶汽车操纵稳定性影响初探 [J]．湖南大学学报，2007.

[7] 刘晶郁．摆角速度反馈对车辆操纵稳定性的影响 [J]，长安大学学报．2006.11.

[8] 贺岩松，李兴泉，徐中明．基于驾驶员模型的车辆控制系统操纵稳定性评价 [J]．重庆大学学报 [J]．2008.

[9] Kevin Pavlov. Stability control of combination vehicle [J]. SAEpaper. 2001.

[10] Pacejka. Tire Modeling for Using Vehicle Dynamics Studies [J]. SAEpaper 2008 (5): 25－34.

[11] Kevin Pavlov. Stability control of combination vehicle [J]. SAE Paper. 2004 (6): 18－25.

[12] Paceka HB. Tire Modeling for Using Vehicle Dynamics Studies [J]. SAEpaper, 1998 (6): 77－79.

[13] W. Lincke B. Richter R. Schmidt. Simulation and Measurement of Driver Vehicle Handing performance [J]. SAE730489 Volkswagen work.

[14] 汽车操纵稳定性试验方法，蛇行试验．中华人民共和国国家标准，GB/T 6323.1－1994 [S].

[15] David Tremayne. The Science of Formula 1 Design [J]. Sparkford: Haynes Publishing, 2004, 131－139.

[16] 汽车操纵稳定性试验方法，转向轻便性试验．中华人民共和国国家标 GB/T 6323.5－1994 [S].

[17] 威鲁麦特．车辆动力学模拟及其方法 [M]．第1版．北京：北京理工大学出版社，1998.

第六章 汽车的舒适性

引 言

如今汽车已成为人们工作与生活密切相关的大众化的产品，作为“活动房间”，人们对汽车的性能（尤其是舒适性）要求越来越高。在汽车诸多性能中，汽车的舒适性与人体主观感受与人们最为密切。

第一节 汽车平顺性

一、人体对振动的反应与汽车平顺性评价方法

机械振动对人体的影响，既取决于振动频率与强度、振动作用方向和暴露时间，也取决于人的心理、生理状态，心理品质和身体素质不同的人，对振动敏感程度有很大差异。因此，人体对振动作用的反应是一个十分复杂的过程。

为了评价振动对人体的影响，在振动心理学试验中，一般是将人对振动的感受分为数个不同的感觉等级，如：“无感觉”、“稍有感觉”、“感觉”、“强烈感觉”、“非常强烈感觉”等。取某一频率的正弦振动作为基准，其振动加速度有效值和振动持续时间是一定的，并规定在此条件下的人体承受振动的感觉。在相同持续对间下，改变振动频率和振动加速度有效值，与基准振动比较，当感觉相同时，记录振动频率与振动有效值。如果把产生同样感觉的备点连接起来，即可绘制人体对振动反应的等感度曲线。20 世纪 70 年代，国际标准化组织（ISO）在综合大量有关人体全身振动研究成果的基础上，制定了国际标准 ISO 2631《人体承受全身振动评价指南》，后来又对它进行过修订和补充。目前许多国家均参照它制定相应的汽车平顺性的评价方法。

1. 随机振动有关概念

如图 6 - 1 所示是汽车车厢地板上测得的振动加速度波形。可以看出，振动加速度随时间的变化是不确定的。这种随时间变化的不规则振动叫随机振动。随机振动的规律不能用简单函数或简单函数的组合来表示，只能用概率和统计的方法来描述内在特性。

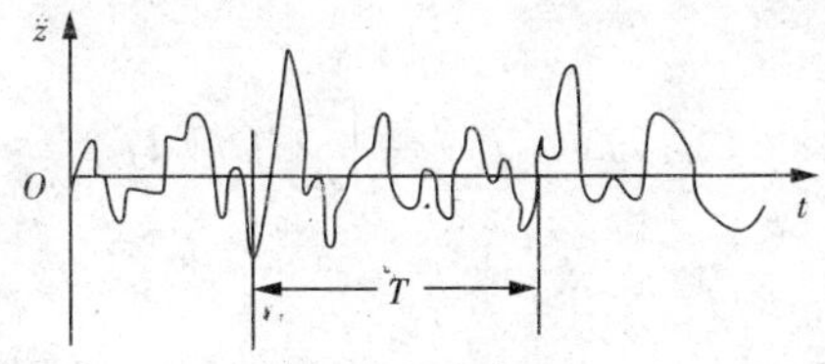

图 6-1　车厢地板垂直加速度时间历程

（1）加速度均方值

加速度均方值$\ddot{z}^2_{ms}$是加速度瞬时值$\ddot{z}$（t）的平方对时间域求平均值。其数学表达式为

$$\ddot{z}^2_{ms}=\frac{1}{t}\int_0^t \ddot{z}^2(t)\mathrm{d}t \tag{6-1}$$

均方值有平均功率的含义，它是与平均功率成比例的表征振动强度的一个物理量。

（2）加速度均方根值

将均方值开方后得到均方根值。加速度均方根值$\sigma_{\ddot{z}}$的数学表达式为

$$\sigma_{\ddot{z}}=\sqrt{\frac{1}{t}\int_0^t \ddot{z}^2(t)\mathrm{d}t} \tag{6-2}$$

加速度均方根值通常亦称为加速度有效值。

（3）功率谱密度G（f）

随机振动的时间历程是由无限多个频率、相位、强度各不相同的谐振叠加而成的。将随机过程时间域上的一些数字特征转化为频率域上的数字特征来表示，并进行分析，研究振动能量随频率的分布情况，称为频谱分析。

随机过程在频率域上常用功率谱密度G（f）来描述。其数学定义为

$$G(f)=\lim_{\substack{t\to\infty\\ \Delta f\to 0}}\frac{1}{\Delta f}\frac{1}{t}\int_0^t \ddot{z}^2(t,\ f,\ \Delta f)\mathrm{d}t \tag{6-3}$$

式中：$\ddot{z}$（t，f，Δf）——$\ddot{z}$在频率f～$f+\Delta f$间隔内的分量；

f——频率，Hz；

Δf——频带宽度，Hz。

实际测量分析中，时间t不可能无限长，频带宽度Δf也不可能无限窄，通常只能取有限时间和带宽。故

$$G(f)=\frac{\ddot{z}_{ms}{}^2}{\Delta f} \tag{6-4}$$

由式（6-4）知，G（f）表示频率f～$f+\Delta f$间隔内均方值密度。由于均方值有平均功率含义，所以称G（f）为曲线功率谱密度，其单位为（$\mathrm{m/s^2}$）^{2}/Hz。

功率谱密度是随机过程最重要的特征之一。如果知道了功率谱密度曲线（如图 6-2 所示），则G（f）曲线与f轴所围的总面积就是振动的均方值或平均能量。对某一频率范

围内的均方值可按下式计算：

$$\ddot{z}_{ms}^{2}(f_1, f_2)=\int_{t_1}^{t_2} G(f)\mathrm{d}f \tag{6-5}$$

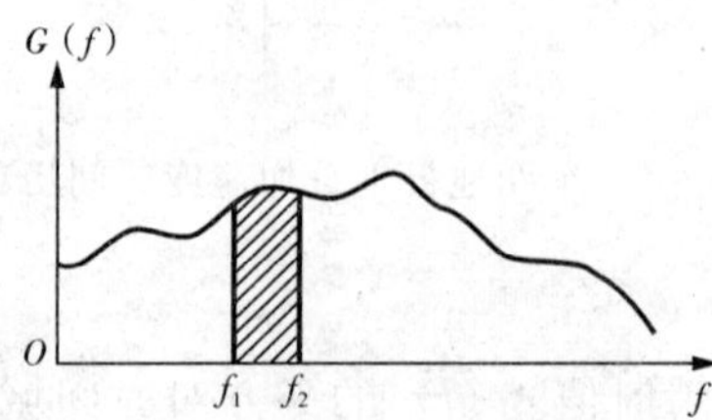

图 6-2 连续的功率谱密度

2. ISO 2631 标准

ISO 2631 标准用加速度均方根值给出了在 1～80Hz 振动频率范围内人体对振动反应的三个不同界限：

(1) 暴露极限。当人体承受的振动强度在这个极限之内，可保证健康或安全，通常把此极限作为人体可以承受振动量的上限。

(2) 疲劳一工效降低界限。这个界限与保持工作效能有关。当驾驶员承受的振动强度在此界限之内时，能准确灵敏地反应，正常地进行驾驶。

(3) 舒适降低界限。此界限与保持舒适有关，在这个界限之内，人体对所暴露的振动环境主观感觉良好，能顺利完成听、读、写等动作。

如图 6-3 所示是 ISO 2631 给出的用双对数坐标绘制的“疲劳—工效降低界限”。另外两个不同反应界限的振动允许值随频率变化趋势与如图 6-3 所示的曲线形状完全相同，只是振动的允许值不同。“暴露极限”的值为“疲劳—工效降低界限”的两倍，“舒适降低界限”为“疲劳—工效降低界限”的 1/3.15 倍。从振动心理学角度来看，这三个反应界限相当于人体对振动的感觉的三个等级，三个界限曲线实际上就是三种等感度曲线。

如图 6-3 所示的纵坐标用振动加速度均方根值代表振动强度，横坐标为振动频率，用 1/3 倍频带中心频率表示。实线曲线和虚线曲线分别表示垂直方向和水平方向振动时的“疲劳一工效降低界限”。曲线上的任一点代表了“疲劳一工效降低”的一个时间限值，如 4h 曲线上的一点，表示对应于该振动频率时的振动加速度均方根值若等于或稍小于该限位时，将容许人体暴露在此振动下 4h 而不会出现疲劳和工效降低。如图 6-3 所示可以看出，“疲劳—工效降低界限”的振动加速度允许值的大小与振动频率、振动作用方向和暴露时间这三个因素有关，下面分别加以讨论。

(1) 振动频率。如图 6-3 所示可以看出人体承受全身振动时，有一个最敏感的频率范围。对于垂直振动，最敏感的频率范围为 4Hz～8Hz；而对于水平振动，最敏感的频率范围为 1 Hz～2Hz。

(2) 振动作用方向。如图 6-3 所示可以看出，垂直振动与水平振动的“疲劳—工效

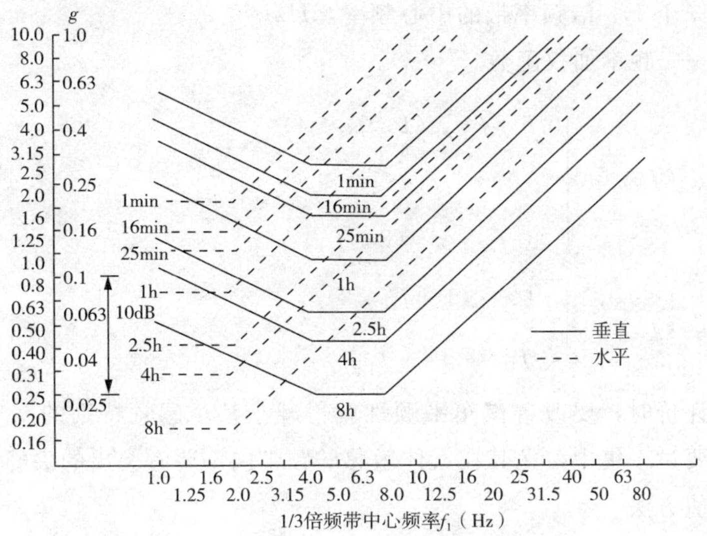

图 6-3 疲劳—工效降低界限 (ISO)

降低界限”是不一样的。在同一暴露时间下，频率在 3.15Hz 以下时易感受到水平振动，高于此频率时，对垂直振动更敏感，达到 8Hz 以上的频率范围时，垂直振动允许值只是水平振动允许值的 1/2.8。比较各自最敏感频率范围内同一暴露时间的振动允许值，垂直方向却是水平方向的 1.4 倍。

(3) 暴露时间。人体达到一定反应的界限，如“疲劳”、“不舒适”等，都是由人体感觉的振动强度大小和暴露时间长短两者综合的结果。它们之间的关系如图 6-3 所示，在一定频率下，随暴露时间加长，“疲劳—工效降低界限”曲线向下平移，即振动加速度允许值减小。

3. 平顺性评价方法

(1) 1/3 倍频带分别评价法

用这个方法评价时，首先将传至人体的振动加速度进行频谱分析，得到功率谱密度 $G(f)$，再按式 (6-5) 求出各 1/3 倍频带内传至人体的振动加速度均方根值分量 $s_{\ddot{p}i}$，即

$$s_{\ddot{p}i}=\left[\int_{f_{\mathrm{li}}}^{f_{\mathrm{ui}}}G_{\ddot{p}}(f)\mathrm{d}f\right]^{\frac{1}{2}} \tag{6-6}$$

式中 f_{ui} 和 f_{li} 分别是各 1/3 倍频带的上、下限截止频率。

1/3 倍频带分别评价法认为，同时有许多个 1/3 倍频带都有振动能量作用于人体时，各频带振动的作用无明显联系，对人体产生影响的，主要是由人体感觉的振动强度最大的一个 1/3 倍频带所造成。由于人体对各频带振动的敏感程度不同，为此要用人体对不同频率振动敏感程度的频率加权函数将人体最敏感的频率范围以外各 1/3 倍频带加速度均方值 $\sigma_{\ddot{p}wi}$ 进行频率加权，其计算公式为：

$$\sigma_{\ddot{p}wi}=w(f_{ci})s_{\ddot{p}i} \tag{6-7}$$

式中：f_{ci}——第 i 个 1/3 倍频率带的中心频率，Hz；

w（f_{ci}）——频率加权函数。

$$\text{垂直方向}\ w_N(f_{ci})=\begin{cases}0.5\sqrt{f_{ci}} & (1\leqslant f_{ci}\leqslant 4)\\ 1 & (4\leqslant f_{ci}\leqslant 8)\\ 8/f_{ci} & (8\leqslant f_{ci})\end{cases}$$

$$\text{水平方向}\ w_H(f_{ci})=\begin{cases}1 & (1\leqslant f_{ci}\leqslant 2)\\ 2/f_{ci} & (2\leqslant f_{ci})\end{cases}$$

用这种方法评价时，要改善汽车平顺性就得减小某个感觉特别的 $\sigma_{\ddot{p}i}$ 值，希望振动能量按频率分布不要过于集中，尤其在人体敏感的频带内不要有突出的尖峰。

（2）总加权值方法

在 1～80Hz 范围内，共有 20 个 1/3 频带，所以 $i=1$，2，…，20。若同时考虑三个方向的振动对人体的影响，常采用将三个方向的总加速度加权均方根值进一步加权的方法，求得联合加速度加权均方根值 σ_{w}，即

$$\sigma_{\mathrm{w}}=\left[\sigma_{\ddot{z}\mathrm{w}}^2+(1.4\sigma_{\ddot{x}\mathrm{w}})^2+(1.4\sigma_{\ddot{y}\mathrm{w}})^2\right]^{\frac{1}{2}} \tag{6-8}$$

在上述两种评价方法中，1/3 倍频带评价是 ISO2631 标准的基础，它可以根据人对不同频率振动的敏感性较精确地评价振动激励；总加速度加权均方根值评价可以全面地评价振动激励的强度。

（3）吸收功率评价

“吸收功率”概念认为人体是一弹性体，在输入力为 0～314N，人体变形为 0～10.16mm 时，人体是一线性系统。当人体承受振动时，振动能量被人体吸收并沿全身传递，这一振动能量随时间的变化率称为吸收功率。人体系统吸收的功率越大，所受到的干扰就越大，就会感到愈不舒适。按照功率的概念，吸收功率 P_{av} 为

$$P_{\mathrm{av}}=\lim_{T\to\infty}\frac{1}{T}\int_0^T F(t)v(t)\mathrm{d}t \tag{6-9}$$

式中：F（t）——振动输入点上的作用力，N；

v（t）——振动输入点上沿作用力方向的速度，m/s。

式（6－9）是时间域内确定 P_{av} 的方法。对于频率域 P_{av}，按下式计算

$$P_{\mathrm{av}}=1035.2444+\sum_i K_iG_i \tag{6-10}$$

式中：G_i——第 i 个频带的输入加速度自谱值；

K_i——考虑人体特性的频率函数，不同振动方向有不同值，可查阅 GB4970—1985《汽车平顺性随机输入行驶试验方法》。

人体受到机械振动的总干扰是所有方位上各个频率吸收功率的总和。吸收功率评价方

法有明显的物理意义，且各方位的振动具有可累加性，并可用一个数值评价受振动强度。但是，目前尚未提出允许的吸收功率忍受界限值。另外，人对振动的反应并不简单取决于机械的动力作用，还受复杂的生理和心理影响。吸收功率目前主要作为一项辅助性评价指标，用它可作同类型车辆之间的比较。

二、汽车振动

1. 汽车振动系统的简化

汽车是一个复杂的振动系统，应根据问题进行简化。如图 6-4 所示为一个把汽车车身质量看作为刚体的立体模型。汽车的悬挂（车身）质量为 m_2，它由车身、车架及其上的总成所构成。该质量绕通过质心的横轴 y 的转动惯量为 I_y，悬挂质量通过减振器和悬架弹簧与车轴、车轮相连接。车轮、车轴构成的非悬挂（车轮）质量为 m_1。车轮再经过具有一定弹性和阻尼的轮胎支承在不平的路面上。在讨论平顺性时，这一立体模型的车身质量主要考虑垂直、俯仰、侧倾 3 个自由度和 4 个车轮质量的 4 个垂直自由度，共 7 个自由度。

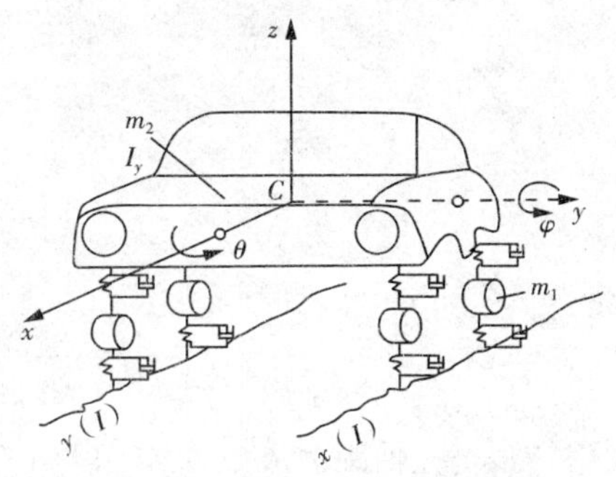

图 6-4　四轮汽车简化的立体模型

当汽车对称于其纵轴线，且左、右车辙不平度近似相等时，可暂不考虑车身侧倾振动。汽车振动系统就可简化为如图 6-5 所示的 4 个自由度的平面模型。这时车身只有垂直振动 z 和俯仰振动 φ，而这两个自由度的振动对平顺性的影响最大。在这个模型中，又因轮胎阻尼较小而予以忽略，同时把质量为 m_2、转动惯量为 I_y 的车身按动力学等效的条件分解为 m_{2f}、m_{2r}、m_{2c}。这三个质量由无质量的刚性杆连接，它们的大小由下面三个条件决定：

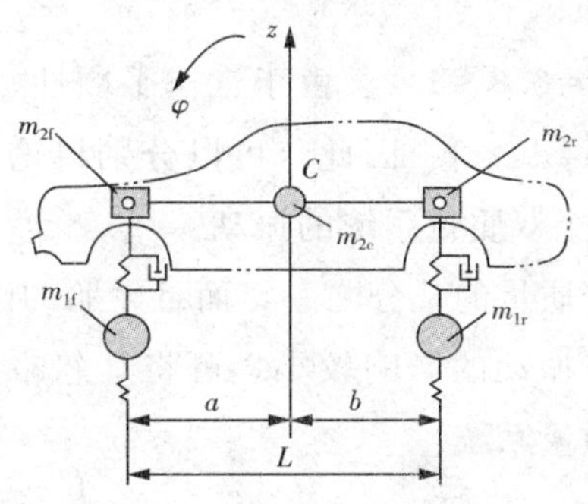

图 6-5　双轴汽车简化的平面模型

（1）总质量保持不变

$$m_{2f}+m_{2r}+m_{2c}=m_2 \tag{6-11}$$

（2）质心位置不变

$$m_{2f}a - m_{2r}b = 0 \tag{6-12}$$

（3）转动惯量 I_y 的值保持不变

$$I_y = m_2 \rho_y{}^2 = m_{2f}a^2 + m_{2r}b^2 \tag{6-13}$$

式中：ρ_y——绕横轴 y 的回转半径，m；

a、b——车身质量部分的质心至前、后轴的距离，m。

由上式（6-11）、（6-12）、（6-13）得出三个集中质量的值为

$$\left.\begin{aligned} m_{2f} &= m_2 \frac{\rho_y^2}{aL} \\ m_{2r} &= m_2 \frac{\rho_y^2}{bL} \\ m_{2c} &= m_2 \left(1 - \frac{\rho_y^2}{ab}\right) \end{aligned}\right\} \tag{6-14}$$

式中：L——轴距。

通常，令 $\varepsilon = \frac{\rho_y^2}{ab}$，并称为悬挂质量分配系数。由式（6-14）知，当 $\varepsilon = 1$ 时，联系质量 $m_{2c} = 0$，前、后轴上方车身部分的集中质量 m_{2f}、m_{2r} 的垂直方向运动是相互独立的。也就是说，在 $\varepsilon = 1$ 的情况下，质量 m_{2f} 的振动不引起质量 m_{2r} 的振动，反之亦然。

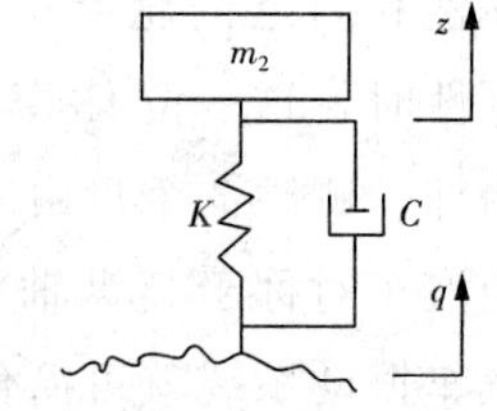

图 6-6　车身单质量系统模型

根据统计，大部分汽车 $\varepsilon = 0.8 \sim 1.2$。由于汽车平顺性的需要，现代汽车质量分配系数 $\varepsilon \approx 1$。因此，可以分别讨论如图6-5所示的 m_{2f} 和前轮轴以及 m_{2r} 和后轮轴所构成的两个双质量系统的振动。

汽车非悬挂质量只是悬挂质量的几分之一，而且轮胎的刚度比悬架的刚度大得多。因此，非悬挂质量的振动对车身振动的影响较小，可将其忽略，得到如图 6-6 所示的分析车身垂直振动的最简单的单质量系统。

2. 单质量系统的自由振动

如图 6-6 所示，m_2 为车身质量，K 为弹簧刚度，C 为减损器阻力系数，q 是输入的路面不平度函数。车身垂直位移坐标 z 的原点取在静力平衡位置。根据牛顿第二定律，得到描述系统运动的微分方程为

$$m_2 \ddot{z} + C(\dot{z} - \dot{q}) + K(z - q) = 0 \tag{6-15}$$

此方程的解由自由振动齐次方程的解与非齐次方程特解之和组成。令 $2n = \frac{C}{m_2}$；$\omega_0^2 = \frac{K}{m_2}$，则齐次方程为

$$\ddot{z} + 2n\dot{z} + \omega_0^2 z = 0 \tag{6-16}$$

ω_0 称为系统固有圆频率；而阻尼对运动的影响取决于 n 与 ω_0 的比值 ζ，ζ 称为阻尼比，即

$$\zeta=\frac{n}{\omega_0}=\frac{C}{2\sqrt{m_2 K}} \tag{6-17}$$

汽车悬架系统阻尼比 ζ 属于小阻尼，微分方程（6-16）的解为

$$z=A\mathrm{e}^{-nt}\sin\left(\sqrt{\omega_0^2-n^2}\,t+\alpha\right) \tag{6-18}$$

有阻尼自由振动时，质量 m_2 以有阻尼固有频率 $\omega_r=\sqrt{\omega_0^2-n^2}$ 振动，其振幅按 e^{-nt} 衰减，如图 6-7 所示。

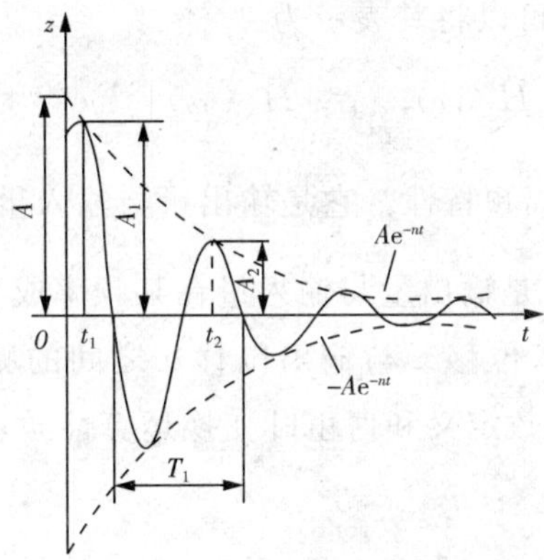

图 6-7　衰减振动曲线

阻尼比 ζ 对衰减振动有两方面影响：

（1）对有阻尼固有频率 ω_r 的影响

$$\omega_r=\sqrt{\omega_0^2-n^2}=\omega_0\sqrt{1-\zeta^2} \tag{6-19}$$

由式（6-19）可知，ζ 增大，ω_r 下降。当 $\zeta=1$ 时，$\omega_r=0$，此时运动失去振荡特征。汽车悬架系统阻尼比 ζ 大约为 0.25，ω_r 比 ω_0 只下降 3%左右，在工程上近似认为 $\omega_r\approx\omega_0$，车身部分振动的固有圆频率 ω_0（rad/s）为

$$\omega_0=\sqrt{\frac{K}{m_2}} \tag{6-20}$$

（2）对振幅衰减程度的影响

如图 6-7 所示两个相邻的振幅 A_1 与 A_2 之比称为减幅系数，以 d 表示，即

$$d=\frac{A_1}{A_2}=\frac{A\mathrm{e}^{-nt}}{A\mathrm{e}^{-n(t_1+T_1)}}=\mathrm{e}^{nT_1}=\mathrm{e}^{\frac{2\pi\zeta}{\sqrt{1-\zeta^2}}} \tag{6-21}$$

可以由实测的衰减振动曲线得到减幅系数 d，再由下式求出阻尼比：

$$\zeta=\frac{1}{\sqrt{1+4\pi^2/\ln^2 d}} \tag{6-22}$$

3. 单质量系统的频率响应特性

对于单质量系统运动微分方程（6－15），其通解部分由于阻尼作用随时间减小，稳态条件下系统的响应 z 由特解确定，它取决于激励 q 和系统的频率响应特性。

为了描述线性系统的频率响应特性，通常把系统的输出 $z(t)$ 和输入 $q(t)$ 的傅里叶变换 $Z(\omega)$ 与 $Q(\omega)$ 的比值或用输出、输入谐量复振幅 z 和 q 的比值定义为该系统的频率响应函数，记为 $H(\mathrm{j}\omega)_{z\sim q}$，则

$$H(\mathrm{j}\omega)_{z\sim q}=\frac{z}{q}=\frac{Z(\omega)}{Q(\omega)} \tag{6-23}$$

通常 $H(\mathrm{j}\omega)_{z\sim q}$ 为复数形式，可以将其表示为

$$H(\mathrm{j}\omega)_{z\sim q}=|H(\mathrm{j}\omega)|_{z\sim q}\mathrm{e}^{\mathrm{j}\varphi(\omega)} \tag{6-24}$$

式中：$|H(\mathrm{j}\omega)|_{z\sim q}=\dfrac{z}{q}$——幅频特性，它是输出量与输入量在某频率成分下的幅值比；

$\varphi(\omega)$——相频特性，是输出量与输入量在某频率成分下的相位差。

式（6－23）表示的是输入位移 z 与输出位移 q 之间的频响函数。对于输出输入量为速度或加速度时，根据频响函数定义和傅里叶变换运算性质，可得到各频响函数间的相互关系：

$$H(\mathrm{j}\omega)_{\ddot{z}\sim q}=\frac{\ddot{z}}{q}=\frac{(\mathrm{j}\omega)^2 z}{q}=-\omega^2 H(\mathrm{j}\omega)_{z\sim q} \tag{6-25}$$

$$H(\mathrm{j}\omega)_{\ddot{z}\sim\dot{q}}=\frac{\ddot{z}}{\dot{q}}=\frac{(\mathrm{j}\omega)^2 z}{\mathrm{j}\omega q}=\mathrm{j}\omega H(\mathrm{j}\omega)_{z\sim q} \tag{6-26}$$

仅举两例，其他可同理推得。

对式（6－15）进行傅里叶变换可推得单质量系统的频响函数：

$$H(\mathrm{j}\omega)_{z\sim q}=\frac{1+\mathrm{j}2\zeta\lambda}{1-\lambda^2+\mathrm{j}2\zeta\lambda} \tag{6-27}$$

此式的模即为幅频特性。

$$|H(\mathrm{j}\omega)|_{z\sim q}=\left[\frac{1+(2\zeta\lambda)^2}{(1-\lambda^2)^2+(2\zeta\lambda)^2}\right]^{\frac{1}{2}} \tag{6-28}$$

式中：$\lambda=\dfrac{\omega}{\omega_0}$，为频率比。

如图 6－8 所示是式（6－28）表示的幅频特性曲线，由图可知：

（1）低频段（$0\leqslant\lambda\leqslant0.75$）。$\left|\dfrac{z}{q}\right|$略大于 1，不呈现明显的动态特性，阻尼比对这一段影响不大。

（2）共振段（$0.75\leqslant\lambda\leqslant2$）。$\left|\dfrac{z}{q}\right|$出现峰值，将输入量放大，加大阻尼比 ζ 可使共振峰明显下降。

（3）高频段（$\lambda \geqslant \sqrt{2}$）。在$\lambda=\sqrt{2}$时，$\left|\frac{z}{q}\right|=1$，与$\zeta$无关；在$\lambda>\sqrt{2}$，$\left|\frac{z}{q}\right|>1$，对输入量起衰减作用，阻尼比$\zeta$减小对减振有利。

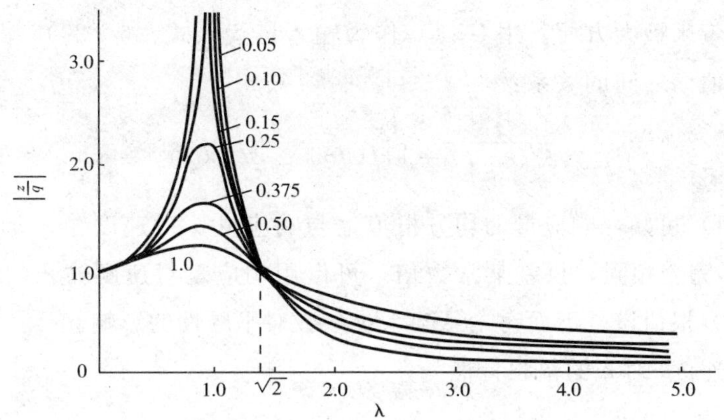

图 6-8　单质量系统的幅频特性

4. 单质量系统对路面随机输入的响应

车身加速度$\ddot{z}$是评价汽车平顺性的主要指标。另外悬架的动挠度 f_d与其限位行程［f_d］配合不当时，会经常撞击限位块，使平顺性变坏。车轮与路面间的动载 F_d影响车轮与路面的附着效果，影响操纵稳定性。在进行平顺性分析时，要在路面随机输入下对汽车振动系统这三个振动响应量进行分析计算，以综合选择悬架系统的设计参数。

对于所讨论的简化的汽车振动系统，路面只经一个车轮对系统输入时，振动响应的功率谱密度 $G_x(f)$ 与路面输入量的功率谱密度 $G_q(f)$ 之间有如下简单关系：

$$G_x(f)=|H(f)|_{x\sim q}^2 G_q(f) \tag{6-29}$$

式中：$|H(f)|_{x\sim q}$为系统响应量 x 对输入 q 的响应函数 $H(f)_{x\sim q}$的模，即幅频特性；$f=\frac{\omega}{2\pi}$为频率，单位为 Hz。

振动响应量$\ddot{z}$、f_d、F_d 的均方根值 σ_x 都可按式（6-5）求得，即

$$\sigma_x^2=\int_0^{\infty} G_x(f)\mathrm{d}f=\int_0^{\infty} |H(f)|_{x\sim q}^2 G_q(f)\mathrm{d}f \tag{6-30}$$

进行平顺性分析时，通常根据路面不平度系数与车速共同确定的路面输入谱 $G_q(f)$ 和由悬架系统参数确定的频率响应函数 $H(f)_{x\sim q}$，按式(6-29)、式(6-30) 计算振动响应量的功率谱 $G_x(f)$ 和均方根值 σ_x。由此可以分析悬架系统参数对振动响应的影响，反过来也可根据汽车平顺性评价指标来优化悬架系统设计参数。

路面输入除了式(6-29) 中的位移谱 $G_q(f)$，还可以采用速度谱 $G_{\dot{q}}(f)$ 和加速度谱 $G_{\ddot{q}}(f)$ 与相应的幅频特性$|H(f)|_{x\sim\dot{q}}$和$|H(f)|_{x\sim\ddot{q}}$的平方相乘，同样可以得到振动响应量

的功率谱 $G_x(f)$。

路面统计分析结果表明，路面速度功率谱在整个频率范围内为一常数，即为“白噪声”，且常数只与路面不平度系数和车速有关，而与频率无关，即 $G_{\dot{q}}$ 恒为某个常数。这给平顺性计算分析带来极大方便。用 $G_{\dot{q}}(f)$ 作为输入谱代入式（6－29）并两边开方，得到输入输出均方根值谱之间的关系：

$$\sqrt{G_x(f)}=|H(f)|_{x\sim\dot{q}}\sqrt{G_{\dot{q}}(f)} \tag{6-31}$$

由式（6－31）可知，响应量的均方根值谱与响应量 x 对速度输入 $\dot{q}$ 的幅频特性 $|H(f)|_{x\sim\dot{q}}$ 的图形完全相同，只差某常数倍。可以用响应量对速度输入的幅频特性来定性分析响应量的均方根值谱。下面讨论悬架系统参数对平顺性的影响。

（1）车身加速度 $\ddot{z}$ 对 $\dot{q}$ 的幅频特性

由式（6－26）、（6－28）可得

$$\left|\frac{\ddot{z}}{\dot{q}}\right|=\omega\left|\frac{z}{q}\right|=\omega\left[\frac{1+(2\zeta\lambda)^2}{(1-\lambda^2)^2+(2\zeta\lambda)^2}\right]^{\frac{1}{2}} \tag{6-32}$$

由式（6－32）知，随固有圆频率 ω_0 提高，$\left|\frac{\ddot{z}}{\dot{q}}\right|$ 在共振段和高频段都成比例提高。在共振时：

$$\left|\frac{\ddot{z}}{\dot{q}}\right|_{\omega=\omega_0}=\omega_0\sqrt{1+\frac{1}{4\zeta^2}} \tag{6-33}$$

即在共振点，$\ddot{z}$ 的均方根值谱与圆频率 ω_0 成正比。在共振段，阻尼比 ζ 增大，$\left|\frac{\ddot{z}}{\dot{q}}\right|$ 减小，在高频段，ζ 增大，$\left|\frac{\ddot{z}}{\dot{q}}\right|$ 也增大，故 ζ 对共振段与高频段的效果相应，综合考虑，ζ 取 0.2～0.4 比较合适。

（2）车轮与路面间相对动载 $\frac{F_d}{G}$ 对 $\dot{q}$ 的幅频特性

车轮与路面间的动载 F_d 与车轮作用于路面的静载 G 之比值 $\frac{F_d}{G}$ 称为相对动载。$\frac{F_d}{G}>1$ 时，车轮会跳离地面，完全失去附着，影响汽车操纵稳定性。

对于单质量系统：

$$\frac{F_d}{G}=\frac{\ddot{z}}{g} \tag{6-34}$$

可见 $\frac{F_d}{G}$ 与 $\ddot{z}$ 只相差系数 $\frac{1}{g}$，因此振动系统参数 ω_0、ζ 对 $\frac{F_d}{G}\sim\dot{q}$ 幅频特性的影响与上面讨论的 $\ddot{z}\sim\dot{q}$ 幅频特性影响，从变化趋势来看完全一样，这里不再重复。

(3) 悬架动挠度 f_d 对 q 的幅频特性

由车身平衡位置起，悬架允许的最大压缩行程就是其限位行程 $[f_d]$。弹簧动挠度 f_d 与限位行程 $[f_d]$ 应适当配合，否则会增加行驶中撞击限位的概率，使平顺性变坏。

如图 6-6 所示可知，$f_d=z-q$，所以 f_d 对 q 的频率响应函数为

$$\frac{f_d}{q}=\frac{z-q}{q}=\frac{z}{q}-1$$

将式 (6-27) 代入得

$$\frac{f_d}{q}=\frac{\lambda^2}{1-\lambda^2+j2\zeta\lambda}$$

于是，f_d 对 q 的幅频特性为

$$\left|\frac{f_d}{q}\right|=\frac{\lambda^2}{\sqrt{(1-\lambda^2)^2+(2\zeta\lambda)^2}} \tag{6-35}$$

由上式知，在低频段，当 $\lambda\ll 1$ 时，$\left|\frac{f_d}{q}\right|\to\lambda^2$，对输入位移起衰减作用；在高频段，当 $\lambda\gg 1$ 时，$\left|\frac{f_d}{q}\right|\to 1$，此时车身位移 $z\to 0$，弹簧变形与路面输入趋于相等；在共振段，当 $\lambda\to 1$ 时，$\left|\frac{f_d}{q}\right|_{\lambda=1}=\frac{1}{2\zeta}$。阻尼比 ζ 对 $\left|\frac{f_d}{q}\right|$ 只在共振段起作用，而且当 $\zeta=0.5$ 时已不呈现峰值。

比较式 (6-28) 与式 (6-35)，可以看出，悬架系统对于车身位移 z 来说，是将高频输入衰减的低通滤波器；对于动挠度 f_d 来说，是将低频输入衰减的高通滤波器。

f_d 对 $\dot{q}$ 的幅频特性：

$$\left|\frac{f_d}{\dot{q}}\right|=\frac{1}{\omega}\left|\frac{f_d}{q}\right| \tag{6-36}$$

由式 (6-36) 知，随固有圆频率 ω_0 下降，$\left|\frac{f_d}{\dot{q}}\right|$ 在共振段与低频段均与 ω_0 成反比例提高。在共振时，$\left|\frac{f_d}{\dot{q}}\right|_{\omega=\omega_0}=\frac{1}{2\zeta\omega_0}$，所以，共振点上 f_d 的均方根值谱与 ω_0 成反比。

三、影响汽车平顺性的因素

1. 悬架结构

悬架结构影响平顺性的主要因素有三个：弹簧刚度 K、悬架弹性特性、减振器阻尼系数 C。悬架刚度 K 决定的悬架系统固有频率 f_0 [见式 (6-20)，$\omega_0=2\pi f$] 对平顺性影响最大，降低 f_0 可以明显减小车身加速度 $\ddot{z}$ [见式 (6-33)]，这是改善平顺性的一个基本措施。但随着 f_0 降低，动挠度 f_d 增大 [见式 (6-36)]，限位行程 $[f_d]$ 也就必须与 f_0 成反比而相应增大。但 $[f_d]$ 受结构布置限制，不能太大，所以降低 f_0 是有限度的。

表 6-1 是目前大多数汽车悬架系统的固有频率 f_0、静挠度 f_s、限位行程 $[f_d]$ 的实用范围。

表 6-1 悬架系统 f_0、f_s、$[f_d]$ 的实用范围

车 型	f_0	f_s	$[f_d]$
轿车	1.2～1.1	15～30	7～9
货车	2～1.5	6～11	6～9
大货车	1.8～1.2	7～15	5～8
越野汽车	2～1.3	6～13	7～13

前、后悬架系统刚度的匹配对汽车平顺性也有较大影响。一般希望前、后悬架系统的固有频率接近相等，可以通过选择前、后悬架刚度使$\frac{K_1}{K_2}\approx\frac{b}{a}$来实现。为了减小车身纵向角振动，一般使前悬架的固有频率略低于后悬架的固有频率。

悬架系统的弹性特性是指悬梁变形与所受载荷之间对应关系，分为线性与非线性两种。具有线性弹性特性的悬架刚度 K 为常数。由式（6-20）知，其车身振动固有频率 f_0 将随装载质量多少而改变，尤其是后悬架装载质量变化较大的货车和大客车；这种变化使汽车空载或部分载荷时，前、后悬架振动固有频率过高或失配，导致车身猛烈颠簸，平顺性变差。为此，可采用具有非线性弹性特性的悬架，即悬架的刚度 K 可随载荷的改变而变化，以保持汽车各种载荷情况下，f_0 基本不变或变化不大，从而达到改善平顺性的目的。这种悬架也称为变刚度悬架。

悬架的非线性弹性特性可以通过下述办法来实现：

(1) 在线性弹性特性悬架中加入辅助弹簧、复合弹簧，采用适当导向机构以及与车架的支承方式，等等。

(2) 选用具有非线性弹性特性的弹簧，如空气弹簧、油气弹簧、橡胶弹簧和硅油弹簧。

为衰减车身的自由振动和抑制车身的共振，以减小车身振动加速度，汽车悬架系统中应有适当的阻尼。正确选择阻尼比 ζ 对汽车平顺性至关重要。ζ 取值大，能使振动迅速衰减，但会将较大的路面冲击传递到车身。反之，ζ 取值小，振动衰减缓慢，受一次冲击后振动持续时间长，使乘客感到不舒适。为使减振的阻尼效果好，又不传递较大的冲击力，常把压缩行程的阻力和伸张行程的阻力取的不同。在压缩行程中，为减少传递的路面冲击力，ζ 应选择小些；而在伸张行程中，为迅速衰减振动，ζ 应选择大些。

对于不同的悬架固有频率 f_0 和不同的使用条件，满足平顺性要求的阻尼比 ζ 值大小应有所不同。当 f_0 较低，行驶路面又较差时，动挠度 f_d 会相当大，为减少悬架撞击限位块的概率，ζ 应取偏大值。

2. 轮胎

由于本身的弹性，轮胎在很大程度上吸收了因路面不平所产生的振动，因此它和悬架共同保证了汽车的平顺性。近年来随着车速的提高，希望轮胎的缓冲性能越来越好。提高轮胎缓冲性能的方法有：

(1) 增大轮胎断面、轮胎宽度和空气容量，并相应降低轮胎气压。

(2) 改变轮胎结构型式，如采用子午线轮胎，因它的胎体的径向弹性大，可以缓和不平路面的冲击并吸收大部分冲击能量，使平顺性得到改善。

(3) 提高帘线和橡胶的弹性，采用较柔软的胎冠。

车轮旋转质量的不平衡会引起汽车振动，影响平顺性和行驶稳定性，这在汽车高速行驶时尤为突出，所以必须对每一个车轮（含装好的轮胎）进行静平衡和动平衡，以保证高速行驶时的舒适性。

3. 非悬挂质量

非悬挂质量的振动对悬挂质量振动加速度有较显著的影响，减小非悬挂质量，可以减小传给悬挂质量（即车身）的冲击力。因此，提高悬挂质量与非悬挂质量的比值，有利于改善汽车的平顺性。另外，悬挂质量的布置应尽量使悬挂质量分配系数 $\varepsilon\approx1$，以减少前、后悬挂质量振动的联系。

4. “人体—座椅”系统的参数选择

为了改善汽车平顺性，使传至人体的振动比较小，在选择“人体—座椅”系统参数时，首先要保证人体垂直方向最敏感的频率范围 4～8Hz 处于减振区，按“人体—座椅”构成单质量系统来考虑，其固有频率 $f_s\leqslant4\text{Hz}/\sqrt{2}\approx3\text{Hz}$。在选择 f_s 时，还要避开与车身固有频率 f_0 重合，防止传至人体的振动加速度的响应谱出现突出的尖峰对平顺性不利。f_0 一般在 1.2～2Hz 之间，于是 f_s 一般可选在 3Hz 左右。“人体—座椅”系统的阻尼比 ζ_s 一般达到 0.2 以上才能有较好的减振效果。若考虑人体自身的减振数果，研究成果表明，f_s 值可以选得高一些，达到 5～6Hz，在适当 ζ_s 配合下，仍可保证 4～12Hz 处于减振区。

四、汽车平顺性试验

汽车平顺性试验主要是为汽车平顺性评价提供依据。同时还要测定影响平顺性的汽车结构参数和特性参数，探索改善汽车平顺性的各种途径。平顺性试验主要包括以下内容。

1. 汽车振动系统结构参数测定

测定轮胎、悬架、坐垫的弹性特性（载荷与变形的关系曲线），求出规定载荷下，轮胎、悬架、座垫的刚度。由加载、卸载曲线包围的面积，可以确定轮胎、悬架、座垫的阻尼，另外还要测定悬挂质量、非悬挂质量、车身质量分配系数等。

2. 悬挂系统部分固有频率（偏频）和阻尼比的测定

将汽车前、后轮分别从一定高度抛下，记录车身和车轮质量的衰减振动曲线，如图 6-9所示，可以得到车身质量振动周期 T 和车轮质量振动周期 T'，按下式求得各部分固有频率：

车身部分固有频率 $$f_0=\frac{\omega_0}{2\pi}=\frac{1}{T}$$

车轮部分固有频率 $$f_t=\frac{\omega_t}{2\pi}=\frac{1}{T'}$$

由车身和车轮部分的减幅系数 $d=\frac{A_1}{A_2}$、$d'=A_2'/A_1'$，代入到式（6-22）可以求 ζ、ζ'。

用同样的方法可以求得“人体一座椅”系统的固有频率 f_s 和阻尼比 ζ_s。

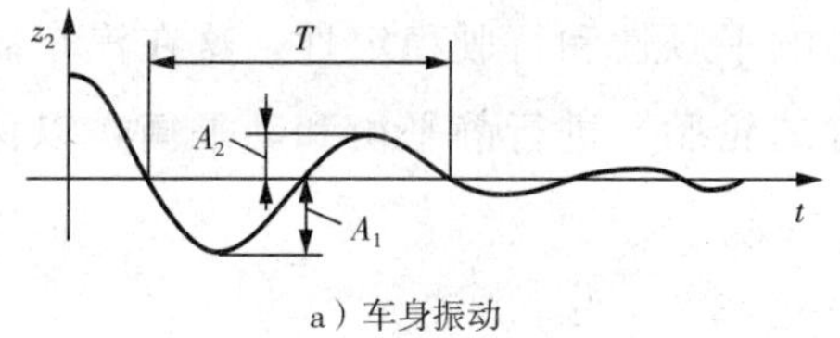

a）车身振动

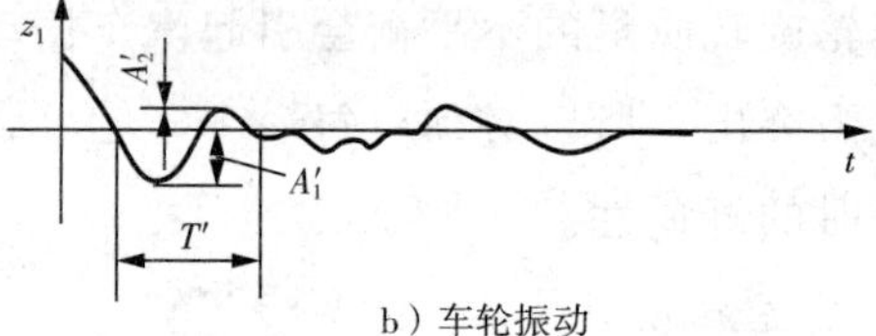

b）车轮振动

图 6-9 悬挂系统衰减振动曲线

3. 汽车振动系统的频率响应函数的测定

根据频响函数的定义，记录振动系统的输出和输入信号后，可用专门的数据统计分析仪处理得到振动系统的频响函数。

试验常在电液振动台上进行，给车轮 0.5～30Hz 范围的随机或简谐振动输入，记录车轴、车身、坐垫上各对应测点的振动响应，按车轴/输入、车身/车轴、坐垫/车身可相应得到轮胎、悬架、座椅各环节的频率响应函数。其幅频特性的峰值所在频率即为各环节的固有频率，峰值幅值可用于近似求出各环节的阻尼比 ζ。

4. 实际路面随机输入行驶试验

此项试验是评定汽车平顺性的最主要试验。依据 GB 4970—1985《汽车平顺性随机输入行驶试验方法》，各种车辆因工作条件不同，试验要求的路况、车速、传感器安装位置等也有所不同。

平顺性随机输入试验主要以总加权加速度均方根值 $\sigma_{\ddot{p}w}$（也可相应给出 T_{FD}、T_{CD}）来评价。根据试验中记录的振动加速度时间历程，通过数据处理设备得到加速度功率谱密度，并可计算各 1/3 倍频程带宽中心频率 f_{ci} 的加速度均方根值 σ_i，进而可求得 T_{FD} 和 T_{CD} 以及 $\sigma_{\ddot{p}w}$。这些评价指标随车速的变化曲线称为“车速特性”，可用于整个使用车速范围内全面地评价汽车平顺性。

5. 脉冲输入试验

汽车行驶时偶尔会遇到凸块或凹坑，会影响汽车平顺性，严重时会损害人体健康，破坏运载的货物。此项试验按《汽车平顺性单脉冲输入行驶试验方法》（GB 5902—1986）进行，以一定车速驶过规定尺寸的三角形凸块得到脉冲输入，评价指标是用坐垫上和地板上加速度最大值或加权加速度最大值。

第二节 汽车空气调节性能

一、概述

汽车空气调节性能是影响汽车舒适性的重要因素之一。

为了达到热舒适的要求，必须对车室内空气的质量和数量进行调节，从而使车室内空气经常保持舒适的状态，以提高汽车舒适性和安全性。汽车空气调节包括制冷、采暖、通风、除霜、空气净化等。这与普通建筑物空气调节系统并无本质区别，但由于汽车是“移动房间”，所以它的使用要求比普通建筑物的使用要求更高，它要求空气调节系统具有更好的性能。其性能要求有：

（1）因车室内空间小，乘员多，所以要有更大的换气量；

（2）汽车使用条件（运行状况）和所处环境变化急剧，且变化幅度大，随机性强，故要求有快速制冷和快速采暖能力；

（3）为使驾驶员前方保持清晰的视野，汽车前窗玻璃应具有除霜功能；

（4）在提高汽车空气调节性能的同时，应不降低或少降低汽车动力性，并尽可能地减少燃油消耗；

（5）要求空气调节系统运行可靠、操作自动化、制造成本低、维修简便。

二、汽车空气调节评价

汽车空气调节性能的评价是依据乘员和驾驶员对车室内的温度、湿度、空气流速、空气压力、气味、空气洁净度，甚至包括噪声和振动等指标的感受和反映。研究表明，从影响空气调节性能重要性的角度出发，温度、湿度和空气流速三个因素最为重要。在一定的空调车室内，每个人对上述三因素组合的感受和反映并不一致，因为这与每个人的年龄、性别、衣着、活动量、身体素质以及季节、昼夜等因素有关。舒适感是由很多因素综合决定的，因此，准确和定量描述人体对空气调节性能的感受是非常困难的。本节对汽车空气调节性能的评价简述如下。

1. 人体的温度感觉

人体在不断地产生和散发热量，以维持体温恒定。其大部分热量是通过皮肤散发的。在不同季节，人的皮肤温度并不相同。如果体温恒定不变，便可以认为人是处于舒适状态。

（1）不适指数

当对温度进行感性评价时，常用“不适指数”这个指标。不适指数可用下式表示：

$$不适指数=（气温+湿球温度）\times 0.42+40.6$$

该指数如果超过80，则对大多数人来说是不适的。所谓“不适酷热”就是意味着为维持了37℃体温的多余热量不能充分散发（就像汽车发动机的过热）。不适酷热将导致植物神经失调以及判断和操作机能迟钝，如果在这种状态下驾驶汽车，事故率将显著增高。

（2）人体的热特性

人体皮肤及皮下血管对温度变化非常敏感。当外界气温下降时，血管和皮肤便收缩，向体外散发的热量减少，因此远离心脏的手、脚等部位，其血液流量显著减少，容易感到冷，故手、脚较头部和胸部等处要有更高的温度，也就是说冬季舒适温度条件应是“头寒足热”。

空气的流动也可以增加舒适感。人在1m/s的风速下，会觉得温度下降约1℃。风速不同，人的舒适感也会有变化，一般不希望风速过大，因为它会使人体局部过度散热而难受。因此，最好使大部分流量的风遍及全身，并尽量减低风速。

当环境变化时，例如乘员从房间进入车室内，由于人体具有一定的热容量，故实现新环境下的人体热平衡是需要一定时间的。为缩短这段时间，在开启汽车空调的最初时间里，提供稍许过度的冷风或热风，便会增加人的舒适感。所以评价汽车空气调节性能时应特别重视达到室温稳定的时间。

2. 舒适的空气调节参数

（1）车室温度

一般认为控制车室内温度在22℃～30℃时较舒适，人们在冬季比春季更喜欢车室内温度高一点。但夏季高温时车室内温度不宜太低，以防室内外温差太大而导致人感冒。另外，气流也不宜直接吹向人体。

（2）空气湿度

在一般情况下，人体每小时释放25g汗水，出汗量随环境温度升高而增加。皮肤的舒适感与环境的蒸汽压力和湿度有关。如果车室太干燥，乘员将非常难受。令人舒适的相对湿度一般应在30%～70%左右，其具体值应根据当地环境湿度、季节、太阳辐射、乘员身体状况调节。

（3）气流速度

人对静止空气的感觉和对运动空气的感觉是不一样的。当环境温度低于人体皮肤温度时，若增加室温，则同时也应增加气流速度，这样才能使人有舒适感。在炎热的夏季，下吹气流使人体更舒适，但最好别直吹臂部和喉部，面部特别是眼部也别用高速气流直吹。头部气流温度应比胸部气流温度低1℃。

（4）车内换气

人体吸入的氧气将有30%变成二氧化碳而排出，如果车内换气不良，就会使二氧化碳浓度上升。二氧化碳浓度一般应控制在0.1%以下。因此必须保证每位乘员有20～30m^3/h的换气量。同时还应考虑吸烟、道路上污染、尘埃等侵入车厢内而必须增加的通风换气量。

人呼吸时会有大量水蒸气排出，使车内湿度上升。湿度上升时，夏天会使人感到闷热，冬天会使车窗结霜。因此防止车内湿度上升也是换气的重要任务。换气还有另外两个功效：一是吸入车外冷空气使室内温度下降；二是室内有适量的风在流动，提高了乘员的舒适感。舒适的空气调节参数见表 6-2。

表 6-2　舒适的空气调节参数

参数 / 范围	温度℃		相对湿度 /%	换气量 /$m^3 \cdot min^{-1}$	风速 /m/s^{-1}	CO_2浓度 /%	CO 浓度 /%
	冬季	夏季					
舒适带	15～18	22～27	30～70	0.6	0.075～0.2	0.03	0.01
不舒适带	0～14	27～43	<30，>70	0.35	0.4	0.3	0.01
有害带	<0	>43	<15	0.14	>0.4	10	0.03

3. PMV 和 PPD 指标

根据热舒适理论，国际标准化组织在大量试验调查研究的基础上，制订了 ISO 7730—1984《适中热环境的 PMV 和 PPD 指标的计算及热舒适条件的规范》。

该标准用于分析室内环境的热舒适性时，提出了六个要素。其中四个与环境有关，即空气的干球温度、室内的平均辐射温度、空气中水蒸气分压力、空气的相对流动速度；另外两个要素与人有关，即人体的新陈代谢率和服装的热阻值。

该标准使用热舒适 PMV－PPD 指标体系。PMV（Predicted Mean Vote）表示大多数人对环境热感觉的平均预测数。它是利用热平衡原理，收集被测对象的热感觉后，求得 PMV。从计算关系式看出，PMV 是上述六要素的函数。PPD（Predicted Percentage of Dissatisfied）为人群对热环境表示不满意的百分比的预测数。

PPD 与 PMV 之间的定量关系如图 6-10 所示。此曲线形状像一条倒置的标准正态分布曲线，在 PMV＝0 处，PPD＝5%，即使室内环境为最佳热舒适状态时，由于人与人之间的生理、心理差异，可能有 5%的人感到不满意。同理，PMV＝0.37 时，PPD＝8%，即有 8%的人感到不舒适。

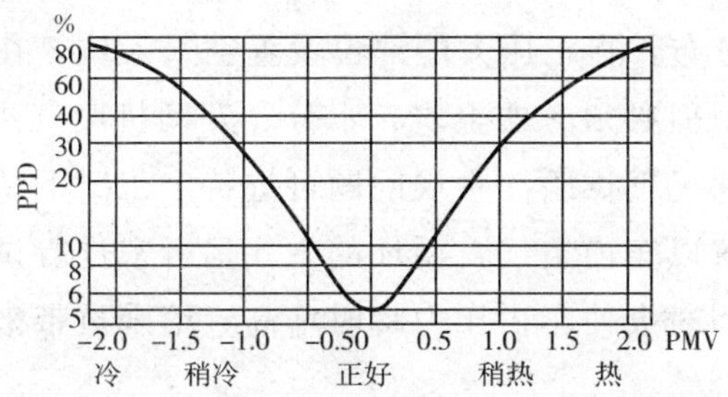

图 6-10　PPD 与 PMV 指标之间的数量关系

三、汽车空气调节试验

我国汽车空气调节试验还没有建立国家标准。一般参考国际汽车空调协会试验标准IMACA和日本JISD1618—1986标准。

汽车空气调节试验以换气性能、采暖性能和制冷性能为研究对象，主要测定项目是风量、风速、温度、湿度。根据所测数据，对汽车空气调节系统的性能作出定量的评价。此外还必须进行主观评价，以作出全面的综合判断。

上述试验与评价要在实际道路和环境实验室内进行。环境实验室可随意给定温度、湿度、日照等条件，可获取高重复性的试验数据。通常试验控制条件的范围是：温度－30℃～50℃；湿度20％～80％；日照量0～1.16KJ/（m^2·s）。

1. 换气性能试验

换气性能是汽车空调的最基本性能。其主要影响因素有：车内空气换气量，车内风速、风向，进、排通气孔位置影响等。

（1）换气量

进出车内的空气量是由空调装置的进风量、车身缝隙的空气渗漏量决定的。空调装置进风量的测定分静态和动态两种测定方法。静态测定法是在车辆静止状态下，改变空调装置的鼓风机电压，测定各出口的风量；动态测定法可在汽车运行中进行风量测定，也可在风洞室内测定，更简便的方法是利用鼓风机送与车速相当的风量，进行测定。不管采用什么方法，都必须确保空气入口→车内→空气出口的压力变化与汽车行驶状态相同。逐个测定车身每个缝隙的渗漏量是十分困难的，一般只测总渗漏量。从车身缝隙向外渗漏的空气量，要由外界向车内补充。总渗漏量可通过测定车内某一定压时的补充空气量来代替。

（2）风速、风向

“体感风速”是风速的主要试验内容，应在相当于人体各部位处装微型风速传感器，以测定身体感受到的风速。风向测定可采用“气流可见化”试验方法，最简便的是“丝丛法”，即在细木棍的尖部贴附丝线或毛线，丝线或毛线受气流作用后便随风飘动，由此可判断气流的方向和强度。

（3）空气入口和出口

根据车身表面压力分布，在正压大的部位设置空气入口，在负压大的部位设置空气出口，其换气效率较高。但必须考虑尘埃、水分、发动机废气进入的问题。对于水浸入问题，可在洗车或暴雨状况下试验。尘埃问题可选特定工况下试验。而对于发动机排气渗入问题，可让空调装置以车内空气自循环的方式运行来进行试验。另外，若出气口的排气效果差，则关闭车门时会使车内压力瞬时增高，给乘员带来不快感，甚至还会关不上车门。

2. 采暖、制冷性能试验

在采暖和制冷性能试验中，最基本的内容是温度测量。热电偶传感器能够做得很小，

而且对温度变化捕捉灵敏，所以得到越来越广泛的应用。

(1) 采暖性能

对于采暖性能来说，最重要的是温度分布。测量内容包括足部附近的温度分布、足部和面部空间的温度差、左右坐席的温度差、前后坐席的温度差等。

发动机冷却水温也是采暖性能的重要评价项目。测量车内温度分布的同时，也要测量发动机散热器的进出口水温，并研究发动机发热量和散热器散热量的热平衡问题。

试验气温一般选择－20℃左右，试验车速应选择负荷小的情况（即发动机发热量少），如 40～50km/h；还要选发热量急剧变化的工况，如 80 km/h 以上的车速和发动机怠速两种工况编成一定组合进行试验。

试验前汽车停放，当发动机水温、机油温度、车内各部位温度与外界气温相等时，方能开始试验。试验时测定从开始至达到规定温度时所需时间和温升过程。车内温度上升越快，则性能越好。经过 40min 左右，车内温度趋于稳定时，如果足下温度达到 30℃左右，面部温度达到 25℃左右，则认为加热器的性能良好。

(2) 制冷性能

与采暖性能一样，制冷性能的主要试验项目也是温度测量。此外，出风口的风量和风速也是制冷性能的重要测试参数。为了掌握空调系统工作是否正常，还应测定冷媒气体的压力。

试验条件因地区而异，在我国可选气温 36℃～42℃，湿度 30%～70%，试验运行工况应包括 40～50 km/h 中速行驶、100km/h 左右高速行驶以及怠速等适当组合。

在试验环境下，将汽车停放 1～2h 后，待车内温度稳定时便开始试验，测定温降过程。经过 40～50min 左右，车内温度趋于稳定。此时，如果面部温度为 20℃左右，足下温度为 25℃左右，则可认为制冷性能良好。

试验中测定冷媒气体压力，若高压为 1.27～1.47MPa，低压为 0.1～0.15 MPa，则可认为制冷系统工作正常。试验中还应考核蒸发器上的水分有无冻结现象。

(3) 温度控制性能

温度控制性能是指温度调节杆的动作量和吹出空气温度变化的关系。如果调节杆能使吹送空气温度呈直线变化，则认为温度控制性能良好。试验时，将温度调节杆的动作行程分为4～10等份，置于各等份点时送吹空气，测定车内各部位温度。试验气温在－20℃～＋40℃范围内，每隔 10℃或 15℃进行一次试验。试验车速为 50～80km/h，并保证冷却水温能使节温阀处于开启状态。在所有吹口处同时测定吹送空气温度，由此对左右侧温差作出评价。

3. 主观评价试验

主观评价试验主要是对车内整体温度分布和风量（风感）评价。另外，鼓风机响声、坐席触感、空调控制杆的操纵性等也应列入评价内容。主观评价分为综合评价和头、足等身体局部感受评价，在规定时间里，将各部位的感觉记录在评价卡上。

主观评价试验条件与制冷、采暖性能试验基本相同，但主观评价试验要求在实际行驶状态下进行，并要求有更多的人参与试验评价。由于难以找到适宜的试验条件，主观评价试验也多在环境试验室内进行。试验前，评价人员必须在试验室内的试验条件下停留30min，并按规定着装。

第三节　汽车乘坐环境与驾驶操作性能

汽车乘坐环境是指活动空间、内部设备、脚踏板高度、车门及通道宽度等；汽车驾驶操作性能是指驾驶操作的轻便性和各种信息的接受能力等。研究如何给乘员提供舒适的乘坐环境，减轻疲劳，同时保证驾驶员易于操作和接受信息，以利于长时间安全行驶，是本节的主要内容。

一、与人体工程学有关的知识

1. 我国人体尺寸

在汽车舒适性研究中，往往需要进行许多项有关人体的基础数据测量。

百分位是人体工程学中常用的一个术语，它表示人体的某项基础数据对于使用对象中有百分之多少的人可适用。这是人体工程学中一条基本的设计原则。目前人体基础数据标准均以百分位形式表达，这种表达方式已在国际上通用。

我国地域辽阔，自然环境复杂，人体差异较大，1989年7月1日起正式实施的国家标准《中国成年人体尺寸》，分7档公布数据。表6-3和表6-4分别是我国成年人立姿和坐姿的人体尺寸。

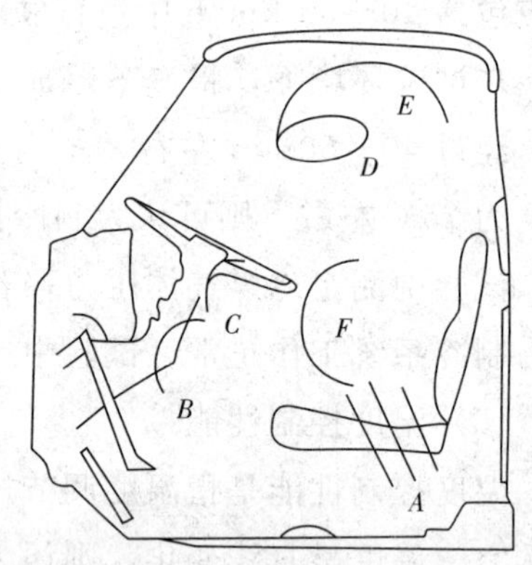

图6-11　驾驶员人体特征点的分布图形

汽车驾驶员的眼睛、头部、胯部、膝部及胃腹部等一些与车身设计有关的特殊点称为驾驶员的人体特征点。驾驶员将座椅调整到舒适位置并以正常驾驶姿势入座后，人体上的这些特征点在车内坐标系中的位置可以通过摄影法测得。测得的位置数据经处理后，便可得到各种百分位身材男女驾驶员的人体特征点的分布图形，如图6-11所示。它们包括驾驶员眼椭圆（图中D点），头廓包络线（图中E点），左右膝包络线（图中C点和B点），H点位置线（图中A点），胃部包络线（图中F点）等。将图形制成样板可作为车室设计的工具，上述图形也称为车室设计用工具性图形。

汽车驾驶员手能伸及界面是指驾驶员以正常姿势坐在座椅中，身系安全带，右脚支承于加速踏板上，一手握住方向盘时，另一只手所能伸及的最大的空间曲面。该曲面的形状及其在汽车中的位置如图6-12所示。驾驶室内的一切手操作钮件、杆件、开关等的位置

均应在驾驶员手伸及界面之内，这是一条重要原则。

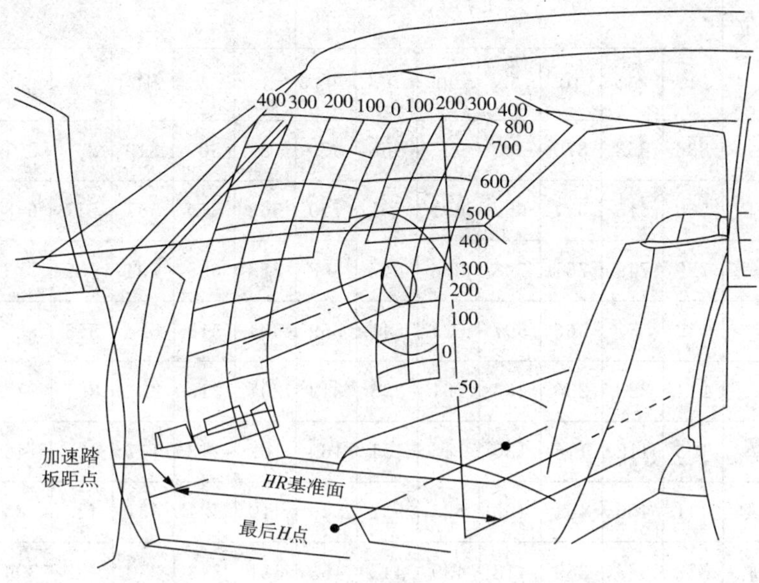

图 6-12 汽车驾驶员的手伸及界面

此外，还应测定手的尺寸（手伸平长度、手指长度、“虎口”最大开度）、脚的尺寸、头的大小等。

表 6-3 我国成年人的立姿人体尺寸 mm

项目 \ 百分位	男（18～60岁）							女（18～55岁）						
	1	5	10	50	90	95	99	1	5	10	50	90	95	99
身高	1543	1583	1604	1678	1754	1775	1814	1449	1484	1503	1570	1640	1659	1697
体重（kg）	44	48	50	59	71	75	83	39	42	44	52	63	66	74
上臂长	279	289	294	313	333	338	349	252	262	267	284	303	308	319
前臂长	206	216	220	237	253	258	268	185	193	198	213	229	234	242
大腿长	413	428	436	465	496	505	523	387	402	410	438	467	476	494
小腿长	324	338	344	369	389	403	419	300	313	319	344	370	376	390
眼高	1463	1474	1495	1568	1643	1664	1705	1337	1371	1388	1454	1522	1541	1579
肩高	1244	1281	1299	1367	1435	1455	1494	1166	1195	1211	1271	1333	1350	1385
肘高	925	954	968	1024	1079	1096	1128	873	899	913	960	1009	1023	1050
手功能高	656	680	693	741	787	801	828	630	650	662	704	746	757	778
胫骨点高	394	409	417	444	472	481	498	363	377	384	410	437	444	459

表 6-4　我国成年人的坐姿人体尺寸　　mm

项目 \ 百分位	男（18～60岁）							女（18～55岁）						
	1	5	10	50	90	95	99	1	5	10	50	90	95	99
坐高	836	858	870	908	947	958	979	789	809	819	855	891	901	920
坐姿颈椎点高	566	615	624	657	691	701	719	563	579	587	617	648	657	675
坐姿眼高	729	749	761	798	836	847	868	678	695	704	739	773	783	803
坐姿肩高	539	557	566	597	631	641	659	504	518	526	556	585	594	609
坐姿肘高	214	228	235	263	291	298	312	201	215	223	251	277	284	299
坐姿大腿厚	103	112	116	130	146	151	160	107	113	117	130	146	151	160
坐姿膝高	441	456	464	493	523	532	549	410	424	431	458	485	493	507
小腿加足高	372	383	389	413	439	448	463	331	342	350	382	399	405	417
坐深	407	421	429	457	486	494	510	388	401	408	433	461	469	485
臂膝距	499	515	524	554	585	595	613	481	495	502	529	561	570	587
坐姿下肢长	892	921	937	992	1046	1063	1096	826	851	865	912	960	975	1005

2. *H* 点人体模型

H 点是人体身躯与大腿的连接点，即胯点(Hip Point)，汽车理论中常称它为 *H* 点。*H* 点人体模型是一种用来确定汽车车身的实际 *H* 点位置的人体模型（如图 6-13 所示）。我国采用的 *H* 点人体模型各部分的质量见表 6-5。

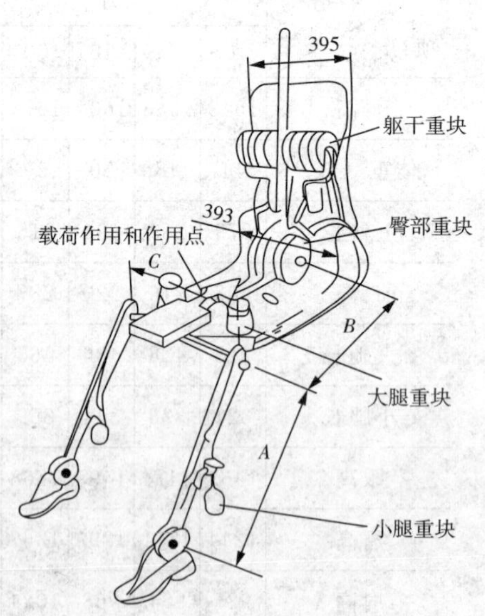

图 6-13　*H* 点的人体模型

汽车的实际 *H* 点是指当 *H* 点三维人体模型按规定步骤安放在汽车座椅中时，人体模型上左右两 *H* 点标记连线的中点。它表示驾驶员或乘员入座后胯点关节中点在车身中的实际位置。汽车实际 *H* 点在汽车舒适性中有重要作用。

(1) 汽车实际 *H* 点是与操作方便性及坐姿舒适性相关的车内尺寸的基准点。

(2) 汽车实际 *H* 点是确定眼椭圆在车身中位置的基准点。

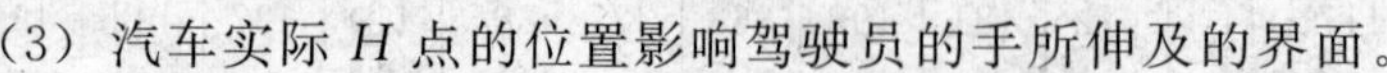
(3) 汽车实际 *H* 点的位置影响驾驶员的手所伸及的界面。

表 6-5　*H* 点人体模型各部分的质量　　kg

部位		数量	单块质量	质量和	备　注
背盘	胸部重块	8	3.26±0.03	40.95	和胸块的形状、质量相同，包括 *H* 点的轴、螺母质量
	臀部重块	2	3.26±0.03		
	其他	1	8.35±0.17		
座盘	大腿重块	2	2.03±0.02	12.60	包括膝部量角器及衬套质量
	其他	1	8.54±0.17		
小腿部	小腿重块	2	1.86±0.02	6.30	包括足部连接销的质量
	其他	2	1.29±0.03		
足部	—	2	1.57±0.03	3.15	
合计				63.0±0.84	

3. 足蹬力及手操舵力

坐姿时用足蹬踏板，足蹬力大小与坐姿、足位、踏板及座椅间的距离等因素有关。一般情况下，右腿可提供的最大平均足蹬力为2620N，左腿为2420N。足蹬力达2250N的持续时间约为40s。膝部屈曲160°时足蹬力最能发挥。为防止踏板的误操作，踏板的起动压力应大于足休息时对踏板的静压力。静压力值为18～32N。

坐姿时驾驶员双手对方向盘的手操舵力与方向盘倾角有密切的关系。方向盘倾角越小，手操舵力越大。但可以转动方向盘的角度值也变小，此时对应的座椅靠背也比较垂直，驾驶员坐姿相应地也比较平直。大客车、重型汽车由于前轴负荷较大，要求有较大的操舵力施于方向盘上，故其方向盘的倾角均不大；而在轿车方向盘上要求施加的操舵力并不大，从而有可能加大方向盘倾角。这样驾驶员上躯干可以适当后倾，背部受到靠背的支持，坐姿舒适性得以改善。另外，方向盘倾角的加大对安全气垫的装设可提供有利条件。

4. 人体的疲劳

开车时，人的脉搏和心律都变快。这主要是由心脏及肌肉的活动，使氧气消耗量增加引起所致。一般来说，操作力越大，耗氧量就越多，肌肉和人体的疲劳就越严重。另外，姿势不正确或一种姿势持续时间过长，也会使肌肉疲劳，所以车内应考虑提供适当活动身体的空间。

随着汽车操作轻便性的提高，驾驶引起的肉体疲劳已没有精神疲劳所占的比重大。精神因素可反作用于人的生理反应上，遇到紧急情况时，精神因素的作用更大。这些反应越激烈，频度越高，则精神疲劳越严重。

腰痛是驾驶员的一种常见职业病。这是由于脊椎疲劳造成的。座椅装备和形状不好或坐姿不正确，时间长了，椎间板就会受到损伤，从而造成腰痛。

二、影响乘坐环境和驾驶操作性能的主要因素

要改善汽车乘坐环境与驾驶操作性能，首先应考虑汽车有无必要的活动空间、舒适的

乘坐条件及方便的操作条件、较强的信息接受能力。

1. 活动空间

汽车活动空间是指可以容纳额定乘员的最小极限尺寸。汽车的外形尺寸不可能无限大。研究车内活动空间的准则是：在有限的外形内，如何设计出必要的空间来。为有效发挥活动空间的功效，必须探讨车室长、宽、高之比，车室前后玻璃平面倾角、车门形状、内饰影响、车内设备布置、车身造型、空气动力特性、结构强度和自重等方面的因素。

确定车室容积时，应考虑乘员坐姿及供身体转动的足够空间。加大车室前后玻璃窗倾角会使人感到车顶棚前沿逼近眼前，同时造成室内空间狭窄，撞车时头部也容易挫伤。如采用曲面玻璃，既扩大肩部空间，又可消除轿车后座椅显得过于狭窄的缺陷。

采用前置驱动方式可减少传动系造成地板鼓包，是加大脚底空间的最重要的方法。另外，既要考虑车内装饰件尺寸大小，还应研究人对装饰件的心理需求，注意色调和谐。为了节省资源和能源，人们正致力于轿车结构紧凑型研究。

2. 乘坐条件和操作条件

汽车座椅的重要作用是在乘坐环境下支持乘员，并作为缓冲装置缓和地板传给人体的振动。为了让乘员乘坐舒适，对座椅的要求有：稳定的坐姿、合理的体压分布、尺寸合适、蒙皮的触感良好以及具有缓冲特性等。

为使坐姿下的腰曲弧线的变形最小，汽车座椅的靠背应提供两点支承：第一支承位于第 5～6 胸椎之间，形成靠背承受较大的压力；第二支承设置在第 4～5 腰椎之间的高度上，形成腰垫，正确的腰垫形状应该是使腰曲弧线微微前突。

人体臀部的不同部位在产生不舒适感觉之前所能忍受的压力是不同的。例如，坐骨粗壮，能承受比其周围肌肉更大的压力；大腿底部的大血管和神经系统压力过大，会影响血液循环和神经传导而感到不适。所以座垫上的压力应按臀部不同部位承受压力不同的原则分布，在坐骨处压力最大，向四周逐渐减少，至大腿部位时压力降到最低值。此为座垫设计的压力分布不均匀原则。如图 6－14 所示为较理想的坐垫体压分布曲线。每条封闭曲线为等压线，单位为 100Pa。为了减轻驾驶姿势的不适和疲劳，驾驶员身体各部之间的夹角应保持在合理范围（如图 6－15 所示）。

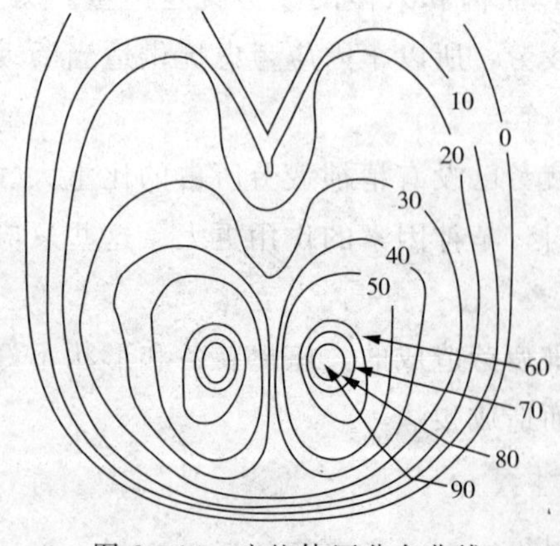

图 6－14　座垫体压分布曲线

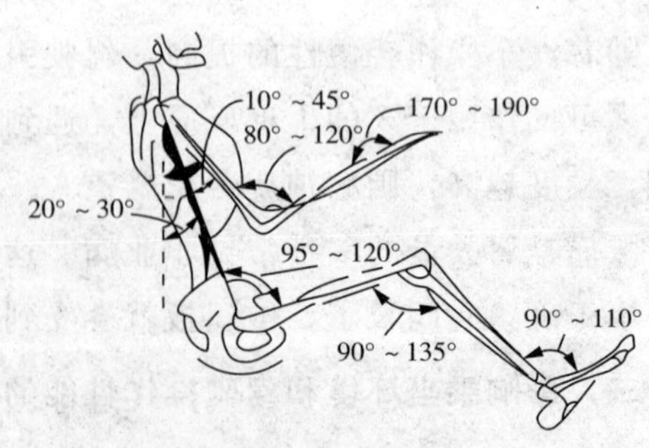

图 6－15　驾驶员身体各部之间的夹角

汽车座椅的几何参数可参考表 6-5 坐姿人体尺寸确定。但是垂直坐姿与驾驶（或乘坐）姿势有明显区别，因此汽车座椅中的某些尺寸或角度还应从专门的驾驶（或乘坐）姿势的人体测量中获得。表 6-6 和表 6-7 分别提供了驾驶员座椅和乘客座椅几何参数的参考值。

表 6-6　驾驶员座椅几何参数　(mm)

车型		靠背角	坐垫后倾角	座高	座宽	座深	靠背高	方向柱倾角
轿车		105°	12°	300～640	480～520	400～420	450～500	20°～35°
货车	轻型	98°	10°	340～380	480～520	400～420	450～500	20°～35°
货车	长头中型	96°	9°	400～470	480～520	400～420	450～500	40°～45°
货车	重型	92°	7°	470～500	480～520	400～420	450～500	60°～85°
大客车		92°	7°	450～500	480～520	460～500	450～500	70°～80°

表 6-7　乘客座椅几何参数　(mm)

车型	靠背角	坐垫后倾角	座高	座宽	座深	靠背高	背靠宽
大客车	105°～115°	6°～7°	400～480	450～530	420～4500	530～560	450～530
轿车	100°～105°	8°～13°	340～410	480～530	420～530	510～660	480～530

对汽车座椅的具体要求可归纳为如下几个方面：

(1) 贴合感。座椅靠背和坐垫的形状是否与人体背部、臀部、大腿底面的形状相贴合。接触面积和部位以及坐垫的弹性迟滞损失特性与贴合感密切相关。

(2) 侧向稳定感。汽车转向行驶时乘坐者能受座椅左右的适当约束，避免人体横向偏斜。侧向稳定感与座椅两侧形状、压力比、压力分布等因素有关。适当选择侧向压力与总压力之比能改善侧向稳定感。

(3) 腰椎依托感。腰椎依托感良好的座椅，其乘坐者容易获得舒适坐姿。若第 3 腰椎至第 5 腰椎部的压力与靠背总压力比适当时，依托感有明显改善。

(4) 振动弹性感。与振动弹性感相联系的是座椅的静态刚度、共振频率及衰减特性。

(5) 坐垫与靠背的软硬感。可用 392N 作载荷时的静态变形特性来反映，不得有陷落的感觉。

(6) 蒙皮触感。提高蒙皮的摩擦系数、传热效率、透气性等。

(7) 座椅安全带。座椅安全带应减少使用时的压迫感和失调感，不妨碍自由动作，系解容易。

(8) 除以上要求外，汽车座椅不得有臀部滑动感、腹部压迫感及背部弓形感等。

为了保证驾驶员能得心应手地进行操作和不易疲劳，所有手操纵件必须布置在驾驶员手伸及范围以内。汽车理论中把操纵机构和驾驶员的相对位置关系称为“驾驶位置”。

影响驾驶位置协调的因素有机构的布置、操作方式、机构的形状、所需操作力等。任何一个因素不佳，都会影响综合效果，因此整体协调十分重要。

(1) 在操纵开关和控制手柄时，既要保证动作平稳，又要确切地感觉动作的位置。所以操作力既不能过重也不能过轻。

(2) 每个操作装置最好只有一种或两种功能，使得操作方法简便。因为有三种以上功能的话，由于操作方法复杂，遇紧急情况时容易引起误操作。

(3) 驾驶汽车时，会经常连续操纵各种操作装置，为此，必须考虑在预想的各种使用场合下，使动作自然而有节奏。例如，转向信号手柄和变速杆的布置，一般应是分用两只手操作。

(4) 提高操纵装置的机能，可以获得更好的操作性，为此，应尽量用自动化取代手上操作，以减少操作次数，用助力装置以减轻操作负荷。

(5) 为了让不同体型的驾驶员都能找到最佳驾驶位置，汽车驾驶座椅和方向盘的位置一般都应设置调节机构。

3. 信息接受能力

(1) 视界

驾驶汽车时，所必须知道的道路状况、各种信号标志和周围交通情况等外部信息，几乎全是靠视觉获得。良好视觉可减轻驾驶员的身心负担，提高舒适性和工作效率。

良好视觉是指在人的视野内，具有广阔的视界。因此，应尽可能地减少驾驶员视野内的死角（盲区）。汽车视界可分为直接视界（驾驶员眼睛可直接看到的视界）、间接视界（通过后视镜观察到的视界）、雨刷视界（由雨刷器刮拭区所看到的视界）。

影响直接视界的因素有：风挡玻璃开口面积、立柱、座椅、翼子板等车身构件的位置和尺寸，风窗玻璃的透光率和车窗玻璃的反射率等。

影响间接视界的因素有：后视镜的位置与大小，靠枕的构造和后座乘员的头部位置等。

此外，研究在下雨和寒冷时使用雨刷器和除霜器的视界也很重要，

(2) 视认性

驾驶员通过装在车上的仪表和警告灯，获取汽车各装置工作状态和行驶状况的信息，并进行判断和操作。所以视认性良好的仪表和警告灯等是舒适地进行汽车驾驶必不可少的设施。

影响视认性的因素有：仪表的数量与布置、指针与表示文字的长度和大小、配色和夜间照明等。

(3) 照明

用于夜间行驶的照明和用于表示信号的照明是有很大差别的。为确保驾驶员舒适，不易疲劳，并安全地驾驶汽车，各国都以法律形式规定了各种照明装置的主要性能，例如，

明亮度、颜色、配光、安装位置和闪光频率等。

典型的照明装置是前照灯，它必须确保驾驶员能够看清较广范围内的障碍物和行人，并能看到周围汽车和行人接近的情况。同时，还要求不能让对方驾驶员有眩目感。为获得较为明亮而又不太刺眼的照明效果，卤素灯、三光束式照明装置以及根据汽车姿势变化而修正光束的照明装置等正在被广泛采用。

三、评价与试验

乘坐环境和操作性能试验最重要的特征是把人体本身也作为试验对象的一部分。

1. 人体机能的测定

人体尺寸的测定可用马丁人体测量仪测量。如果要取得更精确的数据，则需要人坐在1∶1模型（或实车）内进行测定。除直接测定外，还可采用300～1000焦距望远镜头拍照，获取两维尺寸。另外，在研究可动件的尺寸和位置时，可采用频闪器拍摄动作解析照片。

驾驶操作能力的测定内容包括：操作力、操作次数、频度和反应时间等。该试验多在实车或1∶1模型上进行。测试仪器一般使用位移计、负荷计、应变仪、计数器、录像机或电影摄影机等。

眼椭圆的测定是在较大的室内或厅内进行。如图6-16所示，在厅室的一面墙上设有宽银幕，银幕前方一定距离处停放着测定用汽车。银幕中央藏设一架照相机。在汽车驾驶员侧面远处设置第二架照相机。两照相机等高且两光轴相互垂直。被测驾驶员在明确有关测定要求后，将座椅按意愿调节到适当位置，以正常驾驶姿态入座。当银幕上映出事先拍摄好的交通场景时，驾驶员如同在直实道路行车，此时两架照相机便同步拍摄被测驾驶员眼睛在汽车车身坐标中位置的照片。由于两照相机光轴在同一水平面内且互相垂直，可以根据照片确定眼睛在车内坐标中的位置。

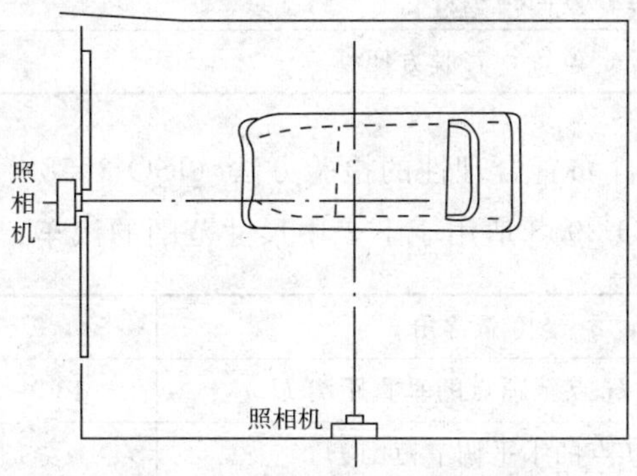

图6-16　眼椭圆测定现场示意

驾驶员的手伸及界面的测定是在实验室内手伸及界面测量台上进行，如图6-17所示。测量台上带有三点式安全带的座椅、方向盘、脚踏板等。在座椅前设有测量架，架上有滑动杆。测量架和滑动杆可一起作前后、上下及左右移动。其上的刻度用来表示被试人员的手伸及范围。为统一实验条件，测量杆手接触端有一 25mm 的三指抓捏式操作钮件。将测量杆推到最远的位置，根据三个方向的刻度可整理出如图 6-12 所示的驾驶员手伸及界面。

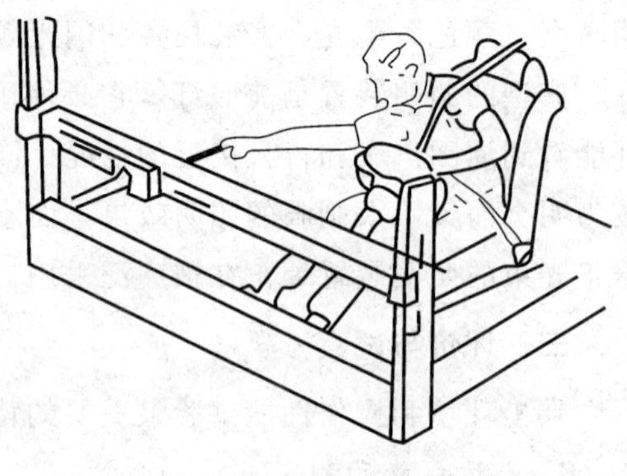

图 6-17 手伸及界面测量台示意图

人体生理反应测定可用医用测试仪表测量脑电、肌电、血压等。

2. 汽车方面的评价与试验

目前，对汽车乘坐环境和操作性能的评价主要是从操作方便、运行安全方面作了若干规定。测定内容涉及车室空间、装置、视界、视认性、照明性能等（见表 6-8）。这些测定均可采用一般工业测试仪表测取物理量进行评价。

表 6-8 汽车乘坐环境和操作性能主要测定内容

项 目	测 定 内 容
车内空间	室内尺寸（长、宽、高），大客车立席面积
上下车方便性	室内尺寸车门开口（高、宽）、带篷车后门（高、宽）、大客车紧急用车门的尺寸，大客车门踏板高
座椅	座椅宽、内深，椅间间隙，头枕尺寸、触感
操纵装置总体布置	配置范围，识别标志，视认性
操作者视界	直接视界，间接视界，雨刷视界，除霜性
照明	照明灯（中心距、高度、主光轴、配光），牌照灯（照度、视认性），倒车灯（照射距离、光度），辅助前照灯，示宽灯，侧灯，尾灯，停车灯，制动灯，方向指示灯
座椅安全带	固定位置，着脱方便性

（1）驾驶室内操作钮件布置合理性的检验方法（ISO 3958）

如图 6-25 所示，ISO 3958 适用于下表中尺寸范围的汽车：

坐椅靠背角 β	9°～33°
最后 H 点至踵点的垂直距离 H_z	130～520mm
H 点的水平调节范围 H_x	≥130mm
方向盘直径 D	330～600mm
方向盘倾斜角 α	10°～70°
方向盘中心至踵点水平距离 W_x	152～660mm
方向盘中心至踵点垂直距离 W_z	530～838mm

检验步骤如下：

① 测量出汽车驾驶室内与手伸及界面有关的尺寸（如图 6-18 所示）：H_z，D，W_x，W_z，α，β，γ。

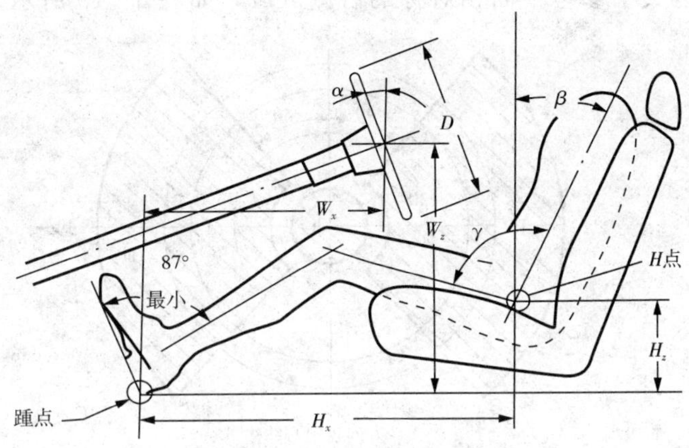

图 6-18　与手伸及界面有关的驾驶室尺寸

② 根据标准中给出的驾驶室尺寸综合因子 G 的计算公式计算 G 值。

$$G=0.0018H_z-0.0197\beta+0.0027D+0.0106\alpha-0.0011W_x+0.0024W_z+0.0027\gamma-3.0853 \quad (6-37)$$

③ 按下式计算手伸及界面前后方向上基准面 HR 离踵点的距离 d。

$$d=786-99G\ (\text{mm}) \quad (6-38)$$

若 $d<H_x$，该基准面 HR 纵向地位于加速踏板踵点之后 d 处；若 $d>H_x$，该基准面 HR 纵向地位于 H 点处。

④ 以基准面 HR、驾驶员座椅对称平面、通过 H 点的水平面组成正交坐标系。

⑤ 测量车辆上被检验的操作钮件在上述坐标系中的坐标值。若此坐标值小于标准中的规定值（按 G 值和男女驾驶员比值确定），则认为该手操作钮件布置合理。

（2）手操作件、指示器和信号显示装置合理布置的检验方法

手操作件应布置在驾驶员手伸及范围内。重要的指示器、信号显示装置应布置在驾驶员头部无需转动便能直接观察到的视区内，以确保操作方便和迅速辨认。国际标准化组织（ISO）对此已作出统一规定。

① 驾驶员手伸及范围的分区（如图 6-19 所示）

参考平面：与汽车纵向对称平面平行，与座椅参考点（设计时采用的 H 点）左右相距 50mm 的两平面。

Ⅰ区，即位于参考平面左侧，由下列表面形成的区域：a. 平行于方向盘平面且向上相距 20mm 和向下相距 170mm 的两平面；b. 以方向盘轴线为中心线，沿方向盘轮圈外缘点向外 100mm 和内缘点向内 130mm 的两圆柱面；c. 通过方向盘轴线的两正交平面，它们

与参考平面的夹角分别为40°和130°。如图6-19所示。

Ⅱ区，即由下列表面形成的区域：a. 同Ⅰ区的a；b. 以方向盘轴线为中心线、半径为50mm的圆柱面。如图6-19所示。

Ⅲ区，即与Ⅰ区关于参考平面相对称的右侧区域，如图6-19所示。

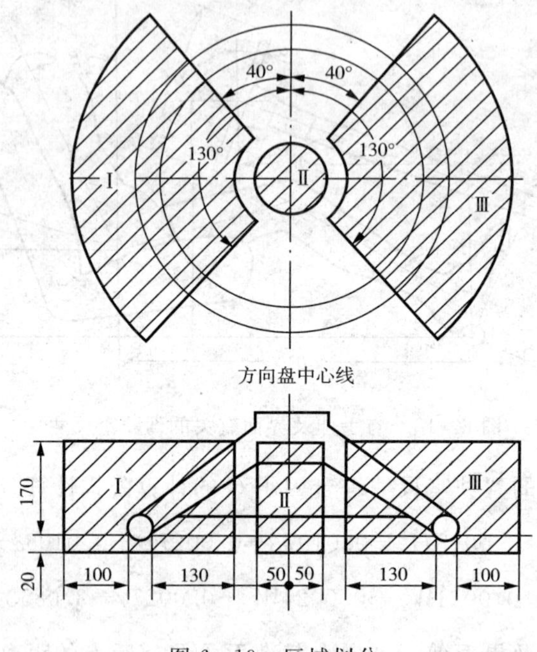

图6-19 区域划分

② 手操作件的合理位置

a. 下列手操作件应布置在Ⅰ区：前照灯变光开关、前照灯警告开关、转向灯开关。

b. 下列手操作件应布置在参考平面左侧：灯光总开关、左侧行驶的汽车的紧急制动手操作件（同理，对右侧行驶的汽车则布置在参考平面右侧）。

c. 音响喇叭手操作件可布置在Ⅰ区或Ⅱ区。如果Ⅲ区内除变速杆外还设置两个以上操作杆，则挡风玻璃洗涤器和刮雨器由离方向盘轮缘最近的操作杆控制。

③ 对组合操作的要求

a. 下列配对功能应由同一操作完成：电动挡风玻璃刮水器开关和洗涤器开关，前照灯警告开关及其变光开关。

b. 灯光总开关不可与下述任一操作件混同操作（除非没有避免功能混同的装置）：音响警告（喇叭）、挡风玻璃刮雨器及洗涤器、转向指示器。

④ 对信号显示装置的观察要求

a. 以下信号显示区应在驾驶员不转动头部的情形下直接看到：车速表及里程表、燃油表最大量程1/4及其以上的刻度区、发动机机油压力显示信号、冷却水显示信号、蓄电池充电状况显示信号、安装在仪表板上或转向柱上的自动变速的挡位显示装置。

b. 以下信号指示器的照明区应在至少为$18mm^2$一个单独区域内，且驾驶员在头部不

转动时应能看到：制动器、前照灯远光、转向指示器、紧急报警器、驻车制动器、安全带指示器、安全气垫故障预报器、发动机机油压力、发动机冷却水温度、阻风阀、燃油液面高度、蓄电池充电和自动变速器挡位选择键。

（3）座椅试验

有关座椅减振特性的试验已在本章第一节中叙述过，这里仅介绍与舒适、安全有关的两项试验。

① 舒适驾驶坐姿测定

为确定驾驶员舒适坐姿下人体各部的夹角，现已经研究出一种驾驶坐姿舒适角测定装置。该装置是以人体在舒适驾驶姿势下受力分析为基础来设计的。由座椅、方向盘及踏板三部分组成，共有 12 个部位可调节。除了测定舒适角外，更重要的是能测出舒适坐姿下的靠背轮廓形状。这是由装在一个公用支承上的 13 个机械式传感器来完成测量的，当受试者入座后，传感器杆相对于支承滑动，滑动量由电位器检测，经数据处理后获得座椅靠背轮廓形状。受试者人体各特征点应作出标记，当受试者认为处在舒适坐姿时，拍摄此时的姿态，由各特征点连线可确定人体各部的夹角。

② 座椅强度试验

a. 座椅的固定强度试验

静态试验：通过座椅质心沿水平方向加载，加载量为座椅总成重力的 20 倍时，座椅骨架不应与座椅调节机构分离，座椅调节机构不应损坏、失灵，座椅总成与车身固定部位不得分离。

动态试验：当座椅受到水平方向 20g 的加速度时，座椅骨架不应与调节机构分离，调节机构不应损坏、失灵，座椅总成与车身固定部位不应脱开。

b. 向靠背加载的强度试验

将座椅调节到最后位置，确定出座椅的 R 点（最后位置的 H 点），沿座椅靠背上横梁中点水平向后缓慢加载到相对于 R 点的力矩为 373N·m 时，座椅骨架不应与调节机构分离，调节机构不应损坏、失灵，固定部位不应分离。

c. 向头枕加载的强度试验

在向靠背加载试验达到 373N·m 时，确定 H 点人体模型移位后的躯干线的新位置，如图 6－21 所示，用直径为 16.5mm 的头部模型向头枕加载，形成对 H 点力矩达 373N·m 为止，测取如图 6－20 所示的 d，若 d ＜102mm，则认为满足静强度要求。

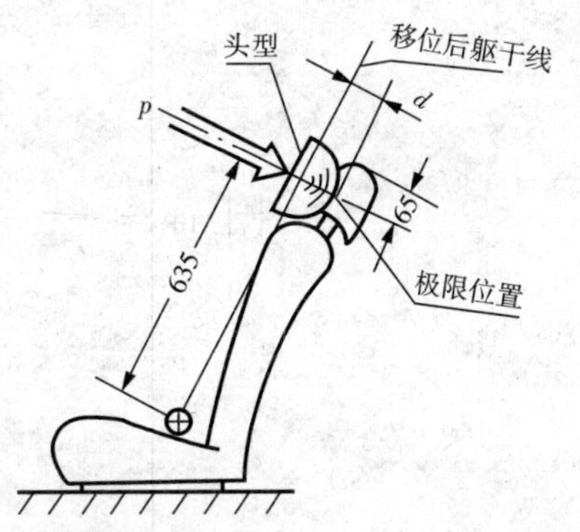

图 6－20　向头枕加载试验

d. 坐垫与靠背的疲劳试验

把坐垫加压板放置在坐垫上，加压板的底面形状与人体臀部和大腿底部表面形状相仿，加压板的 R 点与座椅的 R 点相重合。将小腿模型装在加压板上，按设计基准将踝点作为支承点，如图 6－

21 所示。在座椅中心平面内施加垂直脉动载荷 $P_0 \pm P = 471 \pm 235$N，载荷中心点距加压板的 R 点为 32mm。加载频率应不引起坐垫、加压板及加载系统的共振。试验时应经常检查坐垫、骨架等是否损坏，直到规定次数10^5 次为止。

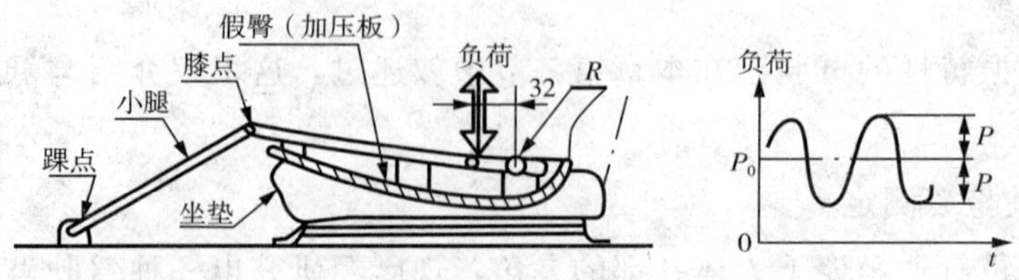

图 6－21　座垫疲劳试验

将座椅调节到最后位置，在靠背上横梁中点施加在 R 点产生力矩 49 ± 147N·m 的载荷，循环次数为10^4 时，座椅总成不应损坏。

实　例

【例题】　设某车阻尼比 ζ 为 0.25，请用计算机绘出该车单质量系统位移输入与位移输出的幅频特性图。改变阻尼比 ζ 为 0 和 0.5 时，分别绘出幅频特性图，并做简要分析。

解析：由式（6－28），即

$$|H(\mathrm{j}\omega)|_{z\sim q} = \left[\frac{1+(2\zeta\lambda)^2}{(1-\lambda^2)^2+(2\zeta\lambda)^2}\right]^{\frac{1}{2}}$$

取阻尼比 $\zeta = 0.25$，λ 取 0～10，X、Y 轴均取对数坐标，用 MATLAB 编程，绘图如下（如图 6－22 所示）：

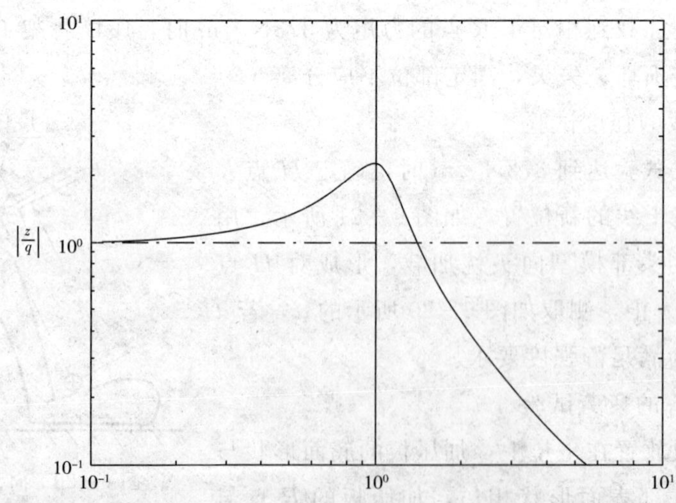

图 6－22　$\zeta = 0.25$ 时的单质量系统位移输入与位移输出的幅频特性

当阻尼比 ζ 分别为 0 和 0.5 时，再次利用 MATLAB 程序绘图，如图 6－23 所示：

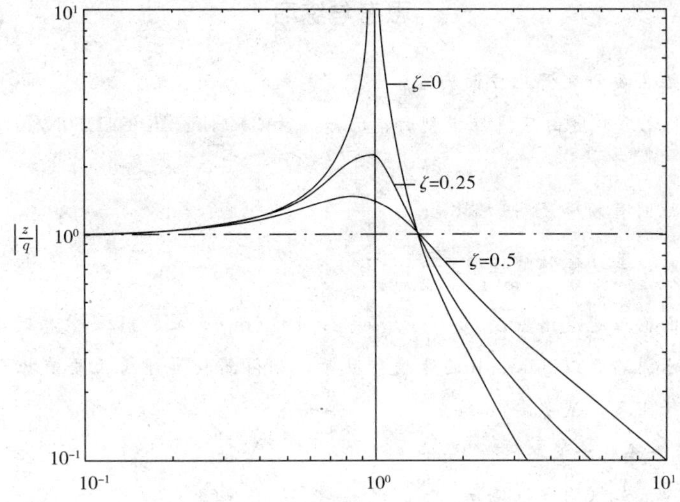

图 6－23　不同 ζ 值的单质量系统位移输入与位移输出的幅频特性

如图 6－23 所示：在低频段（$0\leqslant\lambda\leqslant0.75$），不会呈现明显的动态特性，阻尼比对这一频段的影响不大。在共振段（$0.75\leqslant\lambda\leqslant\sqrt{2}$），$\left|\frac{z}{q}\right|$ 出现峰值，图中 $\zeta=0.5$ 时的峰值明显小于 $\zeta=0$ 时的峰值，这说明加大阻尼比 ζ 可使共振峰明显下降。在高频段（$\lambda\geqslant\sqrt{2}$），当 $\lambda=\sqrt{2}$ 时，$\left|\frac{z}{q}\right|=1$，与 ζ 无关；当 $\lambda>\alpha_1-\alpha_2$ 时，$R=\frac{L}{\delta_0-(\alpha_1-\alpha_2)}<1$，对输入位移起衰减作用，阻尼比 ζ 减小对减振有利。

小　结

本章阐述了汽车舒适性的概念及内容，对影响汽车舒适性的各项性能指标的因素和参数进行分析说明，并对各项子性能进行实验。

汽车舒适性受很多因素的影响，例如：①汽车的平顺性的影响因素主要有悬架结构、轮胎、非悬挂质量、“人体—座椅”系统参数的选择等；②汽车的空气调节性能主要受温度、湿度和空气流速三个因素的影响；③汽车乘坐环境与驾驶操作性能与人机工程学关系紧密。

汽车生产商应充分重视汽车的舒适性。汽车良好的舒适性不仅能保护驾乘人员的身心健康，提高效率，而且还会影响车辆的多种使用性能和汽车零部件的寿命。提高汽车的舒适性不仅会树立良好的品牌形象，还会大大减少售后成本。汽车舒适性的发展目标应该是将空气动力学设计方案与乘坐舒适性恰当结合，并在充分考虑以上两个关键问题的基础上，采用人体工程学领域的新技术，设计和制造更完美、更优秀的汽车。

思考与练习

6-1 汽车舒适性主要研究哪几方面内容？

6-2 当把汽车简化为单自由度线性模型时，已知 $m_2=338.1\text{kg}$，$K=41160\text{N/m}$，$c=1813\text{N/(m·s)}$，试求：

(1) 无阻尼固有频率 f_0 阻尼比 ε；

(2) 共振时，系统幅频特性值 $\left|\frac{z}{q}\right|_{\lambda=1}$；

(3) 若路面输入速度谱密度 $G_q\cdot(f)=2\times10^7(\text{m}\cdot\text{s}^{-1})^2/\text{Hz}$，共振时车身加速度 ω_r（t）。

6-3 某汽车在水泥路面以 80km/h 的速度行驶时，测得驾驶员座椅上垂直振动加速度均方根值分析结果列于下表，试确定：

(1)“疲劳—工效降低界限” T_{FD}；

(2) 总加速度加权均方根值 σ_{pw}。

1/3 倍频程 f_{cr}	1.0	1.25	1.6	2.0	2.5	3.15	4.0	5.0	6.3	8.0	10.0	12.5	16	Hz
座椅上 σ_{pi}	0.13	0.25	0.43	0.56	0.71	0.76	0.45	0.38	0.31	0.25	0.48	0.45	0.31	m/s^2

6-4 简述汽车空调的基本功能及特点。

6-5 何为 H 点人体模型？汽车实际 H 点如何确定？它在汽车舒适性中有何作用？

参考文献

[1] 王望予．汽车设计．北京：机械工业出版社，2007.

[2] 余志生．汽车理论（第 5 版）．北京：机械工业出版社，2006.

[3] 陈家瑞．汽车构造．北京：人民交通出版社，2006.

[4] Helling. Kraftfahrzeuge Umdruck zur Vorlesung. Technische Hochschule Aachen，1983.

[5]《汽车工程手册》编辑委员会．汽车工程手册．北京：人民交通出版社，2001.

[6] 刘惟信．汽车制动系的结构分析与设计计算．北京：清华大学出版社，2004.

[6] M. Mitschke. Dynamik der Kraftfahrzeuge Zweite，vollig neubearbeitete Auflage，Band A：Antrieb und Bremsung Springer－Verlag，1982.

[7] 李岳林、王生昌．交通运输环境污染与控制．北京：机械工业出版社，2003.

第七章　汽车的通过性

引　言

汽车是一种常用的、高效率的交通运输工具，不同用途的汽车对通过性的要求也不同，用户应根据自身特定的用途选择具有合适通过性的汽车。高级轿车和公共汽车主要在城市行驶，由于路面条件较好，所以对汽车通过性的要求不高。在农林区、矿区、建设工地等使用的车辆和军用车辆，由于经常行驶在坏路和无路地面上，因此要求这些汽车应具有良好的通过性。

汽车的通过性主要决定于汽车的驱动力、附着力等牵引参数和几何参数，也与汽车的平顺性、机动性、视野等性能密切相关。本章从地面通过性的评价指标和土壤的可通过性两方面分析汽车的地面通过性，具体介绍了汽车的几何通过性参数和汽车越过台阶、壕沟的能力，从汽车结构、车轮和驾驶技术三个方面讨论影响汽车通过性的因素，最后介绍了测定和比较汽车的通过性能的试验。

第一节　汽车的地面通过性评价指标

汽车的地面通过性是指汽车在松软地面上的行驶能力。汽车在松软地面上能否行驶取决于汽车行驶的驱动与附着条件，但满足该条件只是说明汽车能否正常行驶，还不能说明其能力的大小。评价汽车行驶能力的大小，通常用牵引系数、牵引效率及燃油利用指数这三个指标。

一、牵引系数 *TC*

牵引系数 TC 为单位车重的挂钩牵引力。表明汽车在松软地面上加速、爬坡及牵引其他车辆的能力。表达式为

$$TC=F_d/G \tag{7-1}$$

式中：F_d——汽车的挂钩牵引力；

G——汽车重力。

二、牵引效率 TE

牵引效率 TE 为驱动轮输出功率与输入功率之比。它反映了车轮功率在传递过程中的能量损失。表达式为

$$TE=\frac{F_d}{T_w}\frac{u_a}{\omega}=\frac{F_d r(1-s_r)}{T_w} \tag{7-2}$$

式中：u_a——汽车行驶速度；

T_W——驱动轮输入转矩；

ω——驱动轮角速度；

r——驱动轮动力半径；

s_r——滑转率。

三、燃油利用指数 E_f

燃油利用指数 E_f 为单位燃油消耗所输出的功。表达式为

$$E_f=F_d u_a/Q_t \tag{7-3}$$

式中：Q_t——单位时间内的燃油消耗量。

第二节　汽车几何通过性参数及牵引力计算

一、汽车几何通过性参数

汽车与地面的间隙不足而被地面托住，无法通过的情况，称为间隙失效；当车辆中间底部的零件碰到地面而被顶住的情况，称为顶起失效；当车辆前端触及地面而不能通过的情况，称为触头失效；当车辆尾部触及地面而不能通过的情况，称为托尾失效。

与间隙失效有关的汽车整车几何尺寸，称为汽车几何通过性参数，包括最小离地间隙、纵向通过角、接近角、离去角、最小转弯直径等。

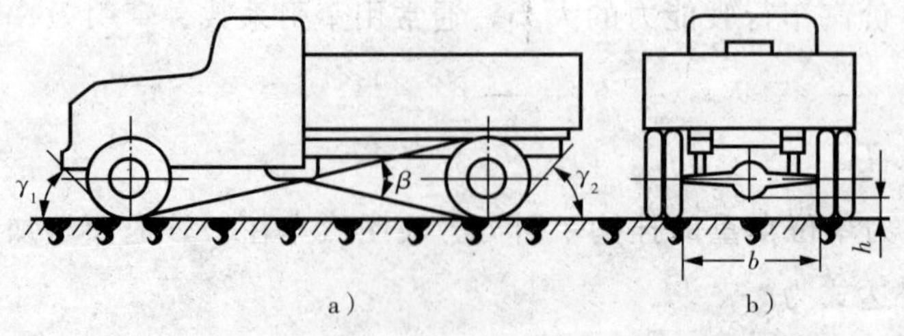

图 7－1　汽车的通过性参数

h—最小离地间隙；b—两侧轮胎内缘间距；γ_1—接近角；γ_2—离去角；β—纵向通过角

1．最小离地间隙 h

指汽车满载、静止时，支承平面与汽车上的中间区域最低点之间的距离。它反映了汽车无碰撞地通过地面凸起的能力。汽车的最低点多半在后桥的主减速器外壳、飞轮壳、变速器壳、消声器、前桥的下边缘处。

2．纵向通过角 β

指汽车满载、静止时，分别通过前、后车轮外缘作垂直于汽车纵向对称平面的切平面，当两切平面交于车体下部较低部位时所夹的最小锐角。它表示汽车能够无碰撞地通过小丘、拱桥和凸起路面等障碍物的轮廓尺寸。β越大，汽车的通过性越好。

3．接近角 γ_1

指汽车满载、静止时，前端突出点向前轮所引切线与地面间的夹角。γ_1越大，越不容易发生触头失效。

4．离去角 γ_2

指汽车满载、静止时，后端突出点向后轮所引切线与地面间的夹角。γ_2越大，越不容易发生托尾失效。

5．最小转弯直径 d_{min}

指转向盘转到极限位置并且汽车以最低稳定车速转向行驶时，车辆外转向轮印迹中在车辆支承平面上的轨迹圆直径中的较大者称为最小转弯直径。它表示车辆在最小面积内的回转能力和通过狭窄弯曲地带或绕过障碍物的能力。最小转弯直径越小，汽车的机动性越好。

6．转弯通道圆

转向盘转到极限位置并且汽车以最低稳定车速转向行驶时，车体上所有点在支承平面上的投影均位于圆周以外的最大内圆，称为转弯通道内圆；车体上所有点在支承平面上的投影均位于圆周以内的最小外圆，称为转弯通道外圆。转弯通道内外圆半径的差值越小，汽车的机动性越好。

现代各种汽车通过性几何参数的数值范围见表7－1。

表7－1 汽车通过性的几何参数

汽车类型	最小离地间隙 h/mm	接近角 γ_1/（°）	离近角 γ_2/（°）	最小转弯直径 d_{min}/m
4×2 轿车	120～200	20～30	15～22	7～13
4×4 轿车、吉普车	210～370	45～50	35～40	10～15
4×2 货车	250～300	25～60	25～45	8～14
4×4、6×6 货车	260～350	45～60	35～45	11～21
6×4、4×2 客车	220～370	10～40	6～20	14～22

二、间隙失效的障碍条件

1. 顶起失效的障碍条件

如图 7-2 所示是汽车通过由两个相交平面形成的凸起障碍时，汽车与障碍间的相对位置的改变情况。当障碍的尺寸使图上所示的间隙量 $h<0$ 时，即该圆和汽车底部某零件相交时，则发生顶起失效；当 $h=0$ 时，即该圆和汽车底部某零件相切时，则是汽车通过障碍的极限尺寸。此时 BAC 所对的圆周角即为汽车的纵向通过角。

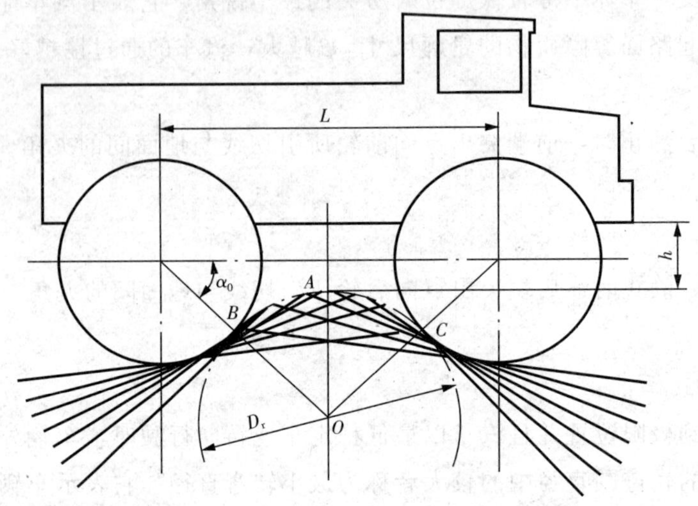

图 7-2 汽车的纵向地隙

由图 7-3 可知，汽车顶起失效的障碍条件为

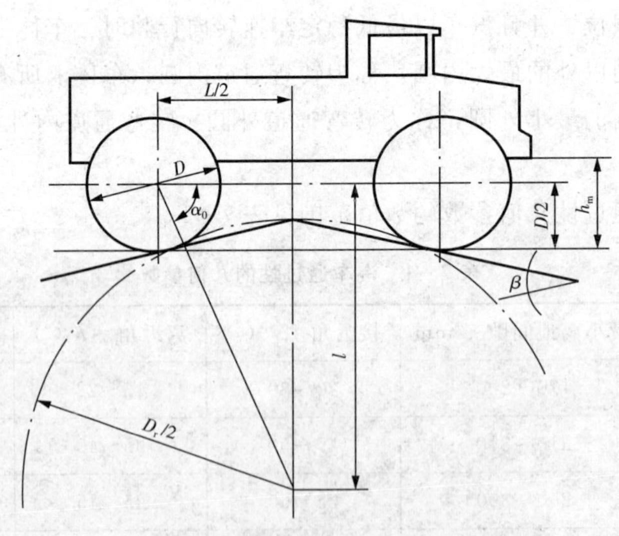

图 7-3 汽车顶起失效的几何关系

$$h_m+0.5(D+D_r)\sin\alpha_0-0.5D\leqslant 0.5D_r \text{ 或 } h_m\leqslant 0.5(D+D_r)(1-\sin\alpha_0)$$

式中：h_m——汽车中部地隙；

D、D_r——分别为车轮直径与地隙直径。

因

$$(D+D_r)\cos\alpha_0=L \tag{7-4}$$

将式（7-4）代入上面的不等式，得顶起条件为

$$h_m\leqslant 0.5\left[(D+D_r)-\sqrt{(D+D_r)^2-L^2}\right] \tag{7-5}$$

由图 7-4 可知，若 β_0 为障碍的上升平面与下降平面之夹角，而 $\beta_0=180°-\beta$，$\delta=\alpha_0-(90°-\beta)$，则有

$$\frac{\cos\delta-\sin\alpha_0}{2L/D-\cos\alpha_0-\sin\delta}=\tan\delta$$

将上式与式（7-4）联立求解，得出作为 β 的函数的 D_r 值为

$$D+D_r=\frac{2L^2D(\cos\beta-\cos^2\beta)}{4L^2\sin^2\beta-D^2(1-\cos\beta)^2}+\sqrt{\left[\frac{2L^2D(\cos\beta-\cos^2\beta)}{4L^2\sin^2\beta-D^2(1-\cos\beta)^2}\right]^2+\frac{4L^4}{4L^2\sin^2\beta-D^2(1-\cos\beta)^2}}$$

若将此式代入式（7-5），则可得出在顶起失效的条件下，汽车中部间隙 h_m 与轴距 L、车轮直径 D 及角 β（$\beta=180°-\beta_0$）之间的关系。

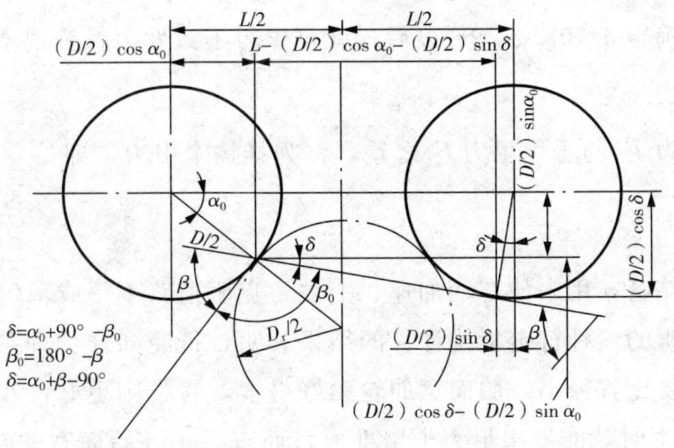

图 7-4　地隙直径的几何关系

2. 触头失效的障碍条件

如图 7-5 所示为一辆前悬长为 L_f 的汽车，通过平面障碍并驶进深 h、沟底坡角为 β_1 的沟内。假定汽车前端底部位置位于前、后车轮的中心平面上，如图中小圆圈位置。由几何关系可知，发生触头失效的条件是

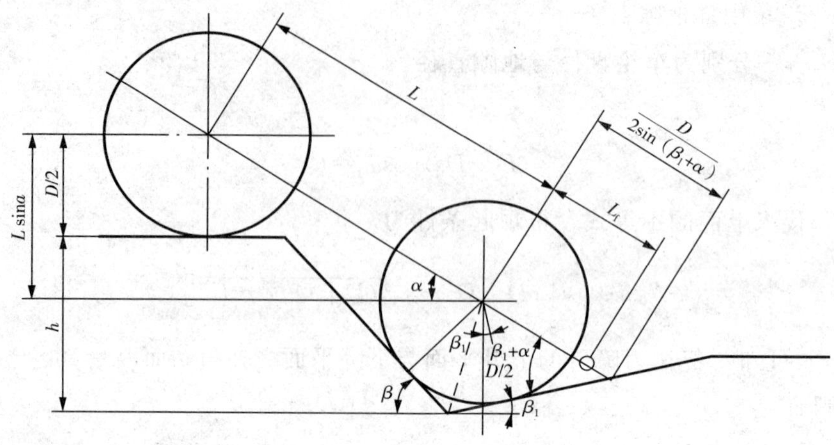

图 7-5 触头失效的几何条件

$$\frac{D}{2\sin(\beta_1+\alpha)}\leqslant L_f \tag{7-6}$$

式中：α——汽车失效时纵轴线的倾角；

D——车轮直径。

式（7-6）中的 α 角可由图 7-5 的几何关系求得，即

$$\sin\alpha=\frac{h}{L}+\frac{D}{2L}\left(1-\frac{\cos\dfrac{\beta-\beta_1}{2}}{\cos\dfrac{\beta+\beta_1}{2}}\right) \tag{7-7}$$

由式（7-7）确定 α（$0<\alpha<\beta$）以后，就可求得不致发生触头现象的 L_f 极限值。

三、挂钩牵引力

车辆的土壤推力 F_X 与土壤阻力 F_r 之差，称为挂钩牵引力，即

$$F_d=F_X-F_r \tag{7-8}$$

它表示土壤的强度储备，用来使车辆加速、上坡、克服道路不平或牵引其他车辆。

对同样接地面积的三种行走机构计算的结果表明，行经同样物理参数的地面时，直径大、胎面窄的轮胎要比直径小、胎面宽的轮胎好得多，履带则更好。在给定的例子中，履带约在 10% 的滑转率时就能发出最大土壤推力，而直径小、胎面宽的轮胎要在近 100% 的滑转率时才能得到同样的能力（如图 7-6 所示）。

设有两辆总重、接地面积分别相等，但履带长与宽分别不等的车辆，行经同样物理参数的地面时，由计算可知，它们的最大土壤推力是相等的，但窄长履带车的土壤阻力较小，故最大挂钩牵引力较大。另外，窄长履带的滑转率较小，则在同样滑转率下的挂钩牵引力较大。

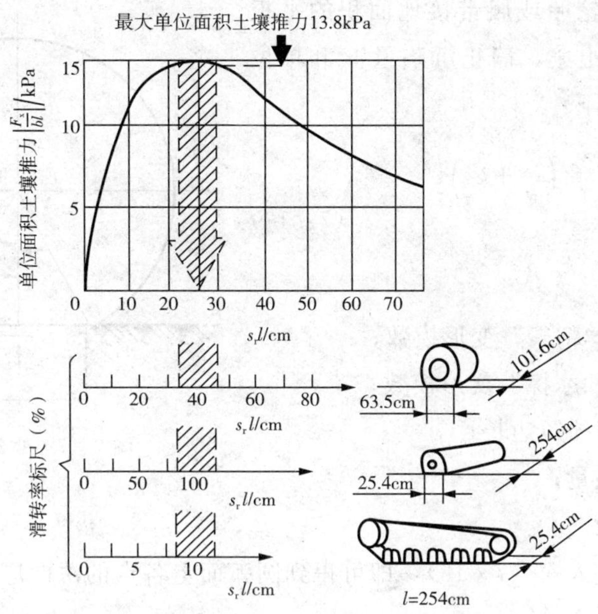

图 7-6 不同行走机构的土壤推力与滑转率关系曲线

四、牵引力通过性计算

假设轮胎与土壤接触界面为一段平面加一段圆弧面，不考虑轮胎的弹滞损耗阻力及推土阻力，则弹性驱动轮在松软地面上的受力分析如图 7-7 所示，根据受力平衡有

$$W = rb\int_{\theta_2}^{\theta_1}(p_1\cos\theta + \tau_1\sin\theta)\,\mathrm{d}\theta + 2rb\,p_2\sin\theta_2 \tag{7-9}$$

$$\begin{aligned} F_{\mathrm{d}} &= rb\int_{\theta_2}^{\theta_1}(\tau_1\cos\theta - p_1\sin\theta)\,\mathrm{d}\theta + b\int_0^l \tau_2\,\mathrm{d}x \\ &= rb\int_{\theta_2}^{\theta_1}(\tau_1\cos\theta - p_1\sin\theta)\,\mathrm{d}\theta + rb\cos\theta_2\int_{-\theta_2}^{\theta_1}\tau_2(1+\tan^2\theta)\,\mathrm{d}\theta \end{aligned} \tag{7-10}$$

$$\begin{aligned} T_{\mathrm{w}} &= r^2 b\int_{\theta_2}^{\theta_1}\tau_1\,\mathrm{d}\theta + rb\cos\theta_2\int_{-\theta_2}^{\theta_1}\tau_2\,\mathrm{d}\theta \\ &= r^2 b\int_{\theta_2}^{\theta_1}\tau_1\,\mathrm{d}\theta + r^2 b\cos^2\theta_2\int_{-\theta_2}^{\theta_1}\tau_2(1+\tan^2\theta)\,\mathrm{d}\theta \end{aligned} \tag{7-11}$$

式中：p_1、τ_1——接地圆弧面上的法向及切向应力；

P_2、τ_2——接地平面上的法向及切向应力；

θ_1、θ_2——轮胎接地角度（如图 7-7 所示）；

l——接地平面部分长度，$l=2r\sin\theta_2$；

b——轮胎宽度。

接地圆弧面上各点处的沉陷为

$$z = r(\cos\theta - \cos\theta_1) \tag{7-12}$$

将一块表示充气轮胎或履带接地面积的平板用均匀负荷压入地面土壤，静止沉陷量 z 和单位压力 p 之间的关系如下：

$$\begin{cases} p=kz^{n}=\left(\dfrac{k_c}{b}+k_{\varphi}\right)z^{n} \\ k=\dfrac{k_c}{b}+k_{\varphi} \end{cases} \qquad (7-13)$$

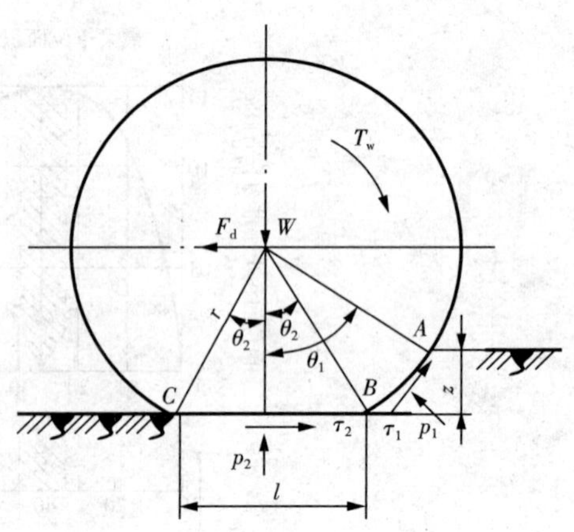

图 7-7　驱动力受力分析

式中：k_c——土壤的“粘聚”变形模数；

k_{φ}——土壤的“摩擦”变形模数；

b——承载面积的短边长；

z——土壤沉陷量；

n——沉陷指数。

将式（7-12）代入式（7-13），即可得到圆弧面上各点的法向应力

$$p_1=(k_c/b+k_{\varphi})\,r^{n}\,(\cos\theta-\cos\theta_1) \qquad (7-14)$$

而 p_2 为轮胎的接地压力，即

$$p_2=p_g=p_c+\alpha p_i$$

式中：p_g——接地轮胎压力；

p_c——胎壁产生的接地压力；

p_i——轮胎充气压力；

α——经验系数。

在 B 点处，$p_1=p_2$，因此可得到 θ_1 和 θ_2 之间的关系为

$$\cos\theta_2=\cos\theta_1-(p_g/k)^{\frac{1}{n}}/r \qquad (7-15)$$

由切应力和变形的关系知

$$\tau_1=(c+p_1\tan\varphi)[1-\exp(-j_1/K)] \qquad (7-16)$$

$$\tau_2=(c+p_2\tan\varphi)[1-\exp(-j_2/K)] \qquad (7-17)$$

对车轮进行运动分析可知

$$j_1(\theta)=r[(\theta_1-\theta)-(1-s_r)(\sin\theta_1-\sin\theta)] \qquad (7-18)$$

$$\begin{aligned} j_2(\theta)&=j_1(\theta)+s_r x \\ &=r[(\theta_1-\theta)-(1-s_r)(\sin\theta_1-\sin\theta)]+s_r r\cos\theta_2(\tan\theta_2-\tan\theta_1) \end{aligned} \qquad (7-19)$$

由式（7-9）、式（7-12）～式（7-19），通过计算机程序可叠代求解出 θ_1、θ_2，代入式（7-10）、式（7-11），即可求出 F_d、T_w。再由式（7-1）和式（7-2），即可算出牵引系数 TC 及牵引效率 TE。

第三节　汽车越过台阶、壕沟的能力

汽车在行驶中常常要克服台阶、壕沟等障碍。由于此时车速很低，故可用解静力学平衡方程求得汽车越障能力与其参数间的关系。

如图 7-8 所示是后轮驱动的四轮汽车越过硬地面上的台阶时的受力情况。由图 7-8a

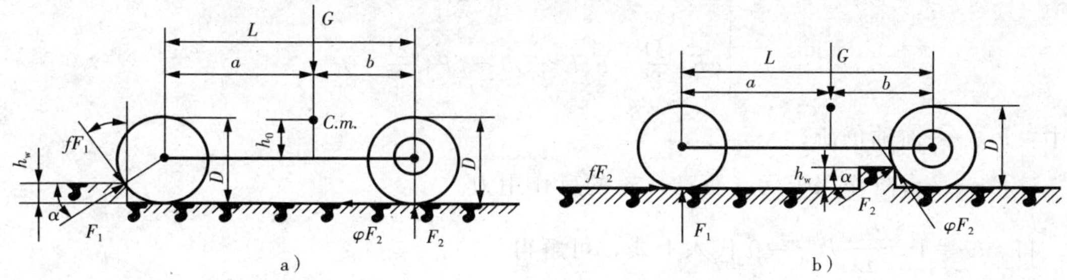

图 7-8　4×2 汽车越过台阶时的受力情况

可知，前轮（从动轮）碰到台阶时有下列平衡方程式：

$$\begin{cases} F_1\cos\alpha+fF_1\sin\alpha-\varphi F_2=0 \\ F_1\sin\alpha+F_2-fF_1\cos\alpha-G=0 \\ fF_1\dfrac{D}{2}+F_2L-Ga-\varphi F_2\dfrac{D}{2}=0 \end{cases} \tag{7-20}$$

式中：G——汽车总重力；

F_1——台阶作用于前（从动）轮的反作用力；

F_2——后轴负荷；

φ——附着系数；

f——滚动阻力系数。

将式（7-20）中的 G、F_1、F_2 消去，可得如下无因次方程式：

$$\left(\frac{\varphi+f}{\varphi}\frac{a}{L}-\frac{f}{\varphi}+\frac{fD}{2L}\right)\sin\alpha-\left(\frac{1}{\varphi}-\frac{1-f\varphi}{\varphi}\frac{a}{L}-\frac{D}{2L}\right)\cos\alpha=\frac{fD}{2L}$$

由图 7-8 所示中的几何关系可知

$$\sin\alpha=\frac{0.5D-h_w}{0.5D}=1-\frac{2h_w}{D}$$

代入上式并设硬路面上的 $f\approx0$，可得

$$\left(\frac{h_w}{D}\right)_1=\frac{1}{2}\left\{1-\frac{1}{\sqrt{1+\varphi^2\left[\dfrac{a/L}{1-a/L-(\varphi D/2L)}\right]^2}}\right\} \tag{7-21}$$

式中：$\left(\frac{h_w}{D}\right)_1$——前轮单位车轮直径可克服的台阶高，它表示汽车前轮越过台阶的能力。

由上式可知，$\frac{L}{D}$愈小及$\frac{a}{L}$愈大，$\left(\frac{h_w}{D}\right)_1$就愈大，即汽车的前轮也容易越过较高的台阶。

当后轮（驱动轮）碰到台阶时（如图 7－8b 所示），其平衡方程式为

$$\begin{cases} fF_1+F_2\cos\alpha-\varphi F_2\sin\alpha=0 \\ F_1+F_2\sin\alpha+\varphi F_2\cos\alpha-G=0 \\ \varphi F_2\,\frac{D}{2}+F_1L-Gb-fF_1\,\frac{D}{2}=0 \end{cases} \tag{7-22}$$

式中：F_1——前轴负荷；

F_2——台阶作用于后（驱动）轮的反作用力。

将 $\sin\alpha=1-\frac{2h_w}{D}$及 $f=0$ 代入上式，可解得

$$\left(\frac{h_w}{D}\right)_2=\frac{1}{2}\left(1-\frac{1}{\sqrt{1+\alpha^2}}\right) \tag{7-23}$$

式中：$\left(\frac{h_w}{D}\right)_2$——后驱动轮单位车轮直径可克服的台阶高，它表示汽车后轮越过台阶的能力。

由上式可见，后轮越过台阶的能力与汽车参数无关，且由于通过 $a>b$，比较式（7－21）和（7－23）可知，后轮是限制汽车越过台阶的主要因素。

同理可得 4×4 汽车在硬地面上越过台阶时的受力情况。经分析计算后可知，$\left(\frac{h_w}{D}\right)_1$是随$\frac{L}{D}$的增加而降低的。增加$\frac{a}{L}$的比值时，可以使 4×4 汽车前轮越过台阶的能力显著提高，甚至可使车轮越过高度大于其半径的台阶。对后轮来说，$\frac{a}{L}$比值的影响正好与 4×4 汽车前轮越过台阶的情况相反。长轴距、前轴负荷大的汽车（即$\frac{a}{L}$较小），其后轮越过台阶的能力要比前轮大。较大的$\frac{L}{D}$比值时，无论汽车的总质量如何在轴间分配，后轮的越障能力总会得到改善。总的说来，4×2 汽车的越障能力要比 4×4 汽车差得多，后轮驱动的 4×2 汽车的越障能力比 4×4 汽车约降低一半。

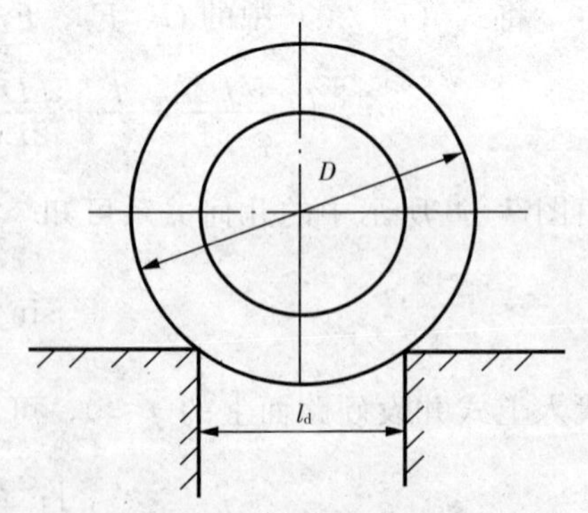

图 7－9　汽车越来壕沟示意图

汽车越过壕沟的情形如图 7－9 所示，可以看出，它与越过台阶时情况相似，因此汽车跨越壕沟的性能

也和越过台阶的情况一样，可以用壕沟宽度 l_d 与车轮直径 D 之比 $\left(\frac{l_d}{D}\right)$ 来评价。$\frac{l_d}{D}$ 与 $\frac{h_w}{D}$ 之间的换算关系为

$$\frac{l_d}{D}=2\sqrt{\frac{h_w}{D}-\left(\frac{h_w}{D}\right)^2}$$

因此，只要求出汽车越过垂直障碍的能力 $\frac{h_w}{D}$，即可由上式确定越过壕沟的宽度与车轮直径的比值 $\frac{l_d}{D}$，而求出能跨越的壕沟宽度。

第四节　影响汽车通过性的因素

一、汽车结构

为了保证汽车的通过性，除了要减小行驶阻力外，还必须提高汽车的驱动力和附着力，可采用副变速器或分动器、液力传动、高摩擦式差速器和驱动防滑系统等来实现。

1. 副变速器和分动器

如第一章所述，降低行驶车速，可以提高附着系数。用低速去克服困难地段，可以改善通过性。在高通过性汽车的传动系中增设副变速器或使分动器具有低档以增加传动系总传动比，使汽车能在极低的速度下稳定行驶，以获得足够大的驱动力。

2. 液力传动

当汽车装有液力耦合器或液力变矩器时，可以长时间稳定地以低速（0.5～1km/h）行驶，能保证汽车起步时驱动轮转矩逐渐增长，防止土壤破坏和车轮滑转，从而改善汽车的通过性。

装有普通机械传动系的汽车，在松软地面行驶时常因换挡而失去通过性，这是因为换挡时需分离离合器，使功率传递中断，而在坏路上行驶速度一般较低，汽车惯性不足以克服较大的行驶阻力，故常导致停车。采用液力传动则能避免这种现象。

3. 差速器

为了保证汽车各驱动轮能以不同角速度旋转，在传动系中常装有差速器。但采用普通锥齿轮差速器时，由于差速器的内摩擦力矩很小，可以忽略不计，故差速器左右半轴的转矩近似相等。当一侧驱动轮与路面的附着较差（例如陷入泥泞或在冰面上）产生滑转时，另一侧驱动轮只能产生与滑转车轮近似相等的驱动力，使总的驱动力受限于较小的附着力，致使汽车因驱动力过小而失去通过性。

越野汽车常采用高摩擦式差速器（或称防滑式差速器），由于差速器的内摩擦力矩较大，转矩并非平均分配到各驱动轮上。当一侧驱动轮由于附着不足而开始滑转时，则传给它的转矩受附着力矩限制，而另一侧驱动轮转矩增加，使总的驱动力增加，从而提高了汽车的通过性。

某些越野汽车装有差速锁，必要时将差速器锁住，可充分利用两侧驱动轮与地面间的附着力，使总的驱动力增加，提高通过性。但汽车在良好路面上行驶时，不应该使用差速锁。这是因为由于差速器失去作用会使转向困难和引起功率循环，导致半轴过载、轮胎磨损加剧及汽车的燃油经济性显著变坏。

4. 驱动防滑系统（ASR）

汽车在泥泞路段或冰雪路面行驶时，因路面的附着系数较小，常出现驱动轮滑转（或空转）的现象。另外，汽车在起步、加速过程中以及汽车在非对称路面（不同附着系数的路面）上行驶或转弯时也容易产生驱动轮滑转的现象。当驱动轮滑转时，产生的驱动力很小，且抵抗侧向力的能力下降，当遇有侧向风或横向斜坡时，极易使汽车发生侧滑。

目前，随着汽车电子技术的发展，汽车驱动防滑系统（ASR）在现代汽车上得到应用。汽车驱动防滑系统（ASR）是制动防抱系统（ABS）的延伸。（ABS）防止制动过程中的车轮抱死，保持汽车制动过程中的方向稳定性和操纵性。（ASR）则防止行驶过程中的车轮打滑（空转），保持汽车行驶过程中的方向稳定性和操纵性。因此，（ASR）是保证驱动—附着条件，维持最佳驱动力，保障汽车的驱动稳定性的装置。在现代汽车的（ASR）系统中，电子控制装置设有与（ASR）的电子控制装置交换信号的接口电路，为（ASR）系统的应用提供了便利条件。（ASR）系统也可独立装车使用，不受（ABS）系统的限制。

如图 7－10 所示为（ASR）系统示意图。

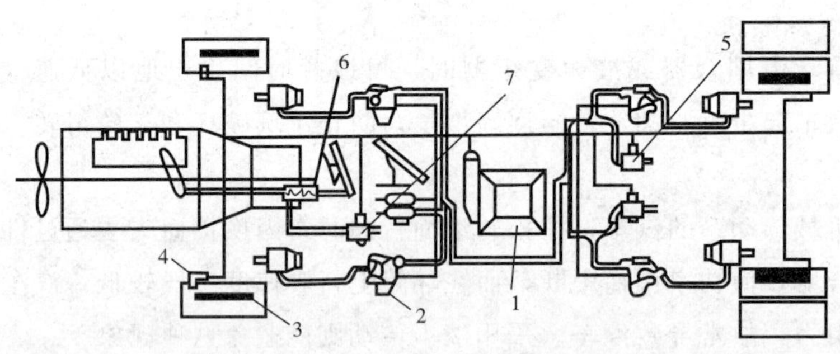

图 7－10　（ASR）系统示意图

1—电子计算机；2—制动压力调节器；3—车轮速度传感器脉冲盘；4—车轮速度传感器

5—差速制动阀；6—发动机控制缸；7—发动机控制阀

ASR 系统的控制方式有以下三种：①对将要空转的驱动轮施加制动力的驱动轮制动控制方式；②调整发动机输出转矩，使车轮滑动率保持在最佳范围内的发动机转矩控制方式；③上述两者的综合。

驱动轮制动控制方式比发动机转矩控制方式反应速度快，能有效地防止汽车起步时或者从高附着系数路面突然进入低附着系数路面时的车轮空转。制动控制方式还能独立控制

每个驱动轮，效果相当于差速器锁止装置。

发动机转矩控制方式是根据路面状况，利用燃料喷射量、点火时间、节气门开度来调整发动机的输出转矩，提供车轮最佳的驱动力矩。

二、车轮

轮胎的气压、花纹和尺寸等结构参数对汽车在松软地面上的通过性有很大的影响。

1. 轮胎气压

在松软地面上行驶时，降低轮胎气压，可以增加轮胎与地面的接触面积，降低地面上单位面积压力，使轮辙深度减小，滚动阻力减少；另外，降低轮胎气压，增加接地面积，胎面凸起嵌入土壤的部分也增多，因而附着系数增加。

但在坚硬的路面上行驶时，降低轮胎气压，轮胎变形过大，则会导致滚动阻力显著增加，并缩短轮胎寿命。现代越野汽车常装有中央充气系统，驾驶员在驾驶室内可随时根据路面情况调节轮胎气压，其变化范围 49～440kPa。

2. 轮胎花纹

轮胎花纹可分成三类：通用花纹、混合花纹及越野花纹。

通用花纹有纵向肋，花纹细而浅，适用于较好路面，有较好的附着性和较小的滚动阻力。轿车、货车均可选用此种轮胎。

越野花纹宽而深，当在松软地面上行驶时，嵌入土壤的花纹增加了土壤的剪切面积，从而提高了附着系数。在潮湿的硬路面上行驶时，由于只有花纹的凸起部分与地面接触，使轮胎对地面有较高的压强，足以挤出水层，以保持足够的附着系数。越野汽车均选用越野花纹轮胎。

混合花纹介于通用花纹与越野花纹之间，适用于城市与乡村之间路面上行驶的汽车使用。

通用花纹轮胎自动脱泥性很差，当轮胎打滑时，泥土陷入槽中不能脱出，使轮胎胎面变成光滑的表面，使附着系数降低，通过性变坏。越野花纹脱泥性较好，混合花纹轮胎的脱泥性介于通用花纹与越野花纹轮胎之间。

高通过性汽车采用拱形、椭圆形等特殊结构的轮胎，能从根本上改善轮胎与土壤的接触情况，提高汽车的通过性。

3. 防滑链

在表面为泥泞或因冰冻而下层坚硬的道路上，提高通过性的最简单方法是在驱动轮上装防滑链，使链条直接与地面坚实部分接触，提高附着力。

4. 前后轮距

当汽车在松软地面上行驶时，各车轮都需克服形成轮辙的阻力。如果前后轮距相等，并且轮胎宽度相同，则前后轮辙重合，后轮就可沿已被前轮压实的轮撤行驶，可使总的滚动阻力减小，提高了汽车的通过性。

5. 前后轮的接地压强

试验表明，当前后轮距相等的汽车在松软地面上行驶时，如果前轮的接地比压比后轮小20%～30%，则汽车的滚动阻力最小。为此，设计时将载荷按此要求分配于前后轮，或者使前后轮具有不同的轮胎气压。

三、驾驶技术

驾驶技术对通过性有很大影响。通过沙地、泥泞地、雪地等松软地面时，应用低速档保持平稳车速，避免换档、加速。用低速档以保证有较大的驱动力和较低的行驶速度，使附着力提高。换档、加速容易产生冲击载荷，使土壤的表面破坏。

如果因双胎间夹泥而滑转，可适当提高车速，以甩掉夹泥。

当传动系装有差速锁时，汽车进入可能滑转区前，应将差速器锁住。当汽车驶离坏路后，应脱开差速锁。

第五节　汽车的通过性试验

通过性试验的目的是测定或比较汽车的通过性能。汽车通过性包括地面通过性与几何通过性，因此，通过性试验的内容应包括对这两类参数的测定。

汽车通过性的几何参数是在满载情况下测定的，有些也可以在按比例绘制并经校正的汽车外形图上用作图法求得。

测定最小转弯直径时，在前外轮胎面中心装置喷水针。汽车转向轮转到最大转角低速行驶，用喷水针对地面喷水，然后对轨迹进行测量。

汽车越野行驶的牵引性能应在各种典型的坏路上，尤其是应在各种典型的无路地区（如泥泞、沼泽、水田、松软土壤、沙漠、草原、雪地等）进行测定。所测定的参数一般包括土壤阻力、汽车的挂钩牵引力、车轮滑转率以及轮胎在给定胎压下的接地面积与接地比压、驱动车轮上的转矩等。

还应进行越障性能的试验，以检验汽车通过某些典型障碍（如陡坡、侧坡、土丘、壕沟、路沟、弹坑、灌木丛、河流、田埂及台阶等）的能力。

试验前应详细测定地面及障碍的物理状态，例如有关土壤参数（C、φ 等）和几何尺寸（如坡度、垂直障碍高、壕沟宽、泥泞及雪层的厚度及河水深度等）。

在通过性的试验中，还常常采用比较试验的方法，将一定数量（一般不少于两辆）的被试汽车，与同吨位、同类型的一些样车的各项通过性指标做试验比较。这类整车比较性试验常常选择在几种典型地区（如寒带、热带、高原地区及水网地区等）进行。在试验的基础上，对汽车的通过性进行全面地评价。汽车通过性的好坏，最终表现在越野行驶条件下的运输生产率的高低。可以根据汽车在各种越野地带行驶和在水平且干燥的硬路面上行驶时的最大运输生产率之比值，来综合评定该车的通过性，即

$$m'\bar{v}_{\mathrm{amax}} : m v_{\mathrm{amax}}$$

式中：m'——汽车在所测试的典型越野地带的装载质量；

$\bar{v}_{\mathrm{amax}}$——汽车在该典型地带上行驶的最高平均车速；

m——在水平且干燥的良好硬路面上汽车的最大装载质量；

v_{amax}——在水平且干燥的良好硬路面上汽车的最高车速。

在评价汽车的通过性时，可以同时考虑单位行程的燃料消耗量。其通过性的综合评价指标为

$$\frac{m'\bar{v}_{\mathrm{amax}}}{Q'} : \frac{m v_{\mathrm{amax}}}{Q}$$

式中：Q'——汽车在典型越野行驶地带的单位燃料消耗量；

Q——汽车在水平且干燥的良好硬路面上行驶时的单位行程燃料消耗量。

实　例

【例题】　如何确定汽车接近角、离去角和纵向通过角？

解析：（1）简单方法

如图 7-11 所示，通过测量 H 和 L，则有

$$\alpha = \arctan \frac{H_1}{L_1}$$

由于

$$\theta_{\mathrm{a}} = \alpha + \beta$$

于是

$$\theta_{\mathrm{a}} = \arctan \frac{H_1}{L_1} + \beta \qquad (7-24)$$

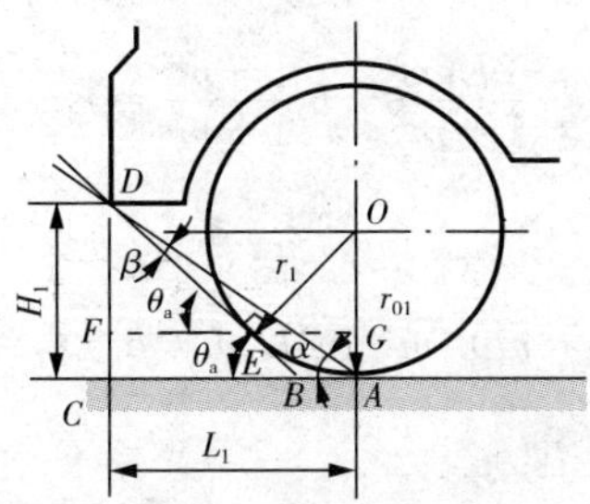

图 7-11　汽车接近角的计算

采用类似的方法，也可以确定离去角 θ_{d} 和纵向通过角 θ_{r}。

汽车前部、后部及中部的最低点很容易找出，这些点距离前后轮胎中心接地点的水平尺寸也容易测量。只要确定了这些尺寸，就可以得到接近角 θ_a、离去角 θ_d 和纵向通过角 θ_r 的近似值。这种方法存在一定的误差，因此简单方法精度较低。

(2) 准确方法

如图 7-12 所示，在四边形 $OABE$ 中作 AB 的平行线 FG。在三角形 DEF 中，有

$$\tan\theta_a=\frac{DF}{EF}$$

而

$$DF=H_1-(r_{01}-OG)=H_1-r_{01}+r_1\cos\theta_a$$

$$EF=L_1-EG=L_1-r_1\sin\theta_a$$

所以

$$\tan\theta_a=\frac{H_1-r_{01}+r_1\cos\theta_a}{L_1-r_1\sin\theta_a}$$

整理得

$$L_1\sin\theta_a-(H_1-r_{01})\cos\theta_a=r_1 \tag{7-25}$$

令

$$m=\tan\frac{\theta_a}{2}$$

则有

$$\sin\theta_a=\frac{2m}{1+m^2},\ \cos\theta_a=\frac{1-m^2}{1+m^2}$$

设

$$b=H_1-r_{01}$$

于是，式 (7-25) 变为

$$\frac{2L_1 m}{1+m^2}-b\frac{1-m^2}{1+m^2}=r_1$$

即

$$(b-r_1)m^2+2L_1 m-b-r_1=0$$

解得

$$m=\frac{-L_1+\sqrt{L_1^2+b^2-r_1^2}}{b-r_1}$$

因此

$$\theta_a = 2\arctan \frac{-L_1 + \sqrt{L_1^2 + (H_1 - r_{02})^2 - r_1^2}}{H_1 - r_{01} - r_1}$$

同理，可以得出确定 θ_d 及 θ_r 的公式，即

$$\theta_d = 2\arctan \frac{-L_2 + \sqrt{L_2^2 + (H_2 - r_{02})^2 - r_2^2}}{H_2 - r_{02} - r_2}$$

$$\theta_r = 2\left[\arctan \frac{-L_3 + \sqrt{L_3^2 + (H_3 - r_{01})^2 - r_1^2}}{H_3 - r_{01} - r_1} + \arctan \frac{-L_4 + \sqrt{L_4^2 + (H_3 - r_{02})^2 - r_2^2}}{H_3 - r_{02} - r_2}\right]$$

式中：r_{01}、r_{02}——前、后轮胎静力半径；

r_1、r_2——前、后轮胎自然半径；

H_1——接近角测量点到地面的距离；

H_2——离去角到测量点的距离；

H_3——纵向通过角测量点到地面的距离；

L_1——接近角测量点到前轴的水平距离；

L_2——离去角测量点到前轴的水平距离；

L_3、L_4——纵向通过角测量点到前、后轴的水平距离。

如图 7-12 所示，只要测出 r_i、r_{oi}、H_j、L_j（$i=1$，2；$j=1$，2，3，4）之值，就可以算出接近角、离去角和纵向通过角。

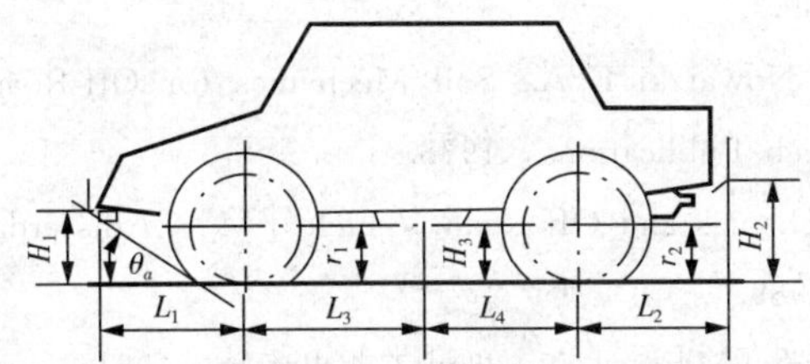

图 7-12　三个角的简化计算

小　结

本章论述了地面通过性的评价指标，介绍了汽车的几何通过性参数、牵引力的计算和汽车越过台阶、壕沟的能力。讨论了汽车结构、车轮和驾驶技术等影响汽车通过性的因素，还介绍了汽车的地面通过性与几何通过性试验方法，并通过实例说明汽车通过性理论在实践中的应用。

汽车的通过性影响因素包括汽车的结构和使用条件。为了保证汽车的通过性，除了减小行驶阻力，还必须提高汽车的驱动力和附着力，可采用副变速器或分动器、液力传动、高摩擦式差速器和驱动防滑系统等来实现。轮胎的气压、花纹和尺寸等结构参数以及驾驶员驾驶技术对汽车通过性也有很大的影响。测定或比较汽车的通过性能必须进行通过性试验，其内容应包括对地面通过性与几何通过性这两类参数的测定。

研究汽车通过性不仅能够预测汽车对未知地面的通过能力，而且可以根据已知地面特性选择最佳设计方案，从而提高运输效率。提高汽车的通过性能无论对道路车辆还是非道路车辆，对提高汽车的高速性及高效性，均有重大意义。汽车通过性的研究广泛应用于各个领域，是研制农业机械、军用车辆、林业车辆、沙漠车辆及矿山机械等各种非道路车辆或特种车辆的关键，不仅对国防建设，而且对国民经济的发展都有着十分重要的意义。

思考与练习

7-1 何谓汽车的通过性？汽车通过性的评价指标有哪些？

7-2 影响汽车通过性的因素有哪些？

7-3 一个 38×20—16 的轮胎，直径 $D=0.975\mathrm{m}$、宽为 0.47m，行驶在 $n=0.44$、$k_c=8.93\mathrm{kN/m}$、$k_\varphi=230.69\mathrm{kN/m}$ 的沙壤土上，轮胎的垂直载荷为 8586N，充气压力为 49kPa，由胎壳刚性产生的压力是 19.6kPa。试估计该轮胎的压实阻力。

参考文献

［1］Bekker M. G. Introduction to Terrain-vehicle systems［M］. Michigan：The University of Michigan Press，1969.

［2］Karafiath L. L. and Nowatzki E. A. Soil Mechanics for Off-Road Vehicle Engineering［M］. Germany：Trans. Tech. Publications，1978.

［3］Wong J. Y. Terramechanics and Off-Road Vehicle［M］. Amsterdam，the Netherland：Elsevier Science Publisher，1989.

［4］庄继德．汽车地面力学［M］．北京：机械工业出版社，1981.

［5］陈秉聪．土壤—车辆系统力学［M］．北京：中国农业出版社，1981.

［6］余志生．汽车理论（第 5 版）．北京：机械工业出版社，2009.

第八章　汽车公害

引　言

汽车作为世界上数量最多、使用范围最广、最便利的交通工具，在给人类社会带来方便的同时，也带来了不容忽视的严重公害。车祸、大气污染、噪声和电波污染等威胁着每一个人，人类为此付出了巨大的代价。

汽车排放污染对生活环境影响最大，曾经发生过由汽车引起的严重的大气污染事件。随着汽车工业的迅速发展，汽车保有量急剧增加，燃油等能源消耗大幅度上升，汽车排放的污染已成为主要公害，直接危害人类健康，并破坏生态平衡。另外，噪声公害也越来越受到关注。噪声公害影响人们的正常生活，降低劳动生产效率，损害听力，引发疾病。汽车电波公害是另一种形式的污染，电波公害可对电视和无线电产生干扰。虽然电波不直接影响人们的健康，但它影响广泛，也同样引起人们的重视。

本章将从汽车公害的组成、汽车公害对人类生活和环境的影响、汽车公害的测定方法和排除措施等方面做必要的论述。

第一节　概　述

汽车公害是指汽车由于行驶而产生的有害物质、噪声、电波等，从而危害人体健康和人类生活环境的现象。

汽车公害包括排放污染（即排气公害）、汽车噪声（即噪声公害）、电波干扰三个方面。此外，制动蹄片、离合器从动片和轮胎的磨损物以及车轮扬起的粉尘也会污染环境。

汽车排气污染对人类的生活环境影响最大（称为第一公害）；其次，汽车噪声也直接危害人们的健康；相比较而言，电波公害对人们的健康并不造成直接影响，而且是局部问题，所以没有前两者严重，但它同样危害人们的健康。

第二节　排气公害

环境问题是当前世界所关注的五大社会问题（粮食、能源、人口、资源、环境）之一。随着汽车产量和保有量的增加，汽车排放的污染已成为主要公害。因此，研究和降低汽车排放污染问题，对节约能源，减少环境污染，造福人类有着重要意义。

一、汽车排放的主要有害成分及其危害

汽车排放的主要有害成分有 CO、HC、NO_x 和碳烟。它们大部分是由排气尾管排出的，也有从其他部位窜出的。表 8-1 给出发动机在额定负荷下，每 kW·h 排出的有害成分的数量（以百分数表示）。

表 8-1　汽车排放的有害物质的百分比含量

有害物质	g/（kW·b）			容积百分数	
	化油器式发动机	四冲程柴油机	二冲程柴油机	化油器式发动机	柴油机
一氧化碳 CO	70～80	4.0～5.5	11	高达 6	低于 0.2
氧化氮（按 NO_2 算）	14	5～8	8	0.5	0.25
碳氢化合物（按 C_6H_{16} 算）	100～1000	14～29	5.0	0.05	低于 0.01
醛（按丙烯醛算）	3.4	0.14～0.2	0.34	0.03	0.002
硫化氢	0.28	0.95	1.0	0.008	0.03
苯嵌二萘	0.02^x	$0.0014～0.002^x$	0.0014^x	—	—
碳烟	0.4	1.4～2.0	1.22	0.05	0.25

注：x 的单位为 mg/（kW·b）。

汽车排放的有害物质散发到空气中，通过呼吸系统进入人体，能使神经系统、消化系统、呼吸系统受到损害。其中 NO_x 化合物和 HC 化合物在太阳光紫外线作用下，产生“光化学烟雾”。光化学烟雾既危害人体健康也污染环境。光化学烟雾对人和环境的影响见表 8-2。

表 8-2　光化学烟雾对人和环境的影响

浓度/ppm	影　响　程　度
0.02	在 5min 内，10 人中有 9 人能觉察到
0.03	在 8h 内，灵敏度高的作物、树木受影响

（续表）

浓度/ppm	影响程度
0.2～0.3	使人的肺机能减弱，胸闷，眼睛发红、疼痛
0.2～0.5	3h～6h 内，视力减弱
0.1～1.0	1h 内，呼吸紧张，气喘病恶化
1～2	2h 内，头痛胸痛，肺活量减少，人慢性中毒
5～10	全身疼痛，麻痹，肺气肿
15～20	小动物 2h 内死亡
50 以上	人在 1h 内死亡

二、汽车排放限值及测量方法

世界各国都十分重视控制汽车排放量。目前美国、日本及欧洲许多国家，同时采用怠速法、工况法、曲轴箱通风与燃料蒸发强制装置法来测量汽油车排放物，同时采用工况法和烟度法来测定柴油车的排放物。

我国实行的《汽车排放限值》，对汽油车采用怠速法来测量排放物，限制 CO 和 HC 的排放，对柴油车实行无负荷加速法来测量排放物，限制其烟度值。其中汽油车排放限值见表 8-3，柴油车排放限值见表 8-4。

表 8-3 汽油车排放限值

控制项目	类别	测量方法	限值
CO	新生产车	怠速法	≤5%
	在用车		≤6%
	进口车		≤4.5%
HC	新生产车		≤2500ppm
	在用车		≤3000ppm
	进口车		≤1000ppm

表 8-4 柴油车排放限值

控制项目	类别		测量方法	限值/%
烟度	新生产车	国产车	无负荷加速法	≤50R_b
		进口车		≤50R_b
	在用车	国产车		≤70R_b
		进口车		≤50R_b

我国汽车排放限值和测量方法的国家标准见表 8-5。

表 8-5　关于汽车排放限值和测量方法的国家标准

标准代号	标准名称
GB　3824—1983	汽油车怠速污染物排放标准
GB　3843—1983	柴油车自由加速烟度排放标准
GB　3844—1983	汽车柴油机全负荷烟度排放标准
GB　3845—1983	汽油车怠速污染物测量方法
GB　3846—1983	柴油车自由加速烟度测量方法
GB　3847—1983	汽车柴油机全负荷烟度测量方法

三、汽车排放污染物的形成及影响因素

1. 汽车排放污染物的形成

汽车排出的污染物是指排气管排出的废气和其他部位漏出的燃料蒸气。废气中的成分取决于燃烧前混合气的形成和燃烧时的燃烧条件以及排气系统的反应条件。排放中的 CO、HC 和 NO_x 各自生成的条件不同，即 CO 和 HC 在燃料不完全燃烧或燃烧温度低时形成较多，而 NO_x 则在燃烧温度高且氧气充足时增长较快。

（1）一氧化碳（CO）的形成

汽车发动机的主要燃料是汽油和柴油，它们是碳氢化合物（烃）的混合物（可用 C_nH_m 表示）。当燃料完全燃烧时，其产物为 CO_2 和 H_2O，即

$$C_nH_m+\left(n+\frac{m}{4}\right)O_2=nCO_2+\frac{m}{2}H_2O \tag{8-1}$$

当空气量不足时，则有部分燃料不能完全燃烧而生成 CO。其反应为

$$C_nH_m+\left(\frac{n}{2}+\frac{m}{4}\right)O_2=nCO+\frac{m}{2}H_2O \tag{8-2}$$

由此可以看出 CO 是在空气量不足的情况下所生成的不完全燃烧的产物，因此 CO 的排出量基本上受空燃比所支配（如图 8-1 所示）。

当处于比理论混合比浓的范围内时，随着空燃比的下降，CO 的浓度呈线性增加。当过量空气系数 $\alpha>1$ 时，在理论上不会产生 CO。但实际上由于混合气的混合及分配不均匀，因此在排气中还会有少量的 CO。即使混合气混合得很好，也会由于燃烧后的温度很高，使已经形成的 CO_2 分解成 CO 和 O_2，即 $2CO_2\rightleftharpoons 2CO+O_2$。$H_2O$ 也会部分分解成 H_2 和 O_2，即 $2H_2O\rightleftharpoons 2H_2+O_2$，其中 H_2 会使 CO_2 还原成 CO，即 $CO_2+H_2\rightleftharpoons CO+H_2O$。所以，汽车排气中总会有 CO 存在。

（2）碳氢化合物的形成

排气中 HC 的形成机理比 CO 复杂，但 HC 仍是不完全燃烧的产物。例如，为了提高

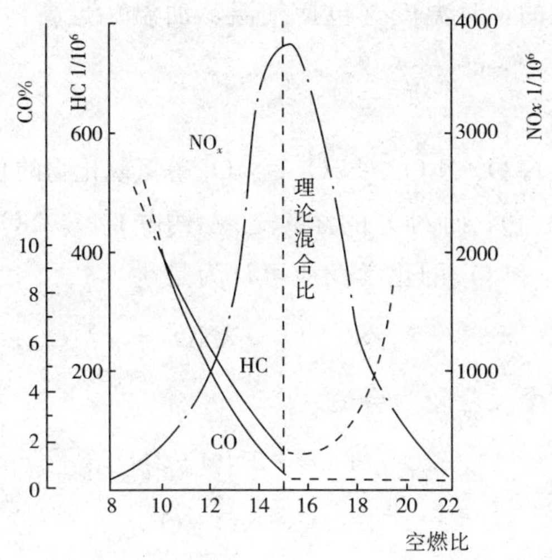

图 8－1　汽车排气中的 CO、HC 及 NO 浓度与空燃比的关系

发动机的最大功率，通常需要发动机在 α＜1 的情况下工作；在低负荷时，由于气缸内残余废气较多，为了不使燃烧速度过低，也需要发动机在 α＜1 的条件下工作，两者都会因空气量不足而产生不完全燃烧现象。此外，混合气过浓、过稀、燃料雾化不良或混入废气过多时，也会因灭火或半灭火状态而使未燃部分的燃料变成 HC 排出。

在汽车发动机中，不论是汽油机或柴油机都是通过火焰传播把混合气烧掉。但紧靠缸壁的那层气体（0.05～0.5mm），由于低温缸壁的冷却作用，使火焰传播不到那儿，从而使这层混合气中的 HC 随废气由排气管排出。如图 8－2 所示可以看出排气门开启和关闭前后，HC 的浓度特别高，这说明在燃烧室内壁周围残留着高浓度的 HC。

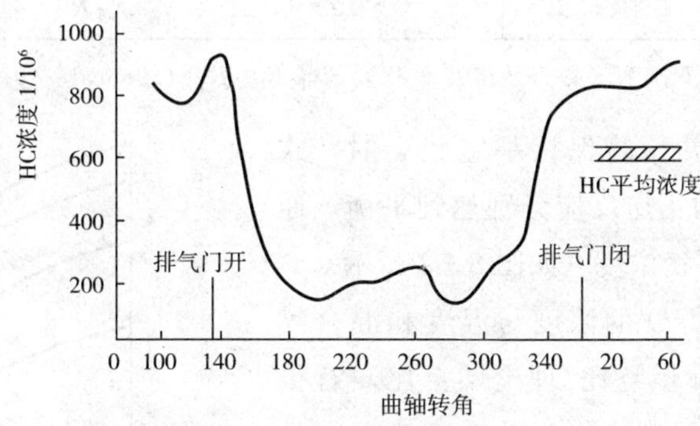

图 8－2　HC 的排出与排气门开闭前后曲轴转角变化间的关系

燃料的氧化燃烧过程也是很复杂的，不是直接生成 CO_2 和 H_2O，而是要经过一连串的化学反应。在反应过程的不同阶段，存在着不同的中间生成物，这些中间产物若进一步氧化的条件不适宜，就可能成为部分氧化产物而使 HC 的排出量增加。

汽车排出的 HC 还有一部分是来自曲轴箱窜气和燃料的蒸发。曲轴箱窜出的气体大部分是未燃气体（约占 80%），其中含有百万分之一的 HC。燃料蒸发所形成的 HC 是由于燃料饱和蒸气的扩散产生的，且温度（包括气温、油温）越高，蒸发损失越多，HC 的浓度也随之增加。

（3）氮氧化物的形成

NO_x 是指 NO、NO_2、N_2O、N_2O_3、N_2O_4、N_2O_5 等氮氧化物的总称。在发动机排出的废气中 NO 占绝大部分（约占 99%），而 NO_2 的含量较少（约占 1%）。NO 在大气中被氧化成 NO_2。

在较低的温度下，N_2 和 O_2 的化学反应可认为是

$$N_2+O_2 \rightarrow 2NO$$

但在高温时，分为下列两个反应较为合适：

$$2N_2+O_2 \rightleftharpoons 2NO+2N \tag{8-3}$$

$$N+O_2 \rightleftharpoons NO+O \tag{8-4}$$

见表 8-6，k_1、k_{-1}、k_2、k_{-2}分别为正逆反应的速度常数。这些反应是连锁反应，分子状态的氮和原子状态的氧碰撞，或氧分子和氮原子碰撞生成 NO。反应式左边的 O，一部分可由反应式（8-4）右边生成的 O 供给，但大部分是靠 $O_2 \rightleftharpoons 2O$ 生成的氧原子。由于反应式（8-4）中的氮原子 N 主要依靠反应式（8-3）右边生成的 N 提供，而反应式(8-3)又与温度有很大关系，因此，整个 NO 的形成在很大程度上取决于温度。

表 8-6 生成 NO 的速度常数 单位：$cm^3/(mol \cdot s)$

k_1	$7\times10^{13}T_e(-75.5/RT)$
k_{-1}	$1.55\times10^{13}T_e(-47.2/RT)$
k_2	$13.3\times10^9T_e(-7.08/RT)$
k_{-2}	$3.2\times10^9T_e(-39.1/RT)$

注：T 以 K（热力学温度单位）为单位；$R=1.986cal/(g\cdot mol\cdot K)$。

当燃烧产生高温并始终保持一定状态时，式(8-3)和（8-4）中的正逆反应分别达到平衡，通过计算可求出 NO 的平衡浓度（如图 8-3 所示）。

如图 8-3 所示，NO 的浓度与温度和混合气浓度（当量比 Φ=实际燃空比/理论燃空比）有很大关系：在 Φ 值小的区间内，NO 浓度随温度升高而迅速增加；在一定温度下，NO 浓度随 Φ 的增加而减少。特别是当 Φ 接近或超过 1 时，因氧气不足，NO 随 Φ 的增加而急剧减少。由此可知，NO 的形成，在 Φ 值小的区间内温度起主要作用，而 Φ 值大的区间内主要起作用的是氧的浓度。

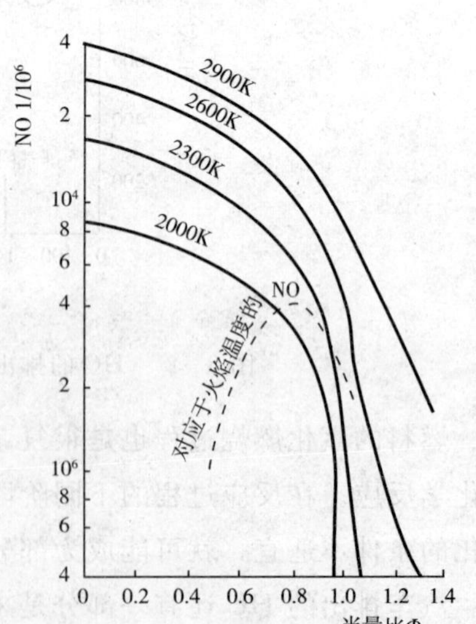

图 8-3 NO 的平衡浓度随时间变化的关系

利用上述化学平衡状态计算的结果，虽然可

以定性地说明发动机在燃烧过程中产生 NO 的倾向，但因发动机燃烧过程的时间很短，不能达到全部反应的平衡过程。原因是实际反应的速率远远跟不上化学平衡的需要，即每一瞬间的化学动力状态都与化学平衡状态有一定差距，因此，要想达到化学平衡，需要相当长的时间，近年来一般从反应速度进行探讨，并以点火后各种成分随时间的变化来推测 NO 的生成量。如图 8-4 所示为甲烷（CH_4）在空气中燃烧时的计算实例，可以看出，尽管主要成分在反应开始后 10^{-4}s 内就可大致达到化学平衡，但是 NO 与 N 的变化几乎才开始，即使经过 10^{-2}s，NO 也比平衡浓度的分子率低得多，即 NO 是在已燃的气体中慢慢地发生。因此，除了燃烧气体的温度和氧的浓度外，停留在高温下的时间也是 NO 生成的重要影响因素。

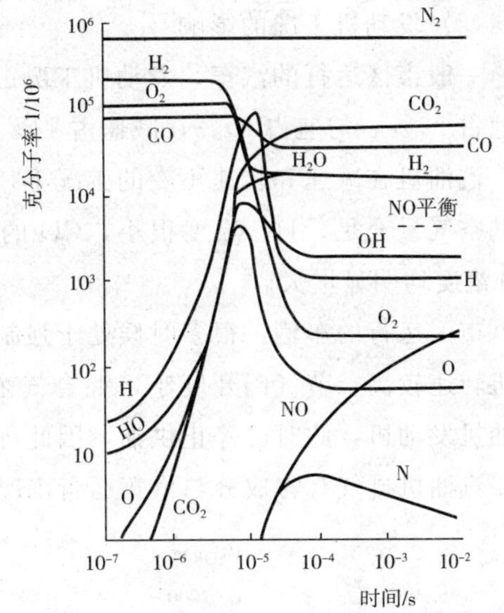

图 8-4　甲烷在空气中燃烧时各种成分

（CH_4 与空气为理论混合比，压力为 10 个大气压，火焰温度为 2477K）

2. 影响汽车有害气体排放的使用因素

影响汽车有害气体排放的使用因素有：空燃比、发动机工况、点火时间、配气相位、火花塞间隙及分电器触点等。

（1）空燃比的影响

使用中，空燃比对 CO 和 HC 的影响主要表现在气温和压力。气温高，发动机进气温度高，则混合气的混合比随空气温度的升高而变浓，使排气中的 CO 和 HC 浓度增大。高原地区，大气压力随着海拔高度的升高而降低，空气密度也相应降低，向发动机供给的混合气变浓，使排气中的 CO 和 HC 增加。

由如图 8-1 所示的空燃比对有害气体排放浓度的影响可知：

（1）当混合气处于比理论空燃比（14.8）浓的范围内时，随着空燃比的下降，CO、HC 浓度增加，NO_x 的浓度下降。其中 CO 和 HC 的增加是由于空气量不足而产生不完全燃烧所致，NO_x 的下降是由于混合气浓度、燃烧高峰温度和氧的浓度降低所致。

（2）当混合气处于比理论空燃比稀的范围内时，随着空燃比的增加，CO 的浓度变化不大，且浓度较低，而 HC 增加，NO_x 减少。在理论上不会产生 CO，但实际上由于混合气的混合及分配不均匀，以及 CO_2 在高温下的分解，因此仍有少量的 CO 生成。

（3）比理论空燃比大 10%左右的稀混合气，对减少 CO 和 HC 的排放有利，然而此时 NO_x 排放量最多。为了减少排气中的 NO_x，需要空燃比小于 12 或大于 18，可是过浓和过稀的混合气对发动机的工作将产生不利影响。当空燃比大于 18 时混合气过稀，发动机工作不稳定，有灭火现象，反而引起 HC 增加（如图 8-1HC 曲线虚线部分所示）。

（2）发动机工况的影响

一般市区运行的汽车，发动机工况占总工作时间的比例为：怠速和中等转速占35%，加速占22%，匀速占29%，减速占14%。

汽油机在减速和转速不变的工况下，废气中HC较多，CO的浓度大；柴油机由于混合的空气量充足，HC浓度很小，CO的含量甚微。在汽油机和柴油机加速及高转速时，NO浓度均明显增大。

市区运行的车辆，很多时候处于强制怠速（即发动机制动）工况。此时，由于汽油发动机转速较高，节气门开度小，混合气浓度大，使排气中的CO、HC浓度都很高；对于柴油机发动机，此时已停止供油，因此排放污染物甚少。

汽油机排气有害成分与汽车运行工况的关系如图8-5所示。

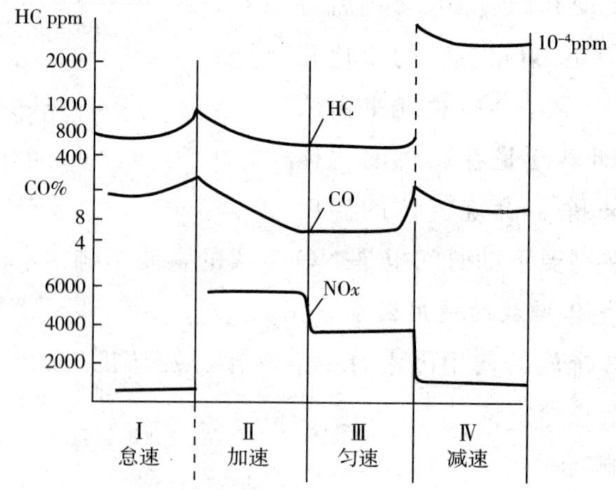

图8-5　汽油机排气有害成分与汽车运行工况的关系

（3）点火时刻的影响

点火时刻对排气中CO浓度的影响较小，但对NO_x、HC浓度的影响很大。

当点火提前角增大时，循环压力和温度提高，废气中NO_x的浓度随之增大；反之，NO_x的浓度减少。如图8-6所示。

当点火滞后时，废气中HC的浓度减小，且因为混合气进入排气管后继续燃烧提高了排气系统温度。当有过量空气时，还将促使排气中的未燃部分进一步氧化而起到净化作用，若点火过迟，因燃烧速度慢，HC的浓度亦会增大，如图8-7所示。但是，点火滞后将会引起发动机功率下降，油耗增加。

（4）配气相位的影响

气缸中残留废气的多少对NO_x影响很大，而配气相位（进气门开关、排气门开关、重叠时间、重叠点位置）影响气缸中的残留废气量。排气门早关，可因废气排放不完全，而使NO_x的排出量减少，这种措施对于高转速时，特别有效。

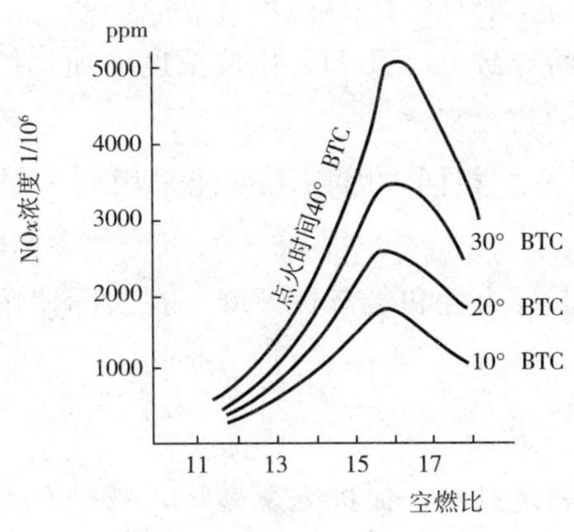

图 8-6　点火时间和空燃比对NO_x浓度的影响

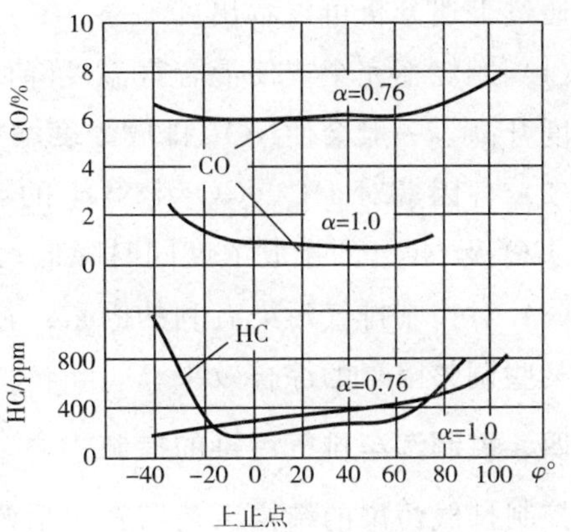

图 8-7　点火时间对 CO、HC 浓度的影响

进气门早开会使留在气缸内的废气稀释新鲜空气，而使NO_x减少，这主要在部分负荷及进气管真空度较高或低转速时有效。气门开启重叠时期的长短可以看做是上述变化的综合结果。较长的重叠时间（晚关排气门、早开进气门），特别是在低转速和部分负荷情况下，因新鲜混合气强烈地被废气稀释而使NO_x减少。

也可以由上述两种情况得知重叠点位置的影响：重叠点提前（早关排气门、早开进气门），则排气不完全，并且由此而产生的压力差把废气推入进气管，在高速时对NO_x的减少特别有利；重叠点延迟，因为晚开进气门的作用不大，其作用仅与晚关排气门一样，在低转速时，由于排气管产生的强烈回抽作用而使NO_x的排出量降低。

配气相位对 HC 的影响较难观察，因残余气体含 HC 多，起初会使 HC 的排出量减少，但如果废气保留得太多，则由于燃烧反应经常中断，反而会使 HC 的排出量增加。

如果排气门关闭较早，首先将包含 HC 多的废气保留在缸内，从而减少了 HC 的排出量，之后将因混合气变稀而使燃烧情况恶化。若排气门关闭较晚，没有排出的废气被回吸，此时含 HC 多和含 HC 少的废气混合，使 HC 的排出量略有增加。

早开进气门会使废气流入进气管，从而减少 HC 的排出量，但开得过早反而会增加 HC 的排出量。晚开进气门几乎对 HC 没有影响。

在低转速和部分负荷时，随着重叠时间的增加，混合气将迅速变稀，使 HC 增加；相反，在高负荷时，要求重叠时期长，以取得最有利的燃烧条件。

在重叠点提前时，HC 排出量开始减少，然后又增加。重叠点提前主要对全负荷和高转速有利，反之则对部分负荷和低转速有利。

（5）火花塞间隙及分电器触点的影响

使用经验表明，火花塞电极之间间隙大于最佳值，则 HC 排放量将增加 12%～24%。例如四缸发动机的一个火花塞若不工作，HC 排放量将增加 0.5～1 倍。分电器触点间隙过大、过小都对最佳点火提前角有明显影响。若间隙变化 0.1mm 将使点火提前角偏离 6°，则 HC 排放量可增加 3%。

通过上述分析可以看出：

(1) 燃烧不完全或使混合气温度降低，一般将导致CO及HC排放浓度增加；但使混合温度升高，一般会使NO_x排放浓度增加；

(2) 各因素对HC、CO及NO_x的影响程度不尽相同，因而不可能采用同一措施使HC、CO及NO_x的排放浓度同时降低；

(3) 对控制排气污染有利的因素，往往会引起动力性和经济性下降，在实际使用中要考虑某些调整因素的综合效果。

四、控制汽车排气污染的措施

控制排气污染的结构工艺措施包括改善燃料燃烧过程，促进完全燃烧，减少有害气体的产生，对发动机的燃油和空气进行预先处理，对排气进行后处理，等等。例如，采用各种净化、消音装置等。

控制排气污染的措施主要是保持发动机处于良好的技术状态、控制汽油的蒸发、提高驾驶技术等。

1. 保持发动机处于良好的技术状况。

气缸压缩压力、供油系统、点火系统的技术状况对有害排放物的影响比例分别占20%、30%、26%。

(1) 保持正常气缸压缩压力。当气缸压缩压力低时，发动机起动困难，燃烧不完全，不但导致HC和CO的含量增加，而且使油耗增高。因此，使用及维修中应重视保持正常的气缸压缩压力，若不正常，应找出原因并正确调整和修复。

(2) 保持供油系统处于良好的技术状况。汽油机化油器调整不当或在使用中发生了变化会使有害排放物浓度增加，化油器的正确调整应把握好混合气浓度、怠速及油量的调整。柴油机供油泵循环油量、供油压力和喷油提前角是影响排气污染的重要因素，应按使用说明书的规定正确调整。注意滤清器的清洁与维护，因滤网的堵塞增大进气阻力，使进气量下降导致混合气变浓而使CO和HC的排放量增加。

(3) 保持点火系统处于良好的技术状况。保证点火系具有足够的跳火能量，适当地延迟点火，但点火提前角不可过小，分电器触点间隙和火花塞电极间隙要保持最佳值。

2. 控制汽油的蒸发

油箱、化油器中的汽油蒸气和曲轴箱中的HC浓度很高，控制汽油蒸发损失，防止泄漏的措施有：曲轴箱通风、曲轴箱贮存法和吸附法。

把曲轴箱和空气滤清器用管子连起来，就构成了最简单的曲轴箱通风装置。这种装置的主要缺点是由于空气滤清器的负压小而处理不彻底，且机油和水分会污染滤清器的滤芯。PCV阀曲轴箱通风装置，如图8-8所示。把曲轴箱压力调节阀（PCV阀）和进气管连成一条管路，把气门室罩与空气滤清器连成另一条管路。这样曲轴箱内气体有两条通路：一条是通过气门室罩和空气滤清器进入化油器；另一条则通过PCV阀进入进气管。当空气量多时，PCV阀打开，曲轴箱内的气体被吸入进气管。这种装置可以把窜入曲轴箱内的 HC 完全处理干净，故目前已得到广泛应用。

曲轴箱贮存法是指在停车时将化油器和油箱中蒸发的汽油蒸气通过管道导入曲轴箱贮存起来，在运行时再通过压力调节阀把它吸入进气管中燃烧掉。

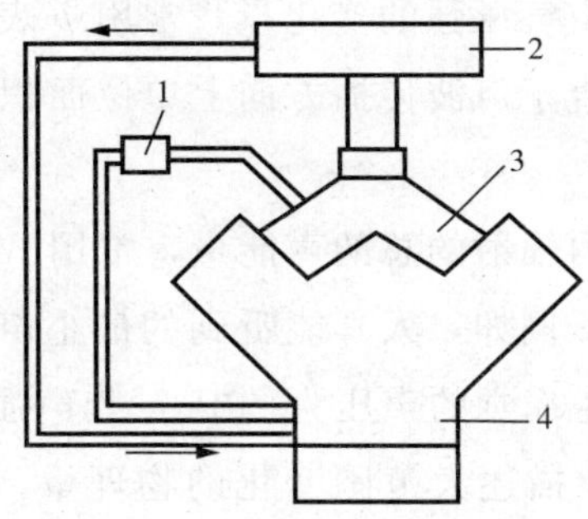

图 8-8　PCV 方式的曲轴箱通风装置系统图

1—PCV 阀；2—空气滤清器；3—进气管；4—曲轴箱

吸附法是指利用装在容器中的活性炭吸附汽油蒸气，并在行车时由新鲜空气使汽油蒸气脱离活性炭而导入进气系统。ELCD 装置是由吸附法原理制作的，此装置能将汽油蒸气完全处理掉，但当其压力平衡阀漏气时会导致燃料流量变化而影响发动机正常工作。

3. 驾驶技术

提高驾驶技术对降低排气污染十分重要。驾驶时，应尽量减少发动次数，避免连续猛踏加速踏板；行驶时，保持节气门的适当开度，冷却水温保持在 80℃～90℃之间，以保证发动机正常工作。

第三节　汽车噪声

汽车噪声是影响很广的一种污染，它不只影响人们的正常生活、降低劳动生产效率，甚至还损害人的听力、引发疾病。汽车噪声分为车内噪声和车外噪声。前者对乘员造成危害，而后者则主要对周围环境产生污染。

一、噪声的基本知识

1. 声音的产生与传播

声音来源于物体的振动。当物体在空气中振动时，它周围的空气便不断发生疏密波动，形成声波。内部空气受压变密时压强增大，而受拉变疏时压强降低，故声波的传播过程是压力波传播的过程，这种压力波作用于人耳鼓膜使其相应振动，通过听觉神经使人产生声音的感觉。声波在传播过程中，其运动状态在某瞬时完全相同的那些空气质点所形成的面称为波阵面。按波阵面形状不同可将声波分为球面波、柱面波、平面波等。

2. 噪声的客观量度

(1) 声音的强弱（声能量）

描述声音强弱的常用物理量有声压、声强、声功率。

声压是声波传播时引起的空气压强的变化量，常用 p 表示，单位是 Pa（帕）。

声强是单位时间内通过垂直于声波传播方向上单位面积的声能量，常用 I 表示，单位是 W/m^2。

声功率是声源在单位时间内辐射的总的声能量，常用 W 表示，单位是 W（瓦）。

这些物理量变化范围很大。例如，人耳能听到的最小声音的声压为 2×10^{-2} Pa，其声强为 10^{-12} W/m^2；而使人耳产生痛觉的声压为 20Pa，其声强为 1 W/m^2。人耳可感受的声音幅度范围高达 10^{12}。为方便地描述大范围变化的物理量，通常用对数标度。另一方面，人耳对声音的感受并不正比于声音的实际强弱，而是与其对数值大致成正比。因此在声学中普遍使用对数标度来度量声压、声强、声功率等物理量，分别称为声压级、声强级、声功率级等，单位均用 dB（分贝）表示。

声压级定义为

$$L_p = 20\lg\frac{p}{p_0} \tag{8-5}$$

式中：p 为待测声压；$p_0=2\times10^{-5}$ Pa，是人耳对 1000Hz 空气声所能感觉到的最低声音的声压，称为可听阈声压，作为基准值。

声强级定义为

$$L_I = 10\lg\frac{I}{I_0} \tag{8-6}$$

式中：I 为待测声强；$I_0=10^{-12}$ W/m^2，为可听阈声强，作为基准值。

声功率级定义为

$$L_W = 10\lg\frac{W}{W_0} \tag{8-7}$$

式中：W 为待测声功率；$W_0=10^{-12}W$，作为基准值。

由于声压测量比较容易实现，通常多用声压级作为噪声的客观物理量度，简称声级。多个声源共同作用时，声级合成应按照能量叠加原理。

若分别测得 $i=l$，2，…，n 个声源单独作用时，在某点的声级为 L_1，L_2，…，L_n，则这 n 个声源共同作用时，该点的总声级为

$$L = L_1 + 10\lg[1+10^{-0.1(L_1-L_2)}+\cdots+10^{-0.1(L_1-L_n)}] = L_1+\Delta L_1 \tag{8-8}$$

特殊情况，若仅有两个声源（$i=2$），式（8-8）可简化为

$$L = L_1 + 10\lg[1+10^{-0.1(L_1-L_2)}] = L_1+\Delta L_1 \tag{8-9}$$

式中：$L_1 > L_2$。

如图 8-9 所示是对应于式（8-9）的曲线可用于计算声级的合成。

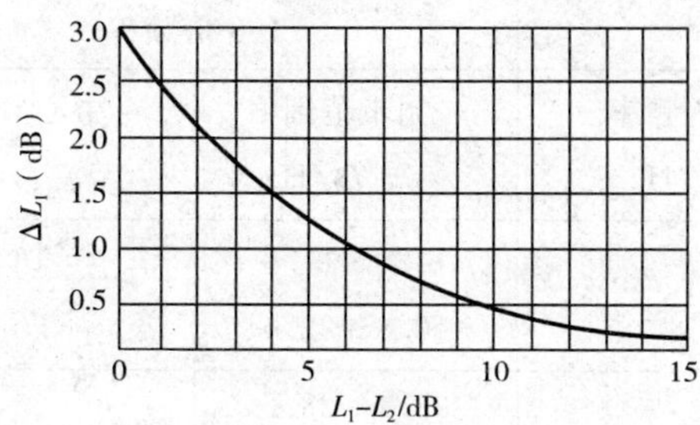

图 8-9　两声压级求和曲线

相反的，若已知总声级 L 和其中一个声源单独作用时的级别 L_1，欲求另一个声源作用时的声级，此为声级分解计算，可按下式计算：

$$L_2=L+10\lg[1-10^{-0.1(L-L_1)}]=L-\Delta L_2 \quad (8-10)$$

如图 8-10 所示是对应于式（8-10）的曲线，可用于计算声级的分解。

（2）音调的高低（声频谱）

音调的高低与声源振动频率有关。人耳的听觉频率范围一般为 20Hz～20kHz，这一听觉频率范围内的声振动称为声波；低于 20Hz 的声振动称为次声波；高于 20kHz 的声振动称为超声波。工程中常将声波频率范围分成若干个频率区段，称为频带或频程。每个频带以一个中心频率 f_c 表示，频带的声级表示该频带内的总声级。频带上、下限截止频率 f_u 和 f_1 的关系为

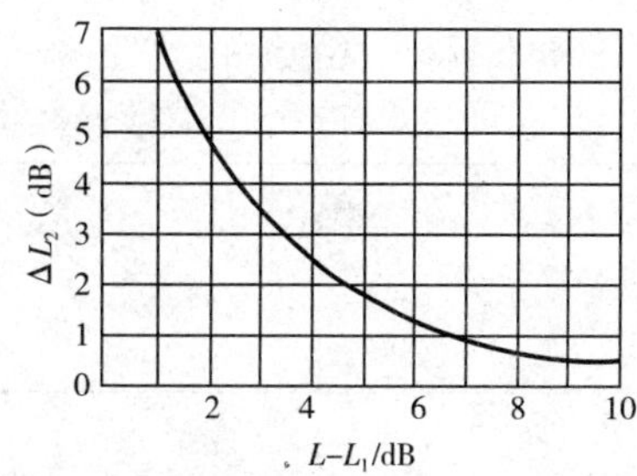

图 8-10　两声压级之差曲线

$$f_u=2^n f_1 \quad (8-11)$$

当 $n=1$ 时，称为倍频程；当 $n=1/3$ 时，称之为 1/3 倍频程。

每个频带的中心频率为

$$f_c=\sqrt{f_u f_1} \quad (8-12)$$

每个频带的带宽为

$$\Delta f=f_u-f_1=(2^{\frac{n}{2}}-2^{-\frac{n}{2}})f_c=\beta f_c \quad (8-13)$$

式中：$n=1$，$\beta=0.707$；$n=1/3$，$\beta=0.231$。

由上式知带宽 Δf 与中心频率 f_c 成正比。这类带宽称为恒定百分比带宽。显然 n 取值越小，带宽越细，频率分辨率越高，越接近于窄带分析。

表 8-8 是国际电气与电子工程师协会（IEEE）规定的声学测量中常用的倍频程和 1/3 倍频程的频带范围、中心频率及 A 计权修正值。

表 8-8　倍频程和 1/3 倍频程频带范围及 A 计权修正值

倍频程		1/3 倍频程		A 计权修正 /dB
频带范围 $f_1 \sim f_n$/Hz	中心频率 f_c/Hz	频带范围 $f_1 \sim f_n$/Hz	中心频率 f_c/Hz	
11～22	16	14.1～17.8	16	－56.7
		17.8～22.4	20	－50.5
22～44	31.5	22.4～28.2	25	－44.7
		28.2～35.5	31.5	－39.4
		35.5～44.7	40	－34.6
44～88	63	44.7～56.2	50	－30.2
		56.2～70.8	63	－26.2
		70.8～89.1	80	－22.5
88～177	125	89.1～112	100	－19.1
		112～141	125	－16.1
		141～178	160	－13.4
177～355	250	178～224	200	－10.9
		224～282	250	－8.6
		282～355	315	－6.6
355～710	500	355～447	400	－4.8
		447～562	500	－3.2
		562～708	630	－1.9
710～1420	1000	708～891	800	－0.8
		891～1122	1000	0
		1122～1413	1250	＋0.6
1420～2840	2000	1413～1778	1600	＋1.0
		1778～2239	2000	＋1.2
		2239～2818	2500	＋1.3
2840～5680	4000	2818～3548	3150	＋1.2
		3548～4467	4000	＋1.0
		4467～5623	5000	＋0.5
5680～11360	8000	5623～7079	6300	－0.1
		7079～8913	8000	－1.1
		8913～11220	10000	－2.5
11360～22720	16000	11220～14130	12500	－4.3
		14130～17780	16000	－6.6
		17780～22390	20000	－9.3

3. 噪声的主观量度

对声音的客观量度，不能表征人对声音的主观感觉和生理反应。人对噪声的主观感觉，不仅与声音的强弱有关，还与声音的频率有关。例如，空气压缩机与汽车的噪声声压级都是 90dB 左右，但前者听起来比后者响得多，其原因就是前者频率较高，恰在人耳敏感频段，而后者频率较低，不在人耳敏感频段。下面就噪声客观物理量度与人的主观感觉统一的问题，提出噪声的主观量度概念。

（1）响度、响度级、等响曲线

响度级就是同时考虑声音的声压级和人耳对不同频率声音的感觉而引出的一个表示响度的主观评价量。在大量试验基础上，给出响度级的定义为：以 1000Hz 纯音作为比较基准，如果某声音听起来与该纯音一样响，那么该声音的响度级就等于这个 1000Hz 纯音的声压级。响度级用 L_N 表示，其单位是 Phon（方）。例如，某汽车喇叭声音与声压级为 90dB 的 1000Hz 纯音听起来一样响，则该喇叭声的响度级为 90Phon。

响度级与声压级相似，都是相对量。在降噪处理时，有时需要用绝对量表示，这就是对声音强弱主观量度的另一概念——响度。响度用 N 表示，单位为 Sone（宋），规定声压级为 40dB 的 1000Hz 纯音所引起的响亮程度感觉为 1Sone 的响度。任何声音的响度就是通过与此声音比较而确定，即听起来是 1Sone 响度声音的几倍响，其响度就为几 Sone。这样规定的量度与主观感受成正比。响度增加两倍，声音听起来就响亮两倍。

响度级和响度之间的关系为

$$N=2^{0.1(L_N-40)} \tag{8-14}$$

由上式可知，响度级为 40Phon 时，响度为 1 Sone。响度级每增加 10Phon 响度就增大 1 倍。

以 1000Hz 纯音作为基准音，将其他各种频率的声音与此基准音相比较，在声谱图上将具有同样响度级的各点连起来就得到等响曲线。如图 8－11 所示为国际标准组织（ISO）推荐的等响曲线。

等响曲线体现了人耳听觉与声音客观物理量度的统一，是噪声评价的基础。由图 8－11 可以看出：

① 等响曲线反映了人耳对各种频率声音的敏感程度。人耳对 2000～5000Hz 的高频声最敏感，而对 100Hz 以下的低频声不敏感。例如，在 60Phon 的等响曲线上，1000Hz 声音的声压级为 60dB，3000～4000Hz 声音的声压级为 52dB，100Hz 声音的声压级为 67dB，30Hz 声音的声压级为 90dB，而它们听起来都一样响。

② 在频率低而声压级又不太大的区域等响曲线簇很挤，这意味着声压级即使变化不大，响度级的变化也很大。这对噪声控制是有利的。稍微降低低频区的噪声声压级，就可较大程度地降低其响度级。

（2）计权声级

由等响曲线可知，人的主观感觉还受频率影响。为了模拟人耳在不同频率时有不同的

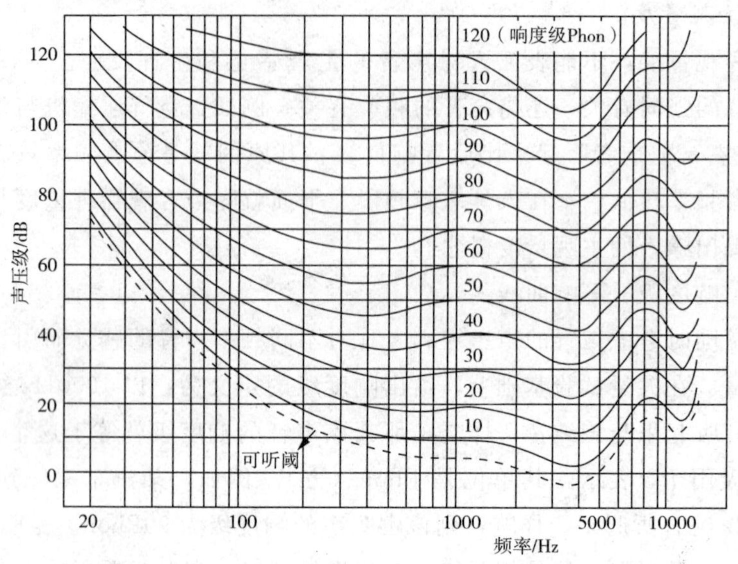

图 8－11　等响曲线

灵敏性，在测量仪器（声级计）中设有一种能够模拟人耳的听觉特性，把电信号修正为多听觉近似值的网络，这种网络称为计权网络。通过计权网络的声压，已不再是客观物理量的声压级、而是经过听觉修正的声压级称作计权声级。声级计中常备的计权网络有 A、B、C 三种，分别对应模仿 40Phon、70Phon、100Phon 的等响曲线来修正实测声压的各频带分量，代表人耳对低、中、高频声压的响度感觉。

实践证明，用 A 计权最能反映人耳对噪声响度的感觉特性。它与噪声对人们语言交谈的干扰、对听力的损伤、对健康的危害以及引起人们烦躁程度都有较好的相关性。因此，A 计权应用最广。通过 A 计权网络得到的声级称为 A 声级，记作 dB（A）或 L_A 计权网络各频带。

（3）等效连续声级

A 声级能较好地反映人耳对噪声的强度和频率的主观感觉，对稳定的宽频带噪声，它是一种较好的评价方法，但对一个非稳定的或不连续的噪声，就很难确定 A 声级大小。即使 A 声级相同的噪声，持续作用于人和间歇作用于人，其效果也明显不同。处理这类问题常用能量等效的方法，即按照作用于人的噪声总能量不变的原则，将不平稳或间歇作用的噪声折算为持续作用的平稳噪声。因噪声作用剂量不变，故认为引起人的感觉效果相同，这样得到的声级称为等效连续声级，记为 L_{eq}，即

$$L_{eq}=10\lg\left[\frac{1}{t_2-t_1}\int_{t_1}^{t_2}\frac{p^2}{p_0^2}\mathrm{d}t\right] \tag{8-14}$$

式中：t_1——开始时刻；

t_2——结束时刻；

p——瞬时声压。当 p 经过 A 计权网络滤波时，得到等效连续声级，记为 L_{epA}。

例如，某车床工作时发出噪声 80dB（A），若连续工作 8h，由式（8-14）求得 L_{eqA} = 80dB（A）；若工作 0.5h，再停 0.5h，这样工作 8h，由式（8-14）求得 L_{eqA} = 77dB（A）。这是因为后者实际只运转了 4h，比连续运转 8h 发出噪声总能量低一半，相当于以 77dB（A）的噪声连续工作了 8h。

（4）统计声级

交通噪声、环境噪声往往呈现不规则且随时间大幅度波动的现象。有汽车通过时，噪声为 85～90dB；没有汽车通过时，仅为 50～55dB。这就很难说交通噪声、环境噪声到底是多少 dB。解决这类问题通常用统计方法，统计出不同声级出现的概率或累积概率来评价。这样得出的声级称为统计声级，记为 L_n。

L_n 是一个 A 声级别，意指大于 A 声级出现概率为 n%。例如，L_{10} = 80dB（A），表示整个测量期间噪声超过 80dB（A）的概率为 10%，低于 80dB（A）的概率为 90%。

一般地，L_5、L_{10} 相当于峰值平均声级；L_{95}、L_{90} 相当于背景噪声；L_{50} 相当于平均声级，又称中间值。

二、汽车噪声

汽车是一个包括多种不同性质噪声的综合噪声源，如图 8-12 所示给出了各种汽车加速行驶时车外噪声的频谱图。由图可见，汽车噪声为宽频带噪声，覆盖人们听觉的主要频率范围；汽车噪声能量在各频带内分布比较均匀，并具有一些明显的峰值。低、中频段声级较高，当频率高于 3000Hz 以上时，噪声每 10 倍频程约下降 20dB。汽车噪声的噪声源

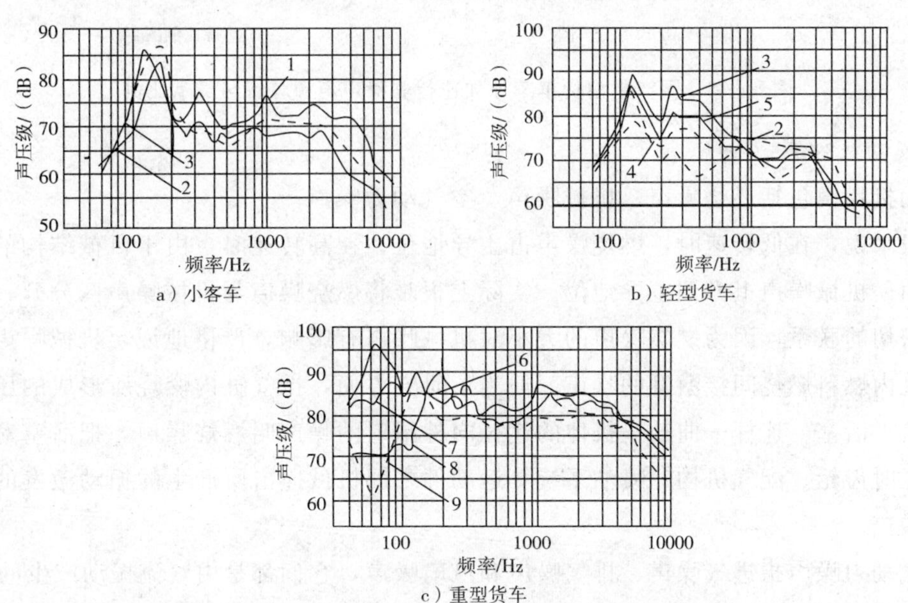

图 8-12　汽车加速行驶的噪声频谱

1—排量 1.1L；2—排量 1.5L；3—排量 1.7L；4—排量 2.3L；5—排量 2.4L

6—6 缸、排量 8L；7—8 缸 V 型；8—8 缸 V 型、排量 13L；9—6 缸、排量 6L

一般分为发动机噪声、底盘噪声、车身噪声。它们互相关联，较小的噪声源被更大的噪声源掩盖，很难彻底分离各个声源。对于大多数汽车来说，加速行驶时，发动机噪声能量超过总加速噪声能量的50%～70%，底盘噪声所占比例一般较低，在汽车高速行驶时，轮胎噪声才成为决定性因素之一。如图8－13所示是国产中型货车车外加速行驶噪声声源分解与贡献比例。

当噪声较大的声源得到治理而降低声级水平后，原来所占比例较小的声源会上升到主导地位。所以，合理的降噪措施是必须治理贡献比例大的噪声源。因此了解汽车各噪声源相对重要性，研究它们的发声机理，已成为汽车理论的主要任务。

此外，汽车噪声还与汽车运行状态有关，特别是发动机转速与负荷影响最大；同时也受到汽车载质量、汽车运行速度、档位选择、加速减速等因素影响，而这些又与驾驶操作技术有关。

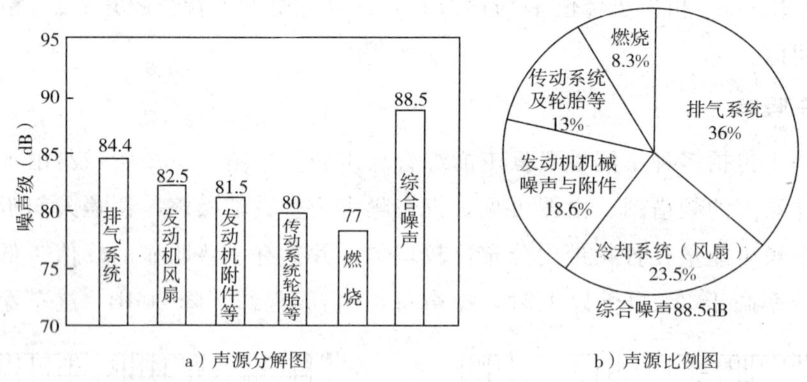

a）声源分解图

b）声源比例图

图8－13　国产中型货车车外加速行驶噪声声源分解与贡献比例

1. *发动机噪声*

发动机噪声包括燃烧噪声、机械噪声、空气动力噪声。

一般来说，在低转速时，燃烧噪声占主导地位；在高转速时，由于机械结构的冲击振动加剧而使机械噪声上升到主导地位。实际上很难将燃烧噪声与机械噪声区分开，它们之间有着密切的联系，因为燃烧噪声的大小对机械噪声有影响，严格地说，机械噪声也是发动机气缸内燃料燃烧间接激发的噪声。但为了研究方便，把气缸内燃烧所形成的压力振动通过缸盖—活塞—连杆—曲轴—机体的途径向外辐射的噪声叫燃烧噪声，把活塞对缸套的敲击，正时齿轮、配气机构、喷油系统等运动件之间机械撞击所产生的振动激发的噪声称为机械噪声。

空气动力噪声指进气噪声、排气噪声和风扇噪声，它们都是由气流振动产生的。

(1) 燃烧噪声

汽油机燃烧柔和、噪声小，与柴油机相比，其燃烧噪声并不突出。以下仅讨论柴油机的燃烧噪声。

燃烧噪声与燃烧过程有关，一般可从燃烧过程的滞燃期、速燃期、缓燃期和补燃期四个阶段来研究燃烧噪声。

燃烧过程所激发的噪声主要集中在速燃期内，其次是缓燃期。燃烧噪声主要表现在两个方面：一是气缸内压力急剧变化引起的动力负荷，由此产生结构振动和噪声，其频率相当于各传声零件的自振频率；二是由气缸内气体的冲击波引起的高频振动和噪声，其频率为气缸内气体的自振频率。

由气体动力负荷引起的噪声，主要取决于压力增长率及最高压力增长率持续的时间，压力增长越快，持续高增长率时间越长，则噪声越大。

燃烧气体引起的动力负荷和产生的冲击波对发动机气缸内各零件振动的激发，通过两条途径从气缸内传播出去：一是经气缸盖和气缸套；二是经曲柄连杆机构。由于发动机结构中大多数零件的刚性较大，自振频率处于中、高频区，因此发动机结构对燃烧噪声的低频部分衰减较大，而对高频部分衰减较小。

降低燃烧噪声的根本措施是降低压力增长率。由于压力增长率取决于着火延迟期和在着火延迟期内形成的可燃混合气的数量与质量，因此可通过选用十六烷值高的燃料，合理组织喷油过程及选用良好的燃烧室来实现降低燃烧噪声的目的。具体措施有：延迟喷油定时、改进燃烧室结构形状与参数、提高废气循环率和进气节流、采用增压技术、改善燃油品质；等等。

降低燃烧噪声，还应在燃烧激发力的辐射和传播途径上采取措施。增加发动机结构对燃烧噪声的衰减，尤其是对中、高频成分的衰减。经常采取的措施有：提高机体及缸套的刚性；采用隔振、隔声措施；减少活塞、曲柄连杆机构各部分的间隙；增加油膜厚度；在保持功率不变的条件下采用较小的缸径，增加缸数；改变薄壁件的材料和附加阻尼等。

(2) 机械噪声

发动机的机械噪声是运转过程中各运动零件受气体压力和运动惯性力的周期性变化作用引起振动和相互冲击所激发的噪声。它主要包括活塞敲击噪声、齿轮机构噪声（将在底盘噪声中介绍）、配气机构噪声。随着发动机转速提高，机械噪声迅速增强。若发动机制造工艺水平不高，机械噪声将更为突出。

活塞对气缸壁的敲击，通常是发动机最强的机械噪声源。敲击的强度主要取决于气缸的最高爆发压力和活塞与缸套之间的间隙。因此，这种噪声既和燃烧有关，又和发动机活塞的具体结构有关。影响活塞敲击噪声的因素有：活塞与气缸壁间隙、活塞销孔偏移、活塞高度、活塞环数、气缸套厚度、气缸直径、润滑条件和发动机转速等。降低活塞敲击噪声的主要措施有：减小活塞与气缸壁的间隙；将活塞销孔的位置在活塞中心线上偏向气缸承压一侧，以便在燃烧压力上升前，活塞发生位变，以减小高压冲击；增加活塞表面的振动阻尼，在活塞裙部表面覆盖一层可塑性材料，如聚四氟乙烯等。

配气机构噪声可分为三种：气门间隙引起的撞击声；气门驱动机构的噪声；发动机高速运转时，气门弹簧振动与气门跳动产生的噪声。它们是发动机的重要机械噪声源。影响配气机构噪声的主要因素是凸轮型线、气门间隙和配气机构的刚度。相应的降噪措施有：

选用性能优良的凸轮型线；提高凸轮加工精度；减小气门间隙；提高配气机构刚度；降低驱动元件惯性质量等。

（3）空气动力噪声

发动机的空气动力噪声是由于气体扰动以及气体与其他物体的相互作用而产生的。它是发动机最主要的噪声源，也是最容易采取降噪措施的对象。

进气噪声和排气噪声主要包括：气流通过气门和气门座处发生的涡流声；气门开启和关闭时，由于压力急剧变化而产生的脉动声。它们的基频是发动机的点火频率，所以表现为低频噪声。此外还有因进气噪声和排气系统所有管壁的振动而引起的辐射声。相比起来，排气噪声比进气噪声更为突出。

降低排气噪声可从以下两方面采取措施：一方面是采用排气消声器来减少由排气歧管传递的结构振动，这种措施对发动机性能影响很小，易于实现，是控制排气噪声的主要手段。另一方面可以对噪声源本身采取措施，从排气噪声发生机理入手，采取相应对策。例如改进排气歧管的布置，使吹过管口的气流方向与该管的轴线方向夹角保持在最不易使该管发生共振的角度范围内；合理设计各歧管的长度，使其声共振频率错开；使各歧管管口及各歧管之间连接处都有较大的过渡圆角，减小断口突变，避免管口存在尖锐的边缘，以减弱声共振作用；降低歧管和排气道内表面粗糙度，以减小紊流附回层中的涡流强度等。

为了满足进气与滤清的要求，又满足降低噪声要求，通常将进气消声器和空气滤清器设计结合起来考虑。对于噪声指标要求较严的客车，往往需要另加进气消声器。

风扇噪声由旋转噪声和涡流噪声组成。旋转噪声又称叶片噪声，是由于旋转着的叶片周期性切割空气，引起空气压力脉动而产生的，其基频与风扇转速和叶片数目有关。涡流噪声是风扇转动时使周围空气产生涡流，这些涡流及其分裂过程使空气发生扰动，形成压缩与稀疏过程，从而产生噪声。涡流噪声表现为宽频带噪声。

风扇噪声随转速增加而迅速提高，转速每提高 1 倍，声级增加 11～17dB。通常在低速时，风扇噪声比发动机本体噪声低得多，但在高速时，风扇噪声往往成为主要甚至最大的噪声源。

可以从以下几方面来控制风扇噪声：适当选择风扇与散热器之间的距离；改进叶片形状，使其有较好的流线型和合适的弯曲角度，以降低涡流强度；安装风扇离合器使风扇仅在必要时工作；叶片非均匀分布；等等。

2. 底盘噪声

底盘噪声包括传动系噪声、轮胎噪声、制动噪声等。

（1）传动系噪声

汽车传动系中可能成为噪声源的总成包括变速器、分动器、传动轴、差速器、轮边减速器等。传动系噪声既有内部齿轮和轴承运转引起的噪声，又有其他原因引起振动产生的噪声。

齿轮传动的特点是轮齿相互交替啮合，在啮合处既有滚动又有滑动，不可避免地要产

生齿间的撞击与摩擦，从而使齿轮产生振动并发噪声；另一方面，路面不平、发动机曲轴的扭振、车速的变化（制动、加速、换档），会使正常啮合关系遭到破坏，从而激发出噪声。工作中的齿轮还承受着交变负荷，使轴产生弯曲振动，并在轴承上引起动负荷，最终传给箱体，使之辐射噪声。

在齿轮设计、制造、使用过程中，有相当多的因素影响齿轮噪声的形成和传播。控制齿轮噪声就是合理调整这些因素，降低齿轮工作时的噪声。其主要措施有：

① 合理选择齿轮结构型式和改进齿轮参数设计，优先选用低噪声齿轮结构。齿轮参数低噪声设计原则是增加重叠系数，减小齿轮轮齿间的相对滑移和冲击，使齿轮工作过程平稳。

② 改进工艺提高加工精度。

③ 正确安装和合理使用。应十分注意齿轮安装精度，各部位间隙应适当调整，正确选用润滑油料，以利于吸收振动能量，减小齿间摩擦，降低齿轮噪声。

④ 采用齿轮阻尼减振措施。选择高阻尼系数的齿轮材料以及在齿轮基体处装合适的阻尼减振装置等，能有效抑制齿轮振动，阻止其向外辐射噪声。

滚动轴承的噪声是由于工作中的振动和摩擦产生的，轴承的结构型式、加工精度对其噪声有很大影响。应优先选用球轴承，并注意安装准确，调整好间隙和预紧力。虽然轴承噪声较低，往往被其他噪声掩盖。但轴承对整机支承刚度和固有频率有较大影响，且轴承振动会导致轴承产生共振噪声，应引起足够重视。

变速器、驱动桥除产生齿轮噪声、轴承噪声外，还会因壳体表面振动而产生辐射噪声。其结构设计应力求紧凑，以保证壳体有足够的刚度，避免共振。提高箱体的密封性，减少通向外界的孔道数目和大小，可防止齿轮噪声直接向外传出，起到隔声作用。选择高阻尼材料制造箱体，在箱体表面涂阻尼材料可明显降低表面声辐射。

传动轴动平衡的好坏是影响其振动噪声的主要因素，应考虑提高传动轴刚度和动平衡度，并设计专门的扭转减振器，以控制传动轴振动引起的噪声。

（2）轮胎噪声

轮胎噪声是轮胎在滚动过程中形成的，主要包括三部分：空气扰动噪声、轮胎结构振动噪声及路面噪声。

轮胎快速滚动必然对周围空气形成扰动产生噪声。同时，由于轮胎胎面有各种不同的花纹，在滚动中形成特殊的空气泵吸效应，这种泵吸效应在滚动过程中周期性发生，在空气中形成疏密波产生噪声。由于空气泵吸时流速很高，这种噪声相当大，是形成轮胎噪声最重要因素，其基频与车速、胎面沟槽数目成正比，与轮胎的有效半径成反比。另外，轮胎结构的弹性振动也会辐射噪声。

影响轮胎噪声的因素大致可分为两类：一类是设计因素，包括轮胎种类与结构、花纹设计和轮胎材料等；另一类是使用因素，包括轮胎滚动速度、载荷、气压、路面状况等。其中最重要的因素是花纹设计和路面状况。各种花纹设计的轮胎与不同路面相互作用，可导致轮胎噪声声级和声频谱发生很大变化。试验表明：横向直花纹轮胎噪声最大，纵向直花纹轮胎噪声最小；普通纵向花纹轮胎在粗糙混凝土路面上行驶噪声比在光滑混凝土路面上高 10dB；在一般情况下，制动和加速时轮胎噪声上升 1～4dB，急转弯时轮胎噪声在高频范围内增大 10dB 左右；轮胎磨损后，噪声增加 2～4dB。

(3) 制动噪声

汽车制动产生的噪声主要有制动器的鸣叫声、轮胎与地面的摩擦声及车身钣金件的颤动声等。制动噪声一般均指制动器的鸣叫声。

制动噪声源于制动器的振动。制动器的摩擦系数随滑动速度变化，这种变化的摩擦力激发制动器某些构件共振，产生较强烈的噪声，这种噪声多是人们难以忍受的高频噪声。

制动噪声及其频率特性与制动器的结构、制动压力和温度、制动初速度和减速度、制动器使用状况等因素有关。制动噪声的控制措施主要是优化制动器结构参数并合理选用材料，减少共振发生的可能性。以鼓式制动器为例，具体方法有：增加制动鼓刚性，减小制动器刚性，增加鼓与蹄对振动的衰减，合理匹配鼓与蹄的固有频率，改善摩擦衬片的特性并提高其衰减振动的能力。

3. 车室噪声

车室噪声指汽车行驶时，乘坐室内存在的各种噪声。车室噪声极易引起乘员疲劳，它对汽车乘坐舒适性有重要影响。如图 8-14 所示，车室噪声主要来源于两方面：一是车身振动；二是空气与车身之间的冲击与摩擦。前者引起的噪声受车身结构、发动机安装方式、各激振源特性等多种因素影响；而后者受车身外形结构、车身密封性、车内阻尼吸声材料应用、汽车行驶速度等多种因素影响。一般情况下，以车身振动噪声为主。

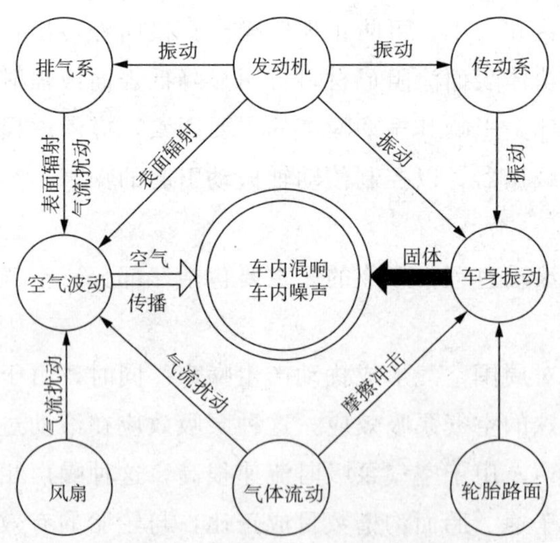

图 8-14　车内噪声的主要来源与传播途径

降低车室噪声首先是取决于发动机、底盘各部件的降噪效果，其次是取决于车身方面的降噪措施。因此在降低车外噪声的同时也同步降低了车室噪声。

车室噪声评价一般引用驾驶员右耳位置处的声级和频谱两个参量。

车室噪声控制是一项比较复杂的工作，达到控制目的的途径也多种多样。但归纳起来主要是减弱声源强度、隔绝传播途径、吸声处理三个方面。

降低汽车上任何一个声源的噪声能量，对车室噪声控制都是有利的，尤其是降低发动机噪声和传动系噪声对车室噪声的降低更为重要。

为了减少汽车行驶过程中传入车室的噪声，可以利用具有弹性和阻尼的材料来改善振源和车身之间的振动传递关系，阻断固体传声，也可以利用涂阻尼粘胶等材料来改善车身壁板的隔声性能并减小车室壁板的孔缝数目和尺寸，从而增大车身结构的隔声量，削弱或隔阻气体传声。

在车身壁板上使用能减少反射声的吸声材料，可有效降低车室混响作用，从而达到控制车室噪声的目的。

三、汽车噪声测量

汽车噪声测量分车外噪声测量和车室内噪声测量。一般都用 A 声级评价。

为了有效地控制噪声，各国都颁布了各类机动车噪声限值标准和相应的噪声测量规范。

我国已颁布了 GB1495—1979《机动车允许噪声》（见表 6-3）和 GB 1496—1979《机动车辆噪声测量方法》。随着社会发展和技术进步，各国还将逐步修订和提高标准限值。

表 8-9　中国机动车辆噪声标准 GB 1495—1979

车辆类型		加速行驶，车外 7.5m 处最大声压级
货车	8t≤载质量<15t	89
	3.5t≤载质量<8t	86
	载质量<3.5t	84
轻型越野车		84
客车	4t<总质量≤11t	86
	总质量≤4t	83
小轿车		82
摩托车		84
轮式拖拉机（45kW）		86

1. 车外噪声测量

汽车车外噪声测量方法对各类车辆来说大同小异，原则上与国际标准 ISO－R362 一致。

车外噪声测试场地及测点位置的布置如图 8-15 所示。试验场地由中心加速路段和周围开阔地段组成。

周围开阔地段半径应不小于 50m，并避开建筑物、山坡、岩石等反射物体，场地表面

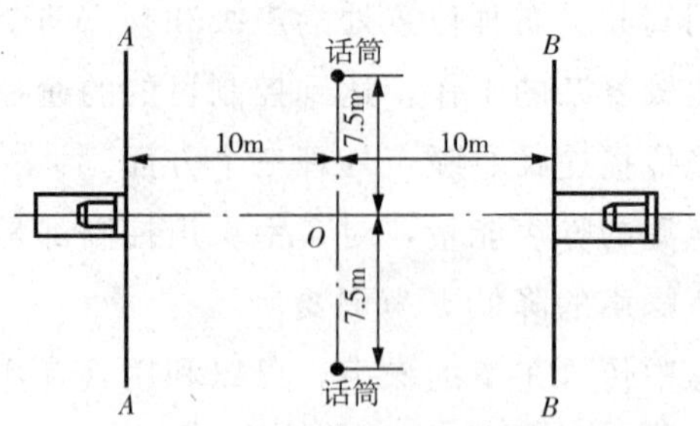

图 8-15　车外噪声测量

必须坚硬；中心加速路段半径应不小于 10m，用水泥或柏油铺成，并保持平直、干燥、洁净，坡度不大于 0.5%，这样可保证声源与话筒之间近似半自由声场条件。另外，场地的背景噪声应比待测汽车噪声低 10dB 以上，话筒距地面高度 1.2m。

进行加速行驶车外噪声测量时，车辆以发动机标定转速的 3/4 的速度驶抵测试区始端线，立即把油门加到最大，并保持到车辆驶抵测试区终端线后，立即减低油门至怠速。在车辆驶过同时，用声级计“快”挡 A 计权网络测读表头最大读数。试验往返进行，车辆两次测量结果之差不应大于 2dB（A），否则重测。

此外，还进行匀速行驶和最低稳定车速行驶工况下车外噪声调量。

2. 车内噪声测量

对于车室内噪声测量，在 ISO 5182—1980（E）《声学 · 汽车车内噪声测量》的基础上发展起来的慢扫描评价方法，被认为是较好的测量与评价方法。在规定挡位下，车辆由低速逐渐稳定地加速到发动机额定转速时的车速，记录此过程中车内噪声和车速信号，经计算机处理后绘制噪声级随车速变化的曲线。该曲线既可用于评价车内噪声指标，又可帮助发现异常噪声问题。

测量车内噪声时，要求试验路段为平直、干燥的沥青路面或水泥路面，室外风速小于 3m/s。测量前，车辆应充分预热。测试工况分缓慢加速、突然加速、等速行驶、发动机制动、脱档滑行等。测量中，一般应关闭车室所有门窗，车内背景噪声应较所测车内噪声低 l0dB 以上，并应注意不被偶然的其他噪声峰值所干扰。驾驶室内的测点应选在驾驶员耳位，客车则应在前、中、后不同座位选取测点，传声器膜片朝向汽车前进方向。车内人员应正常坐于适当位置，严禁站立或行走，其他无关人员不允许在车内。

车内噪声评价主要考虑汽车乘坐舒适性、语言清晰度、听觉损害程度、车内乘员对车外各种声音信号的识别能力等。

美国汽车工程协会（SAE）根据大量调查，从保护听力不受损害角度出发，提出货车驾驶室内总噪声级不应超过 88dB（A），并推荐驾驶室内各倍频程声压级的数值，见表8-10。

各种类型小客车因行驶条件不同，室内噪声级差别较大，表 8-11 给出了不同行驶条件下，小客车车内噪声的测试统计结果。我国 GB 7285—1987《机动车运行安全技术条件》中规定客车室内最大噪声级不大于82dB（A）。

表 8-10　SAE推荐汽车驾驶室内噪声允许值

倍频程 f_c（Hz）	63	125	250	500	1000	2000	4000	8000
声压级（dB）	103	97.5	92	86.5	81	75.5	70	70

表 8-11　小轿车车内噪声测试结果统计

行驶条件	加速行驶	70km/h匀速、混凝土路面	35km/h匀速、碎石路面
噪声声级（dB）	70～84	66～74	63～77

第四节　电波公害

电波公害是指汽车上的电气设备产生的杂散电波对电视、无线电广播和通讯造成的干扰。汽车上，点火系、电喇叭、方向指示灯、发电机等电气设备中有很多导线、线圈等电气元件，它们具有不同的电容和电感。而任何一个具有电感和电容的闭合回路都会形成振荡。因此，在汽车的电气设备中有很多的振荡回路，当火花放电时，产生的高频振荡便以电磁波的形式放射到空中，切割无线电、电视广播等通讯设备的天线，从而引起干扰。在汽车的电气设备中，点火系是最主要的杂散电波发生源，大部分杂散电波发生在点火系的电容部分。

控制电波公害主要是限制汽车点火系产生的杂散电波强度。为此，很多国家对汽车（或汽车内燃机）点火系的杂散电波强度制定了标准，并规定了测量仪器和测量方法。

由汽车引发的电波公害虽然没有像汽车排气公害和汽车噪声公害对生活环境影响那么严重，但它同样也影响人们的生活，因此也应引起人们重视。

实例（汽车进气口噪声分析）

进气系统噪声不仅会传到车厢内影响乘客，而且还会辐射到环境中，所以在设计进气口时必须使噪声既满足客户的要求也要达到有关法规的要求。一般来说，在设计进气系统时，应按照下列程序来进行：

（1）搞清楚发动机的参数和振动与噪声的特性，了解进气系统可能的安装空间。首先只用一根管道与发动机相连接，分析或者测量进气口的噪声特点，然后将此时的噪声与目标噪声比较，得到所需要的传递损失曲线。

（2）根据声音品质的要求，确定进气多支管的设计。如果要求声音主要是发火阶次组成而半阶声音尽可能小，那么多支管采用等长度分管；如果要求进气声音有动感，半阶声音成分大，那么多支管就设计成尾端连接分管型式。

（3）设计空气过滤器。因为空气过滤器是进气系统必不可少的元件，除了过滤空气外，它还是一个扩张消声器。过滤器的容积应该尽可能大，这样传递损失大而且覆盖的频带宽。

（4）根据加了空气过滤器之后的进气口噪声来确定所需要的消声器。赫姆霍兹消声器一般是针对低频率，1/4 波长管用来消除高频噪声，使得噪声达到目标。

以一个四缸发动机为例来设计进气声学元件。假设进气多支管已经设计好，为等长度分管，如图 8－16 所示。首先，将一根管道与发动机进气多支管相连接，如图 8－17 所示，然后测量进气口的噪声。如图 8－18 是进气口总体噪声和第 2 阶、第 4 阶的噪声图。这张噪声图中不包括任何消声元件，其总体噪声比目标噪声高出 5～20dB（L），总体噪声中发火阶次（第 2 阶）的噪声占主要成分，在 5500r/min 时，第 4 阶噪声占主导成分。

图 8－16　四缸发动机等长度分管　　图 8－17　一根管道与进气多支管连接图

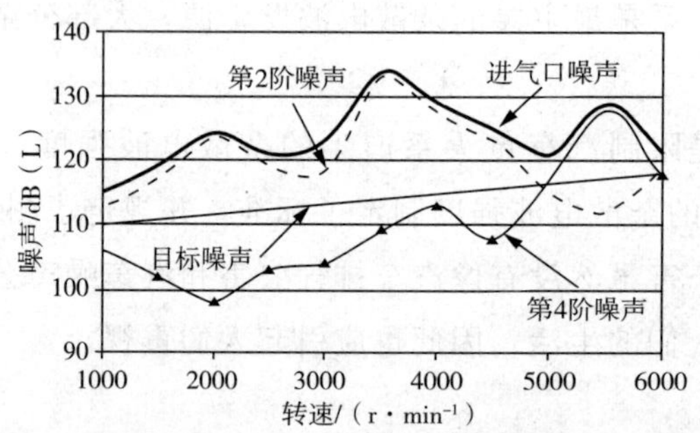

图 8－18　进气口总体噪声

虽然这张图中的噪声是随着发动机转速而变化的，但是由于知道第 2 阶噪声占主导成分和第 4 阶在 5500r/min 时的峰值接近总体噪声，因此也就知道这两个阶次噪声转速所对应的频率。从而可以计算各阶与总体噪声之间的分贝差值，这个差值就是消声系统要达到的插入损失。表 8－12 和图 8－19 分别列出和画出了第 2 阶所要达到的插入损失。如图8－19所示表示第 2 阶所要求的插入损失主要是在两个频率达到峰值：66.7Hz（2000r/min）和 116.7Hz（3500r/min）。在这两个频率时，插入损失值分别为 11.9dB 和 19dB。

表 8－12　第 2 阶插入损失

转速/（r·min^{-1}）	频率/Hz	目标噪声/dB（L）	第 2 阶噪声/dB（L）	第 2 阶插入损失/dB
1000	33.3	110	113	3
1500	50	110.8	117	6.2
2000	66.7	111.6	123.5	11.9
2500	83.3	112.4	119	6.6
3000	100	113.2	118	4.8
3500	116.7	114	133	19
4000	133.3	114.8	127	12.2
4500	150	115.6	123	7.4
5000	166.7	116.4	115	－1.4
5500	183.3	117.2	112	－5.2
6000	200	118	119	1

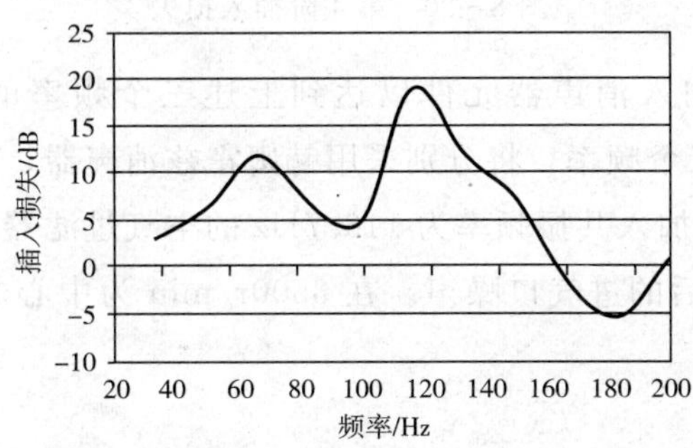

图 8－19　第 2 阶插入损失

表 8－13 和图 8－20 分别列出了第 4 阶所要达到的插入损失。如图 8－20 所示第 4 阶所要求的插入损失主要是 366.7Hz（5500r/min）时达到 11.3dB。

表 8－13　第 4 阶插入损失

转速/（r·min^{-1}）	频率/Hz	目标噪声/dB（L）	第 4 阶噪声/dB（L）	第 4 阶插入损失/dB
1000	66.7	110	106	－4
1500	100	110.8	102	－8.8
2000	133.3	111.6	98	－13.6
2500	166.7	112.4	103	－9.4
3000	200	113.2	104	－9.2
3500	233.3	114	109	－5
4000	266.7	114.8	113	－1.8

（续表）

转速/（r·min⁻¹）	频率/Hz	目标噪声/dB（L）	第 4 阶噪声/dB（L）	第 4 阶插入损失/dB
4500	300	115.6	108	−7.6
5000	333.3	116.4	117	0.6
5500	366.7	117.2	128.5	11.3
6000	400	118	117	1−1

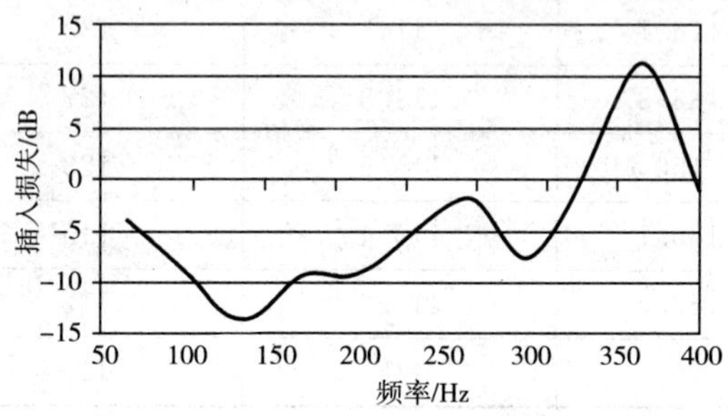

图 8-20　第 4 阶插入损失

下面就在进气管上加入消声器元件以达到上述三个频率的插入损失。对 66.7Hz、116.7Hz 和 366.7Hz 这三个频率，将分别采用赫姆霍兹消声器、空气过滤器和 1/4 波长管来达到消声目的。首先，加入共振频率为 116.7Hz 的空气过滤器，如图 8-21 所示。如图 8-23 所示是加入过滤器后的进气口噪声。在 3500r/min 为中心的频率带内，进气口噪声大大降低。

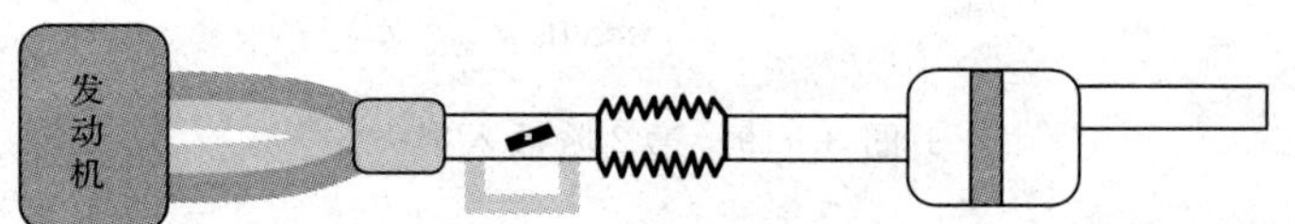

图 8-21　加入空气过滤器后的进气系统

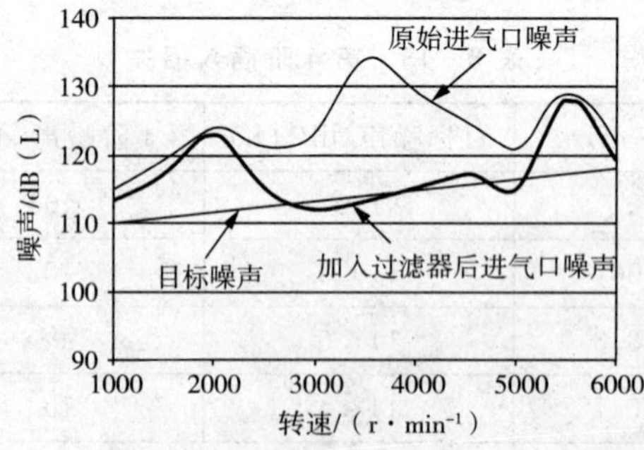

图 8-22　加入空气过滤器后的进气口噪声

在现有的系统中再加入一个频率为 66.7Hz 的赫姆霍兹消声器，如图 8-23 所示。如图 8-24 所示为加入赫姆霍兹消声器后的进气口噪声。在 2000r/min 附近的噪声就降低到目标噪声线以下。

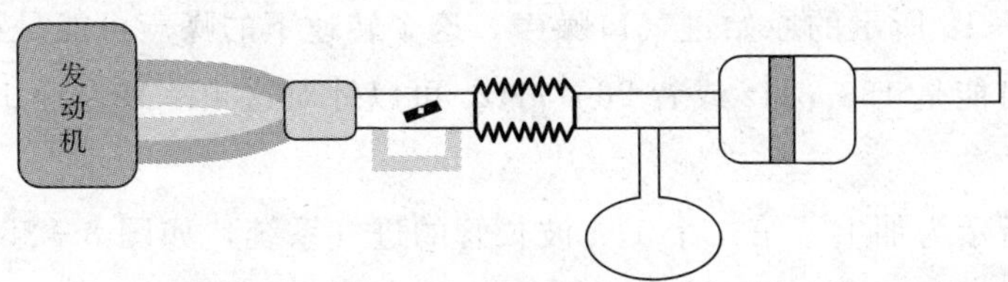

图 8-23　加入过滤器和赫姆霍兹消声器后的进气系统

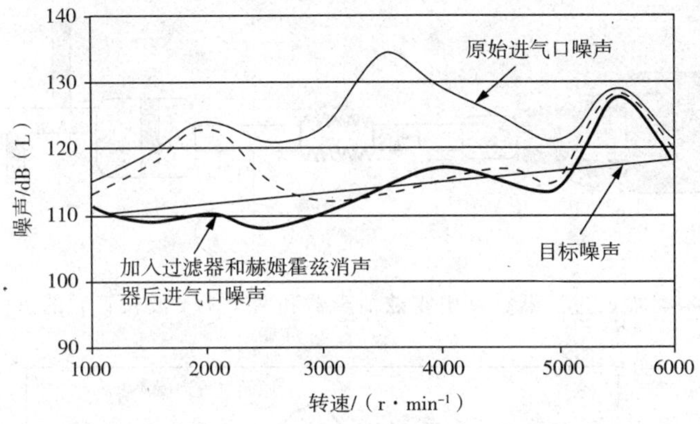

图 8-24　加入过滤器和赫姆霍兹消声器后进气口噪声

用一根 1/4 波长管来降低 366.7Hz（5500r/min）的噪声峰值。如图 8-25 所示为加入了过滤器、赫姆霍兹消声器和 1/4 波长管后的进气系统，如图 8-26 所示为对应这种情况下进气口的噪声。这时，5500r/min 附近的噪声降低到目标噪声以下。

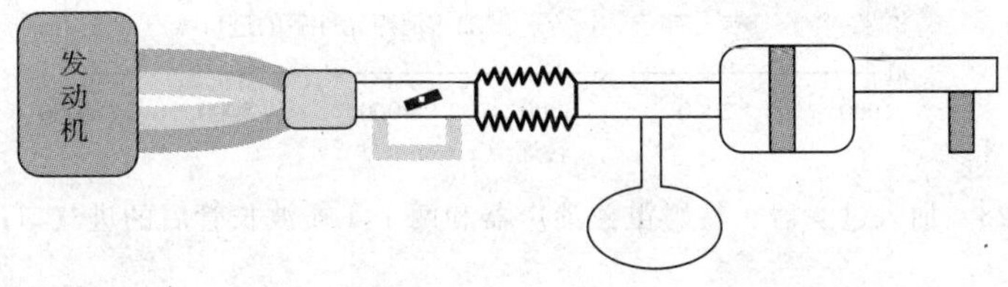

图 8-25　加入过滤器、赫姆霍兹消声器和 1/4 波长管后的进气系统

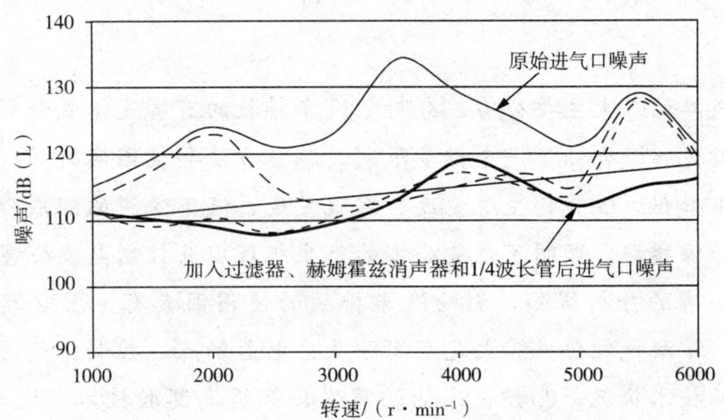

图 8-26　加入过滤器、赫姆霍兹消声器和 1/4 波长管后的进气口噪声

比较现在的进气口噪声，可以看到在4000r/min处，有个小的峰值高出目标噪声约3dB。观察如图8-18所示的原始进气口噪声，这个转速下的噪声可能是第2阶或者是第4阶贡献的，频率可能是133.3Hz或者266.7Hz. 可以针对这频率来设计1/4波长管或者赫姆霍兹消声器。

如图8-27所示为加上了第二个1/4波长管的进气系统，如图8-28所示为最后的进气口噪声曲线。经过加入过滤器、赫姆霍兹消声器和两个1/4波长管后，进气口的噪声达到了目标噪声。

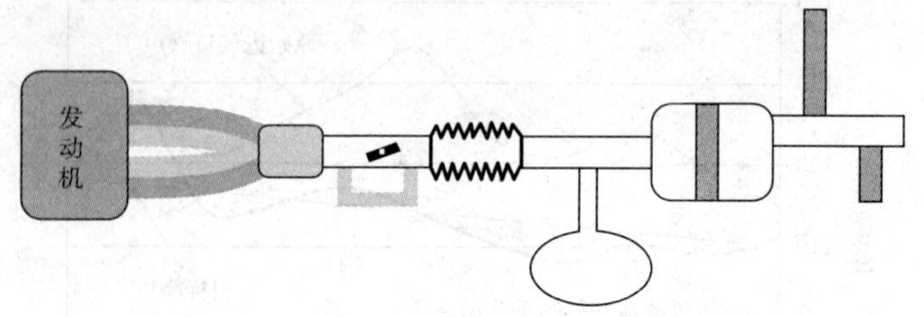

图8-27　加入过滤器、赫姆霍兹消声器和两个1/4波长管后的进气系统

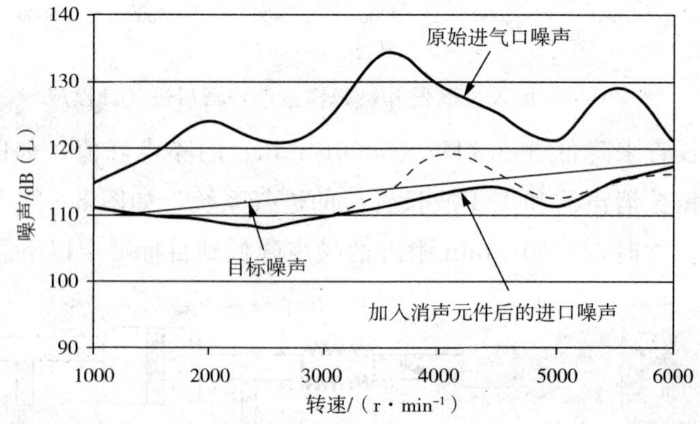

图8-28　加入过滤器、赫姆霍兹消声器和两个1/4波长管后的进气口的噪声

小　结

本章阐述了汽车的三大主要公害，分析了汽车排放的有害气体成分CO、HC、NO_x等以及它们所产生的危害。介绍了汽车排量限制，测量方法和我国实行的《汽车排放限值》。讲述了噪声的基本知识，噪声的主观量度、客观量度，汽车噪声的组成以及车内、车外噪声的测量方法和降噪措施。阐明了电波公害的产生机理以及控制电波公害的措施。

通过对排气公害的分析得知，影响汽车排放的使用因素有：①空燃比；②发动机工况；③点火时刻；④配气相位；⑤火花塞间隙及分电器触点。控制排气污染的措施有：①保持发动机良好的技术状况；②控制汽油的蒸发；③提高驾驶技术。汽车噪声主要来自：①发动机噪声；②底盘噪声；③车室噪声。汽车噪声测量分车外噪声测量和车内噪声测

量，一般都用 A 声级评价。在汽车的电气设备中，点火系统是最主要的杂散电波发生源，大部分杂散电波发生在点火系统的电容部分。控制电波公害的主要措施是限制汽车点火系统产生的杂散电波强度。

通过对汽车公害的研究可知，消费者不能一味地追求汽车的动力性。由于国内各大中城市小汽车的快速增长，汽车燃油等能源消耗大幅度上升，城市道路交通日益拥堵，有害气体排放和大气污染日趋严重，加上一些交通管理不到位，导致国内各种交通事故层出不穷，给国家、企业和事故损害对象造成了巨大的损失。汽车公害已引起世界各国的重视，降低汽车排放量，对节约能源、减少环境污染、造福人类有着重要意义。

思考与练习

8-1 汽车公害主要有哪几种？

8-2 汽车排放的有害成分主要有哪些？对人和环境有何影响？控制汽车排放污染的意义和措施是什么？

8-3 汽车排放限值是怎样规定的？

8-4 什么是噪声？汽车噪声包括哪些方面？

8-5 简述下列名词术语的定义：声压，声压级，A 计权声级。

8-6 三台发动机运转时各自噪声级分别为 85dB、83dB、80dB，求三台发动机同时运转时的总声级。

8-7 某街道无汽车驶过时，噪声为 65dB (A)；当汽车驶过时，噪声为 70dB (A)；汽车鸣喇叭时，噪声为 90dB (A)。试求汽车行驶噪声和喇叭噪声。

参考文献

[1] 秦文新．汽车排气净化与噪声控制 [M]．北京：机械工业出版社，2007.

[2] 马广大．大气污染控制工程 [M]．北京：中国环境科学出版社，1988.

[3] 崔心存，金国栋，内燃机排气净化 [M]．北京：机械工业出版社，1991.

[4] (日) 小林腾著，吴关昌译，汽车的排气净化装置及其维修 [M]．北京：人民交通出版社，1981.

[5] 杜功焕．声学基础 [M]．上海：上海科学技术出版社，1981.

[6] 何渝生．汽车振动学 [M]．北京：人民交通出版社，1980.

[7] 郑长矩．环境噪声控制工程 [M]．北京：高等教育出版社，1988.

[8] Shin Eng Lee，Jung Bac OR，Chean Choi. Engine Noise Reduction by Using an Underplate [J]. SAE Paper 891278.

[9] Myung Ho Sung and Others. An effective Method for Interior Noise Reduction of a Passenger Car [J]. SAE Paper 12571.

[10] Yunji Suzuki，Tsutomu Nishdia. A Study on Brake Noise of Medium Class Trunks and Buses [J]. SAE Paper 891278.